서양편 · 716

메소포타미아의 역사 Ⅱ

조르주 루(Georges Roux) 지음

김유기 옮김

한국문화사

한국연구재단 학술명저번역총서 서양편·716

메소포타미아의 역사 II

발 행 일 2013년 12월 10일 초판 인쇄
2013년 12월 20일 초판 발행

원 제 La Mésopotamie
지 은 이 조르주 루(Georges Roux)
옮 긴 이 김 유 기
책임편집 이 지 은
펴 낸 이 김 진 수
펴 낸 곳 **한국문화사**
등 록 1991년 11월 9일 제2-1276호
주 소 서울특별시 성동구 아차산로 3(성수동 1가) 502호
전 화 (02)464-7708 / 3409-4488
전 송 (02)499-0846
이 메 일 hkm7708@hanmail.net
홈페이지 www.hankookmunhwasa.co.kr

책값은 18,000원입니다.

ISBN 978-89-6817-085-0 94910
ISBN 978-89-6817-083-6 (세트)

이 도서의 국립중앙도서관 출판시도서목록(CIP)은
서지정보유통지원시스템 홈페이지(http://seoji.nl.go.kr)와
국가자료공동목록시스템(http://www.nl.go.kr/kolisnet)에서
이용하실 수 있습니다.(CIP제어번호: CIP2013028224)

'한국연구재단 학술명저번역총서'는 우리 시대 기초학문의 부흥을 위해
한국연구재단과 한국문화사가 공동으로 펼치는 서양고전 번역간행사업
입니다.

┃ 역자 서문 ┃

메소포타미아 역사 공부를 시작하면서 읽었던 입문서 중에 *Ancient Iraq*이라는 제목의 영어 책이 있었다. 의사라는 저자의 직업도 흥미로웠지만 명료한 설명과 다채로운 내용도 인상적이었다. 저자는 이 저서를 바탕으로 모국어인 프랑스어로 *La Mésopotamie*라는 책을 썼다. 독자가 읽게 될 『메소포타미아의 역사』는 이 프랑스어 저서의 번역본이다.

많은 사람에게 "메소포타미아 문명"이란 표현이 그다지 낯설지 않지만 이 문명에 관해 소개하는 한국어 자료는 비교적 많지 않다. 인류 역사 최초의 문명에 관심 있는 독자에게 친절한 길잡이가 되기를 바라는 마음으로 이 번역서를 내놓는다.

저자는 방대한 역사를 서술하면서도 단순히 사실을 기술하는 데 만족하지 않는다. 고고학 자료를 바탕으로 당시 사회와 경제 상황에 관심을 기울이면서 메소포타미아 문명에 관해 우리가 아는 바와 모르는 바가 무엇인지 알려 준다. 또한 문학 작품과 신화에도 관심을 기울여 세밀하게 분석하면서 고대인의 삶에 깔려 있는 가치와 신념의 세계를 탐구한다. 더 나아가 메소포타미아 문명에서 발전한 수학, 과학, 의학을 설명하면서 현대 문명이 메소포타미아 문명에 어느 정도 빚지고 있음을 기꺼이 인정한다. 이 책은 빠른 속도로 변하는 세상에 사는 독자에게 인간이 어떤 존재인지, 우리의 삶이 과거 머나먼 지역에 살던 사람들과 어떻게 연결되는지를 보여줌으로써 인간과 공동체를 새롭게 이해하도록 도와준다.

정보가 비교적 많은 편이지만 평이한 언어로 서술하고 있어서 메소포타미아 문명을 잘 알지 못하는 독자도 큰 어려움 없이 읽을 수 있을 것이다. 독자는 메소포타미아의 역사, 고고학, 사회, 종교, 문학에 관한 저자의 방대한 지식과 수학, 천문학, 의학에 관한 그의 명쾌한 설명에 감탄할 것이다. 또한 이 문명을 더 깊이 공부하고 싶은 분들에게는 미주尾註에 실려 있는 정보가 좋은 길잡이가 될 수 있을 것이다.

번역하면서 설렘도 있었지만 걱정도 있었다. 원문과 대화하면서 얻은 정보와 느낌을 우리말로 옮김으로써 독자와 그 경험을 나눌 기대감으로 설레기도 했지만, 원문을 오해하거나 원래 쉬웠던 표현을 우리말로 옮기면서 어렵게 만들어 독자의 책 읽는 기쁨을 반감시키면 어쩌나 하는 걱정도 있었던 것이다. 바라기는 이 번역서가 메소포타미아 문명에 대한 호기심을 불러일으키면서 우리말로 된 메소포타미아 역사 관련 연구의 작은 씨앗이 되었으면 한다.

번역본『메소포타미아의 역사』는 진공 상태에서 나오지 않았다. 먼저, 한국연구재단에서 원서의 가치를 인정하고 기초 학문의 발전을 위해 번역을 지원해 주었다. 서울여자대학교 기독교학과 학생들을 비롯해 여러 분들이 번역 원고를 읽고 역자가 미처 깨닫지 못했던 오류와 번역투 표현을 일깨워 주었다. 한국문화사 명저번역팀에서는 전문가다운 교정과 편집 솜씨를 발휘하면서 다루기 힘든 연표와 고유명사 색인 작업을 세심하게 해 주었다. 모든 분들께 감사드린다. 이분들의 수고와 기대를 충분히 반영하지 못한 역자의 부족과 실수에 대해서는 독자 여러분의 너그러운 이해를 바란다. 꽤나 오래 걸린 번역의 과정을 옆에서 지켜보며 격려하고 지지해 준 아내에게 고마운 마음을 전한다.

나는 1964년에 이 책의 영어판이 발간되자마자 바로 입수하여 몇 시간 동안 읽었는데, 무척 재미있으면서도 많은 도움이 되었다.

아직 저자와 만난 적은 없지만 책을 읽으며 저자를 엿볼 수 있었다. 그는 분명 근동近東 지방, 특히 이라크에 오랜 기간 거주한 사람이다. 이런 사실은 여러 특징을 보면 분명히 드러난다. 실제로 경험하지 않고는 그렇게 사실적으로 표현하는 것이 불가능하다. 그는 분명 이 나라를 사랑하고 있었다. 이 나라의 먼 과거에 매료되어, 우리 언어와는 아무 관련 없는 고대어인 아카드어와 수메르어, 그리고 이 언어들을 기록하는 데 사용된 난해한 쐐기문자를 배우기 시작했다. 그는 유적지를 방문하고 또 방문했다. 값진 유물이 묻혀 있는 땅 밑에서 고고학자들이 건져 낸 최고 만 이천 년 전 유물들을 보고 또 보았다. 그리고 거기서 발견된 수많은 문서를 헤아릴 수 없을 만큼 읽고 또 읽었다. 선사시대의 자료, 그리고 기원후 몇 년까지 이어지는 오랜 역사시대의 거대한 문서 자료 때문에 제기되는 여러 까다로운 문제에 대해서는 최고 전문가들의 의견을 들었다. 그가 쓴 책에는 이와 같은 개인적 접촉과 장기간의 열정적 연구만 드러나는 것이 아니다. 이 책은 흥미롭게 쓰여서 읽기 쉽고 생생하며 열정적이다. 내 생각엔, 지나치게 전문적이고 현학적이며 딱딱하기 쉬운 학술 출판물의 틈바구니에서 이 책이야말로 고대 메소포타미아 문명에 관한 초상화를 그리는 작업에 최초로, 그리고 유일하게 성공했다고 생각한다. 이 초상화는 충분히 자세하고 명료하고 매력적이면서 누구든 이해할 수 있다. 게다가 종합적 정리가 잘 되어 사실적이어서 전문가들에게도 유용하다.

영어권 대중과 권위자들, 즉 최고 수준을 자랑하는 고고학자들과 아시리아학 학자들 역시 이 작품에 대해 나처럼 생각했다고 믿어야 할 것이다. 그것은 이 책의 초판이 1966년에 유명한 펭귄 총서로 출판되고, 4쇄까지 소진된 1980년에는 개정된 2판이 바로 이어서 출간된 것을 보면 알 수 있다.

그래서 나는 쇠유 출판사Editions du Seuil 가 마침내 이 책을 프랑스어권 대중에게 제공하기로 했다는 소식을 듣고 무척 기뻤다. 프랑스어판은 완전히 개정되었고 새로 쓰였기 때문에 사실상 새로운 책일 뿐만 아니라, 오히려 더 나은 책이다. 이 분야에서 지금까지 프랑스어로 된 책은 너무 짧고 재미없는 짜깁기이거나, 거의 전문적이고 아주 특수한 분야를 다루는 논문들뿐이었다.

오랫동안 아시리아학은 세상을 피해 숨어 사는 몇몇 백발의 학자만의 전유물이었다. 그들은 서로 특정한 은어隱語로 대화했는데, 그 수는 많지 않았다. 그들이 공부하는 내용은 무척 어려웠고 엄청난 양의 문서를 해독하고 번역하고 이용해야 했다. 따라서 이 학문은 소규모 집단의 작업에 지나지 않았다. 정확한 명칭은 아니지만, 아시리아학이라 불리는 이 역사 분야의 학문은 고대 메소포타미아 문명을 연구 대상으로 하고 있는데, 이제 그 은둔처 바깥으로 조심스레 퍼져나가기 시작하고 있다.

"대중에게 금지된 사유 재산"을 우리 문화 공동의 자산으로 만드는 과정에서, 먼저 중요한 고고학적 발굴 사건들이 있었다. 우르Ur 에서는 화려하지만 음산한 기원전■ 2600년경 왕들의 무덤이 발굴되었다. 그 안

■ [역주] 원문에서는 흔히 "기원전"이란 표현을 생략하고 있다. 그러나 이 번역서에

에는 금을 비롯해 화려한 유물이 가득 차 있었고 사후 세계에 왕과 함께 있게 할 목적으로 순장된 관리들의 시신도 있었다. 마리^{Mari}에서는 미로와 같은 궁궐과 더불어 거의 1500점에 달하는 기원전 제2천년기▪ 최상급의 엄청난 고문서들이 발견되었다. 기원전 2400년경의 에블라^{Ebla} 유적에서도 유사한 양의 기록문서가 발견되었다. 이 문서는 역사의 중요한 면모와 더불어, 수천 년을 이어 온 추억에서 완전히 벗어난 생생한 현장을 우리 눈앞에 보여 준다. 대중은 유명한 전람회 등을 보며 이 오래된 지역의 예술과 문자를 발견하게 되었다. 과거로 거슬러 올라갈 때 우리는 흔히 그리스 세계와 성서의 세계에서 멈춰 서곤 했다. 이 두 강이 흘러내려 현재 우리 문명의 하구에 이르러 서로 섞였던 것이다. 그러나 우리는 역사의 연속성에 대해 더 나은 지식을 갖게 됨으로써 여기에서 멈추지 않고 좀 더 이른 시기로 역사적 인식의 한계까지 올라가, 기원전 3000년경 메소포타미아에서 이루어진 가장 오래된 문서 기록까지 탐구해야 함을 깨닫게 되었다.

그때 바로 그곳에서 가장 오래된 고등 문명이 탄생했던 것이다. 도자기 제작 기술과 구리와 청동 제련 기술에 이어 수많은 기술이 발견되고 완성되었다. 농업용 관개 기술부터 시작하여 작업의 조직화, 우주에 대한 최초의 분석과 그 구성 요소들에 대한 개념적 정리가 이루어졌다. 사람들이 제기한 질문에 대한 응답으로 가장 오래된 신화들이 생겨났다. 이 신화들은 세계의 기원과 존재 이유, 인간의 기원과 삶의 의미 및 운명

서는 혼동을 피하기 위해 서력기원 이전의 연대를 가리킬 경우 "기원전"이란 표현을 사용한다.
▪ [역주] "천년기"라는 표현은 서력기원에서 시작하여 천 년 단위의 기간을 가리키기 위해 사용되는 표현이다. 따라서 기원전 제2천년기는 기원전 2000년부터 1001년 사이의 기간을 가리킨다.

에 대해 오늘날 못지않게 진지하게 다루고 있다. 최초의 수학과 최초의 대수학, 그리고 나중에는 최초의 천문학이 발생했다. 최초의 문자와 최초의 문학이 생겨났으며 최초의 문서 전승이 시작되었고 이로써 사고방식에 근본적인 변화를 가져왔다. 또한 최초의 진정한 과학적 인식에 대해, 법칙의 초안까지는 아니더라도, 실행의 초안은 그릴 수 있게 해 주었다. 우리는 바로 여기서 가장 오래된 족보와 직계 조상들을 찾아야 한다는 사실을 알고 있다.

우리는 이 새로운 탐구의 밭에서 겨우 몇몇 구덩이를 파기 시작했을 뿐이다. 이 밭은 아마 우리에게 충격적인 발견을 약속하지 않을 수도 있다. 사실 심오한 진리는, 아무리 중요하더라도, 결코 충격을 주지 않는다. 그러나 인류의 현재와 미래에만 관심을 한정하지 않는 사람들은 이런 진리를 무척 흥미로워할 것이다. 이런 사람들은, 아이들을 더 잘 알기 위해 부모를 알아야 한다는 확신이 있는 사람들이다. 다시 말해, 우리가 어디에서 왔는지 알기 위해, 그리고 우리가 태어날 때부터 주변에 있으면서 우리를 우리 자신으로 만들어 주는 이 풍요로운 유산이 여러 세기에 걸쳐 어떻게 형성되었는지 알기 위해 노력하는 사람들이다.

나는 아시리아학의 발전과 지적인 보급에 진정으로 열려 있는 나의 동료들과 더불어 우리 모두에게 이처럼 훌륭하고 명료하며 상세하고 읽기 좋은 안내서가 주어진 것을 기쁘게 생각한다. 이 책을 읽는 전문가들은 우리 유산에 포함된 이 모범적인 고대 문명의 전반적인 궤적을 다시 돌아보게 될 것이고, 양식 있는 일반 대중은 이를 새롭게 발견하게 될 것이다.

장 보테로
1983년 8월 30일

　기원전에 발생한 위대한 문명 네다섯 가운데 메소포타미아 문명은 최고最古와 최장最長의 문명이란 특징을 갖고 있다. 또한 근동 지방 전체와 그리스 세계에 끼친 영향이나 인류의 물질적, 정신적 발전에 대한 공헌으로 볼 때 가장 중요한 문명이라 할 수 있을 것이다. 그럼에도 메소포타미아 문명은 프랑스나 다른 나라에서 양식 있는 일반 대중에게 가장 덜 알려진 문명이다. 언뜻 보기에 놀라운 이런 현상은 아마 여러 요인과 관련되어 있는 듯하다. 전문가들 외에 메소포타미아에 관심이 있는 대학은 거의 없다. 애석한 일이지만, 사실 이 단어는 서적, 잡지, "교양" 라디오나 텔레비전 방송에서 전혀 언급되지 않으며 우리 수강 편람에도 이제는 나타나지 않는다. 전문가들은 스스로 인정하듯 그동안 이 문제에 대해 너무 오랫동안 상아탑 안에 갇혀 있었고, 이 때문에 본의 아니게 일반 대중에게 그들의 학문에 접근 불가능하다는 잘못된 인상을 심어 주었다. 게다가 여러 이유 때문에 이집트, 크레타, 그리스, 심지어 터키와 비교해 볼 때 지금까지 이라크를 방문한 관광객은 극소수에 머물고 있다. 물론 프랑스에는 수메르, 바빌론, 아시리아의 주요 작품들에 관한 설명과 논평이 들어 있는 아름다운 도록이 있다. 루브르 박물관에서는 이런 작품 중 표본을 모두 모아 아주 잘 드러내어 전시하고 있다. 또한 최근 두 번의 전람회("바그다드 박물관의 걸작" Chefs-d'oeuvre du musée de Baghdad과 "문자의 탄생" Naissance de l'écriture)은 매우 성공적이었다. 게다가 수메르와 아카드의 뛰어난 문학작품들이 훌륭하게 번역되어 출판됨으로써 큰 부담 없이 살 수 있게 되었다. 그러나 연구자들에게는 이 예술 작품과 신화와 전설은 주요한 장애를 안고 있다. 즉, 이것들은 떨어져 나온 퍼즐의 조각 혹은 큰 판자에서 부서진 파편에 불과하다. 어느 시대에 속하는지 밝혀지지 않았고, 무엇보다 원래의 자연적 환경과 역사적 배경에 놓이지 못했기 때문에 충분히 이해하거나 감상할 수 없는 것이다.

저자는 1950년대에 이런 어려움을 알게 되었다. 근동 지방에서 젊은 날 많은 시간을 보내고 그에 대해 향수를 품어 왔던 저자는 당시 근동 지방의 이라크 바스라에 살았다. 좀 더 제대로 말하자면, 이 메소포타미아에 대해 15년 전쯤부터 점점 더 심취해 가고 있었다. 저자는 이라크 석유 회사에 의사로 근무하고 있었다. 이 회사의 사보社報에 저자가 방문한 유적지들에 관한 기사를 몇 편 실었는데, 그 이후 사람들의 질문에 어떻게 응답해야 할지 알 수 없었다. 그들은 저자의 글에 매료되었고 임시로 거주하고 있는 이 나라의 고대 역사에 관해 좀 더 알고 싶어 했던 것이다. 당시에는 그들이 읽을 수 있는 종합적인 저서가 없었기 때문에 저자는 그들을 위해 메소포타미아의 역사를 쓰기 시작했다. 기사 형식으로 초기 역사부터 기원후 몇 년까지 써 내려갔다. 1960년대 초에 다시 쓰이고 개정된 이 기사들은, 1964년에 앨런 앤드 언윈 출판사가 런던에서 출판하고 1966년부터는 펭귄 출판사가 출판한 『고대 이라크』*Ancient Iraq*의 바탕이 되었다. 저자는 이 책이 계속해서 성공하고 이 책에 대해 선배 학자들이 찬사를 보내는 것을 보면서 어느 정도 지적 공백을 메우는 데 기여했다는 확신을 하게 되었다.

영국에서 오랫동안 머무른 후 1974년 파리로 돌아왔을 때 파리에서 활동하던 저자의 동료 아시리아학 학자들은 『고대 이라크』의 프랑스어 판이 있으면 좋겠다고 저자에게 제안했다. 1981년에 쇠유 출판사는 영광스럽게도 자기네 역사 총서 중 한 자리를 저자에게 내 주었다. 당시에는 단순한 번역판을 낼 생각이었다. 이 작업은 자니 카를리에 부인에게 맡겨졌다. 어려운 주제였는데도 놀라울 정도로 일을 잘 마쳐 준 그분께 이 자리를 빌려 감사를 표하고 싶다. 1980년에는 부분적인 개정만을 목표로 했었는데 책을 자세히 읽어 보니 지난 20년 동안 기초 자료들이 늘어났고, 여러 의견이 새롭게 개진되었기 때문에 전부 새로 써야겠다는 생각이 들었다. 마침 기회가 주어져서 저자 자신이 모든 것을 다시 보고, 모든 것을 확인하고, 모든 것을 다시 쓸 수 있었다. 이 작업은 예상했던 것보다 훨씬 많은 시간이 걸리긴 했지만, 영어권에서 오래전부터 알려진 『고대 이라크』의 프랑스어판을 마침내 여기에 이렇게 내놓게 되었다. 영어판과는 제목도 달라졌고 완전히 개정되었다. 그러고 보면 이 책 역시 언젠가는 저자가 다시 개정해야 할 것이다.

『메소포타미아의 역사』La Mésopotamie는 기본적으로 비전문가를 위해 쓰였다. 다양한 이유로 근동 역사나 고대사 전반에 관심이 있는 모든 사람을 대상으로 하고 있다. 따라서, 이 책은 본질적으로 복잡하긴 하지만 가능한 한 명료하고 단순하고 생생하게 저술하려고 최선을 다했다. 그렇다고 해서 역사를 기술하는 사람이 반드시 지켜야 하는 명확성, 정확성, 조심성의 규범은 어기지 않았다. 이렇게 하는 것은 마치 외줄 타기를 하는 것 같았다. 저자가 늘 균형을 유지하는 데에 성공했는가에 관해서는 독자들이 판단하길 바란다. 또한 영국, 미국, 캐나다의 교수들이 학생들에게 입문서로 『고대 이라크』를 주저 없이 추천하고 있음을 알고 있던 터라 프랑스어판도 그와 비슷하게 될 것을 염두에 두었다. 책의 끝 부분에 모아둔 주석과 서지 사항은 대부분 아시리아학 혹은 메소포타미아와 다소간 관련된 분야를 전공하는 학생들을 위해 마련된 것이다.

메소포타미아와 그 문화적 궤도를 맴도는 근동 지방에 관련된 서적과 논문의 수는 해를 더할수록 지속해서 증가하고 있다. 오늘날에는 그 규모가 방대하여 점점 더 다루기 어려워지고 있다. 이 정보의 광산을 캐내면서 저자는 어려운 선택을 해야 했다. 때로 그 선택에 엄청난 고통이 뒤따랐다. 저자가 다루는 주제가 지극히 방대한 분야를 다루고 있기 때문에 그 선택은 더 어렵고 고통스러웠다. 혹시 저자가 인용하지 않아서 마음이 상한 저자들이 있다면 용서를 구한다. 저자는 어쩔 수 없이 줄여야 했다. 그러나 중요한 것을 하나도 빠뜨리지 않으려고 노력하는 만큼 지나치게 단순화하지 않으려고 주의를 기울였다. 모든 나라의 역사에는 문제가 많다. 특히 고대사는 더욱 그렇다. 그중 많은 문제는 절대 해결되지 않을 것이다. 한편, 오늘 역사적 "진리"라고 믿었던 것이 내일 실수로 판명 날 수도 있다. 그래서 저자는 몇몇 장을 어렵게 만들 각오를 하고서 이 중 여러 문제를 다루고, 이런저런 점에 관해 현재 우리 지식이 잠정적임을 여러 차례 강조하기도 하고, 단순히 우리의 무지를 인정하기도 했다. 대체로 가설이라는 점을 숨기지 않으면서 특정 사건들을 그 전에 일어났던 사건과의 관련성이나 지리적, 생태학적, 경제적 맥락으로 설명하려고 시도했다. 이런 "설명"은 몇 년 후에 거짓으로 판명 날 수도 있다. 그렇긴 하지만 이런 "설명"이 없다면 역사는 이름과 날짜와 어느 정도 확립된 사실을 지루하고 무미건조하게 나열하는 것에 지나지 않을 것이다. 마지막으로, 저자는 예술, 고고학, 문학, 종교, 사회 경제 체제에 일반적인 경우보다 더 많은 지면을 할애했으며 지면이 허락하는 한 많은 문서 자료를 인용했다. 오늘날 개화된 대중은 예전에 역사의 필수 구성 요소였던 전쟁과 조약으로 만족하지 않는다. 그들은 고대인이 어떻게 살았으며 무슨 생각을 했는지 알고 싶어 하는 정당한 욕구가 있다. 과거를 다시 살아 움직이게 하는 가장 좋은 방법은 가능하면 자주 고대인에게 말할 기회를 주는 것이다.

　저자의 동료 수메르학 학자들, 아시리아학 학자들, 고고학자들의 격려와 도움과 조언이 없었더라면 이 책을 집필할 용기가 없었을 것이다. 먼저 장 보테로 교수에게 감사를 표하고 싶다. 그는 이 작업을 지원해 주었을 뿐만 아니라 즐거운 마음으로 저자의 원고를 세심하게 읽어 주었고 이 책 서두에 소개의 글을 써 주었다. 또한 프랑스국립학술연구원 (CNRS)의 장-피에르 그레구아르 씨에게 감사를 표한다. 그는 저자가 사용할 수 있도록 자신의 방대한 도서 목록을 친절하게 제공해 주었으며 자신이 구석구석 잘 알고 있는 분야, 즉 기원전 제3천년기 수메르의 사회 경제 조직에 관해 길잡이가 되어 주었다. 또한 우정의 표시로 자신의 저서나 논문을 빌려 주거나 증여해 준 프랑스인과 외국인에게 깊은 감사의 마음을 전하고 싶다. 특히 파리의 플로랑스 말브랑-라바 부인, 엘레나 카생 부인, 실비 라켄바허 양, 올리비에 루오 씨, 자비에 텍시도르 씨, 영국의 도널드 J. 와이즈먼 교수, 윌프릿 G. 램버트 교수(버밍햄), 제임스 V. 키니어 윌슨 교수(케임브리지), 독일의 요하네스 렝어 교수 (베를린)와 빌헬름 아일러스 교수(뷔르츠부르크), 리에주의 작고한 조르주 도생 교수와 마르셀 뒤셰느-기이민 부인, 토론토의 앨버트 K. 그레이슨 교수, 필라델피아의 새뮤얼 N. 크래머 교수와 제임스 B. 프리처드 교수께 감사한다. 마지막으로, 저자에게 이해와 관용을 베풀어 준 미셸 비눅과, 어지간히 두꺼운 원고를 타자기로 작성하는 지루하고 보상도 없는 작업을 맡음으로써 막대한 도움을 준 아내 크리스티안에게 특별한 감사를 표한다.

❚ 차례 ❚

・**일러두기**・ ─────────────

1. 책으로 묶인 문헌, 또는 토판 등에 기록된 고대 문학 작품은 『 』로 표기했다.
2. 미주에서 외국어 논문은 " "으로, 외국어(학술지 포함) 책은 이탤릭체로 표기했다.
3. 고유명사는 외래어 표기법에 따랐다. 단, 고대 이스라엘 사람들의 이름은 구약성서 개역개정판을 따랐다.
4. 원문의 각주는 각주로, 원문의 미주는 미주로 옮겼다.
5. 옮긴이 주는 [역주]로 표기했다.
6. (안에 괄호가 와야 할 경우 [를 사용했다. 때로 원문에 없는 설명을 덧붙이기 위해 [를 사용하기도 했다.
7. 지도에서 유적지의 고대 지명이 분명하지 않은 경우, 추정되는 지명을 적고 물음표를 붙였다. 예) 에칼라툼 ?
8. 지도에서 고대 지명과 현대 지명을 병기할 때는, 현대 지명을 괄호 안에 넣었다. 예) 안산(테페 말리안)

1권 차례

14 새로운 민족들

　기원전 2300년과 2000년 사이 아카드와 구티와 우르 3왕조의 왕들이 다스리던 시기에 타우루스 너머에서는 아주 중요한 사건이 전개되고 있었다. 먼 지방에서 온 민족들이 현재 아시아의 터키 지방인 아나톨리아로 침투했던 것이다. 이 중 "히타이트인"이라는 이름으로 알려진 한 민족은 머지않아 야심적인 목표를 가진 강력한 나라를 건설하게 된다. 아마 이 시기에, "미탄니인"이라 불리는 새로운 이민족이 쿠르디스탄에서 후리인의 한 집단과 접촉했던 것 같다. 메소포타미아의 군주들은 이에 관해 말하지 않지만, 보통 정보에 밝았기 때문에 이 모든 일을 훤히 들여다보고 있었을 것이다. 그러나 그들은 이런 사건들이 언젠가 자기 나라와 주변국의 운명에 대해 어떤 영향력을 미칠지 전혀 알지 못했다. 여러 세기가 지나면서, 우르가 몰락하고 아무루인이 퍼져나가고 함무라비가 여러 차례 승리를 거둔 후 마침내 함무라비의 왕국이 서서히 몰락해간다. 기원전 1595년에, 갑자기 히타이트인이 바빌론을 점령하여 바빌론 1왕조를 끝냄으로써 카슈 군주들이 들어올 기반을 마련했다. 그동안에 후리인은 지중해에서 자그로스까지 이르는 거대한 왕국을 건설하기 전, 북부 메소포타미아에서 조금씩 영토를 확장하고 있었다.

　히타이트인과 미탄니인은 인도-유럽인이라는 거대한 인종언어 집단에 함께 속해 있었다. 사실 이들의 이주는 기원전 제3천년기 말에 서유럽, 그리스, 인도, 중앙아시아에도 영향을 미친 인도-유럽인의 이주라는 큰 맥락에서 이해해야 한다. 이 모든 곳에서 이 민족들의 이주 때문에 여러 가지 중요한 일이 벌어졌다. 그중 우리의 관심사와 관련하여 가장 중요한 것은 메소포타미아 핵심부를 비롯하여 북쪽과 서쪽 변두리에 공격적인 신생 민족이 출현한 사실과 이집트가 아시아 대륙에 들어온 사실이다. 기원전 1600년부터 근동의 정치적 경쟁 관계는 국제적인 수준에 이르게 된다. 그리하여, 이제는 마치 메소포타미아가 다른 세계와 단절된 (혹은 거의 고립된) 지역인 것처럼 말할 수 없게 된다. 이제부터 역사라는 비극은 더 방대한 무대에서 새로운 배우들을 주인공으로 올릴 것이다. 이 새로운 배우들은 현재 히타이트인과 후리인이며 나중에는 메디아인, 페르시아인, 그리고 그리스-마케도니아인이 될 것이다. 앞으로 다가올 시대에 어떤 일이 벌어질 것인지 더 잘 이해하기 위해 지금부터는 가던 길을 돌이켜 지평선을 한 바퀴 빙 둘러볼 필요가 있다. 인도-유럽인과 그들의 이주 문제를 거론했으니, 이 장에서는 기원전 23세기와 기원전 16세기 사이 아나톨리아, 히타이트, 후리 역사와 더불어 시리아-팔레스타인과 이집트 역사를 요약해 보겠다.

인도-유럽인

"인도-유럽"이란 용어는 기본적으로 큰 어족語族을 가리킬 때 사용되던 용어다. 인도-유럽어에는 유럽의 모든 현대어(바스크어와 피노우그리아 어족은 제외)와 더불어 아르메니아어, 이란어, 힌디어를 비롯한 인도어의 방언들이 속해 있으며, 고대어 중에는 "히타이트어"라는 이름으로 불리는 여러 언어, 산스크리트어, 그리스어, 라틴어 및 잘 알려지지 않은 몇몇 언어도 여기에 속한다.[1] 이 모든 언어에는 많은 공통점이 있으며 모두 "원-인도-유럽어"라고 하는, 이론적이긴 하지만 부분적으로 재구성이 가능한 언어에서 비롯되었다. 더 나아가, 원-인도-유럽어를 알려진 고대어들과 비교하던 언어학자들은 인도-유럽어를 사용하는 사람들이 모두 처음에는 같은 생활 방식, 같은 이념, 같은 제도를 공유했을 것이라는 결론에 이르렀다. 이에 따르면 일정한 지역에 유목민으로 살면서 크고 작은 가축뿐만 아니라 말도 기르고 수레, 배, 청동기를 이용하면서 소규모로 농사도 짓는 인도-유럽인들의 공동체가 존재했다는 것이다. 가족, 씨족, 부족, "나라"를 이룬 이 사람들은 인간의 형태를 한 신들을 숭배하고 전사귀족 출신 우두머리에게 복종했을 것이다. 또한 공통의 기초 어휘와, 고대에 사용된 인도-유럽어의 지리적 분포를 볼 때 인도-유럽인들의 확산 중심지는 남부 러시아의 광활한 초원으로 추정된다. 그러나 이 지역에 흔적을 남긴 다양한 문화를 이 사람들과 개별적으로 연관시키려 할 때는 문제가 시작된다. 이 점에 관해 의견이 분분하지만, 많은 전문가는 밧줄 자국으로 장식한 단지("밧줄" 도자기)를 소장하고, 손도끼로 무장하고, 자기네 우두머리를 둥글고 작은 봉분(러시아어로 쿠르가네스)에 매장한 사람들을 가장 오래된 인도-유럽인이라 부를 수 있다고 생각한다. 이 도자기와 도끼와 봉분은 돈Don 강과 볼가Volga 강 하류에서 기원전 약 4400년부터 2000년 사이에 연이어 존재했던 쿠르가네스 문화라 불리는 네 문화의 특징을 보여 준다. 우리는 인도-유럽인의 발상지가 어디인지, 그들의 언어가 언제 분화되었는지, 그들이 이주하게 된 진짜 원인이 무엇이었는지 알지 못한다. 이주는 표면적으로 볼 때 다양한 형식(잔인한 정복 혹은 평화적 공존)으로 이루어졌고, 여러 시대에 여러 지역을 겨냥하면서 수 세기에 걸쳐 일정한 간격을 두고 전개된 것 같다.

　기원전 제3천년기에 유럽을 가로지른, 도끼를 가진 전사들의 진군을 고고학적으로 추적해 볼 수 있다. 이들은 우크라이나, 몰다비아, 발칸, 다뉴브 상류에서 발견된다. 그들은 다뉴브 상류 지역을 세 차례 침략했으며 이곳에서 신석기 농경민과 통혼通婚 했는데, 이 농경민은 훨씬 더 오래되었고(기원전 제7천년기까지 거슬러 올라간다) 이미 상당히 "문명화"되어 마을이나 도시에 살면서 아름다운 채색 도기류를 생산하고 있었다. 이 때문에 "유럽"이라는 문화의 모자이크가 생겨나고 언어 분화 및 인구 이동이 일어났다.[2] 폴란드 평원과 독일 평원을 가로질러 기원전 1600년경에는 라인 강가에 이른 이들은 이베리아 반도에서 온 다른 침략자들을 만나게 되었다. 이들이 다뉴브 지역의 부족들과 통혼하게 되면서 철기시대 켈트 족의 먼 조상이 생겨난 듯하다. 이 큰 규모의 이주자들이 서유럽 청동기 보급에 기여한 것은 분명하지만, 이들이 철을 캅카스에서 들여왔는지 발칸에서 들여왔는지는 알 수 없다.

인도-유럽인은 해상으로 그리스에 침투했던 것 같다. 에게 해의 아시아 쪽 연안을 출발해 두 차례에 걸쳐 들어왔으며 도착 지점은 두 경우 모두 펠로폰네소스 북동부에 있는 아르골리다였다.[3] 그리스 반도는 섬과 섬을 잇는 경로로 서부 아나톨리아, 특히 트로아드와 자주 접촉했던 덕택에 기원전 3000년 혹은 2900년경에 청동기시대로 진입했었다. 기원전 2600년부터는 선진화된 문명을 이룩하게 되는데, 이 문명은 돌과 벽돌로 만든 집들이나 기와지붕이 있는 궁전들, 레르나, 티린스, 아시네에서 발견된 금은보석, 그리고 나우플리오 만 깊숙한 곳의 요새화된 도시들을 보면 잘 알 수 있다. 기원전 2100년부터 2000년 사이로 추정되는 시기에 궁전들은 화염에 휩싸이고 성벽은 파괴된다. 아름다운 주택은 사라지고 주랑柱廊과 후진後陣을 갖춘 작은 집이 나타나며 고대 헬라스 시대■의

─────────────

■ [역주] "헬라딕(Helladique)"이라는 용어는 기원전 약 3000년부터 1100년까지 이

전형적인 "종지"는 새로운 도기류로 대체된다. 기원전 1900년경에 이르러 새로운 침입자들의 물결이 있었다. 이 물결은 평화로웠다. 이들은 중기 헬라스 시대(기원전 1900~1600년)를 열었으며 아나톨리아에서 유래한 듯한 "미뉘아스식" 도자기라 불리는 도자기를 생산했으며 새로운 건축 양식을 선보이고 갱도형坑道形 무덤을 만들었다. 이 문화는 펠로폰네소스와 그리스 중심부 전역에 급속히 퍼져나갔고 미케네 시대의 첫 단계인 후기 헬라스 I 시대(기원전 1600~1460년)까지 큰 변화 없이 이어진다. 한편 필로스, 미케네, 크노소스에서 발견된 토판에 적힌 "선형문자 B"라 불리는 글자를 1953년에 마이클 벤트리스Michael Ventris 가 해독함으로써 우리는 미케네인(좀 더 정확히 하자면 아카이아인)이 인도-유럽어로서 가장 오래된 형태의 그리스어를 사용했다는 사실을 알게 되었다.[4]

같은 시기에 크레타에서는 뛰어난 미노아 문명이 꽃피고 있었다. 이 큰 섬은 이집트와 아나톨리아의 중간쯤에 위치해 있어서 이 두 지역의 문화적 영향을 어느 정도 받았다(특히, 아나톨리아에서 유래된 듯한 황소 숭배와 이중 도끼). 그러나 크노소스의 궁전에 있는 장엄한 프레스코화를 살펴보기만 해도 크레타 사람들이 외래문화를 한데 섞어 아주 독창적인 문화로 만들어 내는 능력이 있었음을 알 수 있다. 게다가 이 섬은 두말할 나위 없이, 아득한 옛날부터 바다를 누비고 다니는 데에 익숙한 항해자들의 고장이었다. 미노아 문명의 절정기(기원전 1580~1450년)에 이들의 선박은 동부 지중해 전역을 지배하면서 크레타 섬의 작업장에서 나온 고급스러운 생산품을 이집트와 시리아까지 수출했다. 기원전 15세기 중반에 미노아 문명은 정확한 성격을 알 수 없는 거대한 사회적 혹은

르는 그리스의 청동기시대를 가리키는 형용사이므로 본 역서에서는 그에 상응하는 명사형 "헬라스"로 번역하였다.

정치적 격변으로 잔혹하게 파괴되었고[5], 그 후 아카이아인에게 정복되었다. 아카이아인은 미노아의 해상제패를 재현하여 5, 6세기 전에 자기들이 살던 서부 아나톨리아의 일부 도시와 지역을 차지했다. 이 사람들이 바로 히타이트 문서에 아히야와*Ahhiyawa*로 나오는 사람들인 듯하다.[6]

아카이아인과 도끼를 가진 전사들이 유럽을 침범하고 있는 동안 다른 인도-유럽인 집단(스키타이인과 사르마티아인의 조상)이 시베리아를 가로질러 예니세이 강과 알타이 산악지대까지 이르렀다. 기원전 1900년경에는 네 번째 집단이 볼가 강 연안을 떠나 카스피 해 북쪽과 동쪽을 돌아 지나갔다. 그 후 이들은 테헤란과 메셰드(테페 히사르와 투렝 테페 유적) 사이에 있는 구르간 평원에 얼마 동안 살고 있었다. 이런 사실을 전제로 하고 일부 고고학적 지표에 기반을 두면서 이 인도-아리아인을 추적하려는 시도가 있었다.[7] 이 사람들은 카스피 해 건너편에 살던 유목민 때문에 구르간 평원에서 쫓겨난 후 두 분파로 나뉘는 것 같다. 한 분파는 동쪽으로 간 다음 남쪽으로 내려가서 이란 서부의 테페 기얀 근처에서 후리인을 만나 이들과 "공생" 관계 속에 살았을 것이다. 다른 한 분파는 동쪽으로 가서 이란을 지나가거나 이란과 투르크메니스탄 사이에 있는 산악지대를 통과한 후 아프가니스탄을 거쳐 마침내 인더스 강 유역에 이르렀을 것이다. 오랫동안 정설로 남아 있는 이론[8]에 따르면, 이들은 기원전 1550년경에 이 인더스 강 유역(쐐기문자 문서의 멜루하 지방) 전역에 퍼져 있던 화려한 하라파 문명을 잔혹하게 파괴했다. 이 문명은 직선으로 뻗은 대로를 갖춘 도시들, 말린 벽돌로 지은 안락한 집, 아름다운 채색 도자기, 해독되지 않은 문자가 적혀 있는 도장으로 유명하다. 그러나 수백 년 동안 인더스 강 유역을 거의 완벽한 암흑시대로 몰아넣은 재난의 원인을 다른 식으로 설명하는 가설들이 최근에 제기되었다. 어떤 이들은 엄청난 규모의 범람을 가정하고 어떤 이들은 기원전 1750년경 인도 중부와 남부에 살던 동석기 부족들의 침공이 있었을 것으로 생각한다.[9] 어쨌든 시기와 방법은 정확히 몰라도 인도-아리아인이 기원전 제2천년기에 인도에 들어갔으며 그곳에 산스크리트어를 소개한 것은 사실이다. 리그베다*Rigveda*■는 이 영광스러운 서사시의 메아리를 보존한 것 같다.[10]

아나톨리아와 히타이트인

아나톨리아 반도(최근에 소아시아라 불렸음)는 기본적으로, 동쪽에 있는 아르메니아 산맥과 연결되는 부채꼴 산지로 둘러싸인 고원이다. 아나톨리아는 서해안이 에게 해 쪽으로 넓게 열려 있으며, 건너기 어렵지 않은 보스포루스 해협과 다르다넬레스 해협을 사이에 두고 발칸 반도에서 분리되어 있어서 유럽과 아시아 대륙을 잇는 넓고 탄탄한 다리 역할을 하고 있다. 그러나 아시아 대륙 쪽으로는 주로 좁은 골짜기를 지나야만 이동할 수 있다. 우리에게 아나톨리아는 외부의 영향을 거의 받지 않는 별천지로 인식된다. 이 지역의 내륙은 혹독한 기후이고 해안 지방은 온화하며 다양한 풍경을 선보이고 있다. 척박한 평원이나 크고 작은 강이 흐르고 호수가 산재해 있는 비옥한 평원이 있는가 하면 목축에 유리한 초원도 있고 주로 눈에 덮여 있는 민둥산이나 나무가 있는 산도 있다. 또한 이 지역은 세계에서 가장 불안정한 지역 중 하나로 화산 폭발 및 많은 인명을 빼앗는 지진의 영향권 안에 있다. 그러나 이 저주는 부를 안겨다 주기도 했다. 고대에 아나톨리아인은 끊임없이 화산암을 이용했

■ [역주] 인도 브라만교의 경전으로 인도의 건국 과정이 기록되어 있다.

으며 흑요석, 구리, 은, 납, 그리고 나중에는 철을 근동 지방 전역과 에게 해 연안 지방에 수출했다.

트로이 발굴(슐리만Schliemann, 1870)과 더불어 화려하게 시작된 아나톨리아 고고학 연구는 오랫동안 몇몇 주요 유적지에 국한되어 있었다. 2차 세계대전 이후에 이르러 유럽과 미주를 중심으로 발굴이 증가하고 뛰어난 재능을 갖춘 터키 학자들이 등장하기 시작하면서 비로소 제대로 된 고고학적 연구가 이루어졌다. 이제는 후기구석기시대부터 역사의 여명기까지 이르는 일련의 긴 문화적 발달 과정을 확립할 수 있게 되었는데, 이에 대해 간략하게 돌아보는 것에 만족하려 한다.[11]

현재 우리의 지식에 따르면 먼저 킬리키아 평원(메르신, 타르수스)과 더불어 남부 해안선에 평행한 너비 100~150킬로미터인 띠 모양의 땅 안에서 여러 문명이 발달한 것 같다.

신석기(기원전 7000~5400년) 유적 가운데 가장 뛰어난 곳은 코니아 지역에 있는 차탈 휘위크다. 이곳에서는 서로 연결되어 있으며 옥상으로만 출입할 수 있는 가옥들, 뿔 달린 제단 및 프레스코화와 황소 머리로 장식된 벽이 있는 신당들, 그리고 사자 두 마리 사이에 앉아 있는 풍만한 모신母神을 표현한 점토 소상小像들이 출토되었다.[12] 동석기시대(기원전 5400~3500년)에는 마이안드로스 강 유역(베이제술탄)과 보스포루스 연안에 다른 거주지들이 출현하고 중앙 고원에도 사람이 살기 시작한다. 그때까지 주류를 이루던, 손으로 만든 갈색 혹은 흑색 도자기 중 일부는 채색 도자기로 대체된다. 이 채색 도자기 중 어떤 것들은 북부 시리아에서 킬리키아로 들어온 할라프와 우바이드 도기류의 영향을 받았다.

이곳에서는 기원전 3500년경에 청동기시대가 시작된다. 고대 청동기시대의 초기 단계에서는, 정성들여 윤을 낸 검거나 붉은 단색 도자기로 점차 되돌아간다. 이 도자기들은 녹로를 이용해 만들었고 그 세련된 형태

(세 발 달린 잔, 긴 주둥이가 있는 항아리, 큰 손잡이가 있는 사발)를 보면 철제 그릇을 흉내 냈다는 느낌이 든다. 북서부와 아나톨리아 중심 부에는 요새화된 도시들이 있으며, 말린 벽돌로 쌓고 들보로 지지한 벽을 갖춘 그곳의 집들은 돌로 된 기초 위에 지어져 있다. 이 중 여러 도시는 풍요로웠던 것 같다. 트로이의 두 번째 도시에서 슐리만이 발견한 저 유명한 "프리아모스의 보물"이나 도라크와 알라카 휘위크의 무덤들에서 나온 화려한 단지, 소상, 보석 및 청동, 은, 금으로 만든 "군기"만 봐도 이를 잘 알 수 있다.[13] 남서부에서는 베이제술탄이라는 큰 유적지의 신전 안에 전통적인 뿔 달린 제단이 보존되어 있다. 아직 사람이 많이 살지 않았던 동부와 북동부에서는 겉은 검고 안은 붉은 수제手製 도기류가 지배적이었다. 이 도기류는 캅카스에서 기원한 듯하며 시리아를 거쳐 팔레스타인("키르베트 케라크" 도자기)까지 이르게 된다.

고대 청동기 II 시대 말(기원전 2200년경)에 전례가 없는 재난이 갑자기 아나톨리아 서부와 남부를 강타한다. 트로이 II, 베이제술탄, 타르수스와 코니아 평원의 모든 도시가 불탔고 방대한 지역이 유목 생활로 회귀했다. 이 혼란은 발칸에서 비롯된 것 같다. 트라키아 역시 유린당했고 이어지는 사건들을 보면 이것이 루위아인의 소행임을 짐작할 수 있기 때문이다. 루위아인은 기원전 제2천년기에 아나톨리아 남부에서 발견되는 히타이트인과 연관된 인도-유럽인 이주민이다.[14]

남부와 서부가 이 재난에서 서서히 회복되는 동안 아나톨리아 중심부는 발전을 이루어 나간다. 이곳에서 기원전 2200년경에 새로운 문명이 나타난다. 그 특징으로는 이전 것들과 형태는 유사하지만 밝은 바탕에 흑갈색 또는 적색의 (나중에는 두 색의) 도안이 그려진 도자기와, 도식화된 삼각형 머리를 떠받치는 긴 목이 인상적인, 납작한 원반 형태의 이색적인 설화석고 우상이다. 이것들을 카파도키아 도자기, 카파도키아

우상이라 부른다. 확산의 중심지가 나중에 그리스인이 카파도키아라 부르게 될 지역이기 때문이다. 이 지역은 키질리르마크(할리스) 강의 남쪽에 있으며 그 중심 도시는 카이세리 근처의 퀼테페. 이 지역에서 시작된 카파도키아 문명은 키질리르마크 강의 넓은 만곡 안에 있는 도시들(알리사르, 보가즈쾨이, 알라카 휘위크)을 비롯하여 남쪽으로 타우루스 산맥 너머의 진지를리까지 퍼져나갔다. 아주 번영했던 것 같은 이 지역은 십여 개의 왕국으로 나뉘어 있었으며 토착민이 후리인 및 셈족과 더불어 뒤섞여 살고 있었다. 또한 이 시기에는 아나톨리아 일부 도시와 군주들의 이름이 처음으로 알려진다. 아나톨리아가 기원전 제2천년기 초에 이르러 아시리아인 덕분에 마침내 역사시대로 진입하는 것이다.

사실 아주 오래전부터 아나톨리아에 인접해 있던 북부 시리아와 메소포타미아는 아나톨리아와 교역 관계를 맺고 있었다. 텔 마르디크에서 나온 어느 문서에서는 "에블라 왕의 수중에"[15] 있는 열일곱 나라 중에 카네시(퀼테페)를 언급하고 있으며, 위에서 보았듯이 아카드의 사르곤은 자기 상인들을 돕기 위해 푸루샨다(위치를 알 수 없는 도시)까지 갔던 것 같다. 그러나 이런 정보는 보가즈쾨이(하투사), 알리사르(안쿠와), 그리고 특히 퀼테페의 발굴 과정에서 발견된 100여 개의 아카드어 토판(기원전 18세기부터 16세기까지 아나톨리아에 세워졌던 아시리아 상인들의 조차지에서 나온 문서들)이 제공해 주는 정보에 비하면 너무 빈약하게 보인다.[16] 이 문서들을 보면 이 시기에 아시리아인은 아나톨리아인에게서 양털과 다량의 구리를 정기적으로 사들였으며 그들에게 주석 *annakum*과 얇은 직물을 팔았는데, 이들은 그 대금을 은으로 치렀다. 구리와 합금하면 가장 강한 청동이 만들어지기 때문에 무척 인기가 많았던 주석은 아나톨리아에서 아주 드물게 생산되었고 메소포타미아에는 없었다. 따라서 아시리아인이 주석을 이란이나 발루치스탄 등 동쪽에서 수입했을 것으로 생각하는 것이 합리적이다.[17] 그러나 아나톨리아에서 주석의 상품 가치는 구리의 일곱 배였으므로 그들의 이익은 적어도 50퍼센트는 되었을 것으로 추정된다. 이런 수지맞는 장사에 필요한 자본은 대부분 아수르의 부유한 가문 사람들이 조직한 출자자 협회를 거쳐 조달된다. 탐카루(상인들)가 조직하여 자본을 대는 대상隊商들이 약 1500킬로미터를 거쳐 상품을 실어 나른다. 아나톨리아에 이르면 약 15개 도시에 산재해 있는 아시리아 상업 조직망*kāru* 출신의 다른 탐카루와 이들에게 의존하는 대리인들이 거래를 진행한다. 이 모든 상업 조직망은 카네시 카룸이라는 조직의 관할 아래 놓여 있다. 카네시 카룸은 지역 지도자의 궁전을 두르고 있는 성채 아래쪽에 있는 퀼테페라는 저지대 도시에 설치되어 있다. 그 구성원은 사실상 모두 아시리아인으로 아시리아 왕의 백성이다. 이들은 아내, 어린아이들, 하인들과 더불어 명실상부한 조차지를 형성하고 아나톨리아에 정착해 살고 있다. 카네시 카룸의 상업 활동은 은행, 상업 회의소, 영사관을 겸하는 비트 카림*bīt kārim*이라는 행정 조직의 지휘를 받고 있는데, 이곳에는 모임, 대표자, 비서, 특사 등이 있다. 몇몇 단순한 규정을 준수하고 현지 당국에 세금을 납부한 덕분에 아시리아인과 아나톨리아인의 관계는 대체로 좋으며, 단지 사소한 문제를 해결하기 위해 "뇌물"이 존재한다.[18]

아주 효율적인 이 훌륭한 제도는 기원전 1950년경에 푸주르-아슈르 왕조의 초기 왕 중 한 명이 시행한 것 같다. 카네시 카룸의 활동은 거의 한 세기 후에 중단되고, 샴시-아다드 1세의 치세에 가서 다시 시작됐지만 몇 년밖에 지속되지 못한다. 이러한 단절을 히타이트인의 침입 때문으로 생각하기도 하지만 퀼테페의 문서에서 하티어■ 이름 사이에 히타

■ [역주] 하티어(Hattique)는 기원전 제3천년기와 기원전 제2천년기에 아나톨리아에

이트어 이름이 나오는 것으로 봐서 이들은 기원전 20세기 중에 이미 아나톨리아에 침투한 것 같다.

좀 더 넓은 의미에서 "히타이트"라는 단어는 서로 아주 가까운 인도-유럽어를 말하는 세 민족을 통칭한다. 고전 시대 히타이트 문서에서는 이들의 언어를 루위아어 *luwili*, 팔라어 *palaumnili*, 네샤어 *nashili* 라 부른다. 우리가 이미 언급했듯이 루위아인은 기원전 2300년경에 서쪽에서 아나톨리아로 침입한 것 같다. 다른 두 민족은 200~300년 후에 다르다넬레스와 보스포루스 해협을 거쳐 서쪽에서 들어온 듯하다. 알려진 것이 거의 없는 팔라인은 아나톨리아 동부 시바스 지역에 정착하고 네샤인은 카파도키아에 자리를 잡는다. 우리 생각에는 네샤에서 카네시라는 지명이 나온 것 같다. 나중에, 이들은 키질리르마크 강의 만곡 안에 있는 영토를 점령한다. 원주민들은 이 지역을 하티 ^Hatti^ 라 부르고 있었다. 그 이후 네샤의 군주들은 "하티의 왕"이란 칭호를 갖게 되고 메소포타미아인은 이 왕국과 그 주민을 하티라는 이름으로 부르게 될 것이다. "히타이트"라는 현대어 이름은 성경에 아브라함 시대와 이스라엘 정복기에 가나안 고지대에 살았던 "헷의 아들들"에서 유래한다.[19]

루위아인은 고유의 문자체계인 "히타이트 상형 문자"를 개발하는데 이에 관해서는 다시 언급하겠다(17장). 히타이트인은 자기네 언어를 표현하기 위해 쐐기문자를 사용하는데 이 문자를 아시리아가 아니라 북부 시리아에서 빌려 왔다. 현존하는 히타이트 문서 대부분은 기원전 14세기까지밖에 거슬러 올라가지 않지만, 일부 문서는 훨씬 더 오래된 사건들에 관해 암시한다. 특히 이 중 한 문서는 쿠사라(위치는 알 수 없다)의

서 사용되던 언어로서 비교적 나중에 들어온 히타이트 제국의 언어인 히타이트어 (Hittite)와 구분하기 위해 이렇게 부른다.

왕 피타나라는 사람과 그의 아들 아니타가 아나톨리아 중심부에 있는 다섯 왕국(그중에 푸루샨다, 잘파[알라카 휘위크?], 하투샤[보가즈쾨이], 네샤[카네시]가 포함된다)을 정복한 사실에 관해 말한다. 이 문서는 절대 신화적인 것이 아니다. 이 왕들의 이름이 퀼테페의 아시리아 문서에 나타나고 아니타의 이름이 새겨진 단도가 퀼테페의 성채에서 발견되었기 때문이다. 그러나 이 사건의 연대는 여전히 의문에 싸여 있다. 또한 이 두 군주와 라바르나스 1세 사이에 가족 관계가 있는지도 알 수 없다. 이 라바르나스 1세는 다른 문서에 따르면 "모든 원수를 무찌르고 바다를 국경으로 삼았다"고 하며 전승에 따르면 고대 히타이트 왕국(기원전 1650~1530년)의 창시자로 추앙받고 있다. 고대 히타이트 왕국 시대는 근동 지방에 들어온 "새로운 민족들"이 장기간의 팽창과 영예를 누리기 시작하는 첫 시기다.

후리인과 "미탄니인"

후리인Hurri을 새로운 민족이라 부를 수는 없다. 그것은 이들이 메소포타미아에서 가장 오래된 민족 중에 하나이기 때문이다. 그러나 후리인은 기원전 제2천년기 후반에 이르러 주요한 정치적 역할을 하게 될 것이므로 이들을 좀 더 자세히 조사해 볼 필요가 있다. 미리 말해 두자면, 오랫동안 연구 대상이었던 후리인은 여전히 잘 알려지지 않았으며 여러 문제를 제기한다.[20]

북부 시리아(알랄라흐, 우가리트, 메스케네), 메소포타미아(마리), 아나톨리아(보가즈쾨이)에서 발견된 후리어 쐐기문자 문서는 그 수가 비교적 많지 않다. 그 대부분은 난해한 용어로 가득한 제식서祭式書, 주문,

점술 문서이며 분명한 역사적 관심을 보여주는 유일한 문서(미탄니 왕 투슈라타가 파라오 투트모세 3세에게 보낸 장문의 편지로 이집트의 텔 엘-아마르나에서 발견되었다)마저 거의 이해할 수 없는 독특한 표현으로 작성되어 있다. 대부분 기원전 15세기부터 12세기에 걸쳐 있는 이 문서들 외에는 히타이트 문서에 나오는 몇몇 후리어 단어와 구, 길가메시 서사시 번역의 단편, 수메르어-후리어 어휘집이 있어서 이 문서들을 보완해 준다.[21] 그러므로 이 민족의 역사를 재구성하려면 메소포타미아, 히타이트, 이집트 문서를 비롯해, 이런저런 도시와 지역의 인명과 고유명사 연구라는 무척 불완전한 도구에 의지할 수밖에 없다.

후리어는 캅카스 언어들 및 기원전 제1천년기 우라르투(아르메니아)에서 사용되던 우라르투어와 친족 관계에 있는 교착어다.[22] 이와 더불어 위대한 후리의 신들 중 일부(특히 폭풍과 산봉우리의 신 테슈프, 그 배우자인 듯한 헤파트, 그리고 태양신 시메기)가 약간 다른 이름으로 우라르투에 나타난다는 사실은 후리인의 확산 중심지가 아르메니아 고원이었음을 시사해 준다. 후리인은 기원전 제3천년기 중반경에 북부 시리아와 메소포타미아 북부에 등장한다. 에블라의 달력 중 두 달은 후리 신의 이름을 갖고 있으며, 후리인 아리센이 아카드어로 기록된 명문에서 "우르키시와 나와르의 왕"으로 불린다. 그가 카부르 강 삼각지대의 북쪽부터 남쪽까지 다스렸음을 의미한다. 이라크에서 나왔고 역시 아카드 시대로 추정되는 우르키시의 왕 티샤탈의 이름으로 된 토대土臺 매장물은 현존하는 가장 오래된 후리어 명문이다.[23] 우리는 우르 3왕조 시대에 슐기가 쿠르디스탄 이라크에서, 대부분 후리인으로 구성된 군주들에 대항하여 지속적인 원정을 수행한 사실을 알고 있다. 기원전 18세기에 이르면 마리 편지들 덕분에 제벨 신자르와 타우루스 지맥 사이의 메소포타미아 북단 전역에 퍼져 있는 열아홉 군소群小 후리 왕국의 명단을 작성할 수 있고[24], 알랄라흐에서 나온 문서를 보면 시리아 북부의 열두 도시가 후리인의 지배 아래 있었음을 알 수 있다.[25] 후리인은 이라크 북동부(심 샤라, 텔 알-리마)에도 아주 많이 있었고 마리에도 짐리-림의 부하로 많이 있었으며 카파도키아에도 있었다. 또한 후리인 중 일부는 바빌로니아(딜바트, 텔 엣-데르)까지 진출했다. 에슈눈나의 위대한 신의 이름이 티슈파크(테슈프)라는 사실이나, 키주와트나(동부 시칠리아)와 히타이트 왕국에 후리 종교의 중심지가 있다는 사실로 보아 이 민족의 영적 영향력이 얼마나 대단했는지 알 수 있다. 한편 후리인의 신들 한가운데에 수메르-아카드 신들이 있는 것을 보면 메소포타미아와의 접촉이 얼마나 긴밀하고 지속적이었는지 알 수 있다.

이러한 접촉에 관한 다른 증거도 있다. 후리인은 쐐기문자와 아카드어를 채택했고 자기들의 고유어는 종교적인 문서를 쓰는 데만 사용한 것 같다. 예를 들어 미탄니의 속국으로 거의 후리인들만 살고 있던 아라프하(키르쿠크) 왕국의 도시 누지에서 발견된 기원전 15세기 토판 사천여점은 모두 바빌로니아어로 기록되어 있다. 그런데 적어도 이 지역에서는 이 토판들이 후리인의 제도에 관한 정보를 제공해 주는 유일한 문서다. 여기에 보면 "궁전의 사람들", 농부, 그리고 우르 3왕조 시대처럼 왕을 위해 일하고 배급을 받는 장인臣人이 부유한 재산가와 함께 살고 있다. 재산가는 선물을 주고 토지 소유자에게 스스로 입양됨으로써 소유지를 획득한다. 이것은 토지와 부동산의 판매를 규제하는 법을 피해 가는 실리적인 방법이다. 도시의 법정은 이 사람들의 권력 남용을 해결하려고 열심히 노력하지만 아무리 심각한 범죄에 대해서도 벌금형이 전부다. 여성은 누지에서 특별한 위치를 차지하며 매우 확대된 권리를 누린다.[26]

기원전 1600년부터 북부 시리아와 메소포타미아 북부에 있던 모든 후리인의 군소 도시국가들이 점차 통합되어 하나의 거대한 왕국을 형성하게 되는데, 이를 문서에서는 미탄니라 부르며 그 중심은 티그리스 강과 유프라테스 강 사이에 있는 하니갈바트에 있다. 미탄니 왕국은 이 무렵 메소포타미아에 침투했던 인도-아리아인(자신들을 스스로 "미탄니인"이라 부름)이 세운 것이라는 생각이 오랫동안 지배적이었다. 이곳에 말과 전차를 도입하고 자기네 전사귀족들을 내세워 후리인들을 지배했다는 것이다. 이런 믿음을 지지하는 논거의 수는 그다지 많지 않지만 설득력 있는 것처럼 보인다. 아르타타마, 파르샤샤타르, 투슈라타와 같은 미탄니 왕의 이름이나 경전차 부대를 이끄는 젊은 귀족을 지칭하는 마리안누 *marianu* 라는 단어는 인도-아리아어에 기원을 두고 있는 듯하다. 미탄니 왕 마티와자는 히타이트 왕 수필루리우마스와 맺은 조약에서 후리의 신들과 더불어 베다의 신 미트라, 우루와(바루나), 인다르(인드라), 나사티야나(나사티야스)의 이름을 부른다. 마지막으로, 후리인 키쿨리가 썼다고 전해지는 말의 조련에 관한 히타이트 자료에는 일부 아리아어 용어가 들어 있는데, 그중에는 말이 회전해야 할 횟수를 표현하는 용어(예를 들어, *penta vartana*, "다섯 번 돌기")도 있다. 이 "아리아인의 침입" 이론은 몇 년 전에 격렬한 반박에 직면했다.[27] 그러나 왕의 이름은 "즉위명"에 지나지 않으며 위에 언급한 단어들은 "화석"일 뿐이라 주장하는 아무리 극단적인 비평가라 할지라도 언제 어디에선가 후리인의 한 집단이 인도-아리아인과 접촉했다는 사실은 인정해야 했다. 우리는 말과 전차가 근동 지방에서 아주 오래전부터 존재했지만 거의 사용되지 않았다는 사실을 안다. 후리-미탄니인은 말의 사육과 조련을 개선하고 쌍륜雙輪 전차를 개조함으로써 기원전 15세기부터 근동 지방의 모든 전장에 이용될 새롭고 가공할 만한 무기를 만들어 냈을 것이다.[28] 아마 이것이 메소포타미아 문명에 대한 인도-아리아인의 유일한 공헌일 것이다.

후리인은 고유의 예술을 갖고 있었을까? 기원전 1600년 직전 북부 시리아와 메소포타미아 북부에서는 붉은색이나 검은색의 줄무늬와 기하학적 무늬로 장식된 베이지 색 도자기가 출현하는데 이를 "카부르" 도자기라 부른다. 그러나 이 도자기는 후리인의 힘이 최고조에 달하기 훨씬 전에 사라졌기 때문에 이들이 소개했다고 보기는 어렵다. 한 세기 후 모술과 키르쿠크 근처를 비롯해 텔 브라크와 북부 시리아(특히 알랄라흐)에서 밑면이 좁고 내벽을 검은 바탕에 흰색의 꽃과 새로 장식한 아주 화려한 물컵이 출토되었다. 아마 이란의 모형을 본뜬 듯한 이 "누지 도기"가 좀 더 후리인의 독특한 특징을 드러낸다. 세공술과 조각술은, 메소포타미아, 아나톨리아, 시리아의 전통이 서로 만나는 문화적 맥락에서 나타나므로 어떤 상이나 실린더-인장이 후리인의 것이라고 확실히 말할 수 있는 기준이 존재하지 않는다. 그렇다고 이들이 예술 작품을 만들지 않았다는 것은 아니다.[29]

시리아-팔레스타인과 이집트

지중해를 따라 알렉산드레타부터 가자까지 뻗어 있는 경작 가능한 길쭉한 땅은 현재의 레바논-이스라엘 국경선 및 시리아-요르단 국경선과 거의 일치하는 선을 중심으로 두 부분으로 나뉜다. 북쪽은 시리아고 남쪽은 팔레스타인이다.[30] 레바논-시리아 해안은 바위투성이로 자연항구 역할을 하는 작은 만이 많이 있으며, 예전에 나무가 많았던 고도 1400미터에서 3000미터에 이르는 불연속적인 산들(아마누스, 제벨 아크라, 제벨 안사리에, 레바논)이 가까이 있다. 서쪽은 이집트, 키프로스, 크레타, 그리스에서 오는 선박을 맞이하기에 적절하다. 이 산들 너머에 있는 거대한 계곡들(오론테스 계곡과 베카 평원)은 북쪽으로 약간 기복이 있는 대고원 방향으로 탁 트여 있으며, 이 고원은 타우루스 산맥의 첫 지맥들과 유프라테스 만곡까지 뻗어 있다. 이리하여 인접한 아나톨리아에 쉽게 접근할 수 있으며, 특별히 유프라테스 강을 거쳐 수메르-아카드 문명에도 쉽게 접할 수 있게 된다. 그와 반대로, 팔레스타인은 광활한 사막 때문에 메소포타미아와 단절되어 있고 황량한 시나이 반도 때문에 이집트와 단절되어 있다. 요르단 강과 사해는 깊은 단층의 밑바닥에 놓여 있으며 그 동쪽으로는 트랜스요르단■ 고지대가, 서쪽으로는 자갈투성이이며 불연속적인 갈릴리와 유다의 고지대가 불쑥 솟아 있다. 카르멜 남쪽에 있는 팔레스타인 해안은 낮고 직선이라 옛날에는 배가 피할 곳이 없었다. 남쪽과 동쪽에 사는 유목민에 둘러싸인 팔레스타인은 북쪽에서 오는 문화적 영향이 귀착하는 막다른 골목의 모습으로 오랫동안 남아 있게 될 것이다.

기원전 제3천년기 이 지방의 인구 구성에 관한 모든 불확실성은 에블라 왕실 문서의 발견으로 일거에 해소되었다. 전반적으로는 셈족이 지배적이었으나 의성어나 지명을 보면 북쪽에 후리인의 흔적이 있고 여기저기서 아주 오래된 듯한 불명확한 민족들이 발견된다. 이 토판들에서 발견되는 수많은 도시(카르케미시, 우가리트, 알랄라흐, 하마, 구블루[비블로스] 등)는 나중에 후대의 문서에 나올 도시들이다. 이 "원原 가나안인"이 오래전부터 그곳에 있었는지 아니면 기원전 3500년부터 3000년 사이에 어디에선가 들어온 것인지 알 방법은 없다. 발굴 과정에서, 이 도시들 대부분이 기원전 제4천년기나 기원전 제5천년기, 혹은 심지어 신석기시대에 세워진 마을에서 발전했다는 사실이 드러났다.

오랫동안 기원전 제3천년기 전반의 시리아에 관해서는, 하마와 아무크

■ [역주] "트랜스요르단(transjordanie)"은 요르단 강 동쪽 지방을 가리킨다.

에 있는 텔들[31]에서 이루어진 층위학적 시굴에서, 그리고 연속적으로 신전들이 발견되는 텔 아트차나(알랄라흐)의 가장 깊은 층들에서 제공된 자료밖에 없었다. 텔 마르디크(에블라)의 가장 깊은 층은 메소포타미아로 따지면 우루크 시대와 젬데트 나스르 시대에 해당하는 도기를 바탕으로 연대(기원전 3500~2900년)가 정해졌다.[32] 그러나 기원전 2400년경 이 도시는 장엄한 궁전을 중심으로 한 거대한 수도로 등장한다. 에블라 왕들의 정치권력은 타우루스 북쪽의 시리아에서 오론테스(하마)까지, 지중해에서 유프라테스 중류까지 미치고, 아나톨리아 일부, 시리아 중부와 남부, 메소포타미아 북부가 그들의 경제적 영향권 안에 들어온다. 에블라에 대한 메소포타미아의 영향력은 문자, 조각, 세공술에서 눈부시게 드러난다. 반쯤 통일된 시리아에 반해 팔레스타인은 수많은 도시국가로 나뉘어 있으며 각각의 도시국가는 바위투성이 봉우리에 위치해 있는 작은 도시를 수도로 삼고 있다. 건축, 도시 계획, 도기의 제조 수준을 보면 통일성 있고 발달된 문화와 더불어 어떤 여유로움이 느껴지지만, 메소포타미아의 영향은 사실상 전혀 없고 문자도 사용되지 않는다. 팔레스타인은 레바논 해안 지방과의 관계 외에는 아무런 관계를 맺지 않고 있으며 이집트와는 훨씬 더 느슨한 관계에 있다. 기원전 2500년경에 키르베트 케라크(팔레스타인 유적지 이름)라 불리는 검고 붉은 도자기가 시리아와 팔레스타인에 출현한다. 동부 아나톨리아에서 어떤 민족이 평화롭게 들어왔음을 시사해 준다.

나르메르 왕이 남쪽과 북쪽의 왕관을 함께 쓴 이후 고왕국 이집트(기원전 3100~2200년)는 마치 그의 기념비의 형상처럼 홀로 우뚝 솟아 있으며 불멸의 존재 같았다. 파라오는 몸을 입은 신으로 그 존재 자체만으로도 나라의 번영이 보장된다. 파라오 아래에서 명령이 귀족, 총독, 관리, 감독의 단계를 차례로 거쳐 전달되며 이 명령에 복종하는 백성들이 나일 강가에서 조용히 일하며 살고 있다. 나일 강은 정기적으로 유량이 증가하면서 좁은 계곡과 넓은 삼각주를 비옥하게 한다. 이집트는 풍요로운 농경 국가이지만 건축용 목재가 부족하고 금속이 희귀하다. 따라서 레바논에서 목재를 수입하는데, 기원전 2700년부터는 유명한 파라오들(카세케무이, 쿠푸, 미케리노스)의 이름이 기록된 단지들이 비블로스[33]에서 발견된다. 이를 근거로 이 파라오들과 비블로스 사이에 우호적인 관계가 있었음을 알 수 있다. 구리와 값비싼 터키옥은 시나이 광산에서 들여왔는데, 이렇게 해서 이집트와 팔레스타인 사이에 양면적 관계가 생겨난다. 사실, 팔레스타인의 왕들은 기름과 포도주를 이집트에 수출하지만 시나이의 노동자들은 종종 유목민들과 다툰다. "모래의 거주자들"이라 불리는 이 유목민들은 시나이 반도에 출몰하면서 노동자들의 숙소를 공격하고 그들의 대상들을 약탈한다. 그래서 이집트인은 점점 더 자주, 그리고 더 멀리까지 보복성 원정을 감행한다. 예를 들어 페피 1세 때(기원전 2250년경)에는 웨니 장군의 군대가 다섯 차례에 걸쳐 팔레스타인 심장부까지 쳐들어가 이곳에 큰 피해를 입힌다. 거의 한 세기 후 파라오의 절대 권위는 반란으로 무너지고 이집트는 제1중간기(기원전 2191~1911년)라 불리는 긴 혼란기로 빠져든다. 시나이의 유목민들과 팔레스타인의 정주민들이 여기에 일조했을 가능성도 배제할 수 없다.

사실 같은 시기(기원전 2200~2000년)에 대격변이 시리아-팔레스타인을 뒤흔든다. 팔레스타인의 모든 도시가 불타고 많은 도시가 일시적으로 혹은 영구적으로 버려진다. 새로운 지점에 유목민들이 장막을 치고 오두막을 짓고 무덤을 판다. 트랜스요르단 지역만 무사한 듯하다. 시리아의 유적지 대부분에서도 화재의 흔적이 발견된다. 황폐해진 비블로스는 이집트와 교역을 중단하고, 이집트는 이에 대해 불평한다.[34] 에블라는 나람-신(혹은 아카드의 사르곤)이 가한 타격에서 회복되었지만 기원전 2000

년경에 파괴된다. 알랄라흐, 하마, 카트나 역시 파괴된다. 한편 이 시기는 마르투가 우르 왕국을 공격한 시기이며, 이런 시기적 일치와 더불어, 기원전 제2천년기 초 시리아와 팔레스타인 왕들 대부분이 서셈어 이름을 갖고 있었다는 사실을 고려해 보면 이 경우에도 침략자들은 아무루인일 가능성이 아주 높다. 그러나 일부 파괴된 유적지에 단노나 투창 혹은 아주 잘 만든 청동 도구들이 발견되는 점으로 미루어 보면 이 아무루인들 이전에, 혹은 그들과 동시에 북쪽에서 온 전사들이 있었을 것 같다.[35] 가설이긴 하지만, 이 전사들은 루위아인에게 쫓겨난 남부 아나톨리아 주민일 수도 있다.

그러나 기원전 제2천년기 초부터 이집트는 다시 통일을 이루고 시리아-팔레스타인은 잿더미에서 서서히 다시 일어난다. 12왕조(기원전 1991~1786년)의 파라오들은 비블로스와 새로운 관계를 맺는다. 비블로스는 부유해져 소형 첨탑으로 장식된 신전들을 건축하고 죽은 왕들을 화려한 집기와 함께 매장하고 상형 문자를 사용하고 나중에는 상형 문자를 단순화하기도 한다. 해안선을 따라 더 북쪽에 있는 또 하나의 항구 도시 우가리트(라스 샴라)[36]는 이집트 상인들을 맞이하여 크레타의 상인들과 교류하게 해 주고 크레타의 화려한 카마레스 도기를 받아들인다. 아메넴하트와 세소스트리스라는 재위명在位名을 지닌 12왕조의 파라오들은 현지에 상시 주재원들을 두고 있다. 이들은 이 두 항구의 군주들뿐만 아니라 인접한 시리아의 다른 아무루 군주들에게도 선물(항아리, 스핑크스, 상, 보석)을 풍부히 안겨 준다. 재건된 에블라는 요새화된 네 성문을 갖춘 거대한 성벽으로 둘러싸여 있다. 궁전과 수많은 신전이 세워진다.[37] 그러나 이 도시는 더는 예전의 거대한 수도가 아니다. 기원전 1850년경에 북부 시리아의 지배권이 알레포라는 도시로 넘어가기 때문이다. 알레포에는 거대한 텔 위에 세워진 중세 시대의 성채가 오늘날에도 크게 자리 잡고 있어서 일체의 고고학적 발굴이 불가능하다. 따라서 알레포의 속국이었던 알랄라흐[38]와 마리의 문서 및 히타이트 문헌의 간략한 언급으로만 그 역사에 관해 알 수 있다. 이 강력한 얌하드 왕국 외에 카르케미시, 에마르, 카트나 등의 독립 왕국이 있으며 베카 평원과 홈스 협로에는 열 개 도시국가로 구성된 연맹이 있는데 이를 아무루 왕국이라 부른다.

팔레스타인은 레바논-시리아 해안 지방의 문화를 어느 정도 공유하고 있다. 또한 이집트와 우호적인 관계를 유지하면서 이집트의 사자使者들을 받아들이고 선물을 받고 이집트의 항아리와 말똥구리 모양의 조각석을 흉내 낸다. 팔레스타인은 기원전 1800년부터 1600년 사이에 전례 없는 번영을 누린다. 여기에 대해서는 귀족들의 대저택, 고급스러운 청동 무기, 금으로 만든 패물을 보면 잘 알 수 있다. 이런 유물은 하조르, 텔 타아나크, 메기도, 셰켐, 제리코, 베이트 미르심, 텔 에드-두웨이르와 같은 튼튼하게 요새화된 인구 밀집 도시 열다섯 곳 정도에서 발견된다. 기원전 19세기에 우르에서 출발해 북부 시리아의 하란을 거쳐 온 아브라함과 그의 가족이 도착해 자리 잡은 곳 역시 바로 이 비교적 여유로운 지역이다. 이런 이주가 흔했기 때문에 이 사건(그 결과가 여전히 근동 지방에서 느껴진다)은 눈에 띄지 않고 지나갔지만 성서에 나오는 이 이야기의 진정성을 의심하게 할 만한 것은 전혀 없다.[39] 학자들은 50여 년 동안 이집트의 텔 엘-아마르나 편지들과 이집트어 문서에서 언급되는 하비루*habirû* 혹은 아피루*'apiru*가 성서에 나오는 이브리*'ibri*(히브리인들)라 생각했다. 이것이 사실이라면 히브리인들이 팔레스타인에 들어온 것은 기원전 15세기가 된다. 그러나 그 이후 새로운 발굴의 성과로, 메소포타미아(마리, 누지), 아나톨리아(보가즈쾨이), 시리아(알랄라흐)에서 나온 기원전 약 2200년부터 1200년까지 걸쳐 있는 수많은 문서에서 하비루라는 용어가 발견되었다. 이 정도면 종래의 가설을 버리기에 충분하다. 게다가 이 문서들을 깊이 연구해 본 결과 하비루는 민족이나 부족이 아니라 사회적 범주임이 밝혀졌다. 이들은 도망자, 무국적자, "소외 집단"으로 흔히 무장하고 패거리로 몰려다니며 약탈과 노략질을 일삼았지만 때로 기성 권력을 위해 싸우기도 했다.[40] 이름에 관련성이 있기 때문에 하비루=히브리의 등식을 완전히 버릴 수는 없지만 이 용어는 아브라함의 후손들보다는 훨씬 더 큰 인구 집단을 포함한다.

팔레스타인의 아무루인은 공식적으로는 이집트인과 사이가 좋았지만 이집트인은 이들에 대해 불안해했다. 실제로 12왕조의 "저주 문서"[41]에 나오는 이집트의 잠재적인 적 목록에 팔레스타인의 여러 도시와 지도자가 등장한다. 아무루인들이 치욕적인 보호령을 떨쳐 버리려 하면서 비교적 가까이 있는 나일 강가 푸른 유역流域의 풍요로움을 탐내고 있다는 소문이 멤피스까지 들렸던 것 같다. 실제로 기원전 1720년부터는 이 왕들 중 일부가 이미 나일 강가에 자리를 잡고 있다. 몇 년 후에는 다른 왕들이 무리 지어 이곳으로 침투해 삼각주의 동부를 점령한다. 그 후 이들은 힘을 합쳐 점차 나일 강 유역 전체를 빼앗는다. 이것이 제2중간기로서 힉소스 시대[42]라 불린다. 이 단어는 이집트어 히카우코스웨트 *hikaukhoswet*, 즉 "외국에서 온 지도자들"의 그리스어 형태다. 이 시기는 원칙적으로 108년 동안 지속되었고 기원전 1550년경에 이들이 쫓겨남으로써 마무리된다. 이집트 사제였던 마네토(기원전 3세기)가 전해 주는 지역 전승에서는 이 시기를 극한 야만의 시대로 묘사하지만 이런 묘사는 심한 과장인 듯하다. 그러나 "아시아인들"*Amu*의 침입은, 이집트를 "화려한 고립"에서 탈출하게 해 주었다는 점과 이집트를 위협하는 심각한 위험이 동부에서 발생할 수 있다는 사실을 이집트가 지각하게 해 주었다는 점에서 도움이 되었다. 이런 위험을 미리 방지하기 위해 18왕조 파라

오늘은 수에즈 지협地峽을 건너 팔레스타인과 시리아를 이집트의 속주로 만들 목적을 갖고 일련의 전쟁을 수행할 것이고, 후리인들과, 그리고 나중에는 히타이트인들과도 부딪히게 될 것이다. 이리하여 이집트와 근동 지방 전체에 새로운 시대가 시작될 것이다.

주변을 돌아보는 일이 끝났으니 이제는 메소포타미아로 되돌아와 (아마 기억하겠지만) 함무라비 통치 말기로 중단했던 메소포타미아 역사의 맥을 다시 추적해 볼 수 있겠다.

15 카슈인

기원전 1750년에 함무라비가 죽을 당시 우리가 좀 전에 묘사했던 사건들은 아직 완전히 결실을 보지 못한 상태였다. 타우루스 건너편에서는 히타이트인이 아나톨리아 중심부에 한창 정착하는 중이었다. 유프라테스 건너편에서는 아무루인이 시리아-팔레스타인을 확고하게 지배하고 있었다. 같은 이름을 가진 함무라비라는 사람이 거대한 알레포 왕국을 통치하고 있었다. 메소포타미아의 북쪽 끝에서는 전혀 적대적이지 않은 후리인들이 작은 도시국가들로 분열되어 있었다. 죽은 왕이 막 세워 놓은 나라에 위협을 가할 만한 사람은 아무도 없었다. 그러나 10년도 채 못되어 이 나라는 압력을 견디지 못하고 균열이 생기게 될 것이다. 이 압력은 외부에서 온 정복자들의 압력이 아니라 정치적이기도 하고 경제적이기도 한 내적인 압력이었고 이 때문에 언젠가 이 나라는 무너질 것이다.

거대한 왕국 바빌론 제국은 단 한 사람의 작품이었다. 제국은 그의 강렬한 개성과 행정 조직에 의존하고 있었다. 이 행정 조직은 점차 지방 권력을 몰아내고 왕권을 강화하였다. 단 몇 년 만에 형성된 거대한 바빌론 왕국에는 남부 메소포타미아 전체(수메르와 아카드)와 고대 에슈눈나 왕국이 포함되었다. 함무라비가 말년에 "법전"의 서문에 기록한 도시들의 목록을 보면 아수르와 니네베도 손에 넣고 있었던 것 같지만, 이 아시리아 영토의 중심축은 기원전 1741년까지 이슈메-다간(샴시-아다드의 아들)의 감시를 받고 있었으므로 함무라비는 모호한 지배력밖에는 행사하지 못했을 것 같다.[1] 메소포타미아 북부와 그곳에 있는 알레포의 함무라비 1세에게 복종하는 작은 나라들도 사정이 마찬가지였다. 이에 대해서는 아품 왕국의 수도인 텔 레일란(슈바트-엔릴)에서 발견된 토판들을 보면 잘 알 수 있다.[2] 이와 똑같은 정책이 마리 왕국의 힘 없는 후속 왕국인 유프라테스 강 중류의 하나Hana 왕국(수도는 테르카)에서도 기원전 1625년까지 적용되었던 듯하다.[3] 그러나 바빌론에 복종하는 나라 중 일부는 최근 독립의 기억을 간직하면서 늙은 사자가 사라지고 멍에를 떨쳐 버릴 날이 오기만을 기다리고 있었다. 정치적인 감독이 느슨하다 보니 반란은 훨씬 더 수월했다. 바빌론의 왕과 고관들이 방대한 토지를 소유하고 자금 시장이 탐욕스러운 상인-사업가들의 손안에 있었을 뿐만 아니라 지방, 특히 메소포타미아 남부는 점점 더 가난해지는 반면 왕도와 그 주변은 점점 더 부유해지다 보니 반란에 동조하는 사람들이 더 늘어났다.

함무라비의 후계자들은 이런 반란을 진압하려고 노력했지만 소용이 없었다. 나중에는 제국의 분할에 대해 체념했지만 새로운 환경에 적응하는 법은 알지 못했다.[4] 그들은 소작료와 재정 수입의 손실을 보충하기 위해 그나마 갖고 있던 제한된 영토 내에서 농업 생산성을 강화하려 했다. 상인들은 감소된 해외 무역의 이익을 메꿔 넣기 위해 스스로 대부업자가 되었다. 이들은 왕실과 협력하여 일하면서 영세한 사업가나 상인들에게 장비를 대여해 주었으며 더 가난한 사람들에게는 "필수 융자"를 해 주었다. 이 가난한 사람들은 일반 대중으로서 생존을 위해 열심히 일했지만 일하는 능력은 무척 부족한 사람들이었다.[5] 수많은 가족이 영영 빚을 지게 되었지만 많은 채권자는 국가의 힘을 위협할 정도로 부를 축적하게 되었다. 그것이 전부가 아니었다. 사람들은 생산량을 늘리기 위해 휴경의 관습을 포기했던 것 같다. 이 때문에 토양은 고갈되고 염도가 증가했다.[6] 이리하여 바빌로니아는 거의 한 세기(기원전 1700~1600년)만에 정치적 해체에서 출발해 생태학적 재난을 더한 경제적 무질서에 이르게 되었다. 나라는 노쇠해져서 가벼운 공격, 즉 히타이트의 일회성 급습만으로 붕괴되었고 이와 더불어 바빌론 1왕조는 무너졌다.

역설적이게도, 불과 얼마 전에 메소포타미아에 정착한, "야만족"이라 여겨지는 카슈인의 군주들이 비어 있던 왕좌에 올라 상황을 수습한 후 바빌로니아를 번영하는 왕국으로, 강한 이웃 국가들에게 존중받으며 위엄의 후광을 입은 왕국으로 차츰 변화시켰다. 그들은 약 사백 년 동안 통치했지만 정말 유감스럽게도 자료가 너무 빈약하여 이 흥미로운 긴 시기가 메소포타미아 역사 중 가장 잘 모르는 시대가 되어 버렸다.

함무라비의 후계자들

함무라비의 아들 삼수-일루나■(기원전 1749~1712년)는 아버지와 같은 역량은 갖추지 못했어도 아버지의 용기와 끈기는 물려받은 것 같다. 자신의 유산을 잘게 부수려는 세력에 대항하여 맹렬히 싸웠던 것이다. 그러나 이것은 누더기를 수선하려는 것이나 마찬가지였다. 찢어진 곳을 깁자마자 다른 곳이 또 찢어져 있었다. 그의 재위 7년부터 림-신이라 불린(아니면 스스로 그렇게 부른) 모험가[=림-신 2세]가 라르사의 위엄

─────────────

■ "삼수(태양신 샤마시의 아무루어 형태)는 우리 신이다."

있는 마지막 군주로서 자신을 스스로 라르사의 왕으로 선포한 후 남부 전체를 등에 업고 조상의 본거지였던 야무트발에서 반란을 선동했다가 5년이 지난 후에야 키시 앞에서 진압되었다. 그와 함께 일을 도모했던 에슈눈나의 군주는 체포되어 묶인 채 바빌론으로 압송된 후 교수형에 처해졌다. 이러한 치열한 전쟁 와중에 삼수-일루나는 우르의 성벽을 쳐서 그곳의 모든 신전을 약탈하고 불사르면서 도시 일부를 파괴했다.[7] 우루크 역시 비슷한 일을 당했으며, 이 일은 엘람인들이 개입할 구실을 제공했다. 쿠티르-나훈테 1세는 과감하게 습격하여 도시 안으로 침투해 귀중한 물건을 수사로 가져갔는데 그중에 이난나 여신의 상도 있었다. 이 신상은 거의 천 년이 흐른 후 아슈르바니팔이 되찾아 오게 될 것이다.[8] 몇 년 동안 정적이 흐른 후 이신의 마지막 왕 다미크-일리슈의 후손임을 주장하는 일루마-일룸이라는 사람이 수메르 땅에서 반란의 깃발을 높이 들고 니푸르를 차지한 후 바빌론 왕의 공격을 두 차례 물리쳤다. 그는 바빌론 왕의 왕조와 동시대에 존재하는 "해국海國 왕조"라 불리는 왕조를 창건했는데 이 왕조는 기원전 1460년까지 이르게 된다.[9] 거의 같은 시기에 아시리아는 아다시의 반란 덕분에 독립을 이루게 된다. 아다시는 잘 알려지지 않은 왕으로 "누구의 아들도 아닌"(즉, 찬탈자)이라는 수식어가 붙었지만 "아시리아의 종속을 끝낸" 것으로 유명했다. 이러한 연속된 역경 이외에 삼수-일루나는 외부의 공격에 맞서야 했다. 그의 연명 年名 중에 나오는 "카슈인의 군대"(제8년)와 "아무루의 군대"(제36년)라는 짤막한 언급을 보면 이 사실을 알 수 있다. 그의 경쟁자였던 라르사의 왕 림-신[2세]의 연명에도 "비열한 카슈인"을 암시하고 있는 것으로 보아 카슈인은 여러 전선에서 공격을 수행했던 것 같다. 아무루(이 문맥에서는 "서쪽"이라 해석해야 할 듯하다)라는 용어가 시리아의 아무루인을 지칭할 가능성은 별로 없다. 오히려 하나Hana의 왕들이 그 수도였던 테르카에서 일으킨 반란, 즉 군사 작전으로 볼 수 있을 것이다. 어쨌든 삼수-일루나의 불운했던 장기간의 통치가 말년에 이르자 바빌론은 수메르 지역과 티그리스 강 상류의 영토, 그리고 아마 유프라테스 강 중류의 영토까지도 잃어버리고 원래 영역이었던 아카드 지방으로 거의 되돌아갔다. 단지 디얄라 강 유역(와룸과 에슈눈나 지역)만이 여전히 그에게 속해 있었다. 함무라비의 제국은 사실상 지도에서 사라진 것이다.

삼수-일루나의 후계자들은 자기들의 유산을 그럭저럭 지켜낼 수 있었다. 아비에슈흐(기원전 1711~1684년)는 카슈인들의 두 번째 공격을 물리치고 이 이방인들이 개인 자격으로 딜바트에 농업 노동자로 정착하거나 시파르에 용병으로 정착하는 것을 묵인했다. 그러나 카슈인의 지도자인 카슈틸리아시가 기원전 1700년경에 하나^{Hana}의 왕위에 오르는 것을 막아낼 수는 없었다. 아비에슈흐는 일루마-일룸에 대항하는 전투를 계속 수행하면서 티그리스 강을 가로막음으로써 일루마-일룸이 숨어 있던 늪지에서 그를 몰아내려 했지만 체포할 수는 없었다. 암미디타나(기원전 1683~1647년)의 연명 중에는 데르의 정복이 언급되는데, 이 외에도 삼수-일루나가 잃어버린 영토의 일부를 일시적으로나마 다시 정복하는 데에 성공한 것 같다. 실제로 그의 후계자인 암미-사두카(기원전 1646~1626년)의 저 유명한 "정의의 칙령"*mêsharum*에서는 그의 관할권 아래에 있는 도시와 지방 행정구역으로 이신, 라르사, 우루크, 말굼, 티그리스 유역(이다-마라즈, 야무트발)과, 유프라테스 강 유역에 있는, 바빌론과 하나(아나트) 사이의 수훔 지역을 언급한다. 그러나 이 칙령이 흥미를 끄는 주요 이유는 위에서 요약된 시대의 서글픈 경제적 상황을 우리에게 알려준다는 점이다. 이 칙령은 전체 주민에 대해 채무 감면 및 연체금, 임대료, "필수 융자"의 면제를 선언하고, 일부 범주의 주민들에 대해서는 영업세와 일부 세금의 면제 혹은 감면과 신체적 구속의 폐지를 선언한다. 심지어 채무자를 추적하려는 대리인들은 사형에 처할 것이라고 위협한다.[10] 이 왕조의 마지막 왕인 삼수-디타나(기원전 1625~1595년)에 관해서는 몇몇 연명들만 알려져 있는데 이 연명들은 사실성의 정도에서 다소 차이가 있다. 함무라비의 후계자들은 점점 그 횟수가 줄어들긴 했지만 전쟁을 치렀고 경제 재건을 위해 노력했다. 그 외에도 메소포타미아에 전통적으로 전해 내려오는 신앙적 행위를 계속 수행하며 수로를 건설하고 왕국의 변방 곳곳에 요새*dūru*를 건설했다. 한편, 바빌론에서 아주 멀리 떨어진 타우루스 산의 눈 덮인 봉우리 저편에서는 이들의 왕권을 휩쓸어갈 폭풍이 힘을 모으고 있었다. 대부분 별 볼 일 없는 이 군주들이 이런 사실을 짐작이나 하고 있었을까 의심스럽다.

잘 알려지지 않은 히타이트의 군주 라바르나스 1세가 기원전 17세기 초에 아나톨리아에 한 왕국을 세워 쿠사라(위치는 알 수 없다)라는 도시에서 다스렸다는 사실을 앞서 언급했었다. 그의 아들 라바르나스 2세(기원전 약 1650~1620년)는 키질리르마크 강의 만곡을 하티의 영토로 추가하고 하투샤(보가즈쾨이)를 수도로 삼은 후 이때부터 자신을 하투실리스, 즉 "하투샤의 사람"이라 불렀다. 전사의 기질을 갖고 태어난 이 왕은 오래지 않아 자기 영토가 너무 좁다는 생각에 정복할 땅을 찾아 나서기 시작했다. 이리하여 그는 흑해 연안의 항구 도시 잘파와 아나톨리아 남서부에 있는 아르자와라 불리는 지역을 점령했다. 그러고 나서 키주와트나(킬리키아)를 지난 후 자기 군대와 함께 시리아로 향하는 길을 점령했다. 이 길은 시리아를 넘어 이집트나 메소포타미아로 통하고 있었는데, 이 두 곳은 특히 비옥한 지역으로 천 년의 문명이 전설적인 부를 축적해 놓은 곳이다. 하투실리스 1세의 단편적인 연대기[11]에서는 이 방향으로 적어도 두 차례 원정이 있었다고 보고한다. 원정 도중에 알랄라흐가 파괴되었고 우르슈(위치를 알 수 없지만 알레포 북동쪽 가지안테프에 있

었을지 모르는 중요한 도시)는 포위와 정복을 당했으며 시리아의 군대
는 콤마게네에서 패했다. 그러나 알레포(히타이트어로 "할파")는 공격
을 받지 않았다. 얼마 후 하투실리스는 죽으면서 자신의 양자였던 무르
실리스 1세(기원전 약 1620~1590년)에게 자기 일을 계승해 나가라는 책
무를 맡겼고 무르실리스 1세는 뜻밖의 성공을 거두었다. 좀 더 후대의
히타이트 문서[12]에서는 다음과 같이 말한다.

> "그가 할파 도성을 파괴하고 할파에서 보물뿐만 아니라 사람도
> 사로잡아 갔다."

시리아의 수도를 떠난 히타이트 군대는 유프라테스 강을 만나 그 강
을 따라 내려가다가 갑자기 바빌론의 성문에 나타났다. 패배자들은 자기
들의 패배에 관해 말하기를 별로 좋아하지 않는다. 단지 후대의 바빌로
니아 연대기[13]만 이 중요한 사건에 대해 암시한다.

> "삼수-디타나의 시대에 하티인들이 아카드 지방을 향해 진군해
> 왔다."

위에 인용된 히타이트 문서는 계속해서 다음과 같이 말한다.

> "그러고 나서 그(무르실리스)는 바빌론으로 가서 바빌론을 파괴
> 하고 후리인들을 무찌르고 사람과 물건을 바빌론에서 하투샤로 끌
> 어갔다."

민족들이 반란을 일으켜 히타이트가 공격을 받던 시대(기원전 14세
기)에 작성된 것으로 추정되는 히타이트의 기도문[14]은 이 영광스러운

사건을 그리운 추억으로 떠올린다.

> "예전에 하티는 태양의 여신 아린나의 도움으로 마치 사자처럼 습관적으로 주변 나라를 움켜쥐었다. 더 나아가 알레포와 바빌론처럼 하티가 파괴한 도시들을 비롯해 모든 나라에서 금은보화와 신들을 빼앗아 와 태양의 여신 아린나 앞에 바쳤다."

문자 그대로 바빌론이 "파괴"되었는지는 의심스럽다. 그러나 바빌론이 점령되어 약탈당한 것은 분명하다. 이 일은 기원전 1595년이나 그 얼마 후에 일어났다. 그러나 히타이트인들은 그곳에 오래 머무르지 않았다. 궁전의 반란으로 아나톨리아로 돌아오라는 요청을 받은 무르실리스는 퇴각하면서 마르두크와 그 배우자인 차르파니툼의 신상을 가져갔다. 삼수-디타나는 왕위를 잃었고, 아마 목숨도 잃었던 것 같다. 이리하여, 어느 하찮은 아무루 족장이 세우고 함무라비 대왕이 영광을 안겨 준 왕조는 단 며칠만에 제대로 싸워 보지도 못한 채 끝나 버렸다. 이 왕조는 정확히 300년(기원전 1894~1595년) 동안 존속했다.

카르두니아시의 왕들

고대 메소포타미아에 살았던 사람들 중에 가장 잘 알려지지 않은 민족은 단연 카슈인들*Kashshû*[15]이다. 일부 저자들은 그들의 기원을 이란 남서부에서 찾으려 했다. 사실 그들이 나중에 물러간 곳은 바로 이곳이다. 이 가설은 그럴듯하긴 하지만 근거가 상당히 부실하다. 후리인들과는 대조적으로 카슈인들은 자기들의 언어로 아무런 기록도 남기지 않았으며 이 언어에 대해 알 수 있는 자료는 아카드어 문서에 흩어져 있는 몇몇 단어들과 두 점의 "어휘집"뿐이다. 그중 하나는 카슈의 여러 신들에 해당하는 수메르-아카드의 신들을 기록하고 있으며 다른 하나는 몇몇 고유 명사에 대한 번역 혹은 설명이다. 우리가 말할 수 있는 것이 있다면, 카슈어는 셈어가 아니며 수메르어, 후리어, 혹은 근동 지방에서 사용된 어떤 언어와도 혈족 관계가 없고 인도-유럽어와도 관련이 없다는 사실이 전부다. 그러나 그들이 섬기던 폭풍의 신 부리아시는 다름 아닌 그리스의 신 보레아스며 그들이 섬기던 전쟁의 신(마루타시)과 태양의 신(슈리아시)은 아리아인의 신 마루트와 수리야에 해당한다는 사실을 인정한다면(모두가 동의하는 것은 아니지만) 후리인들과 마찬가지로 카슈인들 역시 인도-유럽인들과 오래전부터 직간접적인 접촉이 있지 않았을까 추측해 볼 수 있다. 이 외에도 카슈인들에게는 20여 신이 있는데 그중 중요한 신으로는 최고신 하르베, 산의 남신과 여신으로 그들이 세운 왕조의 수호신 슈카무나와 시말리야, 그리고 달의 신 시파크가 있다.

  카슈인들은 고대 바빌론 시대에 고립된 개인이나 집단의 형태로 메소포타미아에 처음 나타났다. 그 후에 이들은 우두머리 아무개의 "집"(아카드어로는 *bîtâtum*)이라 불리는 부족의 형태로 등장했다. 가장 오래된 언급은 기원전 1800년 정도로 연대를 정할 수 있다. 한 세기가 흐른 후 카슈틸리아시라 불리는 카슈인이 하나^{Hana}의 왕이 되었다. 바로 이 시기에 이 지역에서 카슈 왕조의 장구한 역사가 시작된다. 카슈 왕조는 바빌로니아 제왕 목록 A에 따르면 서른여섯 명의 왕이 거의 공백 없이 576년 동안 통치했다. 이 목록의 셋째 왕인 카슈틸리아시 1세가 하나^{Hana}의 카슈틸리아시와 같은 인물이라면, 그리고 이 목록에 나오는 각 왕의 통치 연대가 정확하다면 왕조의 창립자인 간다시는 기원전 1730년까지 살았을 것이고 삼수-일루나와 동시대에 다스렸을 것이다. 불행히도 이 목록은 보존 상태가 좋지 않다. 특히 여기에는 열여섯 번째 왕과 스물다섯 번째 왕 사이에 큰 공백이 존재하는데, 몇몇 겹치는 사건과 동시대의 사건 덕분에 이 공백을 부분적으로 메울 수는 있지만 기원전 14세기 초에 이르기까지 이 왕들의 연대와 계승 순서는 아주 불분명하다. 이런 이유 때문에, 그리고 다른 문서 자료가 없기 때문에 바빌론 1왕조를 끝장낸 히타이트의 공격 이후 언제 어떻게 카슈인들이 바빌론을 점령했는지는 알 수 없다.[16] 대개 바빌론의 첫 카슈인 군주는 간다시의 아홉 번째 후계자인 아굼 2세(또는 아굼 카크리메)라고 여겨진다. 이 왕은 긴 명문에서 자기가 히타이트인들이 가져간 신상들을 각각 원래 신전으로 되돌려 놓았다고 주장한다. 이렇게 하려면 히타이트인들과 모종의 공모가 있었다고 보아야 한다. 그러나 이런 주장은 후대의 사본에 나오는 말이기 때문에 그 진정성이 의심스럽다.[17]

카슈 시대 바빌로니아의 조직, 행정, 경제와 사회 구조에 대한 정보 역시 그리 많지 않다. 앞으로 진행될 발굴 과정에서 우리 문서 자료의 범위가 확대될 날이 언젠가 올 수도 있다. 그러나 현재로서는 약 200점의 제왕 명문(대부분은 간결하고 상투적이며 그다지 역사적 흥미가 없다), 66점의 쿠두루, 그리고 약 1200점의 토판(편지와 경제 문서)이 발견되었을 뿐이다. 토판들은 대부분 니푸르에서 출토되었으며 기원전 1370~1230년의 기간에 걸쳐 있다. 이 토판 중에서 아직 10퍼센트도 출간되지 못했다.[18] 이 모든 자료는 400년의 기간(앙리 3세부터 현재까지 해당하는 기간과 같다)치고는 너무 적은 양이다. 그러나 이런 자료들에서 상당한 정보를 이끌어낼 수 있으며, 여기에다가 고고학적 자료, 카슈 왕들과 파라오 사이에 주고받았으며 이집트의 텔 엘-아마르나에서 발견된 서신들(16장을 보라), 그리고 7세기에 기록되고 나중에 편집된 연대기 두 편이 있어서 이 자료들을 보충해 준다. 두 연대기 중 하나(『병행 역사』)는 상당히 편파적인 서기관이 기록했고 다른 하나(『연대기 P』)는 상당히

객관적인 바빌로니아의 서기관이 기록했다.[19]

자료가 비교적 빈약하다 보니 카슈 시대가 정체의 시대, 더 나아가 정치, 경제, 문화의 측면에서 쇠퇴의 시대였다는 인상을 받기 쉽지만 실제로는 전혀 그렇지 않다. 오히려 모든 것을 종합해 보면 이 시대는 안정과 번영의 시대였고 군사, 외교, 상업이 강성했으며 여러 영역에서 혁신과 진보를 이룬 시대였다. 의심의 여지 없이, 카슈인들은 혼란스럽고 불안한 나라에 안정과 평화를 회복했으며, 수메르-아카드 문명을 즉각 받아들여 수천 년 된 전통을 지키면서 학예를 장려했고, 대체로 선한 메소포타미아의 군주로 행세했다. 신들을 바빌론에 되찾아 준 아굼 2세의 행동에는 무엇보다 자신의 새로운 백성의 환심을 사려는 목적이 있었지만, 동시에 외국인으로서 이미 사라진 아무루 왕조의 합법적인 후계자로 자처하려는 의도도 있었다. 마찬가지로 울람부리아시가 기원전 1460년경에 "해국"의 왕 에아-가밀의 엘람 원정을 이용하여 수메르 지방 전역을 빼앗은 것도 삼수-일루나의 불운했던 후계자들이 이루지 못한 꿈을 실현했던 것뿐이다. 그러나 그는 이와 동시에, 그때까지 별개의 지방으로 단순히 바빌론에 (실제로든 이론적으로든) 종속되어 있다고 생각되던 지역을 진정한 한 나라로 통합하고 있었다. 그의 통치를 계기로 카슈의 왕들은 더는 자신을 "바빌론의 왕"이라 부르지 않고 "카르두니아시의 왕"이라 불렀다. 카르두니아시 *Karduniash* 는 그들의 언어에서 남부 메소포타미아 전체를 가리키는 명칭이었다. 달리 표현하자면 이제 "바빌로니아"라는 개념이 탄생한 것이다.

기원전 16세기는 메소포타미아 역사상 가장 잘 알려지지 않은 시기이므로 카슈의 초기 왕들이 그들 왕조의 발상지라 추측되는 유프라테스 강 중류 지방을 지배했는지도 알 수 없다. 그러나 이들이 티그리스 강 상류 지방에 영향력을 발휘하려고 여러 차례 시도했다가 실패한 것은 사실인 듯하다. 『병행 역사』*Histoire synchronique* 에 따르면, 부르나부리아시 1세(기원전 1530년경)는 아시리아의 푸주르-아슈르 3세와 사마라 근방 어딘가에 있는 양국의 국경에 관련해 조약을 체결했으며 나중에 같은 성격의 협약이 카슈의 카라인다시와 아시리아의 아슈르-벨-니셰슈(기원전 1419~1411년) 사이에 체결되었다.[20] 이리하여 메소포타미아가 두 개의 큰 왕국으로 나뉘는 일이 마무리되었다. 북부는 아시리아, 남부는 바빌로니아였다. 이 분할은 지리적 특성과 선사시대에서 그 기원을 찾을 수 있고 어느 정도 정당성도 찾을 수 있다. 그러나 우리가 다음 장부터 보게 되겠지만 여기에 경쟁 관계가 더해지면서 이 분할은 앞으로 이 지역 역사에서 중요한 역할을 담당하게 될 것이다.

고유 명사 연구에 따르면 카슈인들이 대규모로 메소포타미아를 침공했던 것 같지는 않다. 여러 부족이 정착했고, "집"이라는 단어는 이제 같은 조상을 모시는 집단에 속한 영토를 지칭했다. 카슈의 귀족들은 빠른 말이 끄는 가벼운 전차를 타고 다니는 전사들로서 군대의 핵심 고위층을 형성했다. 이 민족은 후리인처럼 말을 사육하고 조련하는 전문적인 기술을 갖고 있었다. 카슈인 역시 이 기술을 인도-아리아인에게서 습득했을 것이다. 이 정예 병사들은 "대신들"*sukkal*과 더불어 늘 왕과 왕족의 주변을 지키고 있었다. 바빌로니아는 지방 행정구역으로 나뉘어 총독들 *bêl pâhati* 또는 *shakin têmi* 에게 맡겨졌는데 이들은 흔히 그 지역 출신이었다. 도시는 더는 라비아누*rabiânu*가 아니라 직책이 낮은 하잔누*hazannû*가 다스렸지만 니푸르는 특별한 지위를 누리고 있었다. 하위 관리들은 이전 시대와 같은 직위를 갖고 있었던 것으로 보인다. 그렇다고 이들이 예전과 똑같은 직무를 수행했다는 의미는 아니다.

고고학적 조사에 따르면 이 시대에 남부 메소포타미아는 전체적으로 대도시의 면적이 감소하고 크고 작은 마을의 수가 증가했다.[21] 아마 "토지로 돌아감", 즉 과도한 경작을 피하고 더 큰 규모의 노동 분배에 기반을 둔 농업 생산이 다시 시작됨을 의미하는 다행스러운 신호로 봐야 할 것이다. 개인 소유의 중소 규모 토지 외에 왕실과 신전(왕권의 지배를 받았다) 및 왕실 귀족에게 속한 대토지가 존재했다. 이 시대에 관해 우리가 알고 있는 상세한 정보는 왕이 땅이나 부동산을 주요 인물이나 공동체에 하사했다는 증서에서 나온 것밖에 없다. 이 증서를 쿠두루*kudurru*(아카드어로서 복수형은 쿠두레티)라 하는데 이 단어는 네 가지 다른 의미[22]를 가지고 있으나 이 문맥에서는 "한계, 경계, 영토"를 의미하며 일반적으로 검고 단단한 돌(섬록암)로 만든 작은 비석을 가리킨다. 이 비석은 흔히 약간 달걀 모양이었는데, 신전에 보관했고 토판으로 만든 복제본은 소유자에게 돌려주었다. 많은 쿠두루는 두 부분으로 나누어지는데, 한 부분은 왕이나 신들의 형상 또는 신들의 상징물(샤마시는 태양 원반, 신[Sin]은 초승달, 마르두크는 괭이)이 저부조로 새겨져 있어서 증여를 보증하고 있었으며, 다른 한 부분에는 증여자의 이름, 정확한 장소, 양도된 토지의 범위와 경계, 수반되는 면책과 특권의 목록, 그리고 마지막으로 "누구든 후일에 이 명문을 지우거나 손상하거나 비석을 파괴할 사람"에 대한 신랄한 저주가 포함된 긴 명문이 새겨져 있었다. 이 작은 기념비들(현재 그중 일부가 알려져 있다[23])은 카슈 시대가 한창일 때 나타나지만 이 시대에 국한된 것은 아니다. 다음 시대에도 폭넓게 사용되었고 이따금 신新 아시리아 시대에도 등장한다.

카슈 시대의 산업에 관해서는 사실상 알려진 것이 아무것도 없으며, 상업을 부분적으로 혹은 전체적으로 국가에서 독점했는지도 알 수 없다. 그러나 메소포타미아 역사상 처음으로, 그리고 유일하게 한 세기 동안 금본위제金本位制가 시행된 것을 보면 상업이 얼마나 번성했는지 잘 알 수 있다. 당시 교역은 고대 이라크의 경계를 크게 벗어났다. 바레인(딜문)

기원전 11세기 초반 카슈 시대 쿠두루

에서는 카슈 유형의 도자기 한 점 옆에서 바빌로니아 토판 조각들이 발견되었고, 보이오티아 지방의 테베[■]에서는 카슈인의 실린더-인장이 발견되었으며, 아카르 쿠프 근처의 텔 아비아드에서는 전형적인 미케네 유형의 쇠가죽 형태를 띤 구리 덩어리가 발견되었다.[24] 기원전 14세기에 바빌론과 이집트의 왕들이 주고받은 "선물"은 그 양에 있어서 일상적인 우정의 증표를 크게 넘어서는 수준이었다. 실제로는 특사^{特使, mâr shipri}를 매개로 궁전과 궁전 사이에 이루어진 사실상의 교역이었던 것이다.

선임자들과 마찬가지로 카슈의 왕들도 수많은 신전을 보수하고 이곳들을 헌물^{獻物}로 가득 채웠다. 특히 니푸르, 라르사, 우루크, 우르의 신전이 그 대상이 되었다. 이렇게 함으로써 그들은 수메르-아카드의 신들에 대한 자신들의 애착을 증명했다. 주목할 점은 바빌론에 있는 신전에 안치된 슈카무나와 시말리야 외에는 고유한 카슈인의 신들에 대해서 공적인 제의가 전혀 이루어지지 않았다는 점이다. 카라인다시 왕은 우루크의 에안나에 아주 놀랄만한 기념물을 남겨 놓았다. 그것은 작은 신전으로 그 정면은 구운 벽돌로 만들어져 있다. 이 벽돌들을 조립해 보면, 깊은 벽감^{壁龕}의 가장 깊숙한 곳에서 부조로 이루어진 2미터 높이의 남녀 신들이 역시 부조로 이루어진 도식화된 문양에 둘러싸인 채 나타난다.[25] 암벽 조각술의 영향을 받은 듯한 이 창의적인 기술은 메소포타미아에서는 새로운 것으로, 나중에 바빌론에서 "칼데아" 왕들이(예를 들어, 이슈타르 문), 그리고 수사와 페르세폴리스에서 아케메네스 왕들이 이용하게 될 것이다.

건축을 좋아하는 이 왕들 중 가장 열정적인 왕은 쿠리갈주 1세(기원전

■ [역주] 여기서 테베는 이집트가 아니라 그리스의 보이오티아 지방에 있는 도시를 가리킨다.

우루크의 에안나 신전 벽 일부

1400년경)였다. 그는 우르의 신전과 성벽을 재건했을 뿐만 아니라 자신의 왕도, 아니면 적어도 자신의 특별한 거주지가 될 새로운 도시를 건설했던 것이다. 그는 이 "요새"를 두르-쿠리갈주라 불렀다. 이 도시는 오늘날 바그다드에서 서쪽으로 30킬로미터 떨어져 있는 아카르 쿠프 유적으로서, 불규칙한 측면을 가진 거대한 탑(57미터) 때문에 특히 유명한데 아주 멀리서도 그림자가 주변 평야 위에 드리워져 있는 것을 볼 수 있다. 이 탑은 거대한 지구라트의 일부다. 이라크의 고고학자들은 이 지구라트의 기단基壇과 거대한 계단을 발굴하면서 동시에 그 아래에 펼쳐져 있던 신전 셋과 궁전의 일부를 발굴해 냈다.[26] 이 궁전에 있던 정원 한 곳은 기둥이 있는 산책로로 둘러싸여 있었다. 몇몇 방의 벽면 아랫부분에는 사람들의 행렬을 표현하는 프레스코화 장식이 있어서 아시리아 궁전의 저부조를 떠올리게 한다. 여러 방에서 금으로 만든 멋진 장신구가 발견되었다. 엔릴과 닌릴, 그리고 그들의 아들 니누르타에게 헌정된 신전들에서는 아주 흥미로운 물건들이 나왔다. 그중에서 긴 명문이 표면에 기록되어 있으며 실물보다 큰 쿠리갈주의 상(像)과 아름답게 만든 채색 점토상들이 인상적이다. 카슈인 군주의 거주지에서 수메르의 신들이 발견된다는 사실은 이 외국인들이 어느 정도까지 동화되었는지 다시 한번 잘 보여준다. 또한 주목할 점은 쿠리갈주 1세 이전에는 여태껏 메소포타미아의 어떤 군주도 자기 이름으로 수도를 건설한 적이 없었다는 사실이다. 머지않아 아시리아 군주들이 이런 생각을 다시 실천에 옮길 것이다.

　우리가 이미 접했던 새로운 것들 외에도 또 다른 새로운 것들이 많이 있다. 여기에는 의상의 유행에서 유리 제조(시리아에서 발명된 듯하다)와 새로운 토지 측량법에 이르기까지 다양한 혁신이 포함된다. 그중 하나는 가장 고대성을 띤 제일 단순한 연대 체계를 복원한 것이다. 이 체계는 왕이 통치하는 각 해에 순서대로 번호를 부여하는 것이다. 예술의 영역에서는 고대 바빌로니아 시대에 시작된 사실주의와 생동감의 경향이 분명해지고 확대된다. 이런 경향은 특히 다수의 인상적인 동물상[27]과 세공술에서 잘 드러난다. 실린더-인장은 흔히 아주 크게 만들어졌으며 여기에는 전통적인 문양과 더불어 새로운 기하학적 문양(마름모, 십자가, 초승달), 지금까지 한 번도 나온 적이 없는 동물(파리, 꿀벌, 메뚜기, 개, 원숭이)과 "움직이는" 동물, 그리고 "전반적으로 활기를 띠고 있는 듯한" 식물이 나타난다.[28] 수많은 실린더에는 소유자의 이름, 친척, 직업을 나타내거나 기도나 기원을 표현하는 긴 명문이 적혀 있다.

　문학의 측면에서 카슈 시대는 유서 깊은 문명의 유산을 지키기 위해 상당한 노력을 기울임과 동시에 인간과 신의 관계 및 커다란 도덕적 숙제에 관해 새로운 태도를 보였다.[29] 지난 여러 세기 동안 기록된 과학,

의학, 천문학 분야의 관찰 결과가 수집되고 분류되어 명실상부한 저작물들이 나왔다. 즉, 사전, 음절 교본, 쐐기문자 기호 목록 등이 작성된 것이다. 성직자인 서기관들은 수메르 시대나 고대 바빌론 시대에 기원을 둔 신화, 전설, 영웅담 등을 옮겨적었고 때로 수정하기도 했다. 서기관직은 아버지에서 아들로 계승되고 스승에서 제자로 계승되어 파르티아 시대까지 지속되었다. 『아다파의 전설』과 같은 일부 이야기들은 이 당시에 창작된다. 이 모든 문서는 일부러 고대 문체를 흉내 내는 고급 방언인 "표준 바빌로니아어"로 기록됨으로써 일반 문서에 사용되는 방언인 "중기 바빌로니아어" 혹은 "중간 바빌로니아어"와 확연히 구분된다. 전통적인 종교적, 철학적 주요 개념들은 보존되지만, 인간과 신들의 관계, 특히 악의 문제를 솔직하게 혹은 냉소적으로 접근함으로써 경우에 따라서는 절망과 유사한 자포자기에 이르기도 하고 때로는 헤아릴 수 없는 계획이 있는 신들에 대한 맹목적인 신뢰에 이르기도 한다. 『루들룰 벨 네메키』 *Ludlul bêl nemêqi* 나 『비관주의의 대화』 *Dialogue du pessimisme* 는 이런 정신 상태를 대표적으로 보여준다. 그 외에도 이 사제-서기관이 형식적이고 의식적인 종교에 종사하다 보니 역서曆書(길하고 불길한 날을 기록한 달력)를 비롯해 주문, 징조, 점술 모음집이 많이 나타났다. 그러나 최고의 문학 작품들은 바빌로니아의 신전과 궁전의 서가에만 국한되지 않았다. 이 시대에는 아나톨리아에서 이집트에 이르기까지 근동 전역에서 문서들이 베껴 적히고 번역되고 각색된다. 또한 아시리아인은 바빌로니아 종교의 영향을 받아 마르두크를 자기네 신 중 하나로 인정하기도 한다. 뿐만 아니라 바빌로니아의 언어는 제왕 명문에서 점차 수메르어를 대체하고 근동의 모든 왕실과 대사관에서 공용어가 된다. 군주들은 서신과 조약에서 바빌로니아어를 사용하고 시리아와 팔레스타인의 왕들도 이집트의 주군에게 불평을 늘어놓거나 복종을 표현할 때 바빌로니아어를 사용한다. 이는 바빌로니아가 당시 엄청난 특권을 누리고 있었고 이런 특권이 "야만인"이라 여겨지던 외국 출신 바빌로니아 군주들에게 어느 정도 신세 지고 있었다는 것을 의미한다. 여러 나라의 엄청난 함성이 기원전 제2천년기 후반을 가득 채운 가운데 이 왕들의 목소리는 거의 들리지 않지만 그들의 나라는 사상의 영역에서 맨 앞줄을 차지하고 있다.

16 카슈인, 아시리아인, 그리고 "제국들의 충돌"

카슈인이 다스린 400년 중 300년 동안 근동 지방은 거대한 충돌의 장이 된다. 이 충돌의 관심 지역은, 적어도 초기에는, 시리아-팔레스타인 이었으며, 충돌의 도화선이 된 사건은 기원전 15세기 초 파라오 투트모세 3세가 이 지역을 점령하기 위해 감행한 원정이다. 이집트인은 처음에는 북부 시리아를 차지하고 있는 미탄니의 후리인과 부딪치고, 나중에는 후리인에게서 북부 시리아를 빼앗은 히타이트인과 부딪친다. 기원전 14세기 중반에는 아시리아인이 개입하여 후리인의 지배를 떨쳐 버린 후 미탄니를 차지하고 자기들의 왕국을 열강의 대열에 올려놓는다. 지금까지 현명하게 멀리 떨어져 있던 카슈인들은 무시무시한 이웃들과 더불어 거친 싸움에 휘말리게 된다. 이것은 "제국들의 충돌"이라 불리는 현상의 또 다른 면이다. 기원전 1284년에 이집트와 히타이트의 충돌이 마무리되어 평화가 지속되지만 아시리아와 바빌로니아는 기원전 13세기 내내 사납게 충돌한다. 이 충돌은 기원전 1235년에 투쿨티-니누르타 1세가 일시적으로 바빌론을 점령하면서 절정에 이른다. 반면 같은 세기에 엘람인은 기나긴 무기력증을 떨치고 일어나, 그 이후로 결코 흉내 낼 수 없는 화려한 문명을 이루게 된다. 그러나 이 때문에 이천 년 전부터 엘람과 메소포타미아 사이에 벌어지던 오랜 싸움에 다시 불이 붙는다. 결국 엘람인이 기원전 1157년에 카슈인을 무찌르게 된다.

　개략적으로 보면 비교적 단순하지만 세부적으로 보면 무척 복잡한 이 역사의 단편에 관해 여기서는 요약해서 설명할 수밖에 없다. 원한다면 훨씬 자세한 정보를 얻을 수 있는 훌륭한 저서들이 있다.[1]

미탄니와 이집트의 대결

　우리가 갖고 있는 빈약한 자료에 따르면 기원전 16세기는 비교적 평온한 시기처럼 보인다. 나중에 시리아의 전장에서 서로 대치할 나라들이 지금은 상처에 붕대를 감으며 무기를 닦고 있다. 이집트에서는 18왕조의 첫 파라오인 아흐모세 1세(기원전 1576~1546년)의 통치기가 되어서야 비로소 힉소스가 나일 강 삼각주에서 쫓겨난다. 아나톨리아의 경우, 고대 히타이트 제국의 궁전에서 반란이 일어난다. 또한 히타이트 제국은 가장 가까운 이웃들이었던 에게 해 연안의 아르자와 및 킬리키아 지방의 키주와트나와 전쟁을 치르느라 쇠약해져 서서히 무너지고 있다. 기원전 1590년경에는, 얼마 전에 알레포와 바빌론을 점령했던 무르실리스 1세가 자기 매형에게 살해당하고 그의 후손들 대부분도 그와 비슷한 운명을 겪게 된다. 고대 히타이트 왕국은 계속해서 피를 흘리다 기원전 1530년경에 죽음을 맞는다.[2] 아시리아에서는 바빌론의 멍에를 떨쳐 버린 군주 아다시의 후계자들이 다스렸지만, 이들이 남긴 몇몇 명문[3] 및 푸주르-아슈르 3세에 관한 『병행 역사』의 언급이 없었더라면 목록에 있는 이들의 이름 외에는 아무것도 알지 못했을 것이다. 바빌로니아에서는 카슈인들이 정착하면서 자기들이 상속한 왕국을 정비하는 중이었지만 확장에 대한 꿈을 포기하려 하지도 않았고 포기할 수도 없었다. 분명히 이 시대에 근동에서 유일하게 활동적이었던 민족은 후리인이었다. 이들은 알레포 왕국과 함무라비의 제국이 사라짐으로써 생겨난 공백을 이용해 자기들이 오래전부터 잠입해 들어가 살던 지역을 공략하고 함께 모여 거대한 왕국을 이룬다. 바빌론 점령 이후에 부딪힌 적이 있는 히타이트의 군대가 다시 돌아올 수도 있다는 불안감 때문에 수많은 후리의 도시국가들은 한 명의 우두머리(아마 키르타나 그의 아들 슈타르나 1세[기원전 1560년경]인 듯하다) 아래로 통합을 가속화한 것 같다. 그러나 어떤 환경에서 이 일이 일어났는지는 알 수 없다.[4]

이 미탄니 왕국은 타우루스 남쪽 사면을 따라 유프라테스 강과 티그리스 강 사이에 펼쳐진 대초원을 중심에 두고 있다. 이 지역 어디엔가 그 수도였던 와슈칸니가 있었을 것 같은데 불행히도 정확한 위치는 여전히 알 수 없다.[5] 우리가 볼 때 기원전 16세기에 미탄니의 국경은 모호한데, 아마 후리인이 보기에도 그랬을 것이다. 그러나 몇몇 히타이트 문서에 따르면 이 후리인들이 티그리스 강 상류와 유프라테스 강 상류의 일부를 차지하고 있음을 알 수 있다. 다음 세기에 서쪽으로 북부 시리아 전체와 동쪽으로 아시리아와 이라크의 쿠르디스탄이 미탄니의 지배를 받게 되자 팔레스타인까지 후리인의 영향력이 느껴진다. 팔레스타인에는 상당수의 후리인이 살고 있었다. 이름 외에는 거의 알려진 것이 없는 미탄니의 초대 군주 파라타르나(1530년경)는 알랄라흐의 왕 이드리미의 상에 새겨진 명문[6]과 누지 문서에 최고 지도자로 나타난다.[7] 도시 아라프하(키르쿠크)가 속해 있는 아라프하 왕국의 영토와 관련된 다른 누지 문서에는 1500년경에 통치했을 그의 후계자 사우스타타르의 도장이 찍혀 있다.[8] 더 나아가 여러 문서를 보면 아수르 왕들 역시 미탄니 왕의 신하였음을 알 수 있다. 어느 아수르 왕이 반란을 일으키자 사우스타타르는 그의 수도를 약탈하고 "은과 금으로 만든 문짝들"[9]을 와슈칸니로 가져갔다고 한다.

　이 군주가 다스릴 때 이집트가 무대에 등장함으로써 근동의 상황은 전혀 딴판으로 변한다. 물론 아흐모세가 힉소스를 팔레스타인 국경까지 추격했고 아멘호테프 1세, 투트모세 1세, 투트모세 2세가 몇 차례 기습 공격을 감행하여 시리아를 가로질러, 그들의 말을 빌자면 "거꾸로" 흐르는 유프라테스 강에 이르렀던 것도 사실이다.■ 그러나 이런 공격은 그들이 방금 몰아낸 저주스러운 "아시아인들"을 벌하고 억제하기 위한 원정일 따름이다. 이 파라오들에게 가장 중요한 일은 나일 강 전 유역에 자기들의 권위를 다시 확립하면서 왕조 간의 분쟁에 대처하는 것이었다. 이 과업이 완수되자 모욕적인 장기간의 힉소스 시대의 잔재를 제거해야 할 일이 남게 되었다. 이런 일이 결코 다시 일어나지 않도록 하려면 잠재적인 적을 적국에서 무찌르고 복속시켜야 했다. 투트모세 3세(기원전 1504~1450년)는 이런 목적을 갖고 즉위한 지 몇 개월 만에 시리아-팔레스타인 정복을 시도함으로써 이집트의 야망에 새로운 지평을 열고 여러 세기를 거쳐 최근까지 지속될 새로운 정치적 전형을 수립한다.[10] 투트모세 3세가 열일곱 차례의 원정 후에야 마침내 팔레스타인과 시리아-레바논 해안 지방을 복속시킬 수 있었다는 사실은 그가 상대했던 세력이 지역의 군소群小 왕들보다는 강했으며 그의 적들이 마차와 말을 풍부하게 공급받았음을 시사한다. 강력한 나라만이 그들에게 말과 마차를 제공해 줄 수 있었을 것이다. 메기도에서 패배한 팔레스타인의 군주 330명의 배후에는 사우스타타르에게 속한 미탄니인이 있고 투트모세가 알레포, 카르케미시, 카데시 근처에서 여러 차례 마주했던 사람들도 바로 이

■ [역주] 이집트의 나일 강이 남에서 북으로 흐르는 데 반해 유프라테스 강은 대체로 북에서 남으로 흐르기 때문에 이런 표현을 사용한 듯하다.

미탄니인이다. 이 오랜 전쟁의 결과는 절반의 승리일 뿐이었다. 투트모세가 죽을 때 그의 적들은 북부 시리아 대부분을 여전히 소유하고 있었고, 잃어버린 지역과 팔레스타인에서는 반란을 선동했다. 이 때문에 아멘호테프 2세(기원전 1450~1425년)는 세 차례의 원정을 수행해야 했다.

그러나 투트모세 4세(기원전 1425~1417년)의 시대에 이르러 거의 영속적이던 반목 상태는 종결된다. 뿐만 아니라 테베 왕실과 와슈칸니 왕실 사이에는 아주 우호적인 관계가 설립된다. "다섯 번, 여섯 번, 일곱 번" 파라오는 미탄니의 아르타타마 1세에게 딸을 달라고 요청하고[11] 아멘호테프 3세(기원전 1417~1379년)는 슈타르나 2세의 딸인 길루-헤파와 결혼한다.[12] 이 갑작스러운 방향 전환은 일반적으로 히타이트에 대한 두려움 때문에 일어난 것으로 여겨진다. 실제로 기원전 1465년경에 투드할리야스 1세가 하투샤에 새로운 왕조를 창건하고 일시적으로 알레포를 점령함으로써[13] 시리아에 대한 자신의 권리를 주장한 것은 사실이다. 그러나 그의 후계자들은 아나톨리아에서 끊이지 않는 전쟁 때문에 발이 묶여 있었기 때문에 이들이 과연 그토록 엄청난 두려움의 대상이 되었을지는 의문스럽다. 그보다는, 이집트가 시리아를 포기하고 미탄니가 팔레스타인과 지중해 연안 대부분을 이집트에 양보했을 가능성이 더 높다. 그 후로 이집트는 이 지역 여러 도시를 점령하고, 이집트에 충성을 맹세한 왕들을 매개로 이 지역을 다스리면서 관리들을 보내 이 왕들을 통제했다. 이러한 현상現狀은 거의 반세기가량 이어진다.

수필루리우마스의 시대

함무라비의 시대 이후 기원전 제2천년기 중에서 가장 많은 자료가 남아 있는 시대는 단연 기원전 14세기다. 이 자료 중에는 이집트 문서, 히타이트의 수도 보가즈쾨이에서 나온 공문서, 아시리아의 제왕 명문, 아시리아-바빌로니아 연대기가 있다. 무엇보다, 근동의 크고 작은 군주들이 아멘호테프 3세와 4세에게 보낸 400통쯤 되는 편지가 이집트의 텔엘-아마르나[14]에서 발견되었는데 이 편지들은 무력 충돌과 미묘한 외교적 이면 거래가 있었던 이 시대에 대해 더할 나위 없이 유용한 정보를 제공해 준다. 뿐만 아니라 이 문서들은 이 당시 가장 중요한 인물들이 누구인지 명확히 보여준다. 예를 들어 정치보다는 종교에 빠져 있던 무기력하고 신비로운 파라오 아멘호테프 4세, 어려서 죽어 금으로 매장된 그의 유명한 후계자 투탕카멘, 가장 위대한 카슈 왕들인 쿠리갈주 1세와 부르나부리아시 2세, 아시리아를 해방하고 강력한 나라로 만든 유능한 군주 아슈르-우발리트, 그리고 마지막으로, 이 모든 왕을 뛰어넘는 수필루리우마스가 있다. 수필루리우마스는 히타이트의 강력한 군주로서 기원전 14세기의 거의 절반에 걸쳐 자신의 흔적을 남겼다.[15]

기원전 1400년부터 1380년까지 미탄니와 이집트 사이에 이미 존재하던 결혼 관계는 강화될 뿐만 아니라 다른 나라로까지 확대된다. 이리하여 근동은 대가족의 양상을 띠게 되며, 여기서 이집트는 재력이 있고 아첨의 대상이 되는 아버지의 역할을 한다. 아시리아는 이집트가 후리의 압제자들에 대항하는 데에 동맹이 될 수 있다고 생각했다. 카슈인들(히타이트의 바빌론 기습을 기억하면서 자기네 문전에 있는 거대한 미탄니 왕국을 두려워한다)은 유프라테스 건너편에 자리를 잡아가는 이 새로운 강국[=이집트]과 친하게 지내는 것이 유익하다는 사실을 오래전에 깨달았다. 따라서 투트모세 3세와 아멘호테프 2세가 승리를 선언하자마자 모두 이집트에 공물을 가득 실은 사절단을 보냈다. 나중에 카라인다시는 자기 나라와 이집트 사이에 정기적인 우편 수송 업무를 시행하기도 한다. 쿠리갈주 1세의 시대에 이집트의 금은 그가 건설한 새로운 수도 아카르 쿠프 건설에 사용되기도 하고 그의 궁전에 쌓이기도 했다.[16] 기원전 1390년경 카다슈만-엔릴은 아멘호테프 3세에게 자기 누이를 아내로 주고, 나중에는 좀 망설이다가 자기 딸을 준다. 테베에 있는 호사스러운 규방으로 간 이 여인들은, 얼마 전에 미탄니에서 슈타르나 2세를 계승한 투슈라타의 딸 타두-헤파를 만나게 될 것이다.[17] 이 늙은 파라오가 병들자 투슈라타는 그에게 니네베의 이슈타르의 "형상"을 보낸다. 가장 심각한 병도 이것으로 고칠 수 있다고 여겨졌기 때문이다.

그러는 동안 기원전 1380년에 젊고 지적이며 과단성 있는 왕이 즉위하는데, 그의 이름은 수필루리우마스다. 그가 처음 한 일은 아버지 투드할리야스 3세가 물려준 처참한 상황을 개선하는 것이다. 그가 아르자와의 강력한 왕에게 자신의 권위를 주장하고 아지(동부 아나톨리아) 지방을 복속시키고 가스가인을 궁지에 몰아넣는 데에 꼬박 12년이 걸렸다. 가스가인은 흑해 연안에 늘어서 있는 폰트 산맥에 사는 야만인으로서 선왕의 통치기에 뻔뻔스럽게 하투샤에 약탈과 방화를 자행했었다. 이 무거운 과업을 완수한 수필루리우마스는 남쪽 도로로 내려가 북부 시리아를 침공한다. 이 "첫 시리아 원정"에 관한 자세한 자료는 없지만, 이 원정이 마무리될 때에는 알레포가 점령되고 수많은 시리아 군주들이 조약을 맺고 신하로 전락했으며 히타이트 국경이 레바논으로 이동했다는 사실을 알 수 있다. 당시 이집트-미탄니 동맹은 유효했을 것이다. 그러나 아멘호테프 3세는 기원전 1379년에 죽고 왕위를 아멘호테프 4세(기원전 1379~1362년)에게 넘겼다. 철인哲人이었던 아멘호테프 4세는 태양 원반 아텐을 일종의 유일신으로 만들고 싶어하며 스스로 아케나텐("아텐에게 헌신한 사람")으로 개명하고, 테베에서 멀리 떨어진 곳에 아케타텐(오늘날의 텔 엘-아마르나)이란 도시를 건설한 후 그곳에 정착한다. 이렇다

보니 그는 히타이트의 시리아 침공에 반응하지 않는다. 기습 공격을 받은 투슈라타는 시리아에서 군사 시위를 벌이지만 감히 히타이트를 정면에서 공격하려 하지 않고 히타이트가 떠나기를 기다렸다. 그 후 그는 알레포, 알랄라흐, 카트나, 카데시[18], 심지어 이집트의 영향권 아래 있는 다마스쿠스까지 포함하여 히타이트에 대항하는 거대한 연합군을 조직한다. 이 연합군 때문에 수필루리우마스는 기원전 1360년경에 두 번째 원정을 시도해야 한다. 그러나 이번에는 미탄니의 심장부를 치려는 의도를 갖고 크게 우회하게 된다. 그는 말라티아 근처에서 유프라테스 강을 건너 유프라테스와 티그리스 사이에 있는 나라 알셰를 가로질러 가서 와슈칸니를 약탈한다. 투슈라타는 때맞춰 달아났다. 그 후 수필루리우마스는 서쪽으로 비스듬히 돌아가서 알레포와 모든 동맹 도시들을 다시 점령하지만 다마스쿠스는 점령하지 못한다. 그는 반란을 일으킨 몇몇 왕들을 폐위시키고 자기의 신임을 얻은 사람들을 그 자리에 앉힌다. 북부 시리아는 다시 그의 손에 들어온다. 미탄니는 히타이트에 둘러싸인 유프라테스 강의 교두보 카르케미시 외에는 아무것도 지켜 내지 못한다. 투탕카멘(기원전 1361~1352년)이 다스리던 이집트는 이번에도 잠자코 있었다.

이 시기에 바빌로니아는 중립을 지킨다. 시리아의 혼란에 휘말리고 싶은 마음이 전혀 없었던 카슈인들은 누구의 편도 들지 않았다. 물론 그들은 히타이트와 격식을 갖춘 관계를 유지한다. 수필루리우마스의 세 번째 아내는 바빌로니아의 공주다. 그러나 그들은 무엇보다 이집트와 좋은 관계를 지속하기 위해 애쓴다. 이집트에는 탐나는 재물이 넘쳐나는 곳이기 때문이다. 엘-아마르나 공문서는 같은 시대에 살았던 카다슈만-엔릴 1세 및 부르나부리아시 2세(기원전 1375~1347년)와 아멘호테프 3세 및 아멘호테프 4세 사이의 관계에 관해 정보를 제공해 준다. 두 나라의 군주들은 대등한 위치에서 서신을 주고받으면서, 우리가 이미 언급했던 바와 같은 돈벌이가 되는 "왕들의 거래"에 몰두한다. 카슈 왕은 말, 마차, 청금석, 그리고 가끔 동과 은을 "헌납"하고, 그 대가로 이집트 왕은 상아, 흑단이나 다른 귀한 목재로 만든 가구류, 고급 의류, 특히 금을 "선물"로 지급한다. 아멘호테프 4세가 부르나부리아시에게 준 "선물" 목록은 네 단段에 걸쳐 552행이 넘는다. 예외적이긴 하지만 바빌론이 받은 금의 양이 미리 알려 준 양과 정확히 일치하지 않는 경우가 있다. 그러면 카르두니아시의 왕은 나일 강가에 사는 자기 "형제"에게 신랄한 불평을 늘어놓는다.

> "나의 형제가 거기에 직접 신경을 쓰지 않고 나의 형제의 관리가 그것을 봉인하여 보냈기 때문에 나의 형제가 지난번에 나에게 보내고 내가 받은 금 40미나(80kg)는 도가니에 넣어 보니 온전한 중량에 이르지 않았습니다."[19]

그러나 이런 것은 사소한 문제다. 거리와 기후에도 불구하고("길은 멀고 우리에게 물이 없는데 날씨는 덥습니다"[20]) 군대의 호송을 받았던 듯한 왕의 사자들과 수송단은 두 나라 사이를 정기적으로 오간다. 이 여행이 더 위험한 것은 그들이 건너가야 하는 지역이 불안한 지역이기 때문이다.

사실 히타이트의 원정은 팔레스타인뿐만 아니라 시리아에도 큰 영향을 미쳤다. 일부 지도자들은 침입자들 편에 섰지만 다른 이들은 충직한 이집트의 신하로 남아 있었다. 더 나아가 어떤 이들은 이 기회를 이용해 마음껏 야망을 펼쳤다. 특히 아무루의 왕이었던 아브디-아시르타와 그의 아들 아지루의 경우가 그러했다. 이들은 미탄니의 무능과 이집트의 소극적인 성향을 이용해 자기 왕국(트리폴리와 홈스 사이에 있었을 것 같다)을 확장해 여러 해안 도시를 빼앗고 이집트와 밀접한 관계에 있던 비블로스를 위협한다. 엘-아마르나 서한은 비블로스의 왕 리브-아디의 주의하라는 외침과 도와 달라는 요청으로 가득하다. 리브-아디는 결국 무너지지만 팔레스타인 군주들의 불평이 그의 외침과 요청에 대한 메아리처럼 울려 퍼진다. 이 군주들은 현지의 강한 적들에게 위협을 받을 뿐만 아니라 하비루*habiru*의 무리에게서 끊임없이 공격을 받는다. 이 편지 중 대다수에 대해서는 대답이 없다. 마침내 기원전 1354년경 파라오는 잠에서 깨어나 시리아의 관문인 카데시를 빼앗기 위해 군대를 보낸다. 한편 미탄니는 지금 포위되어 있는 또 다른 관문인 카르케미시를 해방시키려 한다. 시리아의 몇몇 군주들은 반란을 일으킨다. 수필루리우마스는 다시 한 번 개입해야 했다. 그는 반란자들을 벌하고 카데시를 다시 점령한 후 카르케미시를 빼앗아 자기 아들 중 한 명에게 맡기고 다른 아들을 알레포의 왕위에 앉힌다. 당시 수필루리우마스의 명성은 너무나 뛰어나 투탕카멘의 미망인이 편지를 보내 그의 아들 중 하나를 자기 남편으로 달라고 요청할 정도였다. 그는 처음에는 거절하지만 나중에 이 제안을 받아들인다. 이집트의 왕위가 얼마나 매력적이었을까! 그러나 불행히도 예비 신랑은 가는 길에 살해당한다. 이때부터 시리아를 확고하게 손에 넣은 대왕은, 너무 오래 방치하여 긴급한 과제들이 쌓여 있는 아나톨리아로 되돌아간다. 그리고 거기에서 다시는 돌아오지 못하게 된다.

기원전 1350년경 히타이트의 마지막 시리아 원정 얼마 후, 인기를 잃은 투슈라타는 자기 아들 중 하나에게 살해당한다. 이어진 계승 투쟁으로 그의 왕국은 짧은 기간에 사라지고 아시리아가 그 덕을 보게 된다. 사실 이 투쟁은 오래된 것이다. 투슈라타는 누군가 다른 사람이 자기 형을 살해했기 때문에 왕위에 오를 수 있었고 그의 통치기 내내 그의 형제 중 하나인 아르타타마(2세)가 계승권을 주장했었다.[21] 그가 죽자 이 아르타타마와 그의 아들 슈타르나 3세는 적법한 후계자인 마티와자▪에게 맞서면서, 비싼 값을 치름으로써 알셰의 왕과 아시리아의 왕 아슈르-우발리트(기원전 1365~1330년)의 지지를 얻어낸다. 알셰의 왕은 그다지 중요한 인물이 아니지만 아시리아의 왕은 군대도 갖추고 있고 자부심도 대단한 사람이다. 그는 예전에 자기 "형제"인 아멘호테프 4세와 서신을 주고받았으며, 미래의 외손자가 언젠가 바빌로니아를 다스릴 것이라는 희망을 품고 자기 딸을 부르나부리아시 2세에게 아내로 주지 않았던가?[22] 교활한 아슈르-우발리트는 지금 이 상황에서 얻어낼 수 있는 모든 이익을 바로 인지한다. 그동안에 마티와자는 먼저 바빌로니아로 달아나지만 부르나부리아시가 그를 보호해 주지 않는다. 그러자 그는 히타이트 영토로 달아나는데, 여기서 그는 수필루리우마스와 조약을 맺는다. 그러나 수필루리우마스는 자기 나라 일에 너무 골몰해 있어서 이 미탄니 왕자가 왕위를 되찾는 일을 도와주지 않는다. 마티와자는 홀로 싸운다. 마티와자가 하란과 와슈칸니를 빼앗자 아슈르-우발리트가 개입하여 카부르까지 진군하여 그를 서쪽으로 쫓아낸다. 메소포타미아 북부의 거대한 왕국은 이제 둘로 갈라졌다. 한쪽은 아시리아의 비호 아래 있는 슈타르나 3세를 중심으로 한 하니갈바트고, 다른 쪽은 히타이트의 보호 아래 있는 마티와자를 중심으로 한 미탄니의 잔류 영토다. 기원전 1336년에 수필루리우마스가 죽자 아슈르-우발리트는 이 작은 미탄니를 차지함으로써 자기 조상들이 그렇게 오랫동안 조공을 바쳤던 나라의 이름을 지워 버린다. 아시리아는 이제 아슈르-우발리트 덕분에 큰 노력 없이 유프라테스 강까지 확장한다. 사백 년의 암흑기를 겪었던 아시리아

▪ 이 이름은 쿠르티와자 혹은 샤티와자로 읽힐 수도 있다.

는 다시 위대한 나라가 되었다.

세 차례의 충돌

이러한 아시리아의 부흥에 카슈인은 무척 불안했다. 미탄니는 신생 왕국으로 급조되었고 시리아 지역만을 목표로 했었기 때문에 그들에게 아무런 위협이 되지 않았다. 그러나 아시리아는 영광스러운 과거를 지닌 유서 깊은 나라로서 오만하고 야심적이며 위험적이다. 카슈인은 아시리아인이 만만치 않은 전사이며 동시에 능숙한 장사꾼임을 알고 있었다. 그래서 아시리아가 북부 메소포타미아 전체와 이를 가로지르는 큰 도로들의 주인이 되어, 지중해 연안 지방으로 가는 길을 가로막거나 이집트와의 수지맞는 교역을 자기네에게 유리하도록 조정하지 않을까 우려한다.[23] 그들은 또한 북동쪽 국경이 취약함을 알고 있기에 아시리아가 디얄라 강까지 전진한다면 이란과 소통하는 대로가 막힐 것이라는 사실도 알고 있다. 이란은 이 교역에서 말과 필수적인 보석의 수입원이다. 마지막으로, 카슈인은 북쪽 사람들이 고대 세계의 곡창인 남부 대평원을 비롯해 큰 도시들과 아랍-페르시아 만의 항구들 및 명성이 뛰어난 문명을 늘 탐내고 있다는 사실을 인지하고 있다. 따라서 지금까지 자기들과 거의 관련 없는 싸움을 지켜만 보고 있던 카슈인들은 이제 스스로 무기를 들고 아시리아인들이 가까이 오지 못하게 막기 위해 혼신의 노력을 기울여야 할 처지가 되었다. 기원전 약 1330년에 이르면, 시리아-팔레스타인에 존재하던 이집트와 히타이트 사이의 경쟁 관계 이외에 메소포타미아에서 생겨난 아시리아와 바빌로니아의 전쟁(물론 간헐적으로 일어나긴 했지만 처절했던)이 더해진다. 한편, 거의 즉각적으로 메소포타미아와 엘람 사이에 해묵은 전투가 재개되는데, 이 싸움은 엘람의 승리로 끝날 것이다. 이 거대한 삼중 충돌 외에도 이제 국경을 마주하게 된 아시리아와 히타이트 사이에 몇 번 싸움이 있었고, 예전의 아무루인들만큼이나 위험한 시리아-메소포타미아 사막의 일부 유목민들에 대항하는 초기 전투들이 있었는데, 이에 관해서는 다음 장에서 다루어질 것이다.

이집트-히타이트 충돌은 가장 단순하고 가장 짧게 지속된다. 수필루리우마스가 죽자 아나톨리아의 속국들이 반란을 일으킨다. 그의 아들 아르누완다스는 아주 잠시 통치하다가 당시 유행하던 흑사병으로 죽는다. 그 후 그의 다른 아들 무르실리스 2세(기원전 1335~1310년)는 이 나라들을 무력으로 복종시키고 반역을 일으킨 시리아 군주 두 명을 자기편으로 만들고 유프라테스 강가에서 아시리아를 제지하는 데에 시간 대부분을 보내게 된다. 같은 시기에 정력적이고 현명한 호렘헤브는 아멘호테프 4세와 투탕카멘의 치세에 상당히 약화되었던 이집트를 정비하고 강하게 만든다. 그가 이 일을 성공적으로 수행한 덕분에 19왕조의 두 번째 왕 세티 1세(기원전 1317~1304년)가 시리아에서 히타이트를 쫓아낼 꿈을 꾸기 시작한다. 팔레스타인의 소란스러운 지도자들을 상대로 원정을 수행하던 세티 1세는 카트나까지 진군한 후 아무루 왕을 설득하여 히타이트와 맺은 조약을 파기하게 한다.[24] 이제 전쟁은 불가피하다. 성급하고 명예에 목말라하는 젊은 파라오 람세스 2세(기원전 1304~1237년)가 이집트의 왕위에 오르자 전쟁은 임박하게 된다. 그가 처음 한 일은 팔레스타인을 가로질러 가서 베이루트 근처의 나흐르 엘-켈브 강 위에 솟아 있는 바위에 자기 이름을 새기는 도발 행위였다. 히타이트의 새로운 군주 무와탈리스(기원전 1309~1287년)는 군대를 일으켜 싸움에 대비한다. 이집트인들에 따르면 이 군대는 적어도 35000명의 군인과 3500승의 전차를 갖추었다. 충돌은 이듬해(기원전 1300년)에 카데시 앞에서 발생한다. 그러나 여러 차례 묘사된 이 전투[25]에서 (카르나크의 명문과 부조 덕분에 재구성이 가능한 몇 안 되는 전투 중 하나다) 누구도 승자가 되지 못한다. 그 후에도 람세스는 시리아에 다시 발을 들여놓으려 했지만 성공하지 못한다. 기원전 1284년 람세스는 하투실리스 3세(기원전 1286~1265년)와 조약을 체결하는데, 이 조약의 두 판본이 남아 있다. 하나는 이집트 측 판본이고 다른 하나는 아카드어로 기록된 히타이트 측 판본이다.[26] 13년 후 람세스는 이 새 친구의 딸과 결혼한다. 이 평화는 히타이트 제국이 기원전 약 1200년경에 멸망할 때까지 다시는 깨지지 않을 것이다. 두 적수가 전쟁 때문에 지쳤던 것일까? 아니면 아시리아의 위협 때문에 하투실리스가 람세스의 팔에 안겼던 것일까? 하투실리스와 그의 선임자들의 통치기에 아시리아가 히타이트에 보여 준 오만한 태도나 하투실리스가 기원전 1280년경에 카슈의 카다슈만-투르구와 맺은 조약[27]을 보면 두 번째 가설이 더 설득력이 있는 것 같다.

아시리아-바빌로니아 충돌은 부르나부리아시 2세의 죽음(기원전 1347년)으로 시작된다. 왕세자 카라하르다시는 아슈르-우발리트의 외손자이지만 몇 달 다스리다가 암살당하고 다른 왕자가 그 자리를 차지한다. 단단히 화가 난 아슈르-우발리트는 바빌로니아로 가서 그곳에 쿠리갈주 2세라는 다른 왕을 앉히고 이 사람은 자기 말을 잘 들을 것으로 생각한다. 그러나 쿠리갈주는 세월이 흐른 후 자기 "후견인"의 후계자인 엔릴-니라리(기원전 1329~1320년)의 통치기에 아시리아를 공격한다. 두 적대 세력이 "구역을 나누고" 소小 자브 강을 따라 "국경을 결정"한 것으로 보아 전투의 결과는 모호한 것 같다. 약 25년 후 나지마루타시와 아다드-니라리 1세(기원전 1307~1275년) 사이에 새로운 충돌이 발생한다. 아다드-니라리는 이 시대의 아시리아 왕 중에서 명문에서 자세한 역사적 사실이 알려진 최초의 왕이다. 새로운 전투에서 이번에는 아시리아가 승리하고 국경은 자브 강■의 남쪽으로 이동한다. 한편 아다드-니라리는 미탄니의 옛 영토인 북부 자지라를 지키느라 많은 고생을 했다. 그는 이 땅의 일부를 히타이트에서 되찾으려 하는 동시에 아슈르-우발리트가 세운 하니갈바트의 왕 슈타르나 3세와 그의 아들 와사사타의 연이은 반란을 진압한다. 샬만에세르 1세(기원전 1275~1245년) 역시 똑같은 어려움을 겪다가, 와사사타의 아들 샤투아라와 싸움으로써, 고집스럽게 반란을 일으키던 이 자그만 후리인의 왕조를 확실히 끝내 버린다. 게다가 그는 자기 군사들을 이끌고 우라르티(우라르투, 아르메니아)의 높은 산악지대나 "살해에 능숙한"[28] 구티인의 나라를 공격하는 것을 두려워하지 않는 뛰어난 전사다.

바로 이 시기에 세 번째 충돌인 바빌로니아-엘람 충돌이 발생한다. 사실 이 충돌은 기원전 1335년경에 쿠리갈주 2세가 자신에게 도전했던 엘람 왕 후르파틸라를 무찔렀을 때부터 싹트고 있었다. 이 사건이 있은 지 얼마 지나지 않아 수사에는 새로운 왕조가 설립된다. 이 왕조의 군주들은 이 나라에 지난 4세기 동안 덮여 있던 어두컴컴한 평온을 떨쳐내고 주변 이란 지역의 여러 속국 및 바빌로니아에 자기들의 영향력을 행사할 뿐만 아니라 엘람을 강하고 번영하는 왕국으로 만들려고 단단히 결심하고 있다. 카다슈만-엔릴 2세(기원전 1279~1265년)의 치세에 엘람인 운타시-나피리샤(수사 동남쪽에 두르-운타시[초가 잔빌]라는 도시와 멋진 지구라트를 세운 것으로 유명하다[29])가 바빌로니아를 침공하고 에슈눈나의 영토를 황폐하게 한다. 이때부터 불행한 카슈인은 두 적 사이에 놓이게 된다. 동쪽에는 엘람이 있고 북쪽에는 아시리아가 있었던 것이다.

초기에는 아시리아가 명백한 승리를 거두었다. 실제로 기원전 1235년

■ [역주] 소(小)자브 강을 가리키는 것으로 보인다.

에 살만에세르의 아들인 투쿨티-니누르타 1세가 카슈틸리아시 4세의 공격에 맞서 바빌론으로 진군하여 결국 이 도시를 점령한다. 이 전례가 없는 사건은 자연스레 정복자들에게 엄청난 자신감을 불어넣었고, 그 결과 『투쿨티-니누르타 서사시』라는 이름을 가진 긴 서사시의 주제가 되었다.[30] 이 전쟁의 기원과 파란만장한 사건들이 여기에 자세히 서술되어 있다. 물론 여기서는 신들이 가장 중요한 역할을 한다. 정의(샤마시)는 아시리아의 편에 있고 각 나라의 신들이 군사들을 이끈다. 카슈인이 전투에 패한 것은 바빌론의 신들이 바빌론을 버렸기 때문이다. 왕은 정복한 도시에서 보배를 가져다가 자기 나라의 신전을 장식하며 수많은 토판도 함께 가져온다. 당시 남부 사람들보다 문화적 수준이 떨어지는 북부 사람들은 이 고대 문서를 무척 좋아한다. 아시리아 제왕 명문에서는 충격적인 표현으로 이 승리에 관해 서술한다.

"위대한 신, 나의 주, 아슈르, 엔릴, 샤마시의 도움으로, 그리고 나의 군대 맨 앞에서 전진하는 하늘과 저승 세계의 주인 이슈타르 여신의 도움으로 나는 카르두니아시의 왕 카슈틸리아시가 싸움을 걸도록 만들었다. 나는 그의 군대를 무찌르고 그의 군사들을 죽였다. 전투 중에 카슈인의 왕 카슈틸리아시를 사로잡아 그의 목을 마치 어린양의 목처럼 발로 밟았다. 나는 그를 묶어 나의 주 아슈르 앞으로 데리고 왔다. (이렇게 하여) 나는 수메르와 아카드 전체의 주인이 되었고 내 나라의 국경을 해 뜨는 쪽에 있는 아래 바다로 확정했다."[31]

투쿨티-니누르타는 자신의 치세에 이 최상급 전리품 외에도 자그로스 산맥 및 유프라테스와 티그리스 상류에 사는 민족들이 바치는 조공도 받는다. 그는 또한 유프라테스 강의 만곡을 건너가 시리아에서 "28000명의 히타이트 포로"를 끌어온다. 그의 영토는 아랍-페르시아에만 이른 것이 아니라 메소포타미아 북부 전체와 아시리아 북쪽과 동쪽을 두르는 원호 모양의 산지까지 포함한다

바빌로니아는 6년 동안 아시리아 총독들의 지배를 받고 나중에는 아시리아에 예속된 군주들의 지배를 받는다. 이 군주들은 엘람의 공격을 받았고 한때 엘람인은 니푸르까지 진군하기도 한다. 그러나 기원전 1218년에 바빌로니아인은 마침내 자기들의 민족 왕조를 설립하기에 이른다. 『연대기 P』에서는 "카르두니아시의 아카드인 고관들이 반란을 일으켜 아다드-슈마-우수르를 그의 아버지의 왕위에 올렸다"고 전한다. 한편 아시리아의 왕은 10년 후에 비참한 죽음을 맞는데, 이 죽음은 분명 그의 범죄에 대한 형벌이다.

> "바빌론에 대한 사악한 계획을 실행에 옮겼던 투쿨티-니누르타에 맞서 그의 아들 아슈르나시르팔■과 아시리아의 귀족들이 반란을 일으킨다. 이들은 그를 왕위에서 끌어내려 카르-투쿨티-니누르타에 있는 방에 가둔 후 죽였다."[32]

가족 싸움과 내전으로 약해진 그의 후계자들은 바빌로니아에 대해 한두 차례 미미한 공격을 수행하기만 한다. 카슈인들을 완전히 무너뜨릴 큰 타격은 기원전 1160년에 엘람인이 가하게 된다. 이 해에 슈트루크-나훈테가 수많은 군대를 거느리고 남부 메소포타미아를 공격하여 지금까지 아무도 못했던 약탈을 자행한다. 무엇보다 나람-신의 석비와 함무라비 "법전"과 같은 유명한 유물이 수사로 옮겨진다. 이것들은 3100년이

■ [역주] 왕이 되지 못한 왕자인 듯하다.

흐른 후에 루브르 박물관에 소장된다. 엘람 왕의 맏아들 쿠티르-나훈테가 카르두니아시의 총독으로 임명된다. 엔릴-나딘-아헤("엔릴이 형제들을 주신다")라는 전형적인 아카드어 이름을 지닌 마지막 카슈 왕은 3년 동안 왕위를 지키다가 치열한 전투 이후 기원전 1157년에 패하여 사로잡힌다. 바빌론은 점령당한다. 마르두크의 신상은 437년 전에 히타이트인들에게 당했듯이 엘람인들에게 사로잡혀 끌려간다. 이리하여 지금까지 메소포타미아 역사상 가장 길었던 왕조가 끝난다.[33]

카슈인의 종말로 이 나라의 역사는 자연스럽게 구획이 지어진다. 그러나 이 사건은 같은 세기인 기원전 12세기 초에 근동 전체를 뒤흔든 격변에 비하면 그다지 중요하지 않아 보인다. 히타이트인들이 아나톨리아에 들어오고 아무루인들이 시리아와 메소포타미아에 처음으로 고개를 내민 지 천 년이 지난 후, 아주 멀리서 온 또 다른 민족들과 또 다른 소란스러운 유목민들이 한 번 더 이 지역의 모습을 바꾸어 놓게 될 것이다.

17 혼란의 시대

　기원전 제2천년기의 마지막 삼백 년 동안에도 그 이전 수백 년 동안 그랬던 것처럼 대규모 민족 이동이 있었다. 이 민족 대이동 역시 유라시아 지역 대부분에 영향을 미쳤는데 그 원인은 역시 알 수 없다. 유럽에서, 죽은 사람을 화장하고 유골 항아리를 매장한 사람들("유골 항아리 밭에 있는" 사람들이라 일컬어지는 이 사람들을 일부 학자들은 원-켈트인이라 주장한다)은 이탈리아 전체를 침범한 후 프로방스와 이베리아 반도로 쳐들어왔으며, 아이를 많이 낳고 공격적인 부족인 일리리아인과 다키아인은 발칸 반도로 침투했다. 이들 때문에 트라키아-프리기아인은 아나톨리아의 고원으로 밀려나고 "고전" 그리스인(도리아인, 아이올로스인, 이오니아인)은 그리스 반도와 에게 해의 아시아 쪽 연안 지방을 공격하여 이곳에서 미케네 문명의 지배를 종식시켰던 것 같다. 호메로스가 노래한 유명한 트로이 전쟁은 아마 이 사건들과 연관된 듯하다.

　이 양면 침공은 아나톨리아를 뿌리째 뒤흔들어 놓았을 것이다. 프리기아인, 그리고 머지않아 무슈키라는 이름으로 아시리아에 알려지게 될 또 하나의 민족[1]이 이미 현지에 와 있던 난폭한 가스가인과 동맹을 맺어 히타이트 제국을 무너뜨렸다. 제국의 수도인 보가즈쾨이(하투샤)와 다른 여러 도시가 화염에 휩싸였다. 루위아인은 타우루스 산맥과 그 너머로 격퇴당했다. 에게 해의 섬과 연안 지방에서 쫓겨난 해양민족들[2]은 육로나 해로를 이용해 남쪽으로 달아나 마침내 이집트의 여러 항구 도시까지 쳐들어왔다. 람세스 3세는 가까스로 이집트를 구할 수 있었다(기원전 1190년). 이 중 일부는 파라오의 용병이 되었고 다른 이들은 (자칼라인이나 필리스티아인■처럼) 가나안 지방의 해안가로 물러나 카르멜과 가자 사이에 정착했다. 필리스티아인들은 크레타 출신으로 소아시아에서 온 듯하다. 그리스인은 "팔레스타인"이란 이름을 만들어 냈는데, 나중에 요르단 강, 사해, 지중해 사이에 들어 있는 모든 지역에까지 적용된 이 이름은 다름 아닌 필리스티아에서 유래한 것이다.[3]

이 외에도 기원전 1200년부터 1000년 사이에 이란인이라 불리는, 인도-유럽어를 사용하는 민족들이 두 차례에 걸쳐 이란에 침투한다. 인도-아리아인의 경우처럼 고고학적 지표들 덕분에 그들의 흔적을 추적해 볼 수 있다. 특히 그들이 만든 회색과 흑색 도기류가 도움이 된다. 처음에 들어온 마다이(메디아) 사람들과 파르수아(페르시아) 사람들은 캅카스를 거쳐 들어와 먼저 우르미아 호수 주변에 정착했고, 이곳은 오랫동안 메디아 부족들의 중심지가 되었다. 페르시아인은 6세기 초에 자그로스 산맥을 따라 내려와 오늘날 시라즈 지방에 정착했다. 이란인으로서 두 번째로 들어온 파르타바(파르티아) 사람들과 하이라와 사람들은 카스피 해 동쪽 연안을 끼고 이란 북동부로 접근한 후 점차 투르케스탄 경계, 아프가니스탄, 발루치스탄까지 퍼져나갔다.[4]

이 큰 규모의 이주, 즉 제2의 물결을 이룬 "새로운 민족들"은 메소포타미아에 직접적인 영향을 미치지 않았다. 그러나 이 사건은 시리아-유프라테스 사막의 셈족 유목민이 활동을 재개한 것과 동시에 발생했다.

■ [역주] 필리스티아인은 개역개정판 성서에서 "블레셋 사람"으로 번역된다.

이 유목민 중에는, 오래전부터 알려져 있었으며 아무루인에게서 기원한 것으로 보이는 수투인을 비롯해 아흘라무인과, 특히 여기에서 처음으로 등장하는 아람 부족들의 거대한 동맹이 있었다. 히타이트 제국의 몰락과 뒤이은 카슈 왕국의 몰락, 그리고 투쿨티-니누르타 1세의 통치 이후 아시리아의 약세 때문에 생겨난 정치적 공백을 틈타 득의양양해진 아람인은 시리아를 정복하고 유프라테스 강을 건너 메소포타미아로 점점 더 깊숙이 침투했다. 이들은 앞으로 나아가는 동시에 정착함으로써 비옥한 초승달 지대의 서쪽 모퉁이에 크고 작은 나라들을 세운다. 한편 계속 유목민으로 남아 있던 부족들은 아시리아와 바빌로니아에 대한 공격을 감행함으로써 이 두 나라를 거의 무너뜨릴 뻔하기도 한다. 기원전 13세기 후반부에 이르자 시나이에서 나온 다른 셈족인 이스라엘 사람들이 이집트 19왕조의 쇠퇴기를 이용해 가나안 남부와 동부를 공격함으로써 요르단 강 양편의 영토를 빼앗는다.

해양민족들에 대해서는 이집트 문서가 정보를 제공해 주며, 아람인의 메소포타미아 진군과 이스라엘인의 가나안 정복은 아시리아 제왕 명문, 바빌로니아 연대기, 성서 이야기 덕분에 어느 정도 추적해 볼 수 있지만 다른 침입자들의 흔적이나 영향은 고고학적 자료와 좀 더 후대의 문서 자료를 대조해 봐야만 재구성할 수 있다. 그것은 기원전 1200년과 900년 사이에 근동 지방 대부분이 깊은 어둠 속에 빠져들기 때문이다. 보가즈쾨이의 공문서는 히타이트의 마지막 왕인 수필루리우마스 2세의 치세에 갑자기 중단되고, 람세스 3세 이후 이집트에서 나오는 몇 안 되는 문서에 따르면 위대한 나라 이집트는 완전히 쇠퇴하여 기원전 11세기 초에 이르러 서로 경쟁하는 두 나라로 나뉘어 있음을 알 수 있다. 기원전 900년경 다시 빛이 비취자 이 지역의 정치 지형은 완전히 뒤바뀌어 있었다. 이집트는 이제 아시아에서 아무런 영향력을 행사하지 못한다. 이스라엘인은 가나안에 확고히 정착해 있다. 시리아와 북부 메소포타미아는 아람 도시국가들로 뒤덮여 있다. 레바논 해안에서는 "페니키아인"이 미케네인을 이어 바다를 지배한다. 타우루스 산맥 가운데와 시리아 최북단에는 수많은 "신新히타이트" 왕국이 번영하고 있다. 바빌론의 왕들은 실제적인 힘이 거의 없고 엘람인은 다시 수면기에 접어들었다. 이란에 정착한 메디아인과 페르시아인은 이곳에서 아직 중요한 역할을 하지 못한다. 반면 아시리아에서는 강력한 군주들이 아람인의 고삐를 떨쳐 버리고 제국을 건설하기 시작한다. 이 제국은 3세기 동안 지속되면서 아시리아의 영예를 대대에 떨치게 될 것이다. 아시리아인은 정복의 시대에 이르러 우리가 좀 전에 열거했던 나라와 민족을 만나 싸우고 정복하게 될 것이다. 따라서 이들에 관해 좀 더 잘 알아보아야겠다.

이스라엘과 페니키아

어린 시절 감탄을 불러일으켰던 신성한 이야기의 아름다운 이미지를 추억으로 갖고 있지 않은 사람은 우리 중 아무도 없을 것이다. 그중에 이집트로 내려간 요셉과 이집트에 내린 열 가지 재앙, 모세의 지휘 아래 이루어진 탈출, 발을 적시지 않고 홍해를 건넌 사건, 시나이 산과 십계명, 약속의 땅 정복, 여호수아가 태양을 멈추게 하고 제리코의 성벽을 나팔 소리로 무너뜨린 이야기 등이 있다. 위대한 서사시, 유대인 역사의 영웅시대를 구성하는 이 일련의 이야기에 대해 많은 논의가 있었다. 그러나 이런 이야기와 상당한 차이가 있지만 충분한 개연성이 있고 역사적이며 어림잡아 연대를 정할 수 있는 사건들이 이 전설의 외투 아래에 있다고 생각하지 않는 학자는 오늘날 흔치 않다.[5] 아브라함의 손자 야곱

(이스라엘)에게서 기원한 일부 부족들이 이집트에 들어온 것과 요셉이 파라오의 왕실에서 높은 지위를 차지한 것은 힉소스 중간기(기원전 1684~1567년)에 아주 잘 들어맞을 것이다. 학자 대부분은 출애굽이 람세스 2세의 치세인 기원전 1260년경에 일어난 것으로 추정한다. 시나이 사막에 오래 거주하는 동안 모세라는 이집트 이름을 지닌 천재적인 인물이 아직 다신교적 성향이 있는 이 부족들로 하여금 유일신을 숭배하도록 인도했다는 사실을 의심할 이유는 전혀 없다. 그는 말로 설명할 수 없는 우주적인 신에 관한 계시를 받은 적이 있는데, 이 신이 바로 야훼다. 훨씬 나중에 무함마드가 이와 비슷한 일을 하여 성공을 거둔 것으로 알려져 있다. 가나안 정착에 관해서는 논쟁의 여지가 없지만, 이 정착은 갑작스러운 정복이라기보다는 느리고 힘겹게 한 부족씩 이루어진 침투로서 거의 한 세기 동안 띄엄띄엄 이어진다.

선택된 지도자들, 즉 "사사들"(히브리어로는 쇼페트 *shôphêt*)의 시대 이후 사울이 왕정을 설립하고 그에 이어 다윗(기원전 1010~970년)이 필리스티아인, 가나안인, 아람인, 트랜스요르단 지역 왕국들(암몬, 에돔, 모압)을 무찌름으로써 이스라엘 민족은 팔레스타인 전체에 대한 지배권을 확립하게 되었다. 솔로몬(기원전 970~931년)의 치세는 분명히 이 신생 국가가 절정에 도달한 순간이었다. 가나안은 오랜 역사 가운데 처음으로 단 하나의 주인에게 복종했다. 그 권력은 "단 Dan 에서 베르셰바까지", 즉 헤르몬 산의 기슭에서 네게브 근처까지 이르렀다. 오랜 역사를 자랑하지만 소박한 도시였던 예루살렘에서는 거의 이만 명이 신전 건설에 종사했다고 한다. 이스라엘 군대는 무기와 전차를 충분히 갖추고 있었다. 아카바 만 깊숙한 곳에 있는 에지온-게베르에서는 솔로몬의 선단 船團 이 아라비아와 에티오피아(오피르 지방)로 가서 금을 싣고 돌아오곤 했다. 솔로몬 왕은 지혜로 유명했지만 호화스러운 궁전에서 "700명의 아내와 300명의 후궁"에 둘러싸여 살았다. 이와 같은 지나친 사치는 재정적으로 작은 나라가 감당하기 힘들었고 도덕적으로 금욕적인 민족이 견뎌내기 어려웠다. 그의 통치는 반란의 와중에 마무리되었고 그의 죽음 이후에 왕국은 투표를 거쳐 둘로 나뉘었다. 북쪽은 사마리아를 수도로 한 이스라엘이었고 남쪽은 예루살렘의 통치를 받는 유다였다. 단일 왕정 시대는 한 세기도 이어지지 못했던 것이다.

이스라엘 북서쪽 레바논 해안에 살던 가나안인은 12세기에 일어난 대격변의 첫 피해자들 중에 속해 있었다. 기원전 1191년경 북쪽에 있는 큰 항구 도시 우가리트는 해양민족들이 처참하고 철저하게 파괴했고[6] 엘-아마르나 시대에 국지전으로 황폐하게 되었던 비블로스는 주 고객이었던 이집트가 람세스 3세를 잇는 후계자들의 시대에 쇠퇴하자 빈털터리가 되어 있었다. 그러나 기원전 제1천년기 초에 이르러 상황은 상당히 개선되었다. 나흐르 엘-케비르 강과 리타니 강 유역을 통과하며 레바논을 가로지르는 도로들이 지중해 해안에 이르는 지점에 있는 세 도시, 아라드(트리폴리 북쪽의 루아드 섬), 시두누(시돈, 오늘날의 사이다), 그리고 수루(티레■, 아랍어로 수르)는 비블로스와 더불어 시리아에 있던 아람 왕국들의 자연항自然港이 되었다. 게다가 이 항구 중 가장 남쪽에 있던 티레는 솔로몬의 왕국과 가까이 있어 혜택을 누렸다. 티레는 솔로몬의 왕국에 사이프러스와 삼나무 목재, 뛰어난 장인들, 능숙한 선원들을 제공했다. 이러한 교역으로 급속도로 부유해진 이 도시들은 이때부터 이 지역의 정치, 경제, 문화의 새로운 중심지가 된다. 후대에 그리스인들은 이 지역을 자줏빛phoinix의 나라, 즉 페니키아[7]라 불렀다.

이 호의적이고 쾌적한 연안 지역은 언제나 서양과 동양이 만나는 장

■ [역주] 티레(Tyr, 영어 Tyre)는 개역개정판 성서에서 "두로"로 음역된다.

소가 되었다. 오랜 세월 동안 한편으로는 키프로스, 크레타, 미케네 세계와, 다른 한편으로는 이집트를 비롯한 근동 지방 전역과 긴밀한 접촉을 하다 보니 이곳에는 혼합적이면서도 눈부신 문명이 발전하기에 아주 적합한 환경이 조성되어 있었다. 이곳 주민은 단순한 듯하면서도 천재적인 생각을 함으로써 인류 발전에 주요한 공헌을 했는데, 이 생각은 이와 같은 국제적인 환경에서만 싹틀 수 있는 것이었다. 그것은 쓸데없이 문자 체계를 방해하는 표의문자를 없애고 모든 음절에 공통된 원초적인 음소들(기본적으로 자음들)을 분리해 낸 것이다. 기원전 제2천년기에 이루어진 알파벳의 발명[8]은 진정한 혁명이었다. 알파벳 덕분에 읽기와 쓰기, 그리고 그에 따르는 학문과 문화를 모든 사람이 접할 수 있게 되었기 때문이다. 페니키아 알파벳으로 쓰인 가장 오래된 글은 비블로스의 왕 아히람(기원전 11세기?)의 석관에 새겨진 명문이다. 이 알파벳을 그리스인이 약간의 수정을 가해 유럽으로 퍼뜨렸고 아람인이 아시아 전체에 전파했다. 우리가 사용하는 알파벳의 조상이 된 이 알파벳은 결국 사실상 모든 고대 문자 체계를 대체했고(중국 문자 체계를 제외하고), 우리가 앞으로 보게 되겠지만, 수메르-아카드 문명의 쇠퇴에 기여했다. 그러나 이 알파벳 이전에 다른 알파벳들이 있었는데 그중 가장 중요한 것은 토판에 쐐기문자로 기록된 우가리트의 알파벳(기원전 14세기와 13세기)으로 서른두 개의 기호로 이루어져 있었다. 이 "쐐기문자 알파벳" 은 편지와 행정 문서뿐만 아니라 아주 흥미진진한 다수의 신화적, 종교적 문서 기록에도 이용되었다.[9] 다른 시리아의 도시들과 팔레스타인에서도 이 알파벳이 사용된 사실이 최근에 밝혀졌다.

예술 분야에서 페니키아인은 위와 같은 혁신적인 정신을 갖고 태어나지 못한 듯하지만 뛰어난 학습자의 모습은 보여준다. 페니키아 예술가들은 메소포타미아와 (페니키아 지방을 중심으로 한) 현지 전통, 이집트,

그리고 아주 약간은 에게 지방에서도 영감을 받았으며, 기원전 제1천년기 동양에서 가장 재능이 뛰어났다. 그들은 고급 원단을 짜서 수를 놓거나, 현지에서 잡힌 조개에서 추출해 제조한, 유명한 시돈의 자줏빛 염료로 염색했다. 또한 반투명 유리로 작은 병을 제조하고 섬세한 보석과 세련된 소상과 상아판을 만들었으며 목공과 철공의 거장으로 통했다. 이들의 나라는 건축에 적합한 최상급 목재뿐만 아니라 명성이 자자한 포도주와 기름도 생산했다. 이때부터 이 모든 귀한 상품을 페니키아 선원들이 직접 세계 각처에 실어나를 수 있었다. 그것은 그리스인이 그리스 지역Hellade을 침공함으로써 미케네의 해상제패에 종말을 고했기 때문이었다. 티레, 시돈, 아라드 사람들은 즉각 유례없는 해상 식민지 팽창 활동에 뛰어들었다. 이 활동은 기원전 9세기부터 6세기 사이에 카르타고를 설립하고(기원전 814년), 지중해 서부에 수많은 상관商館을 창설하고, 유럽과 아프리카의 대서양 연안을 탐사함으로써 정점에 이르렀다.

신히타이트

북부 시리아에 살던 사람들을 페니키아인이 뭐라고 불렀는지는 알 수 없다. 심지어 그들이 자신을 스스로 어떻게 불렀는지도 모른다. 그러나 이스라엘인은 이들에 대해 "히타이트인들"httym 이란 표현을 사용했고 기원전 제1천년기의 아시리아인은 이 지역을 지속적으로 하티Hatti 라 불렀다. 그러나 이 히타이트인은 수필루리우마스와 하투실리스 3세 시대의 사람들과는 아주 다른 사람들이었다. 그래서 현대 역사학자들은 이들에게 "시리아-히타이트인", "신히타이트인", 혹은 "상형 문자 히타이트인"[10]이라는 이름을 붙여 주었다. 세 번째 이름에 관해서는 좀 설명이 필요하다.

히타이트인(좀 더 정확히 말하면 네샤인)은 시리아에서 수메르-아카드 쐐기문자를 빌려서 자기네 고유어를 표현했다. 이들은 대체로 서신 교환, 행정 문서, 종교 문서, 일부 조약문에 이 문자를 이용했다. 그러나 기원전 15세기부터는 또 하나의 문자가 등장한다. 이 문자는 전혀 다른 문자로 사실상 돌덩이나 도장에 새겨진 글에만 사용되었다. 이 문자는 저부조로 새겨진, 쉽게 알아볼 수 있는 그림(인물, 인간의 신체 일부, 동물의 머리)과 기하학적 무늬(삼각형, 소용돌이 모양, 직사각형 등)로 이루어져 있다. 이집트나 크레타의 상형 문자와는 전혀 닮지 않았고 현지에서 만들어낸 것 같다. 이런 유형의 명문은 1871년에 시리아의 하마 Hama에서 최초로 발견된 후 많은 명문이 아나톨리아와 북부 시리아에서 발견되었다. 북부 시리아에서 나온 것 중 대부분은 기원전 10세기부터 7세기 사이의 것이다.[11] 학자들은 느리고 힘겹게 작업하면서 한 세대에 걸쳐 히타이트 상형 문자 해독을 위해 노력했다. 마침내 몇몇 이중 언어 명문으로 검증하여 이 문자를 해독했다는 사실이 구체적으로 확인되었다. 이 이중 언어 명문 중에는 킬리키아의 카라테페에서 발견된 장문의 페니키아어 병기附記 문서[12]와 라스 샴라(우가리트)와 메스케네에서 발견된, 아카드어 문서와 관련된 도장들이 있다. 문자가 해독되면서 이 문자 체계의 기호들을 두 부류로 구분할 수 있었다. 한 부류는 표어문자(표의문자)이고 다른 한 부류는 음절의 음가를 지닌 기호들이었다. 또한 이 문자가 표현하는 언어도 루위아의 방언임을 식별할 수 있었다. 기억을 더듬어 보면, 네샤인의 사촌 격인 루위아인은 기원전 2200년경에 아나톨리아에 살던 네샤인 사이에 침투해 이 지역의 남부(아르자와 왕국)에 정착했지만 이들 역시 점차 "고전적인" 히타이트인과 뒤섞이게 되었다. 이들은 히타이트 제국의 갑작스러운 몰락을 이용해 북부 시리아를 빼앗아 점령하고, 그렇게 함으로써 어떻게 보면 이 지역에서 자기네 동료들 – 히타이트의 지배를 연장했다. 터키가 안타키아(안티오키아)를 중심으로 한, 지리적으로 시리아에 있는 주州의 이름을 하타이*Hatay*라 이름 지은 것은 이 기억을 다시 떠올리고 싶었기 때문일 것이다.

12세기에 이르면 "신히타이트" 왕국들이 모자이크처럼 타우루스 산맥 북사면부터 오론테스 강까지 뻗어나가 상당히 방대한 영토를 뒤덮게 된다. 먼저 북부 카파도키아에는 열두 개의 도시국가로 구성된 타발 연맹이 있었고 이에 상응하여 동쪽에는 유프라테스 강을 따라 밀리드(수도는 밀리드로 오늘날의 말라티아), 쿰무후(그리스와 라틴 작가들이 언급한 콤마게네), 그리고 구르굼(수도는 마르카시로 오늘날의 마라시)이 있었다. 그 남쪽으로는, 서쪽에서 동쪽으로 가면서, 아다나를 수도로 하는 단누나인의 거주지 킬리키아(나중에 쿠에라 불림), 오늘날의 진지를리를 중심으로 한 야디야 왕국, 그리고 카르케미시 왕국이 같은 위도상에 있었는데, 카르케미시는 지난 시대 못지않게 중요한 역할을 했다. 시리아에서도 역시 서쪽에서 동쪽으로 가면 먼저 파티나(나중에는 운키)를 만나게 되는데 이 나라는 하타이 주와 거의 일치하며 주요 도시로는 키날루아(밝혀지지는 않았지만 아무크의 비옥한 평원에 있었던 듯하다)와 아르파드(텔 리파아트)가 있었다. 그다음에는 알레포 왕국이 있었고, 마지막으로 도시국가인 틸 바르시프(텔 아흐마르)를 만나게 되는데, 이 도시는 유프라테스 강의 반대편 연안에 있는 유일한 도시다. 최남단에는 하마 왕국이 아람 영토와 이웃하고 있다.

20세기 초부터 특히 진지를리, 사크체 괴쥐, 카르케미시, 텔 타이나트, 텔 아흐마르, 카라테페, 말라티아에서 발굴이 이루어졌다. 이 발굴 과정에서 우리는 신히타이트의 예술과 건축에 관한 많은 정보를 얻게 되었으며 아시리아인들이 이 여러 소왕국을 쉽게 빼앗을 수 없었던 이유를 이해하게 되었다. 큰 도시들은 대개 원형으로 설계되어 있었고 집게를 갖춘 문이 있는 탄탄한 성벽 둘로 둘러싸여 있었다. 성벽 하나는 아래 도시를 둘러싸고 있었고 다른 하나는 성채를 둘러싸고 있었다. 성채에는 궁전이 있었는데 일반적으로 아시리아아인이 비트 힐라니 *bît hilâni* 라 부르는 양식으로 지어져 있었다. 이 양식에서는 건물 앞에 주랑柱廊이 있었다. 목재로 만든 기둥들은 사자나 스핑크스로 조각한 받침돌 위에 놓여 있었고, 주랑 안에는 건물의 큰 축과 평행하게 정방형의 방들이 이어져 있었다. 성채로 통하는 한길의 벽들과 궁전의 정면 벽은 현무암이나 석회암으로 만든 거대한 판(상판)으로 장식되어 있었는데, 여기에는 잔치나 왕의 사냥, 혹은 군사들의 행렬 장면이 저부조로 새겨져 있었다. 이 조각들은 흔히 조잡하고 서툴렀지만 생기와 활력이 없지 않았다. 어떤 것들은 진정한 아름다움의 경지에 도달하기도 한다. 고고학자들 대부분은 이를 아시리아와 이집트의 영향을 받은 히타이트 예술이 퇴화한 형태라고 생각한다.

지금까지 아시리아 문서로만 알려진 이 왕국들을 연구하던 역사가들은 히타이트 상형 문자를 좀 더 잘 읽을 수 있게 되면서 특히 군주의 계승과 가계도에 관해 좀 더 명확히 알게 된다.[13] 이 왕국들은 기원전 745년부터 708년까지 아시리아 왕들의 공격을 받으면서 하나씩 사라졌지만, 이 중 일부는 그 이전에 인접해 있던 아람인에게 흡수되었다.

아람

이런 문제가 늘 그렇듯이 아람인[14]의 기원 역시 신비에 싸여 있다. 가나안어나 아무루어와 아주 가까운 아람어는 "서셈어"라는 언어 집단에 속하지만 아랍어와도 어느 정도 유사성을 드러낸다. 이런 점 때문에 이 언어를 사용하는 사람들이 아라비아 반도 주변에서 왔거나 그곳에 살았던 사람들이라 여겨지기도 한다. 그러나 다른 논거들은 이들이 시리아-메소포타미아 사막 주변, 특히 북부 자지라에 오랫동안 살았다는 가설을 지지한다. 따라서 아람인을 히브리인의 친척으로 묘사하고, 심지어 야곱(이스라엘)을 "유랑하는 아람인"[15]으로 만들기까지 하는 성서의 전승을 전적으로 시대착오적이라고 치부할 수만은 없을지도 모른다. 논쟁의 대상이 되는 주제가 또 하나 있다. 그것은 아람인이 문서에 나타남으로써 역사 속으로 들어온 정확한 순간에 관한 것이다. 아카드 시대부터 기원전 14세기까지 메소포타미아, 시리아, 이집트 문서에는 아람^{Aram} 혹은 아라미^{Arami}(이집트어로는 $irme$)라 불리는 지역, 도시, 사람에 대한 독립적인 언급이 있었다. 그러나 단순한 동음이의어^{同音異議語}일 수 있으므로 이것만으로 확고한 결론을 도출할 수는 없다. 사실 민족 집단으로 아람인을 언급한 가장 오래된 자료는 아시리아 왕 티글라트-필레세르 1세(기원전 1115~1077년)의 명문들로서, 여기서는 아흘라무-아라마이야$^{Ahlamû-Aramâia}$라 불리는 적으로 나타난다. "아람인(이었던) 아흘라무(의 사람들)"로 번역될 수 있는 이 용어를 보면 비옥한 초승달 지대에 오래전부터 정착한 후 이 시기에 거대한 집단을 이룬 부족 중에 아람인이 있었음을 알 수 있다. 실제로 기원전 14세기의 두 편지에는 메소포타미아 남부에 있는 아흘라무인 약탈자들에 관한 기록이 있다.[16] 기원전 13세기에는 아다드-니라리 1세, 샬만에세르 1세, 투쿨티-니누르타 1세가 이들을 만나는데, 처음 두 왕은 자지라에서 세 번째 왕은 유프라테스 중류에서 만났다.[17] 그러나, 실제로 아흘라무인과 아람인이 같은 지역에서 아무 연관 없이 활동했는데 아시리아인이 오해하여 이 두 민족이 약탈을 일삼는 초원의 고약한 패거리에 속하는 같은 민족이라고 생각했을

가능성도 있다.[18]

정체가 어찌 되었든 아람인이 중부와 남부 시리아에 기원전 11세기부터 정착했다는 점은 확실하다. 실제로 성경에 보면 사울과 다윗은 이스라엘에 심각한 위협이 되는, 북쪽의 아람 왕국들과 싸웠다. 이들은 안티레바논 산맥과 팔미라 사이에 있는 아람 소바, 베카에 있는 아람 베트-르호브, 가울란에 있는 아람 마아카, 그리고 북부 요르단에 있는 토브라는 나라였다. 솔로몬의 치세 말엽에는 이 모든 나라가 거대한 다마스쿠스(아람 담메셰크) 왕국에 병합되었다. 솔로몬과 그 이후 북왕국 이스라엘의 왕들은 이 나라와 싸워야 했다.[19] 기원전 10세기부터 아람인은 신히타이트인을 무너뜨리면서 북부 시리아로 지배권을 점차 확장했으며 자기들이 건설한 나라들을 정복 부족의 조상의 이름을 붙여 아무개의 비트 *bit*, 즉 "집"이라 불렀다. 아람인은 알레포를 비롯해 비트 아구시의 수도가 된 아르파드, 비트 아디니의 주요 도시가 된 틸 바르시프, 삼알로 이름이 바뀐 야디야, 그리고 마지막으로 하마를 차례로 점령했다. 단지 파티나와 카르케미시 왕국, 킬리키아, 그리고 타우루스 지역의 신히타이트 국가들이 독립을 유지할 수 있었다. 이 정복과 정착 과정은 머지않아 유프라테스 강 만곡과 카부르 강 사이에 있는 모든 지역까지 이르렀다. 이 지역은 전체적으로 아람 나하라임, 즉 "두 강 사이의 아람"이라는 이름으로 불렸다. 이곳에는 비트 아디니(수도는 아주 오래된 유적 텔 할라프 위에 세워진 구자나), 카부르 하류에 있는 비트 할루페, 그리고 최북단에 오늘날 디아르바크르인 아메디를 수도로 하는 비트 자마니가 있다. 마지막으로, 준準정착민 아람 부족들이 히트 근방(라케, 힌다니, 수후 지방)에 이르기까지 유프라테스 중류 전체를 차지했다. 여전히 유목민으로 남아 있던 아람인은 아시리아를 향해 진군하기도 하고 남부 메소포타미아에 정착하기도 하는데, 이에 관해 곧 설명할 것이다.

여러 시대에 거쳐 초원이나 산지에서 온 민족들이 비옥한 초승달 지대에 정착하여 도회적인 삶에 빠져들었듯이 아람인들 역시 가지고 온 것은 없었지만 전쟁에 못지않게 일에 대한 열정이 있었고, 나중에 근동의 왕국 행정에서 높은 지위[20]를 얻을 만한 지성을 갖추고 있었을 뿐만 아니라, 예민한 상업적 감각도 갖고 있었다. 이들은 자기들이 정착한 나라의 문명을 놀라울 만큼 빠르고 쉽게 받아들였다. 예를 들어 아람인의 제신諸神 목록은 수메르-아카드의 신(샤마시, 네르갈, 마르두크, 아타르라 불리는 아슈타르 등 다수)과 가나안의 신인 최고의 신 엘, 천둥의 신 하다드, 여신 아나트, 다양한 바알들("주인들"), 그리고 지역 신과 부족 신으로 채워져 있어서 고유한 아람 종교의 요소를 추출해 내는 것이 사실상 불가능하다. 예술의 영역도 마찬가지다. 다마스쿠스의 왕들은 왕궁을 장식하기 위해 페니키아 예술가들에게 도움을 요청해야 했으며, 진지를리를 예로 들자면 이곳에서 아람 시대의 건축과 조각을 신히타이트 시대와 확연히 구분하는 요소는 전혀 없다. 그러나 한 가지 예외가 존재하는 것 같다. 텔 할라프 발굴 도중 발견된 카파라 구자나의 왕궁(기원전 9세기)[21]은 비트 힐라니 양식이며 그 상판들은 일상적인 아나톨리아, 메소포타미아, 이집트의 영향을 보여주지만 주랑의 기둥 역할을 하는 거대한 입상들, 그 앞에 있는 큰 부리를 가진 거대한 새, 궁전 입구를 지키는 인간-전갈들, 그리고 신당에 앉아 있는 여신들은 근동 세계의 다른 환조 작품들과 전혀 닮지 않았다. 어떤 이들은 이를 가설적인 "후리" 예술의 잔재라고 설명하며, 다른 이들은 아람 예술가들의 독창적 작품으로 간주하는 경향이 있다.[22]

그러나 바로 이 "야만인들", 새롭게 정착한 이 유목민들의 언어가 기원전 제1천년기 후반에 근동 전체를 지배하게 된다. 의도하지 않고 이루어진 이 업적은 이들과 토착민과의 융화(아시리아 왕들이 추구한 대규모 강제 이주 정책에 도움을 받았다), 이들의 상업 활동, 그리고 이들이 쐐기문자보다 훨씬 쉽고 실용적인 페니키아 선형 알파벳을 약간 수정하여 받아들인 사실에 도움을 입었다. 아람어는 8세기 중반부터 아시리아 본토에서 아카드어와 더불어 공식어가 되었다. 기원전 500년경 아케메네스 페르시아는 광대한 제국에 사는 모든 민족이 이해할 수 있는 언어를 찾다가 아람어를 선택했다. 기원전 마지막 시기에 히브리어가 수메르어처럼 사어死語들의 천국에 합류한 후 아카드어가 서서히 죽어가고 그리스어가 지식층의 전유물이었을 때 아람어는 인도에서 이집트까지, 캅카스에서 아라비아까지 말로 사용되고 글로 기록되며 읽히고 있었다. 아람어는 성서(에스라서와 다니엘서)에도 사용되었으며 우리가 알기에 예수도 이 언어로 의사를 표현했다. 아람어는 아랍 정복기까지 경쟁 상대 없는 지배 언어가 된다. 아랍어 문자 역시 아람어 문자의 필기체에서 파생되었고 북부 아시아에서 사용되는 여러 문자 체계 역시 그러하다. 또한 아람어는 기원후 6세기에 아주 풍부한 기독교 문학인 시리아어 문학을 낳았고 네스토리우스파 선교사들은 이를 몽골까지 가져갔다. 한편 시리아어는 여러 동방교회에서 예배 언어로 살아남았다. 오늘날에도 안티레바논의 일부 마을과 이라크의 기독교 공동체에서 아람어 방언들이 사용되고 있다. 세상에서 이렇게 오랜 전통을 자랑하는 언어는 드물다.

꼭 필요하겠다는 생각에 카슈 왕조의 마지막(기원전 1157년)에서 메소포타미아 이야기를 중단하고 장황한 주변 이야기를 했는데, 이제는 다시 메소포타미아 이야기로 돌아가야 할 시간이다.

메소포타미아의 암흑기

엘람인은 약 850년 전 우르 3왕조의 수메르인을 무찔렀을 때와 마찬가지로 카슈인을 상대로 얻어낸 승리를 이용할 줄 몰랐다. 아버지가 죽자 엘람의 왕이 된 쿠티르-나훈테는 바빌론을 총독의 손에 맡기고 떠났다. 게다가 쿠티르-나훈테는 얼마 후에 죽고 왕위는 그의 형제 실하크-인슈시나크(기원전 약 1150~1120년)에게 넘어갔다. 이 왕은 북쪽에 공을 들여 오랜 기간 여러 차례에 걸친 전투 끝에 마침내 자그로스와 티그리스 사이에 있는 영토를 아라프하(키르쿠크)까지 점령했다. 그러나 그는 바로 옆에 있는 아시리아의 수도를 감히 공격하지 못했다. 남쪽으로는 사실상 아카드 지방밖에 점령하지 못했고 수메르 지방을 소홀히 하는 우를 범했다. 바빌론이 점령되자 수메르 지방에서 역사적인 명성을 자랑하는 도시 이신을 중심으로 반란이 조직되었다. 기원전 1130년에 "이신 2왕조"[23]의 세 번째 왕인 니누르타-나딘-슈미는 엘람 왕이 다른 곳에 몰두하고 있는 틈을 타 바빌론을 되찾았고, 엘람이 실하크-인슈시나크의 치세 이후 혼란에 빠지자 그의 아들 네부카드네자르(기원전 1124~1103년)■는 "숙적"의 본고장을 공격하기로 결심했다.

처음에 그는 쓰라린 실패를 맛보게 되지만 ("엘람 왕이 나를 추격했고 나는 그의 앞에서 달아났다. 나는 슬픔과 탄식의 침상에 누웠다."[24]) 시티-마르두크라고 하는 엘람의 장수가 변절하여 자기 군대를 그에게 제공하고 그의 편에서 싸우자 두 번째 전투에서는 승리할 수 있었다. 시티-마르두크가 제공한 도움에 대한 대가로 토지와 특권을 부여하는 쿠두루 *kudurru* 에 새겨진 글에 이 전쟁이 묘사되어 있다. 이 글은 시적인 느낌을 주는 흔치 않은 고대 전쟁 이야기 중 하나다.[25]

"아누의 성스러운 도시 데르에서 출발한 그(바빌론의 왕)는 30베루

■ 나부-쿠두리-우추르: "나부 신이여, 나의 후손들을 지켜 주소서!"

bêru(320킬로미터)를 뛰어올랐다. 그는 탐무즈 달(7~8월)에 길을 떠났다. 창날이 불처럼 타오르고 도로의 자갈이 화염처럼 빛난다. 와디는 말라 있고 샘은 고갈되었다. 가장 강한 말을 탄 정예부대도 멈춰 서고 젊은 용사들도 다리에 힘이 빠진다. (그러나) 선택받은 왕은 신들의 지지를 받으며 나아간다. 무적의 네부카드네자르는 전진한다. … "

전투는 울라이아(카룬 강) 경계에서 벌어졌다.

"두 왕은 맞붙어 싸우기 시작했다. 그들 가운데 불 같은 것이 타오르고 있었다. 그들이 일으키는 먼지로 태양이 어두워졌다. 폭풍우가 휘몰아치고 돌풍이 불고 있었다. … 엘람 왕 훌텔루디시는 달아나 영원히 사라졌고 네부카드네자르 왕은 승리감에 젖어 몸을 일으켰다. 그는 엘람을 빼앗고 보물을 약탈했다."

이 보물 중에는 성대한 의식과 함께 바빌론으로 돌아온 마르두크의 신상이 있었다. 이 일로 네부카드네자르는 빛나는 영예를 얻게 되었고 마르두크는 마침내 바빌로니아 제신 중 최고의 위치에 오르게 된다.[26] 엘람은 비록 심각한 타격을 입었지만 진정한 의미에서 "점령"되지는 않았고, 이 용맹스러운 군주의 후계자들은 다른 나라를 점령하기 위해서가 아니라 자기 나라를 아시리아의 경쟁자들에게서 보호하기 위해 싸워야 했다.

아시리아는 심각한 계승의 위기를 겪고 동부 속주들을 엘람에 잠시 빼앗겼지만 기원전 11세기에 번영기를 누렸다. 이신 2왕조의 초기 왕들과 같은 시대에 다스렸던 아슈르-단 1세와 아슈르-레시-이시는 수투인에게 조공을 부과하고, 아흘라무인의 접근을 막고, 아시리아-바빌로니아 국경을 디얄라 강 근처의 아드헴까지 확장하고, 아수르와 니네베에 있는 수많은 신전과 건물을 보수했다. 그러나 기원전 11세기 말에 이르러 전역에서 돌풍이 불 기미가 보이기 시작했다. 티글라트-필레세르■ 1세(기원전 1115~1077년)는 샴시-아다드 이후 가장 강력한 두세 명의 군주 중 하나로 지칠 줄 모르는 정열을 갖고 있었지만, 그의 정열이 사라진 이후 아시리아는 이 돌풍에 파괴될 것이다. 북쪽에서는 무슈키인이 이만 명의 동맹군을 거느리고 타우루스를 넘어 티그리스 유역으로 내려와 니네베를 위협하고 있었다. 동쪽에서는 자그로스의 부족인 룰루메인(룰루비인)과 쿠투인(구티인)이 드러내 놓고 적대감을 드러냈다. 서쪽에서는 아람인(여기에서 처음으로 언급된다)이 유프라테스를 따라 대규모로 정착한 후 강을 건너기 시작했다. 마지막으로 남쪽에서는 바빌론의 왕 마르두크-나딘-아헤가 소小자브 강까지 국경을 확장했을 뿐만 아니라 아수르에서 멀지 않은 티그리스 강변의 에칼라테(에칼라툼)를 점령하고 약탈하기도 했다. 티글라트-필레세르는 이 모든 위협에 대처했다. 먼저 그는 무슈키인을 향해 진군하여 그들과 그 동맹군을 크게 무찔렀다. 그후 그는 북쪽 국경을 보호하기 위해 "나이라 산맥의 높은 언덕과 가파른 봉우리"에 올라가고, 아르메니아에 들어간 후 마침내 반 호수 북쪽에 있는 말라즈기르드까지 이르러 그곳에 비석을 세웠다.[27] 그는 다른 원정 도중에 하란과 타우루스 사이 평원에 있는 무스리와 쿰마니 지방을 징벌했다. 아람인은 유프라테스 강 너머로 쫓겨나 제벨 비슈리까지 추격당했지만 시리아 사막은 이 다수의 끈질긴 적[=아람인]으로 득실거리고 있었다.

■ 티글라트-필레세르는 투쿨티-아팔-에샤라, "나의 신뢰는 에샤라(아슈르 신전)의 아들에게 있다"의 히브리어 형태다. 성서에 나오는 인물은 티글라트-필레세르 3세다.

왕이 말한다. "나는 스물여덟 번 아흘라무-아람인과 싸웠다. (심지어 한번은) 한 해에 두 번이나 유프라테스를 건넜다. 나는 타드모르(팔미라)를 비롯해 아무루 지방, 수후에 있는 아나트, 그리고 카르두니아시에 있는 라피쿠까지 가서 이들을 무찔렀다. 나는 그들에게서 전리품과 재물을 모아 나의 도시 아수르로 가져왔다."[28]

이 원정들에서 티글라트-필레세르는 시리아를 "정복"하고 페니키아 해안에 이르러 아라드, 비블로스, 시돈에서 악어나 "거대한 긴꼬리원숭이"[29]와 같은 조공을 받았다. 결국 이 전쟁은 바빌론에 대한 승전이었다.

"나는 카르두니아시를 향해 진군했다. … 나는 카르두니아시의 왕 마르두크-나딘-아헤의 바빌론 궁전들을 빼앗았다. 나는 그것들을 불살랐다. …
두 차례에 걸쳐 카르두니아시의 왕 마르두크-나딘-아헤를 향해 전차들로 전선을 만들어 그를 공격했다."[30]

이 위대한 전사는 동시에 위대한 사냥꾼이기도 했다. 큰 사냥감을 주로 잡았는데 그중에 하니갈바트에서 쓰러뜨린 "힘세고 크기가 엄청난" 들소 네 마리, "하란 지방과 카부르 지역에서 잡은 힘센 수컷 코끼리"[31] 열 마리, 사자 920마리 (그중 120마리는, 움직이는 중에 튼튼한 신형 검으로 죽였다), 그리고 심지어 아라드 근처 지중해 바다에서 잡은 돌고래와 "바다의 말이라 불리는" 일각 一角 돌고래도 있었다.[32]

왕의 죽음으로 이 영광의 시대는 끝나고 암흑기가 시작되었다. 물밀듯이 밀려오는 아람인의 침공, 이를 저지하려는 아시리아인의 필사적인 노력, 바빌로니아의 돌이킬 수 없는 쇠퇴, 유목민, 전쟁, 내전, 홍수,

기근에 무방비 상태인 수메르와 아카드 … 이것이 기원전 10세기에 메소포타미아가 보여주는 가련한 그림이다. "혼란과 무질서"[33]의 시대, 혼동과 고통의 시대가 있었다면 그것은 바로 티글라트-필레세르의 죽음(기원전 1077년)과 아다드-니라리 2세의 등극(기원전 911년) 사이에 흘러간 166년이라 할 수 있을 것이다.

티글라트-필레세르의 후계자들이 남긴 단편적인 연대기 덕분에 아람인이 메소포타미아에서 전진한 흔적을 추적할 수 있다.[34] 이들은 아슈르-벨-칼라(기원전 1074~1057년)의 치세에 티그리스 강을 향해 나아가 아수르 근처에 도달했다. 이렇게 되자 이 왕은 바빌로니아인과 화해하기로 결심했다.[35] 그러나 아람인의 주력 부대는 여전히 유프라테스 강 우안右岸에 있었다. 그 후 50년 동안 그들은 이 강을 건너 카부르 강 유역 곳곳에 왕국을 세웠다. 수십 년이 더 흐른 뒤에는 카부르 강과 티그리스 강 중간에 있는 니시빈에서도 이들을 만나게 될 것이다. 아슈르-단 2세(기원전 934~921년)는 이들을 쫓아내려 했고, 실제로 크게 무찔렀다고 자랑하지만 아다드-니라리 2세의 명문을 보면 이들이 계속해서 자지라를 점령하고 있었음을 분명히 알 수 있다. 아시리아는 이 "베두인들"의 공격을 받고 타우루스와 자그로스 민족들의 적대 행위에 시달리면서 숨이 막힐 지경이었다.

고대 연대기에서 드러나듯 바빌로니아의 상황은 더 심각했다.[36] 네부카드네자르의 네 번째 후계자인 아다드-아플라-이디나(기원전 1067~1064년)의 치세에 아카드에서 가장 큰 신전 중 하나인 시파르의 샤마시 신전을 수투인이 약탈하고 파괴했다. 이 사건의 영감을 받아 『에라의 서사시』*Epopée d'Erra* 라 불리는 전쟁과 폐허에 관한 바빌로니아의 위대한 서사시가 탄생한다.[37] 바빌론은 기원전 1024년부터 978년까지 세 왕조를 거치며 적어도 일곱 명의 왕을 배출했다. 그중 첫 왕조는 "해국海國 2왕조"로서 심바르-시파크라 불리는 카슈인이 창설했고, 둘째 왕조(바지 Bazi 왕조)는 티그리스 동쪽에 정착한 한 부족의 우두머리가 세웠으며, 셋째 왕조(왕이 한 명밖에 없음)는 엘람 태생의 어느 군인이 설립했다. 연대기에 따르면 이 기간 전체에 걸쳐 일식(늘 나쁜 전조다), 이상한 현상, 범람, 야생 동물의 도시 근교 난입, 사회적 무질서를 동반한 기근, 수투인 같은 유목민의 잦은 침공이 있었다고 한다. 나부-무킨-아플리(기원전 977~942년)의 치세에 "아람인은 적대적으로 변했다." 그들이 수도와 나머지 지역을 단절시켰기 때문에 여러 해 동안 신년 축제(신상들이 바빌론 밖으로 이동하는 것이 포함된다)가 열릴 수 없었다. "나부는 (바르시파에서) 오지 않았고 벨(마르두크)은 (바빌론에서) 나오지 않았다."[38] 그 뒤를 이은 군주들은 왕위에 오르는 것 외에는 거의 아무것도 하지 않았고 사실상 제왕 목록에 이름만 올렸을 뿐이다. 그러나 후대의 아시리아 문서에 언급될 여러 부족(리타우인, 푸쿠두인, 감불루인)이 티그리스 하류와 엘람 국경 사이에 정착하고 칼두인(칼데아인)이 수메르 지방을 침공한 시기는 아마 이 암흑기였을 것이다.[39] 삼백 년 후에 칼데아인이 함무라비 이후 가장 위대한 바빌론 왕을 배출하게 되리라고는 그 당시에 아무도 상상하지 못했을 것이다. 이 왕이 바로 네부카드네자르 2세다. 그러나 아시리아 제국은 비교적 짧은 이 기간에 성장하여 절정에 도달한 후 무너져 내렸다.

18 아시리아의 도약

기원전 10세기 말에 아시리아는 아주 낮은 위치로 전락해 있었다. 그나마 적들이 분열되어 있었고 아슈르-단 2세가 호락호락하지 않았기 때문에 급격한 파괴는 피할 수 있었지만 경제적 상황이 너무 좋지 않았다. 이 왕의 증언에 따르면 아시리아인들은 "가난과 기아와 기근"을 피해 외국으로 달아나야 했다.[1] 주요 간선도로들(자지라, 타우루스, 자그로스를 가로지르는 큰 교역로들)은 아람 부족들과 적대적인 산지 주민들의 수중에 있었다. 언제 어떻게 해서인지는 잘 모르지만 바빌로니아인은 아수르에 위협이 될 만한 거리에 있는 아라프하와 루브두[2]를 성공적으로 점령했다. 아시리아의 영토는 티그리스 강을 따라 길이 약 160킬로미터에 최대 너비가 80킬로미터인 띠 모양의 지역으로 줄어들었는데 거의 전부 티그리스 강의 좌안에 있었다. 아시리아는 이제 티글라트-필레세르 1세의 위대한 왕국이 아니라 둘러싸여 사실상 옴짝달싹 못하게 된 작은 나라에 지나지 않았다.

그러나 이 나라는 독립을 유지하고 있었고 아수르도 니네베도 적의 수중에 넘어가지 않았다. 아시리아는 무기와 전차와 말을 보유하고 있었다. 여러 해에 걸친 전쟁으로 싸움에 단련된 거친 농부들은 뛰어난 병사들이었고 거의 두 세기 동안[3] 왕권이 아버지에게서 아들이나 형제에게 이양되면서 왕조의 혈통은 끊어지지 않고 이어졌다. 당시의 혼란스러운 세계에서 다른 어느 나라도 이런 연속성을 자랑하거나 이런 군사적 잠재력을 지니지 못했다. 바빌로니아는 아람인에게 일부 점령당했고 그들에게 늘 약탈을 당했다. 네부카드네자르 1세가 "훌텔루디시"(후텔루투시-인슈시나크)를 무찌른 후 엘람은 일시적으로 정치 무대에서 사라졌다. 이란의 메디아인과 페르시아인, 서부 아나톨리아의 프리기아인은 한참 후에야 이 무대에 등장한다. 아르메니아에서는 훗날 강력한 적수가 될 우라르투가 막 형태를 갖추기 시작했다. 마지막으로, 오래전부터 아시아에서 손을 떼고 있던 이집트는 나일 강 삼각주 지역을 다스리는 리비아 출신 파라오들의 영토와 테베에서 상부 이집트를 다스리는 아몬의 대사제들의 영토로 분할되어 있었다. 보기와는 달리 아시리아는 근동의 여러 나라 가운데 단연 가장 강력하고 가장 두려운 대상이었다. 이 시기를 지켜보고 있었다면, 아시리아가 깨어나는 날에는 경쟁상대가 전혀 없을 것이라는 점을 예상할 수 있었을 것이다.[4]

아시리아는 기원전 911년에 깨어났다. 이 해에 아수르의 왕위에 오른 아다드-니라리 2세■는 그다지 명성이 뛰어나지 않으며 그의 이름은 사르곤 2세나 아슈르바니팔처럼 후세에 전해지지도 않는다. 그러나 그는 아람인의 압박을 풀었고, 자기도 모르는 사이에 아시리아 역사에서 가장 마지막 장이면서 동시에 가장 빛나는 장을 열었다. 그가 수행하고 승리한 전쟁은 스스로 보기에는 국가의 독립을 위한 전쟁이었다. 아람인들은 티그리스 유역에서 쫓겨나고 카시아리 산맥(투르 아브딘, 니시빈 북쪽에 있는 가파른 화산성 산지)에서 내몰렸다. 예전에 "아슈르 신에게서 빼앗긴" 동부 자지라의 여러 도시는 다시 빼앗아 철저히 파괴하거나,

---

■ "아다드 신은 나의 도움이시다."

84 | 메소포타미아의 역사 Ⅱ

반대로 만약의 공격을 대비하여 크게 보강했다. 쿠르디스탄 원정에서 아시리아의 군대는 주민들을 "한꺼번에 몰살하거나" 산지로 쫓아냈다. 마지막으로, 바빌론 왕 샤마시-무담미크는 아시리아의 공격을 두 차례 받아 패하면서 티그리스 동쪽의 영토뿐만 아니라 유프라테스 중류의 국경 도시인 히트와 잔쿠도 잃어버렸다. 그의 후계자인 나부-슈마-우킨(기원전 899~888년)을 상대로 한 다른 원정에서는 그만큼 운이 따르지 않았지만, 향후 80년 동안 두 나라 사이에 평화를 보장할 조약이 체결되었고 양국의 왕은 상대방의 딸을 아내로 맞아들인다. 투쿨티-니누르타 2세(기원전 890~884년)는 아버지만큼이나 정열적이었지만 자기 영토를 눈에 띄게 확장할 만큼 오래 살지는 못했다. 그러나 그는 아수르의 성벽을 "기초부터 꼭대기까지" 재건했고, 아다드-니라리 때 되찾은 서부 영토를 그가 순회하자 유프라테스 유역에 정착한 아람인들이 그에게 경의를 표했다.[5] 그가 죽을 때 아시리아의 영토는 자그로스에서 카부르까지, 니시빈에서 아나트와 사마라 근교까지 메소포타미아 북동부 전체를 포함하고 있었다. 그의 젊은 아들 아슈르나시르팔 2세는 이미 상당한 규모로 성장한 이 왕국을 물려받아 후일에 거대한 제국으로 변화시킬 절차를 밟기 시작했다.

제국의 태동

아시리아 제국의 형성은 오랜 계획이 숙성하여 맺은 결실이 아니었던 것 같다. 즉, 언어, 종교, 전통, 역사가 아주 다양한 나라들을 하나의 군주 아래 모으려는 의도를 갖고 오래전부터 미리 계획한 사업의 결과가 아니었던 것이다. 오히려 아시리아의 왕들이 기원전 제2천년기의 마지막 3분의 1 기간에 수행한 오랜 전쟁으로 생겨난 예상치 못한 최종 결과로서 여기에는 여러 복잡한 원인이 있다.[6]

이 전쟁 중 일부는 방어나 예방 차원의 전쟁이었다. 전쟁은 실제 혹은 가상의 적에게서 도시 아수르와 그 신의 고유 영역인 티그리스 강변의 좁은 평원을 보호하기 위해, 혹은 생존을 위해 꼭 필요한 교역로가 막히지 않도록 유지하기 위해 수행되었다. 이 교역로는 서쪽으로 자지라를 가로질러 달리기도 하고 북쪽과 동쪽에서는 타우루스와 자그로스의 협로를 넘기도 하고 남쪽으로 강을 따라 내려가기도 했다. 아시리아를 제국으로 만들어 줄 서사시가 시작된 기원전 10세기 말에 이런 길을 막거나 위협하는 세력은 완강하게 독립을 추구하고 쉽사리 약탈을 일삼는 산지 주민들, 호전적인 아람인 부족들, 그리고 바빌로니아였다. 바빌로니아는 위대한 나라로서 그 부유함 때문에 갈망의 대상이 되었고, 수메르-아카드의 위대한 전통의 계승자였기 때문에 존경의 대상이 되기도 했지만 두려움의 대상이 되기도 했다. 그것은 아카드의 사르곤 이후 남쪽의 왕들이 끊임없이 북부 메소포타미아의 권리를 주장했기 때문이다. 이런 사실은 이 왕들이 흔히 일으켰던 끊임없는 "국경 전쟁"을 보면 잘 알 수 있다. 따라서 사방에서 적들과 싸우는 것은 아시리아인들이 정치적, 경제적 독립을 위해 치러야 할 대가였던 것이다. 그러나 이들이 곳곳에서 승리를 거두게 되자 이 도로들은 침입 경로가 되었다. 지중해와 아라비아 만으로 접근하는 것을 포함해 모든 가능성이 열려 있었다. 고대 근동의 모든 나라 중에 아시리아만 바다로 향하는 "창"이 없었다는 사실을 잊지 말자.

그러나 생존하는 것만으로는 충분하지 않았다. 부유해져야 했고, 대형 공사에 자금을 대야 했으며, 신들과 왕들에게 합당한 사치를 보장해 주어야 했다. 기원전 제2천년기 대부분의 시기에 아시리아인들은 이런 필수적인 여유 자산을 국가와 국가 사이의 교역으로 확보했다. 그러나 기원전 15세기와 14세기의 정치적 경쟁 관계 아래 조성되어 있던 경제적 균형은 기원전 1200년경의 대침공으로 결국 파괴되어 버렸다. 그 후 투쿨티-니누르타 1세와 티글라트-필레세르 1세의 원정 과정에서, 과감한 기습 공격이 수지맞는 일이라는 사실을 알게 되었다. 또한, 사냥터, 즉 "실제적 저항을 만나지 않고 노략질할 수 있는 지리적 영역"[7]을 확보하는 것과 아울러 전쟁 포로와 민간인 강제 이주라는 형태로 재화와 값싸고 풍부한 노동력을 얻는 것이 중요하다는 사실을 알게 되었다. 아수르와 니네베에 비교적 가까운 작은 도시국가들은, 약탈하고 독립의 대가를 매년 강제로 징수할 수 있는 한, 굳이 병합하여 직접 지배할 필요가 없었다.

이런 경제적인 동기 외에도 때로는 지나친 아시리아 군주들의 야망이 있었다고 해야 할 것이다. 영광에 둘러싸이고 싶고 백성들 앞에 화려하게 빛나고 싶은 그들의 아주 동양적인 욕망이었다. 게다가 이들은 대사제로서, 그리고 최고의 군주로 여기는[8] 자기 나라 신의 지상 대리자로서 아슈르의 지배권을 모든 민족에게 확장해야 한다는 의무를 느끼고 있었다. 물론 이런 일은 강압과 공포에 의존하지 않고는 이룰 수 없는 일이었다. 어찌 되었든, 왕의 적은 필연적으로 신의 적으로서 "불경한 사람들"이며 근본적으로 악한 사람들이므로 무슨 일을 하든 벌을 받는 것이 마땅했다.[9] 따라서 강탈과 학살은 아시리아의 정치-종교적 이데올로기에서 정당성을 갖게 된다. 방어나 예방 차원의 전쟁과 약탈을 위한 원정에 십자군 전쟁의 성격이 더해진다.

매해 또는 거의 해마다 보통 봄이 되면, "아슈르의 명을 받은" 아시리아 왕은 군대를 동원하여 광대한 메소포타미아 평원의 먼지 나는 길 혹은 타우루스나 자그로스의 자갈투성이 오솔길로 나갔다. 9세기 초에 아시리아 왕의 적은 부족장들이나 현지의 별 볼 일 없는 군주들이었다. 일부는 용감하게 싸웠지만 대개 헛수고였다. 일부는 사막이나 접근 불가능한 산꼭대기에 몸을 숨기려 했지만, 많은 이들은 아시리아 왕의 "발에 입을 맞추고" 선물을 가져오고 매년 조공을 바치겠다고 약속했다. 그러나 약속을 지키지 않는 자들에게는 화가 있을 것이다! 다음 원정 때 이들의 나라에는 거센 폭풍이 휘몰아쳤다. 반항했던 지도자들은 가혹한 형벌을 받았고 백성은 학살당하거나 노예가 되었으며 도시나 마을은 불살라지고 수확물은 불태워지고 유실수는 뿌리째 뽑혔다. 공포에 사로잡힌 이웃 나라 왕들은 급히 와서 복종하고 임시로 마련한 조공이나 "사치스러운 화려한 선물" 혹은 타마르투*támartu*를 바쳤다. 그 후 군대는 노획물을 싣고 긴 포로들의 행렬을 이끌고 기지로 돌아와 해산했다. 일례로 아슈르나시르팔이 비트 자마니라는 지역에서 가져온 타마르투는 다음과 같다. 그는 자신이 후원하던 왕을 폐위시키고 죽인 경쟁자에게 복수하러 이곳에 갔었다.[10]

"40승의 전차와 거기에 딸린 군사 장비와 마구, '마구에 익숙한' 말 460마리, 은 2탤런트, 금 3탤런트, 주석 100탤런트, 청동 200탤런트, 철 300탤런트, 청동 냄비 1000점, 청동 사발과 그릇 2000점, 여러 색깔의 장식이 달린 아마포 의복 1000점, 접시, 궤, 금으로 장식한 상아 침대, 그의 궁전의 보물들, 소 2000마리, 양 5000마리", 그 외에도 "풍성한 지참금을 갖고 온 그의 누이와 풍성한 지참금을 갖고 온 그의 귀족들의 딸들"이 있었다.

왕위 찬탈자는 가죽이 벗겨졌고 아시리아 왕이 앉힌 새 군주는 금 2탤런트, 은 3탤런트, 양 1000마리, 보리 2000구르*gur*를 매년 조공*madattu*으로 바쳐야 했다.[11]

이 경우 "우호적인" 주민과 관련된다는 점을 주목하자. 같은 원정 도중에 아슈르나시르팔은 다섯 지역과 중간 정도 규모의 도시 아홉 곳에서 "선물"과 조공을 받았다.

"사냥터"는 아주 급속히 커졌다. 아시리아인은 비교적 가까운 작은 나라들 너머에 훨씬 크고 강한 왕국들과 만나게 되었다. 먼저 시리아의 신히타이트와 아람 왕국들을 만났고, 그다음으로 우라르투 왕국, 그리고 나중에는 메디아, 엘람, 이집트 왕국을 만났다. 약탈 전쟁은 정복 전쟁으로 변했다. 아시리아는 더 강해졌지만 적들 역시 더 강하고 완고해졌다. 아슈르바니팔 시대부터 여기저기에 소규모 아시리아 군사 식민지들이 건설되어 독특하고 일방적인 "상거래"가 잘 이루어지도록 했지만, 거리가 점점 멀어짐에 따라 조공^{madattu}의 징수와 주민 통제는 점점 불확실해졌다. 적이 등을 돌리면 주민들은 흔히 말을 듣지 않았던 것이다. 많은 경우 현지 지도자를 아시리아 총독으로 교체해야 했고, 너무 넓어진 왕국을 속주屬州와 속국으로 분할해야 했다. 이처럼 조금씩 필요를 충족하기 위해, 거대하지만 전반적으로 효율적인 행정기구를 갖춘 아시리아 제국이 형성되었다. 그러나 아시리아 지배의 기본 원칙은 여전히, 점령된 영토의 모든 상업과 산업 활동을 아시리아 "핵심부"에 유리하게 바꾸고 조공을 강탈하고 세금을 징수하고 주변 지역의 자원을 정기적이고 체계적으로 중앙으로 옮기는 것이었다.[12] 대체할 수 없었기 때문에 오랫동안 소중히 다루어진 페니키아인들이 사치스러운 보살핌을 받고 크게 혜택을 누렸다는 사실을 부정할 수 없고[13], 일부 낙후된 지역은 문명의 외양을 얻게 되었지만, 아시리아인이 멀리 떨어져 있는 속주의 경제를 발전시킨다거나 간접적으로라도 그 주민의 복지를 개선하기 위해 많은 노력을 기울였던 것 같지는 않다. 나라는 부유했지만 피지배 민족 대부분은 고질적 가난으로 고통을 겪고 있었다. 이 때문에 끊임없이 반란이 일어났고 이를 진압해야 했다. 제국의 기반이 되는 일방통행식 경제 체제는 강점과 더불어 약점을 갖고 있었으며 그 내부에 멸망의 씨앗을 품고 있었다.

아슈르나시르팔

투쿨티-니누르타 2세의 아들은 신아시리아 시대(기원전 911~609년)의 위대한 군주 중 첫 번째 왕이다. 야망, 열정, 용기, 허영, 잔인함, 관대함 … 아슈르나시르팔 2세(기원전 883~859년)[■]는 자신의 뒤를 이은 끈질기고 무자비한 제국 건설자들의 장점과 약점을 왜곡된 방식으로 결합했다. 대영박물관에 있는 그의 동상[14]에서는 어떤 미소도 어떤 신앙심도 찾아볼 수 없고 거의 아무런 인간적인 면모도 없다. 단지 오만한 전제 군주의 준엄한 자세, 약탈자의 매부리코, 절대적인 복종을 요구하는 지도자의 굳은 시선, 그리고 손에 있는 망치와 굽은 날로 만든 양날검 하르페 *harpé* 가 전부였다.

그는 왕위에 오른 지 한 해가 지나자마자 아무런 핑계도 없이 메소포타미아 최북단의 고지대를 파괴하러 떠난다. 티그리스 상류에 있는 카드무후 지방에 이르러 지역 군주들과 무슈키인의 조공을 받는다. 무슈키인의 전초 부대는 타우루스의 남쪽 사면을 점유하고 있었다. 이때, 카부르 하류에 있는 어느 예속 도시의 아람인들이 총독을 죽이고 다른 지도자를 세웠다는 소식이 들린다. 그는 즉시 군사를 돌려 300킬로미터 정도 거리의 초원과 사막을 가로질러 간다. 아마 이때는 한여름이었을 것이다.

[■] 아슈르-나시르-아플리, "아슈르 신은 맏아들의 보호자이다."

"나는 비트 할루페에 속한 수루라는 도시로 다가갔다. 나의 주 아슈르의 광채(가 자아내는) 두려움이 그들을 쓰러뜨렸다. 도시의 귀족들과 장로들은 목숨을 구하기 위해 내게 왔다. 그들은 내 발을 안고 말했다. '당신 마음대로 죽이소서! 당신 마음대로 살리소서! 당신 마음대로 당신이 원하는 일을 하소서!' 나는 그들이 비트 아디니에서 불러온 별 볼 일 없는 인간의 아들 아히-야바바를 사로잡았다. 나는 용맹스럽게 무시무시한 무기를 가지고 그 도시를 포위했다. 그들은 혐의가 있는 군인을 모두 잡아서 나에게 넘겼다."[15]

도시가 점령되자 반역자들은 학살당했다. 그들의 우두머리는 아수르로 끌려가 산 채로 가죽이 벗겨졌다. 수루는 엄청난 조공을 바쳤다. 같은 해에 있었던 두 번째 원정에서는 반역자들이 아람인이 아니라 150년 전부터 할질루아라는 북부의 도시에 배치해 둔 아시리아인이었다. 진압은 역시 잔혹했다. 군인 600명은 칼에 죽었고 포로 3000명은 산 채로 화형을 당했으며 주둔군의 우두머리는 역시 가죽이 벗겨졌다.[16]

그의 치세 초기에 다른 여러 원정이 카시아리 산맥, 자무아 지역(술라이마니야 근처), 유프라테스 중류 등 사방에서 이루어졌다. 그 후 그는 시리아 방향으로 첫발을 내디뎠다. 발리크 강과 유프라테스 강 대만곡 사이에는 비트 아디니라고 하는 아람 왕국이 놓여 있다. 아슈르나시르팔은 이곳을 침공하여 "대호 對壕, 공성추, 포위 기구를 이용하여, 구름처럼 하늘에 걸려 있는 아주 견고한 도시" 카프라비(아마 오늘날의 우르파인 듯하다)를 점령한다. 비트 아디니의 왕 아후니는 조공을 바치고 아시리아인의 손에 인질들을 넘긴다. 이제 이듬해 봄 원정을 위한 길이 열렸다.

왕실 연대기는 기원전 878년과 866년 사이에 있었던 이 기념비적인 원정을 자세하게 묘사한다.[17] 이제 우리는 왕과 그의 군대를 한 발씩 추적할 수 있다. 그들은 카르케미시부터 아무크 평원(파티나)까지 약 30킬로미터의 여정을 진행한 후 오론테스 유역에 도착했고 마침내 "레바논 산의 비탈길을 올라 아무루 지방의 대해大海까지" 이르렀다. 그곳에서 아슈르나시르팔은, 건조한 땅의 군주들이 푸른 물결 앞에 오면 전통적으로 치르는 의식을 거행한다.

> "나는 대해에 나의 무기를 씻고 신들에게 제물을 바쳤다.
> 나는 해안 지방, 즉 티레, 시돈, 비블로스, 마할라투, 마이주, 카이주, 아무루 사람들의 지방과 바다에 있는 (섬) 도시 아라드의 왕들에게서 조공을 받았다. 그것은 은, 금, 주석, 청동, 청동 그릇, 여러 색깔의 장식이 달린 아마포 의복, 큰 긴꼬리원숭이, 작은 긴꼬리원숭이, 흑단, 상아, 나히루*nahiru*, 즉 바다 생물들이었다. 그들은 나의 발을 안았다. … "[18]

아시리아인들은 아마누스 산맥을 거쳐 돌아간다. 그들은 그곳의 나무들을 베고 그 군주는 그곳에 비석을 세운다. 기습 공격을 받은 신히타이트인들과 북부 시리아의 아람인들은 저항하려는 시도를 포기했다. 더나아가 이들은 침입자들에게 선물을 가득 안겨 준다. 이리하여 이 승리의 행군은 아슈르나시르팔이 주장하는 것과 같은 정복이 아니라 엄청난 규모의 약탈이 된다. 한편 이 원정은 정황을 살피는 데 도움을 주었고 그의 후계자들이 따라야 할 길을 보여준다.

아슈르나시르팔은 메소포타미아에서 아슈르 신의 영토를 눈에 띄게 확장하지는 못했지만, 티그리스 상류에 있는 투슈한과 유프라테스 중류에 있는 카르-아슈르나시르팔과 네바르티-아슈르[19]에 요새를 설립해 군대를 주둔시킴으로써 신의 영토를 지켰다. 아마 이런 곳은 해외 상관商館도 겸했던 것 같다. 그 외에도 그는 북부 이라크 지역에 대한 아시리아의 영향력을 강화했으며 그 주변에 있는 원호 모양 산지의 작은 나라들을 속국으로 만들었다. 이때부터 근동의 모든 주민은 아시리아인이 다시 활동을 시작했다는 사실을 알고 두려움에 떤다.

이들이 두려워하는 것은 지극히 당연한 일이다. 그것은 아슈르나시르 팔이 잔인함으로 정평이 나 있었기 때문이다. 물론 이 시대는 거칠고 잔인한 시대였다. 본을 보이기 위해 끔찍한 방식으로 처형하는 행위는 "계산된 잔학 행위"[20]로서 글과 형상을 매개로 널리 퍼져나갔으며 틀림 없이 입에서 귀로 전해졌을 것이다. 존경심을 이끌어내고 충성을 강요하 기 위해 이런 일이 반드시 필요한 것으로 인식되었던 것 같다. 고대의 모든 (그리고 오늘날의 여러) 정복자들과 독재자들도 다소간 공포 정치 를 시행했지만, 아슈르나시르팔은 그에 대해 자랑이 좀 심했던 것 같다. 반역의 우두머리들은 극도로 가학적인 고문을 당했고 상당수의 무장 해 제된 포로들, 부녀자들, 아이들도 이런 가혹 행위로 죽었다. 그렇다고 이를 조직적인 인종 학살이라 부를 수는 없을 것 같다.

"나는 도시 앞에 기둥을 세우고 나를 대항해 반란을 일으켰던 모 든 우두머리의 가죽을 벗겨 그 가죽을 기둥에 널어놓았다. 그중 일부 는 기둥 안에 매장했고, 일부는 기둥 위에 있는 말뚝에 박았으며, 또 일부는 기둥 주위에 있는 말뚝에 박았다. 내 나라 안에 있는 많은 이들의 가죽을 벗겨 그 가죽을 성벽에 널어놓았다. …

"나는 그중 수많은 죄수를 불살랐다. 많은 군사를 생포했다. 그중 일부는 팔이나 다리를 잘랐고, 일부는 코나 귀나 손발을 잘랐다. 나 는 많은 군사의 눈을 뽑았다. 살아 있는 자들을 모아 한 무더기를 만들고 잘린 머리를 모아 또 한 무더기를 만들었다. 그들의 머리를 도시 주변에 있는 나무에 매달았다. 나는 그들의 청년 남녀를 불살랐 다. …

나는 그들의 전사 중 6500명을 칼로 쓰러뜨렸고, 나머지는 사막에 서 겪게 된 갈증 때문에 유프라테스가 이들을 삼켰다."[21]

이런 장르의 문서 덕분에 아시리아인들은 무서운 악명을 떨치게 되었다. 예전의 일부 역사가들은 이 때문에 아주 감정이 상했고 이 중 한 명은 1906년에 긴 연설을 끝내면서 거리낌 없이 다음과 같이 말했다. "세계사 전체를 훑어 보면, 니네베인들이 자기 신의 이름으로 일상적으로 저질렀던 끔찍한 일에 비견될 정도로 추악한 공적인 범죄가 극도로 혼란스러운 시대에 세계 곳곳에서 발견된다."[22] 그 이후 수많은 문서가 출토되었는데, 이 문서들은 아시리아인들을 훨씬 더 신중한 관점에서 보여준다. "개화"되었다고 하는 20세기에 우리가 겪은 모든 일을 생각해 본다면 우리가 심판자로 자처하기는 어려울 것 같다.

공정하게 말해서, 아슈르나시르팔은 아마 다른 사람들도 하고 있던 일을 소리 높여 선언했을 뿐이라고 할 수 있다. 또한 이 군주의 다른 면모는 훨씬 더 매력적이라고 말해야 한다. 그는 피에 대한 자신의 갈증을 사냥으로 일부 해소했고, 이 장면은 조각에 남아 있다.[23] 자연에 관련된 것을 좋아했던 왕은 "그가 갔던 지방과 넘었던 산에서" 각종 야생 동물과 이국적인 나무와 풀을 가져와 백성들의 즐거움과 감탄을 자아냈다. 그 외에도 그는 메소포타미아의 모든 위대한 군주들이 갖고 있던 "벽돌에 대한 열정"에 사로잡혀 있었다.[24] 그는 아수르와 니네베의 신전들을 보수하고 장식하는 전통적인 일을 소홀히 하지 않음과 동시에 수도에서 멀리 떨어진 곳에 자기를 위해 "왕의 거주지"를 건설하기로 결심했다. 아람인의 침공을 겪으면서 티그리스 우안에 위치한 아수르가 서쪽에서 오는 공격에 취약하다는 사실을 알게 된 것일까? 그의 재량권을 질시하면서 쉽게 반란을 일으키는 (후에 일어날 사건들이 이를 증명할 것이다) 유서 깊은 도시와 좀 지나치게 거만한 거대한 성직자 집단에게서 떨어져 있고 싶었던 것일까? 아니면 단지 자신의 오만 때문에 이런 일을 한 것일까? 이 문제에 관한 답을 내리기는 어렵지만, 거주지로 선정된 칼후(성서에 칼라로 나오며 오늘날의 님루드로서 모술에서 35킬로미터 떨어져 있다)는 비옥한 삼각형 모양의 땅 안에 아주 절묘하게 위치해 있으며 서쪽으로는 티그리스, 남쪽으로는 대大자브 강에 둘러싸여 있다. 기원전 13세기에 살만에세르 1세는 이곳에 자그마한 지방 행정 중심지를 건설했었지만 이 도시는 오랜 세월 폐허로 남아 있었다. 왕은 수천 명의 포로와 강제 이주민을 동원했다. 평원에 물을 대기 위해 자브 강■에서 물을 끌어들이는 수로를 파서 바빌라트 누흐시*babilat nuhshi*, 즉 "풍요 수송기"라는 이름을 붙였다. 그 후 폐허, 즉 텔의 더미를 평평하게 하고 360헥타르의 도시 구역을 길이 7.5킬로미터 높이 약 15미터 가량의 튼튼한 성벽으로 둘러쌌다. 이 지역의 한 모퉁이에 두 번째 벽이 건설되었다. 이렇게 해서 20헥타르의 직사각형 공간, 즉 "성채"의 경계가 세워졌는데, 이 성채는 8미터 높이의 거대한 돌벽 너머로 티그리스 강을 굽어보고 있었다. 바로 이곳에 도시의 주요 건물들이 세워져 있었다. 도시의 수호신이며 전쟁의 신인 니누르타의 신전이 지구라트에 연결되어 있었고, 다른 신전들과 몇몇 개인용 가옥, 그리고 마지막으로 아슈르나시르팔의 궁전, 즉 고고학자들이 "북서쪽의 궁전"이라 부르는 건물이 있었다.

"나는 (그 도시의) 내부에 삼나무, 실편백, 다프라누*daprânu* 노간주나무, 회양목, 테레빈나무, 위성류로 궁전을 지어 영원히 왕의 거주지로 만들고 나의 최고의 기쁨으로 삼았다. 흰색 석회암과 파루투*parûtu* 설화석고로 산과 바다의 짐승의 형상을 만들어 그 출입구에 두었다. 궁전을 화려하게 장식했다. 대가리가 큰 청동 못으로 궁전을

■ [역주] 지리적으로 볼 때 대(大)자브이다.

님루드 ‘북서쪽 궁전’ 벽장식 부조

둘러 박았다. 그 입구에 삼나무, 실편백, 다프라누*daprânu* 노간주나무, 메스칸누*meskannu* 목재로 만든 문짝을 달았다. 내가 지배력을 확장한 여러 나라에서 전리품으로 가져온 많은 양의 은, 금, 주석, 청동, 철을 모아 그곳에 두었다.”[25]

이 궁전은 이라크에서 발굴된 최초의 유적 중 하나였다. 1845년과 1851년 사이에 레이야드는 이곳에서 여러 차례 작업하면서 사람 얼굴과 날개가 있는 거대한 황소, 인상적인 조각상, 저부조, 명문으로 뒤덮인 포석 등을 발굴함으로써 그의 일꾼들을 공포에 떨게 했다.[26] 이런 걸작 가운데 일부는 대영박물관으로 갔고 다른 것들은 현장에 매장되어 한 세기 후에 다른 영국 고고학자들에게 재발견되었다.[27] 2헥타르 넘는 면적을 차지하는 건물은 세 부분으로 나뉘어 있었다. 화려한 방들(거대한 접견실, 왕좌가 있는 방), 규방과 욕실이 딸린 왕의 거주 공간, 그리고 마지막으로 큰 뜰 하나를 중심으로 다수의 방을 모아놓은 행정 구역이 있었다. 공식적인 의식에 이용되는 공간의 경우, 주 출입구 양쪽에 거대한 수호신 라마수*lamssû*가 있었고 말린 벽돌로 만든 벽이 프레스코화나 석판으로 장식되어 있었으며 그 바닥에는 왕의 이름이 찍힌 구운 벽돌이 깔려 있었다. 흥미롭게도 여러 큰 방에는 일종의 배기관(아시리아어로 "바람의 문")이 벽에 뚫려 있어서 옥상에서 신선한 공기를 들여오고 있었다. 이러한 "실내 공기조절" 체계는 지금도 바르길라*bargilâ*라는 이름으로 이라크 북부에 있는 일부 마을에서 사용되고 있다.[28] 물론 귀한 목재로 만든 문들은 오래전에 사라졌지만 여러 물품이 지금까지 남아 있는데, 그중 특히 정교하게 다듬어 왕의 가구를 장식했던 상아판, 청동과 철로 만든 무기와 도구, 구운흙으로 만든 항아리와 수많은 토판 등은 주목할 만하다. 이 궁전은 최근에 관광객들을 위해 복원되었다. 이곳을 방문하는 사람들은 방과 좁은 복도로 이루어진 미로 안에서 헤매다가 갑자기 돌로 만든 거대한 괴물을 마주하게 된다. 그때 방문객들은, 예전에 외국 사절이나 "강한 왕, 위대한 왕, 세계의 왕, 아수르 나라의 왕" 앞에 출두 요구를 받은 아시리아인이 느꼈을 감격, 경탄, 두려움을 무리없이 느낄 수 있을 것이다.

님루드에 있는 아슈르나시르팔의 궁전에서 발견된 귀한 유물 가운데 왕의 초상화가 그려진 거대한 황색 돌비석이 있다. 이 비석에는 신적인 상징물들로 둘러싸인 왕의 초상과 그의 치세 말에 있었던 즉위식 축하 행사와 관련된 긴 명문이 새겨져 있다. 이 거대한 잔치를 이루는 세부 사항들은 숫자나 양을 표기하면서 세세하게 나열되어 있다. 이 잔치는 왕이 "아슈르 신을 위해" 그리고 69574명을 위해 베풀었다. 이 중에는 왕국의 여러 지역에서 초청되어 온 47074명, 외국 사절 5000명, 관리 1500명, 그리고 칼후 주민 16000명이 있었다. 잔치는 열흘 동안 계속되었다. 명문을 마무리하는 아름다운 문장을 인용하면 좋을 것 같다. 이 문장을 읽어 보면 이 위대한 군주의 유쾌하지 못한 면모를 잊어버리게 될 것이다.

아슈르나시르팔 2세의 석비

"나는 온 나라의 행복한 백성과 칼후 주민에게 열흘 동안 좋은 음식을 대접했다. 이들에게 포도주를 마시게 하고, 씻기고, 기름을 붓고, 공경한 후 평화와 기쁨 가운데 각자의 집으로 돌려보냈다."[29]

샬만에세르 3세

아슈르나시르팔의 아들인 샬만에세르 3세(기원전 858~824년)▪는 니네베나 국경 요새를 떠나 늘 전장을 돌아다니다 보니 말년 이외에는 칼후에서 지낸 적이 거의 없었던 것 같다. 그렇지만 그의 주요 기념비들이 나온 곳은 바로 이 도시다. 그중 "흑색 첨탑"이라 알려진 것은 레이야드가 발견했으며 오늘날 대영박물관에 있다.[30] 이것은 진한 회색 설화석고 덩어리로 높이가 2미터이며 지구라트의 축소 모형처럼 계단식으로 되어 있다. 기념비 가장자리에는 이 짧은 치세 동안에 있었던 전쟁을 요약해 놓았고 네 면 각각에 수직으로 배치된 다섯 개의 판에는 외국 군주들이 항복하고 선물을 가져오는 장면이 묘사되어 있다. 그중에 이스라엘의 왕 예후가 아시리아 왕의 발 앞에 엎드려 있는 모습이 보인다. 좀 더 최근의 님루드 발굴에서는 기도하고 있는 왕을 묘사한 아름다운 상이 발견되었다.[31] 또한 왕이 성채 바깥의 도시 구역 남동쪽 모퉁이에 세운 거대한 건물도 발굴되었다. 이 건물은 그의 모든 후계자가 제국이 몰락할 때까지 사용했다. 고고학자들이 "샬만에세르 요새"라 부른 이 건물은 제왕 명문에서 에칼 마샤르티*ekal masharti*라 부르던 곳이다. 이곳은 궁전이면서 동시에 병영과 무기고로서 "진영을 감독하고 종마, 마차, 무기, 군사 장비를 보존하며 적들에게 빼앗은 온갖 노획물을 보관하기 위해"

▪ 술마누-아샤레두, "술마누 신은 탁월하다."

건설되었다.[32] 이 건물에는 창고와 작업장과 장교들의 숙소로 둘러싸인 큰 뜰 셋이 있는데, 출전하는 군대는 바로 이곳에 모여 장비를 수령하고 검열을 받았다. 이 왕의 치세에 주목할 만한 또 하나의 증거는 1878년 레이야드의 조수인 호르무즈드 라삼이 님루드에서 북쪽으로 15킬로미터 떨어진 곳에 있는 작은 텔, 발라와트(임구르-엔릴)[33]에서 발견한 유명한 청동 성문이다. 아슈르나시르팔은 이곳에 자기를 위해 일종의 "제2의 거주지"인 작은 궁전을 건축하게 했는데, 나중에 그의 아들이 여기에 살게 된다. 이 궁전의 문짝들은 25센티미터 넓이의 청동 띠로 장식되어 있는데, 이 띠에는 돋을무늬로 샬만에세르의 몇몇 원정 장면이 새겨져 있고 짤막한 설명이 덧붙여져 있다.[34] 샬만에세르 요새와 발라와트의 청동 성문은 건축학적이고 예술적인 흥미 외에도 군인들의 일상과 기원전 9세기 아시리아의 군사 기술에 관해 많은 정보를 제공해 준다. 또한 요새에서는 토판과 조각된 상아가 많이 발견되었다.

샬만에세르 3세는 원정의 수와 규모에서 자기 아버지를 앞지른다. 그는 35년의 치세 가운데 31년을 할애하여 응징이나 약탈 작전이 아닌 진정한 의미의 대외 전쟁을 수행했다. 전쟁은 대부분 미리 계산되었고, 서쪽을 겨냥했으며, 북부 시리아와 그 주변국을 지배하는 것을 목표로 하고 있었지만, 정복하거나 점령하려는 의도는 없었다.[35] 이 전쟁들은 정치적 야망보다는 경제적 야망을 반영하는 것 같다. 이 30여 년 동안에 아시리아 군대는 과거보다 훨씬 더 멀리 진군했다. 킬리키아, 아르메니아, 팔레스타인, 자그로스 건너편, 아랍-페르시아 만 연안까지 이르렀던 것이다. 이들은 새로운 나라를 침공하고 새로운 도시를 포위 공격하고 새로운 적들과 힘을 겨루었다. 그러나 이런 새로운 적들은 자지라의 아람 족장들이나 메소포타미아 북부의 군소 군주들보다 훨씬 강력했다. 그래서 아시리아 군대는 이기기도 했지만 지기도 했다. 전반적으로 볼 때

이 왕의 치세는 미완성의 과업을 남긴 시대 혹은 엄청난 노력을 기울여 별 볼 일 없는 결과를 얻은 시대라는 인상을 준다.

예를 들어 북쪽에서 샬만에세르는 "나이리 바다"(반 호수) 너머로 진 군하여 우라르투의 영토까지 침투했다. 우라르투는 아르메니아의 높은 고원 지방에서 막 태동한 왕국인데 나중에 이 왕국에 대해 다시 설명할 것이다. 언제나 그렇듯 왕은 명문에서 완전한 성공을 뽐내며 우라르투의 왕 아라메에게 속한 여러 도시를 약탈하고 수도인 아르사슈쿠를 점령했 다고 기술한다. 그러나 그는 아라메가 달아났다는 사실을 인정해야 했 고, 우리는 향후 100년 동안 우라르투가 아시리아의 주적으로까지 발전 했다는 사실을 알고 있다. 마찬가지로, 그의 치세 말년에 동쪽으로 향한 몇 차례의 원정에서 샬만에세르 또는 그의 총사령관, 즉 투르타누*turtânu* 였던 다이안-아슈르는, 얼마 전부터 우르미아 호수 근처에 자리 잡은 메디아인과 페르시아인을 만나게 된다. 여기서도 전투는 짧았고 아시리 아의 "승리"는 오래가지 못했다. 메디아인과 페르시아인은 이란에서 자 유롭게 자기들의 입지를 강화할 수 있었던 것이다.

시리아를 지배하려는 샬만에세르의 반복된 노력 역시 결국 수포로 돌 아갔다. 아슈르나시르팔의 기습 침공 이후 이 지역의 신히타이트인과 아람인은 군대를 집결할 시간을 확보할 수 있었다. 아시리아가 다시 공 격하지만 그 주요한 결과는 동쪽에서 오는 적[=아시리아]에 대항하는 이들의 결속을 강화하는 것이었다. 샬만에세르는 세 번이나 원정을 감행 하고 나서야 비트 아디니 왕국을 무력화하고 유프라테스 강에 교두보를 확보할 수 있었다. 그 후 기원전 855년 마침내 이 왕국의 수도 틸 바르시 프(텔 아흐마르)를 점령하고 이곳에 아시리아인들을 정착시킨 후 카르-샬만에세르, 즉 샬만에세르 항港이라는 이름을 붙였다. 이 왕은 이곳 강을 굽어보는 언덕 꼭대기에 궁전을 건설하게 했다. 나중에 다른 왕들이 멋진 프레스코화로 이 궁전을 장식하게 된다.[36] 아시리아는 요새를 세워 유프라테스의 국경을 튼튼히 지켰는데, 남피(오늘날 멤비즈), 피트루, 무트키누 등지에 요새들이 있었다. 아시리아인들은 킬리키아까지 가기 위해 삼알, 파티나, 카르케미시 왕들의 연합군에 맞서 싸워야 했다. 마찬가지로 기원전 853년에 샬만에세르가 중앙 시리아 평원에 침투하자 하마의 왕인 이르홀레니와 다마스쿠스의 왕 아다드-이드리(성서의 벤-하다드 1세)가 그에 대항해 동맹을 결성했다. 이들은 북부 페니키아 항구들(우스누, 시아누, 아르카, 비블로스)과 1000명의 군사를 파견한 이집트의 지원을 받고 있었다. 그의 군대에 대항한 동맹군의 전력은 그에 따르면 보병 69200명, 기병 1900명, 전차 3900승, 그리고 아라비아의 긴디부인이 제공한 단봉낙타 1000마리에 이르렀다. 전투는 오론테스 강가의 카르카르에서 벌어졌다.[37] 샬만에세르는 다음과 같이 선포한다.

"나는 그들의 전사 14000명을 죽이고 마치 아다드가 폭풍우를 내릴 때처럼 그들에게 덤벼들었다. 곳곳에 그들의 시체를 펼쳐 놓았고 달아나는 그들의 군사들로 평원을 채웠다. … 평원은 […내용이 불분명함…] 그들을 매장하기에 너무 좁았다. 오론테스 강에 다리가 놓이기 전이었는데 이쪽 연안에서 저쪽 연안까지 그들의 시체로 강을 가득 채웠다."[38]

그의 승리는 상당히 의심스럽지만, 만약 그렇다 하더라도 이 승리는 절반의 승리일 따름이었다. 하마도 다마스쿠스도 점령되지 않은 채 원정은 지중해 해안을 가볍게 산책하는 것으로 평범하게 마무리되었다. 그후 4년, 5년, 그리고 8년 후에 똑같은 동맹군을 상대로 원정이 진행되었고 마찬가지로 부분적으로 성공을 거두었다. 아시리아인은 수많은 도시와 촌락을 점령하고 약탈하고 불살랐지만 큰 도시들은 그렇게 하지 못했다. 기원전 841년에 새로운 공격이 있었는데, 이번에는 거대한 아람 왕국 다마스쿠스를 향한 공격이었다. "아무것도 아닌 사람의 아들" 하자엘이라는 사람[39]이 아다드-이드리를 살해하고 왕권을 차지한 상황이라 좋은 기회였다. 그러나 사니르(헤르몬) 산 기슭에서 패한 하자엘이 자신의 수도에 들어가 문을 걸어 잠그자 샬만에세르는 다마스쿠스 주위에 있던 포도원과 밭을 파괴하고 하우란의 곡창 평야를 약탈하는 수밖에 없었다. 그 후 그는 해안 도로를 거쳐 카르멜 산으로 가서 티레, 시돈, 그리고 이스라엘 왕 야우아 마르 훔리(Iaua mâr Humri, 오므리의 아들 예후)의 조공을 받았다. 예후는 성서의 인물 중 처음으로 쐐기문자 문서에 나오는 인물이 된다. 샬만에세르는 기원전 838년에 다마스쿠스를 정복하려는 최후의 시도 후에 남은 통치기에 시리아를 건드리지 않음으로써 자신의 실패를 암묵적으로 인정해야 했다.

바빌로니아에서는 좀 운이 좋았다. 물론 그는 여기서도 자신의 승리를 이용할 줄 몰랐다. 아다드-니라리 2세와 나부-슈마-우킨이 맺은 조약은 여전히 유효했고, 아슈르나시르팔도 이 위대한 남부 왕국에 피해를 주지 않았다. 이런 기회를 이용해 당시 왕이었던 나부-아플라-이디나(기원전 887~855년)는 "혼란의 시대"에 아람인과 수투인에게 입었던 피해를 일부 복구할 수 있었다.[40] 그러나 기원전 850년에 그의 후계자 마르두크-자키르-슈미와 아람인의 지지를 받는 그의 아우 사이에 충돌이 발생했다. 이 왕은 아시리아에 도움을 요청했다. 샬만에세르는 반역자들을 무찌르고 "하늘과 땅의 거처, 생명의 거주지"인 바빌론에 들어가 마르두크의 성소인 에사길에서 제물을 바치고 쿠타와 바르시파의 신전에서도 그렇게 한 후 이 거룩한 지역의 주민들을 극도로 친절하게 예우한다.

"그는 위대한 신들의 피보호자이며 아윌루*awēlu*인 바빌론과 바르시파의 주민을 위해 잔치를 열어 그들에게 양식과 포도주를 주고 빛나는 색채의 의복을 입힌 후 선물을 주었다."⁴¹

그러고 나서 고대 수메르 지방을 건너 남쪽으로 진군한 그는 [바빌론] 왕의 적인 아람인들을 "마라투*nâr marratu*■라 불리는 바다의 해안까지" 추격했다. 그러나 이 일은 순찰 행위에 불과했다. 마르두크-자키르-슈미는 자신의 보호자에게 충성의 맹세를 함으로써 왕위를 지켰다.⁴² 샬만에세르는 그다지 큰 비용을 치르지 않고 메소포타미아를 자신의 방패 아래 통일할 수도 있었을 것이다. 그러나 그는 바빌론에 대한 명목상의 지배권으로 만족했다. 남쪽의 아드헴 강, 서쪽의 유프라테스 강, 북쪽과 동쪽의 산악지대가 그의 지배권의 경계를 이루고 있었다. 아시리아는 아직 단지 북부-메소포타미아 왕국에 불과했고, '제국'이라는 개념은 여전히 쟁취해야 할 대상으로 남아 있었다.

이 긴 치세의 마지막은 심각한 내부 문제로 암울해졌다. 기원전 827년에 샬만에세르의 아들 중 하나인 아슈르-단닌-아플리가 반란을 일으켰고 그와 더불어 스물일곱 도시가 반란을 일으켰는데 그중에 아수르, 니네베, 아르바일루(에르빌), 아라프하가 있었다. 칼후의 왕궁에서 더는 나가기 어려워진 늙은 왕은 자기 아들 중 하나인 샴시-아다드에게 반란 진압의 임무를 맡겼다. 샬만에세르가 죽고 샴시-아다드 5세가 왕위에 오를 때(기원전 824년)에 이르자 내전은 더욱 격화되어 있었다. 이리하여 80년 동안 지속될 아시리아의 불행하고 힘겨운 시기가 시작된다.

■ [역주] "마라투"는 당시 사람들이 바다를 가리킬 때 사용하던 용어로서 여기서는 페르시아 만을 가리킨다. 나르(*nâr*)는 실제로 "강"을 표현하는 이드(ÍD)라는 한정 사이므로 읽거나 번역하지 않는 것이 옳다. 그러나 프랑스어 원문에서는 "쓴 강 (rivière amère)"으로 번역하고 있다.

19 아시리아 제국

기원전 827년에 일어난 대반란은 근동 지역에서 왕위 계승기에 흔히 있었던 위기가 아니었다. 그것은 아시리아의 지방 유지들과 주요 도시의 주민들이 왕국의 대귀족 계층에 대항해 일어난 저항의 물결이었다. 다시 말해, 그 대상은 최근 병합된 북부 메소포타미아 지역에 신설된 광활한 속주들을 다스리며 부와 권력을 휘두르는 속주의 총독들과, 5년 전부터 왕을 대신해 모든 원정을 이끌면서 연호관리 목록^{liste des éponymes}■을 자기 멋대로 조작할 정도로 오만방자했던 다이안-아슈르 사령관과 같은 조정의 고위 관료들이었던 것이다. 폭도들이 원하는 것은 의무와 특권을 좀 더 공정하게 분배하는 것이었다. 그러나 이 시기에 이런 종류의 개혁이 이루어졌다면 그것은 아직 연약했던 신생국가를 근본까지 뒤흔들어 놓았을 것이다.

당시 왕자였던 샴시-아다드 5세는 그 후 3년이 지난 기원전 824년에 왕위에 올라 4년을 보낸 다음에야, 자기 형이 "유혹과 반란을 퍼뜨리고 야비한 음모를 (선동했던)" 도시 스물일곱 곳을 정복할 수 있었다. 그는

■ [역주] 아시리아에서는 한 해의 이름을 정할 때 특정 관리의 이름을 따르는 관습이 있었다. 이 관리의 이름을 리무(*limmu*)라 하는데, 에포님(éponyme)은 리무를 번역한 그리스어에서 비롯된 단어로서 우리는 이를 "연호관리(年號官吏)"로 번역한다.

이 과업을 완수한 지 얼마 되지 않아 다시 무력을 사용해야 했는데 이번에는 그 대상이 외부의 적이었다.[1] 기원전 820년과 815년 사이에 반Van 호수 남쪽에 있는 나이리 지방으로 세 차례 원정을 수행했으며 우르미아 호수 남쪽에 있는 만나Manna 지방으로도 한 차례 원정을 수행하여 페르시아 및 메디아와 충돌했고 메디아에서는 많은 말을 넘겨받았다. 그러나 우리가 앞으로 보게 되겠지만 이 전쟁에는 일상적인 약탈보다 훨씬 중요한 이유가 있었다. 그것은 아시리아와 자그로스 산맥 너머 이란을 연결하는 교역로를, 이 방향으로 팽창하기 시작하는 우라르투에게서 보호하려는 것이었다. 이 전쟁 후 샴시-아다드는 바빌론으로 관심을 돌렸다. 비록 반란군과 싸울 때 바빌론이 그를 도와주긴 했지만 그것은 아시리아를 사실상 "카르두니아시"의 속국으로 만들었던 조약 때문이었다. 그는 세 차례의 원정으로 적수였던 마르두크-발라수-이크비를 무찌르고 바빌론으로 들어가 "칼데아Kaldû 모든 왕"의 조공을 받고 "수메르와 아카드의 왕"[2]이란 직함을 얻었다. 기원전 811년 그가 죽었을 때에는 일시적으로나마 북쪽과 동쪽에서 오는 모든 위험이 제거되어 있었다. 아시리아는 평화로웠고 예전의 수치를 떨쳐 버렸다. 그러나 왕국의 행정 구조를 변경하거나, 대반란을 틈타 조공을 끊었던 시리아의 속국들을 다시 장악하려는 조치는 전혀 취해지지 않았다. 그의 아들은 바로 이 두 번째 과업, 즉 시리아 속국들을 다시 장악하는 일을 위해 씨름해야 했으며 이일에서 주목할 만한 성공을 거두었다. 그러나 그의 손자들은 그만한 역량이 없었다. 아시리아는 거의 40년 동안 모든 전선에서 성공과 실패를 거듭하며 전투를 벌였고, 전염병과 다른 반란들을 겪으며 역사상 가장 어려운 시기를 헤쳐 나갔다.

아시리아의 쇠퇴기

샴시-아다드의 아들인 아다드-니라리 3세^{Adad-nirâri III}(기원전 810~783
년)는 아버지가 죽었을 때 아직 어렸기 때문에 그의 어머니이며, 신화에
서 세미라미스와 동일시되는 삼무라마트[3]가 4년 동안 아시리아를 다스
렸다.

아시리아 명문 자료에서 거의 흔적을 남기지 않은 이 왕비가 어떻게
"동양 세계에서 가장 아름답고, 가장 잔인하고, 가장 강하고, 가장 사치
스러운 왕비"[4]라는 명성을 얻게 되었는지는 아직 해결되지 않은 문제다.
기원전 1세기에 살았던 시칠리아의 디오도루스^{Diodore de Sicile}에 따르면,
(디오도루스는 아르타크세르크세스 2세^{Artaxerxès II■}의 궁중 의사였던 그
리스 출신 작가 크테시아스가 썼으나 오래전에 사라진『페르시카』^{Persica}
에서 이 이야기를 가져왔다) 세미라미스에 관한 신화[5]는 시리아의 여신
에게서 태어난 양성적 여성에 관한 이야기다. 이야기에 따르면, 세미라
미스는 니네베의 신화적 창시자인 니노와 결혼함으로써 아시리아의 왕
비가 되어 바빌론을 건설하고, 페르시아의 으리으리한 기념물들의 건축
을 지휘했다. 메디아, 이집트, 리비아, 박트리아를 점령한 후 인도로 군
사 원정을 수행했으며, 죽을 때에는 비둘기로 변형되었다. 이 전설은 몇
몇 구성요소를 내포한다. 자기 남편이 파괴한 바빌론의 재건을 주도한
센나케리브■의 아내 나키아/자쿠투와 혼동될 때도 있으며, 다리우스 1
세의 정복, 알렉산드로스 대왕의 인도 원정, 무시무시한 태후 파리시아
티스가 엄하게 통치했던 아케메네스 왕조의 궁전 등에 대한 기억이 남아

■ [역주] 기원전 404~359년경에 페르시아 제국을 통치했던 아케메네스 왕조의 왕.
■ [역주] 센나케리브는 개역개정판 성서에서 "산헤립"으로 음역되어 있다.

있다. 또한 세미라미스는 이슈타르 여신의 전투적인 특성을 지니고 있다. 그는 이슈타르와 마찬가지로 자기 애인들을 죽였다. 바빌로니아의 사제이며 역사가인 베로수스(기원전 2세기)는 연대로 볼 때 세미라미스가 삼무라마트에 상응하는 아시리아의 왕비라고 했는데, 이 진술만 아니라면 이 대단한 역사와 우리가 알고 있는 아다드-니라리의 어머니와는 언뜻 보기에 아무런 공통점이 없다.[6] 그렇다면 이 두 여성 사이에는 어떤 관련이 있었을까? 이 전설에는 메소포타미아보다는 이란의 풍미가 느껴진다. 삼무라마트가 메디아에 놀라움과 충격을 안겨 주었을 수도 있다. 즉, 한 차례 이상 메디아를 상대로 원정을 수행했을 수 있다는 것이다. 이 여성의 무용담은 유랑 시인이 전수하면서 변형되고 윤색되었을 것이고 마침내 크테시아스의 귀에까지 들어갔던 것 같다. 크테시아스가 이 무용담을 그리스로 가져갔고 거기에서 서유럽까지 이르렀을 것이다. 실제로 서유럽에서는 이 이야기가 20세기 초까지 큰 성공을 거두었다. 이 가설은 그럴듯하지만 다른 가설들과 마찬가지로 증명할 방법이 없다. 어찌 되었든, 더할 나위 없이 남성적인 아시리아 군주들에 대한 기억이 한 여성의 특성으로 후세에 전달된 사실이 흥미롭다.

아다드-니라리 3세는 국사國事를 수행할 수 있는 나이가 되자마자 자신의 힘과 능력을 보여 주었다.[7] 사실상의 통치 원년(기원전 805년)에 군사를 동원하여 유프라테스 강을 건넜고 당시 북시리아에서 절대권력을 누리던 아르파드의 왕과 맞서 싸워 승리하고 그 왕을 폐위시켰다. 그 후 3년 동안 그는 하자주(아자즈, 알레포에서 북서쪽으로 45킬로미터 지점)를 빼앗고 시리아 중부를 가로질러 지중해에 이르렀다. 아라드 섬에 기념비를 건립하고 페니키아에게서 조공을 받았으며 레바논에 올라가 "궁전과 신전 건축에 필요한 장대한 삼나무 100그루"를 베라고 지시

한 후, 칼후■로 돌아왔다. 기원전 796년 그는 다시 시리아로 진군했다. 이번에는 다마스쿠스 왕 벤-하다드 2세를 직접 공격했다. 자신의 왕도에서 포위당한 벤-하다드는 백기를 들었고 아시리아 왕에게 "헤아릴 수 없이 많은 자기 재산과 소유"를 넘겨주었다.[8] "사마리아인 야우"(이스라엘 왕 요아스)와 트랜스요르단 지역의 에돔인들은 자기네 적이 제거된 것이 너무나 기쁜 나머지 급히 와서 조공을 바쳤다. 그 외에도 아다드-니라리는 타우르스로 적어도 세 차례, 이란 북서부로 적어도 여섯 차례 원정을 수행했다. 이 원정들은 공식적으로는 후부슈키아 지역(티그리스 강의 지류인 보한 수Bohan Su 강 유역)과 메디아인들을 겨냥한 것이었지만 실제로는 그 아버지의 원정과 같은 목적이 있었다. 그 목적은 다름 아니라 우라르투에게서 받는 압박을 완화하는 것이었다. 그는 바빌론, 쿠타, 바르시파에 종교적 의무를 다했는데 심지어 바빌론의 문예와 학문의 신 나부에 대한 숭배를 아시리아에 도입하기도 했다. 이 모든 원정은 사실상 방어적인 군사 작전 혹은 왕실 창고를 채울 목적으로 계획된 군사 작전이었다. 그러나 그 결과가 지속적이지 못했고, 샬만에세르의 진정한 후계자라 할 수 있는 아다드-니라리 3세가 죽음으로써 아시리아는 장기적인 침체로 빠져들기 시작한다.

아다드-니라리에게는 아들이 세 명 있었는데 한 명씩 차례로 나라를 다스렸다. 장남 샬만에세르 4세(기원전 782~773년)에 관해서는 남아 있는 명문이 없다. 연호관리年號官吏 연대기[9]는, 이제는 공공연히 언급되는 우라르투에 대한 다섯 차례 원정, 이투(아드헴 강 유역의 칼데아 혹은 아람 계열 유목민)에 대한 한 차례 원정, 그리고 시리아에서 이루어진

■ [역주] 칼후(Kalhu)는 신아시리아의 수도 중 하나로 님루드(Nimrud)와 동일시된다.

두 차례 원정에 관해 언급한다. 그러나 우리는 이 중 대부분을 그의 사령 관*turtânu* 샴시-일루가 지휘했다는 사실을 안다. 그것은 샴시-일루가 카르-샬만에세르(틸 바르시프)의 궁전 문을 지키는 두 사자 석상에 새기게 한 장문의 명문 덕분이다.[10] 이 명문을 쓴 사람이 마치 왕처럼 말하고 있으며 군주의 이름은 언급조차 하지 않는 것을 보면 명문의 저자가 얼마나 중요한 위치에 있고 왕의 권위가 얼마나 실추되었는지를 잘 알 수 있다. 샬만에세르 4세의 아우 아슈르-단 3세(기원전 772~755년)가 통치하는 동안에는 흑사병이 두 차례 돌았고, 아수르와 아라프하 및 구자나(텔 할라프)에서 반란이 있었으며 한 차례 일식이 있었다. 앞서 언급했듯이, 연호관리 목록에 적절히 기록되어 있고, 기원전 763년 6월 15일에 일어난 이 일식은 기원전 제1천년기 메소포타미아의 연대를 견고한 토대 위에 세울 수 있게 해 주었다. 셋째 아들 아슈르-니라리 5세(기원전 754~745년)는, 한 차례의 아르파드 원정에서 아르파드 왕과 동맹 조약을 맺은 것[11]과 쿠르디스탄Kurdistan에 두 차례 무력시위를 수행한 것만으로 만족했다. 나머지 통치 기간에는 감히 왕궁 밖으로 나가지 못하고, 거의 "나라 안에서" 지냈다. 그러나 기원전 746년에 반란이 일어나 그의 통치를 종식시켰는데, 이 반란이 그의 생명까지도 앗아갔으리라 추측된다. 티글라트-필레세르 3세를 아시리아의 왕위에 올린 이 반란이 일어난 곳은 다름 아닌 칼후였다. 티글라트-필레세르 3세가 아슈르-니라리 5세의 아우였는지, 아들이었는지, 다른 왕족이었는지, 아니면 평민 출신의 권력 찬탈자였는지는 알기 어렵다.

아시리아가 사실상 무력했던, 말하자면 빛을 잃었던 36년(기원전 782~746년)이 지났을 때 바빌론의 상황도 별반 다르지 않았다. 기원전 800년경 바빌론은 10세기 최악의 수십 년에 버금가는 혼란 상태로 빠져들었다. 어느 연대기는 몇 년 동안 "나라에 왕이 없었다"고 인정한다.

기원전 769년경 수메르 땅 최남단 비트 야킨 출신으로 왕위에 오른 에리바-마르두크는, 바빌론 주민과 바르시파 주민의 밭과 과수원을 빼앗아 간 아람인에 대항해 싸워야 했는데, 그의 통치 이후 이 두 도시에서 유혈 폭동이 일어났다. 시리아에서는 아다드-니라리 3세의 하나뿐인 충성스러운 동맹 하마Hama 왕 자키르가 벤-하다드 2세의 공격을 받게 되었다. 벤-하다드 2세는 북부의 신新 히타이트인néo-Hittites■과 아람인 사이에 맺은 동맹의 맹주였다. 이 일로 아마 아다드-니라리가 자키르를 도와야 했던 것 같다.[12] 결국 이 다마스쿠스 왕[벤-하다드 2세]은 굴복하고 아르파드 왕과 함께 아시리아에 조공을 바치게 되었지만, 이들이 그토록 약한 군주들에게 매년 계속해서 조공을 헌납했을 가능성은 거의 없다. 아마도 페니키아의 도시들, 이스라엘, 유다 왕국도 마찬가지였을 것이다. 더욱이 이스라엘과 유다의 경우, 다마스쿠스의 간섭이 제거된 이후 기력을 회복하여 팽창하고 있었다. 그러나 이 시대에 새롭고도 가장 중요한 사건은 강력한 우라르투가 정치 무대에 등장한 일이었다.[13]

이 나라는 샬만에세르 1세의 명문에 우루아트리 Uruatri 라는 이름으로 나오는 것으로 보아 기원전 13세기에 태동했던 것 같지만, 기원전 9세기 초까지는 그다지 중요하지 않았고, 우리가 이미 보았듯이 우라르투의 왕이었던 아라메는 샬만에세르 3세에게 쫓겨나 왕도인 아르사슈쿠를 떠나 반Van 호수 북쪽으로 달아났었다. 우라르투가 팽창하기 시작한 것은 아라메의 후계자인 사르두르 1세 때부터다. 사르두르 1세는 왕도를 투슈파(반Van 의 도시)로 옮기고, 자신의 요새 성벽에 아시리아어로 새겨진 명문에다 자신을 스스로 "나이리 지방의 왕", 즉 투슈파 남쪽에 있는

■ [역주] 남동부 아나톨리아 지방의 히타이트 제국을 계승한 여러 나라에 살고 있던 주민들을 가리킨다.

산악지대 전체의 왕으로 선포한다. 이슈푸히니(기원전 824~806년)는 여기서 한 발짝 더 나아가 무사시르와 주변 지역을 빼앗는다. 이곳은 반 호수와 우르미아 호수 사이에 놓여 있었던 것 같다. 또한 메디아인과 만나인*Mannaï*이 거주하고 있던 반 호수 근처의 파르수아 지방도 빼앗는다. 이슈푸히니의 아들 메누아(기원전 805~788년)는 티그리스 상류와 유프라테스 사이에 있는 알지(예전에 알세라 불렸던 곳이다)를 정복한 후, 유프라테스 강을 건너 밀리드(말라티아)의 왕에게서 조공을 받는다. 아르기슈티 1세(기원전 787~766년)는 북쪽으로 관심을 돌린다. 그는 트랜스캅카스의 아락세 강 상류 유역을 점령하고, 그곳에 이르부니(오늘날 예레반 근처의 아린-베르드)나 아르기슈티힌리(터키-러시아 국경에 있는 아르마르비르)와 같은 장엄한 도시들을 건설한다. 그가 다스릴 때에 우라르투의 팽창은 절정에 이른다. 우라르투는, 말라티아, 칠디르 호수와 세반 호수, 그리고 우르미아 호수의 남단을 연결하는 삼각형 모양의 땅을 획득하며 사실상 아시리아보다 훨씬 더 넓은 영토를 차지한다. 그러나 머지않아 그의 후계자인 사르두르 2세(기원전 765~733년)는 시리아에서 아주 가까이 유프라테스 강 우안右岸에 있는 밀리드와 쿰무후를 정복함으로써 국경을 더욱 확장하였다. 더 나아가 그는 아르파드의 왕이 아슈르-니라리 5세와 얼마 전에 맺은 동맹 관계를 깨뜨렸다. 아시리아가 우라르투와 그 속국들에 대항해 여러 번 원정을 수행했지만 우라르투는 이에 굴하지 않고 꾸준히 팽창하여 현재의 터키 동부 전체와 이란 북동부 속주들을 점령하였다.

터키의 아르메니아 지방과 러시아의 아르메니아 지방에서 20세기 초부터 발굴이 이루어져 우라르투의 역사와 문명에 관해 풍부한 정보를 제공해 주었다. 이 문명의 고유한 특성을 과소평가하는 것은 아니지만, 우라르투 문명은 후리, 히타이트, 신히타이트, 아시리아 등 여러 주변 민족에게 많은 빚을 지고 있다. 언어적으로 후리와 연관되어 있고 수세기 동안 그들과 친밀하게 어울려 살았기 때문에 우라르투는 후리의 신 테슈프와 헤파트(테이셰바와 후바로 불렸다)를 받아들였다. 이 신들은 우라르투의 민족 신인 할디와 그의 배우자인 아루바니 아래에 태양신 시메기(시비니)와 더불어 제신諸神 중 두 번째 열을 차지하고 있었다. 우라르투의 주요 도시를 거대한 성벽으로 둘러싸도록 가르쳐 준 것은 히타이트였을 것이다. 도시는 흔히 높은 바위산 위에 있었고, 어마어마한 성채가 그 가운데 우뚝 서 있었다. 성채 안에는 궁전과 더불어, 곡물과 기름과 무기로 넘쳐나는 시장이 있었다. 한편, 이 궁전들에 장식되어 있는 프레스코 벽화는 순전히 아시리아풍이며, 무척 아름답게 조각된 금속 제품, 즉 투구, 방패, 허리띠, 화살통, 세련된 손잡이가 달린 냄비, 청동으로 만든 소상小像과 동상 등도 아시리아풍이었는데 이런 금속 제품들은 우라르투의 주요한 예술적 유산이다. 마지막으로, 우라르투는 쐐기문자를 아시리아에서 빌려왔다. 우라르투인들은 왕국 여기저기 비석과 바위에 명문 약 열두 점을 남겨 자기네 군주들의 용맹을 자신들의 언어로 이야기하고 있다.[14] 아라라트 산(우라르투라는 이름은 이 산의 이름에서 기원한 듯함) 기슭에 있는 아르메니아 고원은 말을 비롯한 가축을 사육하는 데에 놀라울 정도로 적합했고, 아락스 강 유역의 충적토는 농사에 적절했다. 게다가 우라르투는 조지아, 아제르바이잔, 아르메니아에 구리광산과 철광산을 많이 보유하여 관리하고 있었으며 예술 작품을 크레타, 그리스, 에트루리아까지 수출하고 있었다.[15]

자신의 문 앞에 그처럼 크고 번성하는, 강하고 공격적인 국가가 출현하고, 이 나라의 영향력이 근동 지방의 경제적 평형상태, 그리고 특히 정치적 평형 상태를 깨뜨리며 꾸준히 증대됨으로써 아시리아는 지속적으로 근심과 갈등 속에 강한 자극을 받고 있었다. 우리가 보기에 이러한 요인들이 아시리아 제국의 형성에 결정적인 역할을 했다는 사실을 부정할 수 없을 것 같다. 사실 아시리아는 이 새로운 적을 정면에서 공격하는 것이 불가능하다는 사실을 경험적으로 알았기 때문에 한편으로는 이 적을 북쪽 국경에서 통제하고, 다른 한편으로는 시리아와 이란 방면으로 더는 진격하지 못하도록 막아야 했다. 따라서 이 두 나라를 정복하고 점령함으로써 우라르투 팽창의 양대 축을 확보할 필요가 있었다. 아시리아에게는 선택의 여지가 없었다. 팽창할 것인가, 아니면 멸망의 위험을 감수할 것인가?

티글라트-필레세르 3세

다행히도, 아시리아는 그토록 연약했던 군주들 이후에 마침내 이 상황에 맞설 수 있는 왕을 맞이하게 되었다. 지적이고 조직적이며 호전적인 티글라트-필레세르 3세(기원전 745~727년)는 상황의 심각성을 깨닫고 꼭 필요한 조치를 즉각 취할 줄 아는 왕이었다. 그의 표현에 따르면, 그는 적들을 "항아리처럼 깨뜨렸을" 뿐만 아니라 유프라테스 강 건너편에 자신이 복속시킨 몇몇 나라를 아시리아 영토에 편입시킨 첫 왕이 되었다. 이 때문에 그는 제국의 진정한 창시자로 여겨질 만하다. 동시에 그는 군대를 재조직했으며 군사력을 크게 증강함으로써 그의 후계자들이 이후의 정복전쟁을 수행할 수 있는 도구를 유산으로 남겨주었다. 그토록 기대되던 행정 개혁 실행의 과업(아시리아 자지라 지역의 속주들을 분할해서 그 수를 늘리는 일)은 후계자들에게 남겨놓은 것 같다. 그렇긴 하지만 그는 고위 관리들의 지나친 야심에 제동을 걸고 자신의 권위를 세울 줄 아는 왕이었다.[16]

아시리아 핵심부 바깥에 있는, 티글라트-필레세르가 정복하여 복속시킨 나라들은, 가능하고 바람직하기만 하다면 그 군주를 제거하고 변화를 주거나 분할하여 속주로 만들었다. 각 속주는 벨 피하티 *bêl pihâti* (문자적으로, "지역의 우두머리") 혹은 샤크누 *shaknu* ("임명된 사람")라 불리는 총독들에게 맡겨졌다. 우리는 이 두 칭호 사이에 기능적 차이를 파악할 수 없다. 속주들은 다시 구역 *qannu* 으로 나뉘었고 구역은 정부에 소속된 "도시의 우두머리" *râb alâni* 가 다스렸다.[17] 어떤 이유에서든 합병되지 못한 나라들에는 왕을 존속시켰다. 그러나 이 왕들은 이웃 속주들을 다스리는 총독들에게 세밀한 감시를 받고 있었다. 수도首都는 극도로 효율적인 통신망을 이용해 가장 멀리 떨어져 있는 속주들과 연결되어 있었다. 정기적인 우편배달부와 특별한 심부름꾼은 총독 및 그들의 아랫사람이 왕이나 "총재" *sukkâllu dannu* 에게 보낸 편지나 보고서를 가져왔다가 군주의 명령 *amat sharri* ("왕의 말씀")을 받아서 돌아가곤 했다. 상황에 따라 왕은 자기 "측근들" *qurbûtu* 중 한 명을 보내 현장 조사를 실시했다. 총독은 광범위한 행정적, 군사적, 사법적, 재정적 권력을 누렸지만 중앙 정부의 끊임없는 감시와 잦은 개입으로 견제를 받았다. 물론 그들의 주요한 직무 중 하나는 매년 조공 *madattu* 을 징수하여 수도로 보내는 것이었는데, 이 임무를 위해 칼후에서 일부러 온 "감독관" *qîpu* 의 도움을 받았다. 그밖에도 총독은 질서를 유지하고 대형 공사 진행을 감독했으며 현장에서 군대를 양성하여 속주에 상주하게 함으로써 비상시에 지역 규모로 동원하거나 군사 원정에서 왕의 군대를 보강할 수 있도록 준비하는 임무를 띠고 있었다.

군대를 양성하는 총독의 임무는 제국의 방어와 팽창을 위해 결정적으로 중요한 것이었다. 그때까지 아시리아군의 주력 부대는 오랜 전통에 따라 일쿠 *ilku* 라는 명칭으로 군복무를 수행하는 왕실 직속병과, 연례 원정을 위해 일반인 중에서 징집된 징병으로 구성되어 있었다. 티글라트-필레세르는 이 체제를 존속시켰지만, 상비군, 즉 키치르 샤루티 *kişir sharrûti* ("왕권의 끈")라 불리며 주변 속주에서 빼내 온 징집병으로 구성된 직업군인들로 보강했다. 이투와 같은 부족들은 뛰어난 용병을 공급해 주었다. 이 분야에서 또 다른 혁신이 이루어졌는데, 그것은 이때부터 전차가 수송 수단의 대열로 물러나고 그 대신 기병대가 중요해진 것이었다.[18] 이러한 변화는 이 시대에 메디아처럼 주로 기병대를 이용하는 적을 상대로 산악 지역에서 전투가 자주 벌어진 탓에 어쩔 수 없이 이루어진 듯하다.

주민 혼합과 더불어 대규모 강제 이주의 관행을 메소포타미아에 도입한 것 역시 티글라트-필레세르다.[19] 고분고분하지 않은 나라의 주민들을 강제로 이주시키는 일이 새로운 것은 아니었다. 그러나 강제 이주가 이제껏 이렇게 큰 규모로 일어난 적은 없었다. 통치 초기의 시리아 원정 도중에 하마 지역의 주민 30000명이 자그로스로 이송되었고 그 대신에 티그리스 강 좌안左岸의 아람인 18000명이 하마로 옮겨졌다. 이 강제 이주 정책은 특히 바빌론에 큰 타격을 주었는데, 놀랍게도 기원전 744년에 65000명, 기원전 729년에 15만 명의 성인 남녀와 어린이들이 아시리아로 이송되었다. 티글라트-필레세르의 후계자들도 이 정책을 계승했는데, 거의 3세기 동안 제국 내부에서 아시리아인이 이주시킨 사람들의 수는 총 450만 명 정도로 추산되기도 한다.[20] 이 시대의 저부조를 보면, 어깨에 보따리를 멘 채로 야윈 아이들의 손을 잡고 길게 늘어서서 걸어가는 남자들 주변에 아시리아 군인들이 있고, 그 뒤에 여자들과 아기들이 짐수레를 타고 뒤따르는 장면이 나온다.[21] 분명 가련한 장면이고 아마 사실적인 묘사이겠지만, 선전 목적으로 실제보다 음울하게 그려진 것 같다. 강제 이주의 목적 중 하나는 "반란자들"을 벌하고 그들의 사기를 떨어뜨리며 모든 민족정신을 제거하는 것이었다. 그러나 강제 이주는 다른 필요에도 부응하고 있었다. 즉, 정복된 나라 혹은 본국 아시리아의 새로운 도시에 주민을 채워야 했고, 버려진 지역에 사람들을 정착시켜 농업을 발전시켜야 했으며, 군사들과 고된 노동에 종사할 노동력을 비롯해 (약탈물의 규모가 컸기 때문에) 장인과 예술가, 그 외에도 사업가, 서기관, 학자를 아시리아에 데려와야 했던 것이다. 우리가 문헌 자료에서 알게 된 바로는 총독은 자기 속주를 통과해서 지나가는 강제 이주민의 식량 보급과 안전을 보장해야 할 책임이 있었다. 고향을 떠난 사람중 많은 이들은 새로운 환경에 빨리 적응했고 그들의 상전에게 충성을 다했으며, 어떤 이들은 제국의 행정부에서 높은 지위에 올랐다. 강제 이주민은 결코 노예가 아니었다. 필요에 따라 분산되긴 했지만 그들은 아무런 특별한 신분을 가지지 않았고 단지 "아시리아 사람들로 취급되고" 있었다. 이런 정책은 아시리아를 "아람화"하는 데에 크게 기여하였다. 아람화 현상은 다양한 결과를 초래했는데, 군대의 국제화와 더불어 제국의 몰락에 어느 정도 역할을 감당한 것으로 보인다.

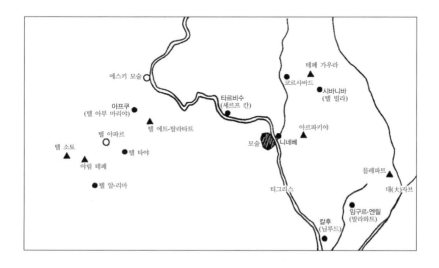

티글라트-필레세르가 일으킨 전쟁 역시 조직적인 특성이 있다.[22] 기원전 745년이 되자 바빌론의 왕이며 칼데아인이었던 나부나치르 Nabûnâsir (나보나사르 Nabonassar)의 요청으로 메소포타미아 남부 원정이 이루어지는데 이 원정은 바빌론 왕에게 아람의 압박을 경감해 주고 아시리아 왕이 여전히 바빌론 왕의 보호자라는 사실을 상기시켜 주는 계기가 된다.[23]

이듬해 티글라트-필레세르는 소란스러운 카슈인이 주로 사는 자그로스 지역의 남리와 비트 함반에서 전쟁을 치르며 후방에서 평화를 확보한다. 그는 기원전 743년에 마침내 시리아의 문제와 씨름한다.[24] 좀 더 자세히 말하자면, 그는 아르파드를 포위한다. 아르파드의 왕인 마티-엘은 당시 우라르투의 사르두르 2세를 비롯하여 사르두르의 속국인 신히타이트의 밀리드, 구르굼, 쿰무후와 동맹을 맺고 있었다. 사르두르는 자기 친구들을 돕기 위해 급히 오지만 유프라테스 강변 사모사테 근처에서 패하고 "암말"을 타고 치욕스럽게 달아나 밤을 틈타 가파른 산에 몸을 숨겼다.[25] 동맹은 와해되었다. 아르파드는 3년 동안 저항하다가 마침내 굴복하고 아시리아 속주의 중심 도시가 되었다(기원전 741년). 그 와중에 야디아(삼알)의 왕 아즈리야우, 운키(파티나)의 왕 투탐무, 그리고 시리아 해안에 있는 그 동맹국들과 전쟁이 있었는데, 이 전쟁의 결과로 북서부 시리아가 병합되고 페니키아가 속국이 된다(기원전 742년). 이러한 승리는 엄청난 반향을 불러일으켰다. 공포에 사로잡힌 시리아와 팔레스타인의 수많은 왕이 앞다투어 조공과 선물을 바쳤다. 이 중에는 카르케미시, 쿠에(킬리키아), 하마의 왕이 있었고, 다마스쿠스의 왕 라수누(르신), 이스라엘의 왕 므나헴, 그리고 "아랍인들의 여왕" 자비베가 있었다. "아랍인들의 여왕"이란 표현에서, 이 민족이 비옥한 초승달 지대의 서쪽 모퉁이에 침투한 것이 확인된다. 이 시리아 원정의 출발지는 아마도 카르케미시와 하란 사이에 있는 하다투(현대의 아르슬란 타시)였던 것 같다. 하다투 발굴에서 티글라트-필레세르 3세의 별궁이 발견되었다. 이 별궁은 좀 더 세부적으로 보면 님루드에 있던 아슈르나시르팔의 궁전과 아주 닮았다. 근처 이슈타르 사원에서는 흥미로운 조각과 명문이 나왔고 다른 건물 안에는 조각된 상아판들이 있었는데 이 상아판들은 다마스쿠스의 왕 하자엘에게서 탈취한 노획물이거나 하자엘이 바친 조공으로 샬만에세르 3세가 가져간 것이다.[26]

이렇게 북부 시리아에 대한 우라르투의 야심에 종말을 고한 아시리아 왕은 이란으로 눈을 돌렸다. 물론 북쪽의 국경은 견고하게 방어하고 있었다. 그는 기원전 737년과 736년에 자그로스 너머 "강한 메디아인들"이 점령하고 있는 나라 한가운데로 두 차례 원정을 수행하여 비크니 산(엘부르즈 산악지대에 있는 데마벤드)과 "소금 사막"(테헤란 남동쪽에 있는 다슈티 카비르)까지 진격했다. 아시리아 군대가 이전에 이 방향으로 이렇게 멀리까지 갔던 적은 없었다. 네하벤드 근처의 테페 기얀에 있는 견고한 궁전의 잔해와 이란에서 발견된 비석 하나는 이 원정들과 더불어 티글라트-필레세르 3세가 메디아에 관심이 있었다는 사실을 증언한다.[27] 기원전 735년에 아시리아는 우라르투로 침투해 마침내 수도인 투슈파(반Van)까지 이르러 그 도시를 포위 공격했지만 성공을 거두지는 못했다.

그동안 지중해 연안의 상황은 악화된다. 티레와 시돈이 소요를 일으킨다. 이들이 필리스티아 및 이집트와 교역하는 것을 아시리아가 금지했기 때문이다. 이투인들이 개입하여 "사람들을 떨며 굽실거리게" 해야 했다.[28] 더 심각한 문제는 아스칼론과 가자의 필리스티아 군주들이 아시리아에 대항하기 위해 팔레스타인과 트랜스요르단 지역의 통치자를 모두 규합하여 동맹을 결성한 것이었다. 기원전 734년에 티글라트-필레세르는 몸소 반란자들을 징계하러 간다. 아스칼론의 왕은 전사하고 "가자 사람"■은 "새처럼" 이집트로 달아난다. 암몬, 에돔, 모압, 유다를 비롯해 삼시라 불리는 아랍의 여왕이 어쩔 수 없이 조공을 바치게 된다. 2년 후 다마스쿠스와 이스라엘의 압력을 받은 유다 왕 아하스는 아시리아에 도움을 요청한다. 티글라트-필레세르는 다마스쿠스를 정복하고 병합한 후 이스라엘을 침범한다. 이스라엘 왕은 살해당하고 티글라트-필레세르는 그의 후계자 호세아의 항복을 받아낸다(기원전 732년).[29]

메소포타미아 남부에서는 기원전 734년에 나부-나시르가 죽고 나서 연속해서 정변이 일어난다. 기원전 731년에 권력을 차지한 것은 우킨-제르라 불리는 아람인이었다. 아시리아는 바빌론 주민들이 그에 대항해 반란을 일으키도록 부추기고, 아람인들에게는 배신하면 세금을 면제해 주겠다고 약속하지만 이런 전략은 실패로 돌아간다.[30] 그러자 티글라트-필레세르는 군사를 보내 왕위 찬탈자 우킨-제르와 그 아들을 죽이고 몸소 바빌론을 통치하기로 결심한다. 기원전 728년 신년 축제■ 도중에 "그는 벨(마르두크)의 손을 잡고" 자신을 풀루*Pûlu*■라는 이름을 가진 바빌론의 왕으로 선포한다. 그러나 이듬해, 비교적 짧지만 많은 일을 해낸 통치(18년)를 끝내고 그는 세상을 떠난다. 아카드어 표현을 빌자면 "자신의 운명을 향해 간다."

■ [역주] 가자의 왕을 가리키는 표현이다.

■ [역주] 매년 첫 달 1일부터 12일 동안 바빌론에서 열린 축제로서 여기에서 마르두크가 신들 중의 왕으로 다시 추대되며 바빌론의 왕 또한 마르두크가 새롭게 승인한다.

■ [역주] 성서에서는 때로 티글라트-필레세르를 "불(Pul)"이라 부른다. cf. 왕하 15: 19, 대상 5:26.

사르곤 2세

우리는 티글라트-필레세르의 아들 살만에세르 5세에 관해 아는 것이 거의 없다. 그는 5년(기원전 726~722년)밖에 다스리지 않았을 뿐만 아니라 명문도 남기지 않았기 때문이다.[31] 그의 공적으로 돌릴 수 있는 것은 호세아의 반란으로 촉발된 사마리아 정복, 이스라엘 왕국이 사라지고 아시리아의 속주가 된 사건, 그리고 나중에 아랍인과 바빌론인을 그곳에 거주하게 한 일밖에 없다. 살만에세르 5세의 후계자에 관해서는 출신이나 즉위 배경에 관해 알려진 것이 거의 없다. 가장 설득력 있는 가정은 그가 왕가의 한 방계 가문에 속하는 인물로 살만에세르를 축출했다는 것이다. 아마 이 때문에 그는 샤루-킨 *Sharru-kīn*(사르곤, "적법한 왕")이란 이름을 택함으로써 자신의 왕권을 확인하려고 애썼던 듯하다. 이 이름은 예전에 푸주르-아슈르 *Puzur-Ahur* 왕조의 잘 알려지지 않은 어느 군주의 이름이기도 하고 아카드 왕조의 유명한 창시자의 이름이기도 하다.[32]

이 일이 있기 몇 년 전에 근동 지방에서는 아시리아의 정치적, 군사적 전략을 눈에 띄게 바꾸어 놓게 될 두 사건이 일어났다. 엘람이 삼백 년에 걸친 혼수상태에서 깨어나고 이집트가 시리아-팔레스타인의 일에 대해 다시 관심을 두게 된 것이다. 이 두 사건의 직접적인 원인은 티글라트-필레세르 3세의 승리였다. 아시리아의 팽창, 바빌론에 대한 아시리아의 간섭, 시리아와 이란 북부 정복, 팔레스타인과 트랜스요르단 지역의 "완충 국가들"에 대한 압력 행사 등으로 근동의 다른 열강들은 불안해할 수밖에 없었다. 게다가 페니키아에 내려진 이집트와의 교역 금지 조치는 이집트에 큰 타격을 주었다. 이란 북서부 점령으로 엘람과 우라르투의 교류는 방해를 받게 되었고, 엘람은 이 지역에서 남쪽으로 자기네 고유 영토 경계까지 대규모 인구 이동이 일어날지 모른다고 우려했을 것이다.

실제로 기원전 700년경에 페르시아인들이 이 우려를 현실화시킨다. 그러나 이집트인들과 엘람인들은 "걸어오는 거인"에 대항할 만한 힘이 자신에게 없음을 직감하고 대항 대신 괴롭힘의 전략을 채택한다. 이 전략은 아시리아의 속국에 반란을 선동하고, 자유를 얻고 싶어 하는 모든 사람을 군사적, 재정적으로 지원하는 것이었다. 그래서 엘람은 지난 삼천 년 동안의 반목과 전쟁을 잊고 바빌론과 동맹을 맺었으며, 이집트는 필리스티아를 비롯해 예전에 자신들을 그렇게 괴롭혔던 "천한 아시아인들"을 돕는다. 사르곤의 치세부터 아시리아의 역사는 사실상 끊임없는 반란과, 그 선동자들을 진압하는 투쟁으로 요약할 수 있다.

사르곤의 즉위(기원전 722년)는 분명 반대에 부딪혔는데, 이번에 소요가 시작된 곳은 다름 아닌 노쇠한 아시리아의 심장부였다. 그는 2년 동안 수많은 백성과 도시, 그중 특히 아수르의 반란에 직면해야 했다. 그가 반란군을 굴복시키고 아수르 주민들을 징집, 세금, 부역과 강제노역에서 해방한 후에야 질서가 회복되었다. 사르곤에 따르면 아수르 주민들은 원래 이런 의무를 알지도 못했으며 이를 도입한 왕은 샬만에세르 5세였다.[33] 이런 심각한 문제로 꼼짝달싹할 수 없게 된 새로운 군주는 바빌론으로 가서 왕위에 오를 여유가 없었다. 아랍-페르시아 만 연안 비트 야킨에 사는 칼데아인의 우두머리 마르두크-아플라-이디나■(성서에 나오는 메로다크-발라단)는 큰 영향력을 행사하고 있었다. 이런 상황을 이용해 바빌론의 왕으로 선출된 그는 곧 엘람 왕 훔반-니카시와 동맹을 맺었다. 기원전 720년에 마침내 자유로이 움직일 수 있게 된 사르곤은 이 적들을 향해 진군하여 데르 근처에서 그들을 만난다. 그는 자신의 명문에서 거리낌 없이 승리를 자신에게 돌리고 있다. 그러나 한 연대기

■ "마르두크 신이 나에게 상속자를 주셨다."

는 바빌로니아 군대가 도착하기도 전에 훔반-니카시가 승리를 쟁취했다고 기록하고 있다. 한편 메로다크-발라단은 자신이 "수바르투(아시리아)의 엄청난 군대를 무찌르고 그 무기를 깨뜨렸다"고 자랑스럽게 선언했다.[34] 흥미롭게도 바빌론 왕의 이 명문은 님루드에서 발견되었다. 기원전 710년에 사르곤이 그 명문을 우루크에서 님루드로 가져가고, 그 대신에 사건에 관한 자기 나름의 기록을 담은 실린더를 우루크에 만들어 놓았던 것이다. 여기서 우리는 "정보 왜곡"이 새로운 기술이 아니라는 것을 알게 된다. 그렇지만 메로다크-발라단이 11년 동안(기원전 721~710년) 계속해서 바빌론을 다스린 것으로 볼 때 아시리아인들이 패배했거나, 적어도 저지당했다는 데에는 아무런 의심의 여지가 없다. 그런데 아직 출간되지 않은, 님루드에서 발견된 한 편지에 따르면, 메로다크-발라단은 우킨-제르의 반란 때 아시리아를 도왔으므로 친아시리아계로 인정되었을 가능성이 있다. 또한 그는 뛰어난 군주처럼 행세하며 자신의 건축 활동 흔적을 남겨놓았다.

같은 해인 기원전 720년에 시리아에서 하마의 왕 일루-비디가 아시리아와 유대 관계를 끊고 시리아의 속주 네 곳(다마스쿠스와 아르파드를 포함한다)의 총독들을 자기편으로 만들려 했다. 한편 이집트 군대의 후원을 받은 가자의 왕 하누나 역시 반란을 일으켰다. 그러나 이번에는 사르곤에게 운이 따랐다. 그는 카르카르에서 일루-비디를 무찌르고 하마를 제국에 합병했으며, 거기에서 자기에 대항해 반란을 일으켰던 사람들을 아시리아로 보냈다. 일루-비디는 사로잡혀 산 채로 가죽이 벗겨졌다. 하누나 역시 사르곤에게 잡혀서 아수르로 호송되었다. 한편 이집트 장군 시브에는 "마치 양떼를 도둑맞은 목동처럼 홀로 달아나 사라졌다."[35] 8년 후 남서부에서 새로운 반란이 있었다. 이 반란은 아슈도드의 왕 야마니가 지휘하고 유다, 모압, 에돔이 따르고 있었으며 "무스루의 피르우", 번역하면 "이집트의 파라오"가 지원하고 있었다. 이 파라오는 제24왕조의 보크코리스였던 듯하다. 사르곤은 이번에도 승리하고 아슈도드를 합병한다. 야마니는 이집트로 망명했지만 보크코리스를 타도한 누비아인 사바코는 현명한 판단으로 그를 넘겨주었다. "그[사바코]는 그[야마니]를 사슬과 족쇄와 철 띠로 묶고 아시리아까지 긴 거리를 끌고갔다."[36] 팔레스타인은 사르곤의 치세 말까지 잠잠했다.

그러는 동안, 티글라트-필레세르에게 패했지만 무너지지 않았던 우라르투는 아시리아인들의 주요한 적수로 활동하면서 메디아, 만나, 우르미아 호수 근처의 지키르투 사이에서 끊임없이 반란을 부추겼다. 왕의 서한집을 대충 훑어보기만 해도, 북쪽과 북동쪽 국경에 배치된 사르곤의 관리들이 "왕을 위해 보초를 서고", 우라르투의 군주와 그 관리들의 미세한 움직임 및 주변 민족들의 정치적 충성도의 세밀한 변화까지도 왕에게 보고했음을 충분히 잘 알 수 있다.[37] 사르곤이 이 지역 및 자그로스 중부 지역에 대해 반복적으로 개입했음에도 불구하고 우라르투의 왕 루사는 아시리아에 복종하는 만나의 군주들을 자신의 앞잡이로 교체할 수 있었다. 기원전 714년 아시리아는 대대적인 반격을 시도했다. 사르곤 8년에 벌어진 큰 전쟁은 사르곤의 연대기에 잠시 언급되긴 하지만 "신들의 아버지인 아슈르를 비롯해 그의 신전과 아수르 성내에 사는 운명의 신들과 여신들에게" 보내는 500행이 넘는 편지에 모두 기록되어 있다. 이 "신들에게 보내는 편지"는 중요한 전쟁의 끝을 알리는 공식적인 기념식 때 대중 앞에서 낭독하기 위해 기록되었으며 그 목적은 군주의 용맹과 지혜를 기리려는 것이었다. 이와 유사한 두 문서가 단편적인 상태로 존재하는데, 주목할 만한 점은 이 두 문서가 살만에세르 4세와 에사르하돈에게서 기원한다는 사실이다. 이 두 왕은 모두 사르곤처럼 정통성이 의심되었던 왕이었다.[38] 기원전 714년의 원정은 적의 저항에 못지않게 지형 때문에 무척 힘겨웠다. 본문은 청중에게 강한 인상을 남기기에 적합한 시적인 구절들로 가득하다.

"큰 봉우리 시미리아는 창날처럼 서서 그 머리를 산들 위에 있는 벨리트-일라니■의 거주지로 들어올리고 있다. 그 봉우리의 머리는 위로 하늘을 떠받치고 그 뿌리는 아래로 저승 세계의 중심에 닿는다. 게다가 그 봉우리는 물고기의 뼈처럼 이편에서 저편으로 통하는 길이 없고 앞으로도 뒤로도 오르기 어렵다. 그 산허리에는 보기만 해도 무시무시한 깊은 구렁과 낭떠러지가 움푹 파여 있다. 그곳은 마차를 타거나 말을 타고 뛰어넘기 적합하지 않으며 길은 보병이 통과하기 어렵다. 가서 적의 나라들을 무너뜨리라고 나의 다리를 열었던 에아와 벨리트-일라니가 내게 준 넓은 지식과 내적 영감을 갖고 청동 곡괭이로 공병들을 무장시켰다. 그들은 높은 산의 바위를 건축용 석재처럼 부수어 날리며 길을 개척했다. 나는 군대 선두에 섰다. 용맹스러운 독수리들처럼 내 옆에 달려가는 마차들, 기병대, 전투병을 나는 이 산 위로 날아가게 했다. 또한 중노동자와 낫질하는 사람을 뒤따르게 했다. 낙타들과 짐을 실은 당나귀들은 산에서 자란 야생 염소처럼 봉우리 위로 뛰어올랐다. 나는 수많은 아슈르의■ 군대로 하여금 어려운 경사면을 즐거이 기어오르게 했다. 나는 이 산 꼭대기에 참호를 파서 진지를 구축했다."39

사르곤과 그의 군대는 강을 건너고 산을 넘었다. 우르미아 호수 주변에서 무기를 사용해 길을 개척하며 마침내 요새화된 대도시 무사시르를 빼앗음으로써 엄청난 노획물과 위대한 신 할디의 동상을 가져갔다. 우라

■ "신들의 여주인"이란 의미로 이슈타르(Ishtar) 여신의 별명이다.
■ [역주] 또는, 아슈르 신의.

르투는 이 패배 때문에 다시는 일어나지 못했다. 동부에 있는 전체 군전력의 핵심이었던 무사시르의 몰락 소식을 들은 루사는 수치심에 사로잡혀 "자신의 철검으로 돼지에게 하듯 자신의 심장을 찔러 삶에 종지부를 찍었다."[40]

그러나 우라르투는 다른 나라들이 아시리아에 대항해 일어설 수 있도록 시간을 벌어 주었다. 기원전 717년에 아직 독립을 유지하고 있었던 카르케미시의 왕은 사르곤에 대항하는 공모에 참여했는데, 이 때문에 그의 왕국은 공격을 받고 제국의 속주로 전락했다. 그 이후 5년 동안 쿠에(킬리키아), 구르굼, 밀리드, 쿰무후, 그리고 타발의 일부, 한마디로 타우루스의 신히타이트 국가 모두가 같은 운명에 놓였다. 이 모든 "공모"와 "반란"의 배후에는 "우라르투 사람"■뿐만 아니라 루사가 자기 영향력으로 좌지우지했던 무슈키의 미타(프리기아의 왕 미다스)의 입김도 느껴진다.

사르곤은 기원전 710년 초에 모든 전선에서 승리를 거두었다. 단지 메로다크-발라단의 영향력 아래에 있던 바빌론만이 아시리아에 눈엣가시로 남아 있었다. 바로 그 해에 사르곤은 메로다크-발라단을 두 차례 공격했다. 고대 수메르 지방에 자리 잡은 모든 부족을 자기편으로 만들어 놓은 이 칼데아인은 2년 동안 저항하다가 두르-야킨[41]에 갇힌 후 부상을 당하자 "쥐구멍의 생쥐처럼 자기 성문으로 슬그머니 빠져나가" 엘람으로 망명했다. 사르곤은 바빌론에 들어가 자신의 두 선임자처럼 "벨의 손을 잡았고", 이리하여 바빌론을 자신에게 두 번째로 중요한 도시로 만들었다. 이 승리는 놀라운 반향을 불러일으켰다. 프리기아의 미다스는 그에게 친선을 제의했으며, 딜문의 왕 우페리는 "아슈르의 능력에 관해

■ [역주] 우라르투의 왕 루사를 가리킨다.

말하는 것을 듣고 선물을 보냈고", "서쪽 바다로 7일이나 걸리는 먼 곳에 사는" 야트나나(키프로스)의 일곱 왕은 아시리아의 군주에게 충성의 선서를 했는데, 이에 관련된 기념비가 실제로 키티온(라르나카)에서 발견되었다.[42] 제국의 기반을 무너뜨리려는 적의 노력은 헛수고였다. 제국은 그 어느 때보다 더 광활했고, 그 어느 때보다 더 견고해 보였다.

사르곤은 처음에 아시리아의 군사적 수도인 칼후에 살았다. 그는 아슈르나시르팔의 궁전을 보수하고 개조한 후 그곳에 살았다. 그러나 자신의 자만심에 떠밀려, 아니면 다른 내부 반란에 대한 두려움 때문에, 얼마 지나지 않아 자기만의 도시에 자기만의 거주지를 갖기로 결정한다. 기원전 717년에 현대의 코르사바드 근처, 니네베 북동쪽으로 24킬로미터 지점에 위치한 처녀지 위에 두르-샤루킨, 즉 "사르곤의 요새"가 세워졌다. 이곳은 메소포타미아에서 최초로 발굴된 도시다. 이곳에서 1843년 모술 주재 프랑스 영사 폴-에밀 보타 Paul-Emile Botta 가 아시리아를 "발견했다."[43] 이 도시는 한 면이 1.5킬로미터가 넘는 정사각형을 이루고 있었고 그 성벽에는 견고한 성문 일곱 개가 있었다. 도시 북부의 성벽은 왕궁을 포함한 성채를 둘러싸고 있었는데, 이 왕궁은 화려한 돌다리로 나부 신전과 연결되어 있었다. 또한 그 성벽은, 일곱 계단이 각기 다른 색으로 채색되어 있는 지구라트와 고위 관리들의 으리으리한 가옥들을 둘러싸고 있었다. 왕의 거주지는 15미터나 되는 높은 축대 위에 세워져 성벽위로 돌출해 있었고, 200개가 넘는 방과 서른 곳이 넘는 정원을 포함하고 있었다. 왕궁은 늘 그렇듯이 화려하게 장식되어 있었다. 인간의 머리를 지닌 거대한 황소들이, 다른 지역에서는 성문과 성채의 문을 지키듯이, 왕궁의 출입문을 지키고 있었다. 색채가 강렬한 프레스코 벽화들이나 푸른색으로 칠해진 벽돌이 방 대부분과 개인 신전을 화려하게 밝히고 있었다. 저부조와 명문이 새겨진 비석들이 거의 이천 미터나 벽을 따라

펼쳐져 있었다. 도시 전체를 건설하는 데에 10년밖에 걸리지 않았던 것
으로 보아 전쟁 포로와 강제 이주민 수천 명을 비롯한 예술가와 장인이
두르-샤루킨에서 일해야 했을 것으로 추측된다. 그러나 모든 것을 종합
해 볼 때, 이 도시에는 주민이 그다지 많이 거주하지 않았으며, 이들마저
얼마 지나지 않아 떠나 버렸다. 사르곤은 자신의 명문에서 다음과 같이
말한다.

"그분(아슈르 신)께서 이 궁전에 사는 나 사르곤에게 장수, 몸의
건강, 마음의 기쁨, 영혼의 행복을 명하시길 구합니다."[44]

사람 머리를 한 날개 달린 황소, 라마수 상

그러나 신은 그의 기도를 들어 주지 않았다. 낙성식 1년 후인 기원전 705년에 사르곤은 "타발을 향해 진군"했다가 이 원정에서 전사했다.[45] 두르-샤루킨은 버려지지 않고 제국의 마지막까지 지속되었으며 연호관리들과 같은 고위 관리들이 그곳에 거주했다. 그러나 그 후 아시리아의 왕들은 그곳에 살지 않았다.[46]

20 사르곤의 후계자들

흔히 사르고니드Sargonides 라 불리는 사르곤 2세의 후손들이 거의 한 세기(기원전 704~609년) 동안 아시리아를 통치하면서 아시리아는 힘과 영토와 문화에서 절정에 이르렀다. 왕의 명문들은 특유의 과장된 문체로 센나케리브, 에사르하돈, 아슈르바니팔의 전쟁을 승리의 정복으로 표현하고 있다. 그러나 이 전쟁들은 기껏해야 성공리에 끝난 반격에 불과했다. 사르곤의 통치 말엽에 우라르투는 무력화되어 있었다. 아시리아의 왕들은 직간접적으로 비옥한 초승달 지대 전체와 이란 및 아나톨리아 일부를 다스리고 있었다. 그들은 지중해로 향하는 창을 거머쥐고 있었고 아랍-페르시아 만으로 향하는 또 하나의 창을 확보하고 있었으며, 티그리스와 유프라테스 강 유역 대부분을 장악하고 있었을 뿐만 아니라 타우루스, 자그로스, 시리아를 가로지르는 대규모 교역로를 모두 지배하고 있었다. 그들은 백성들과 속국과 동맹국이 바치는 재물과 재화를 쌓아 놓고 화려한 삶을 살았으며, 끊임없는 반란만 없었더라면 평화를 누릴 수도 있었을 것이다. 이런 반란은 아시리아 왕의 자기중심적 정책, 즉 오늘날 사용되는 표현을 빌자면, 그들의 "제국주의" 때문에 일어났으며, 적어도 팔레스타인, 페니키아, 바빌로니아에서는 이집트인들과 엘람인들이 이를 부추기며 지지하고 있었다. 에사르하돈의 이집트 정복과 아슈르바니팔의 엘람 파괴는 사실상 견딜 수 없는 상황을 끝낼 목적으로 이루어진 조치였다. 즉 아시리아가 원하지 않는데도 적들이 오랜 기간 어려운 싸움을 일으키자 하는 수 없이 이를 종식시킨 사건일 뿐이다. 아시리아인들은 이 지속적인 다툼에서 힘을 소진하고 재물을 소모했지만, 자그로스 산맥이라는 보호막 뒤편에서 미래에 자기들을 파멸시키는 도구가 될 강력한 메디아 왕국이 생겨나는 것을 막을 수는 없었다. 완전한 승리를 쟁취한 것처럼 보이던 기원전 640년경, 아슈르바니팔이 자신의 모든 적 위에 영광스럽게 일으켜 세워질 때 보니 놀랍게도 이 거상巨像은 발이 진흙으로 만들어져 있었다.▪

센나케리브

그의 이름 신-아헤-에리바(Sîn-ahhê-erîba, "신Sîn 신이 형들[의 죽음]을 보상하셨다")가 가리키듯 센나케리브는 사르곤의 맏아들이 아니고 여러 아이가 죽은 후 살아남은 아이였다. "계승의 집"maison de succession에서 자라났고 아직 어릴 때에 중요한 행정-군사적 직책을 맡았던 센나케리브는 기원전 704년에 아시리아의 왕위에 오를 때 이미 왕의 직무를 수행할 준비가 잘 되어 있었다.[1]

그의 치세 내내 제국의 북부 국경은 비교적 평온했다. 쿠르디스탄, 아르메니아, 타우루스에서 사르곤이 쟁취한 승리로 우라르투인과 프리기아

▪ [역주] 구약성서 다니엘서 2장의 이야기를 바탕으로 한 비유적인 표현이다. 이 이야기에 따르면 바빌로니아의 왕 느부갓네살(네부카드네자르 2세)이 꿈에 거대한 신상을 보았는데 그 머리는 순금, 가슴과 팔은 은, 배와 넓적다리는 놋쇠, 무릎 아래는 쇠, 발은 일부는 쇠이고 일부는 진흙이었다고 한다.

인은 너무나 큰 충격을 받았기 때문에 이들을 잠재적인 공격 세력으로 생각할 여지는 없었다. 게다가 이 두 민족은 당시 뜻밖의 적에게서 공격을 받고 있었다. 킴메르인(아카드어로는 기미라이아)은 원래 크리메와 우크라이나 출신 기마유목민들로서 기원전 8세기 후반에 캅카스를 넘어 근동 지방으로 침투했다.[2] 먼저 오늘날의 소비에트 연방 조지아■에 정착한 그들은 그 땅의 주인이었던 우라르투의 왕에 대항해 봉기를 일으켜 그에게 심각한 패배를 안겨 주었다.[3] 이들은 나중에 두 분파로 나뉘었는데, 한 분파는 동쪽으로 전진하여 프리기아를 위협했고 다른 한 분파는 남쪽으로 전진하며 이란 북동부 모퉁이에서 만나인 및 메디아인과 동맹을 맺었다. 센나케리브는 분명 그들의 움직임에 관한 정보를 접했을 것이다. 그러나 자신의 본거지에서 그토록 먼 곳까지 개입하는 것은 불가능했다. 그가 자신의 재위 중 다른 시기에 북쪽과 동쪽으로 전개한 네 번의 원정은 중요도와 결과에서 평범하다. 이 원정들은 말을 듣지 않는 속국들을 향한 것이었다. 이들은 자그로스 중부와 쿠르디스탄의 군주들, 이오니아 군대의 도움을 받은 듯한 시칠리아의 왕들, 그리고 타발의 왕이었다.

사실 아시리아 왕의 모든 관심은 지중해 연안 지역과 바빌로니아에 집중되어 있었다. 특히 바빌로니아에서는 사르곤이 죽었다는 소식이 전해지자 아주 심각한 반란이 일어났다. 페니키아와 팔레스타인에서는 이집트의 선동에 넘어간 시돈의 왕 룰리, 아스칼론의 왕 치드카, 유다의 왕, 그리고 에크론 주민들이 아시리아와 맺고 있던 동맹 관계를 깨뜨리기에 이르렀다. 기원전 701년에 센나케리브는 반란자들을 징벌하러 떠났다.[4] 그는 룰리를 시돈에서 몰아내어 키프로스로 달아나게 했다. 치드카를 사로잡아 아시리아로 보내고 에크론을 돕기 위해 온 이집트 군대에

■ [역주] 조지아는 1991년에 소비에트 연방에서 독립하였다.

대항해 싸웠으며 좀 더 유순할 것으로 예상되는 군주들을 이 도시들에 세웠다. 그 후 그는 유다로 관심을 돌려 라키시의 요새를 포위하여 점령하고 세 명의 고위 관리, 즉 투르타누*turtânu*, 라브 샤케*rab shaqê*, 라브 샤레시*rab sha rêsh*를 예루살렘으로 보내 협상을 시도한다. 구약성서 열왕기 하에서 그토록 생생하게 묘사된 장면이 바로 이때 일어난 일이다.[5] 예루살렘 성 앞에 도착한 왕의 사절단은 히스기야의 서기관과 사관史官과 궁내대신을 만난다. 이 세 사람은 성벽에 운집한 군중이 알아듣지 못하도록 아람어로 대화하기를 선호하지만 아시리아인들은 거기에 개의치 않고 "유다어"를 사용한다. 그들은 이집트를 신뢰하며, "의지하는 사람의 손을 찔러 꿰뚫는 이런 부러진 갈대 지팡이"를 의지하는 유다인들을 조롱하고, 항복하면 이천 필의 말을 주겠다고 약속한■ 후 마지막으로 위협을 가한다. 그러나 예언자 이사야의 격려를 받은 히스기야는 완강히 거부하며 예루살렘 성문을 열지 않는다. 결국 타협이 이루어진다. 아시리아인들은 물러나고 도시는 피해를 모면한다. 그러나 희생이 컸다. 히스기야는 금 300탤런트와 은 800탤런트를 비롯해 "온갖 보물과 그의 딸들과 처첩들과 남녀 악사들", 그리고 성서에 따르면, "하나님의 성전 문과 기둥에 자신이 입힌 금"까지도 넘겨주어야 했다. 그는 또한 자신의 몇몇 도시들을 포기하고 필리스티아인들에게 주어야 했다.

바빌로니아의 상황은 팔레스타인보다 더 좋지 않았다.[6] 센나케리브는 아시리아와 동시에 이 나라를 상속받았다. 그러나 기원전 703년이 되자 혁명이 일어나 어느 바빌로니아인에게 왕위가 넘어갔다. 그렇지만 그 바빌로니아인은 몇 주밖에 왕위를 유지하지 못했다. 메로다크-발라단이

■ [역주] 열왕기하 18장 23절에 기록된 말은 유다인들이 항복하면 말 이천 필을 주겠다는 약속이 아니라 말 이천 필을 줄 테니 기수가 있으면 아시리아 왕에게 한 번 도전해 보라는 조롱으로 해석하는 편이 낫다.

엘람에서 돌아온 것이다. 우리는 앞서 그가 엘람으로 피신한 것을 알고 있다. 그는 엘람 군대의 도움과 모든 백성의 힘을 빌어 수도로 들어와 권력을 다시 장악했다. 센나케리브는 거의 지체 없이 응답했다. 몇 달 후 그는 반란자들을 키시의 벽 아래에서 무찔렀다. 이 칼데아인은 한 번 더 달아나는 데에 성공했으며, 오늘날처럼 메소포타미아 최남단을 뒤덮고 있는 습지 한가운데에 몸을 숨겨 눈에 띄지 않았다. 센나케리브는 그의 궁전을 약탈하고 수많은 사람을 포로로 사로잡았으며 바빌로니아인, 칼데아인, 아람인을 아시리아로 이주시켰다. 나중에 그는 이 나라를, 바빌론 태생이며 그에 따르면 "어린 강아지처럼 나의 궁전에서 자라난" 벨-이브니라는 사람에게 맡긴다. 그러나 3년 뒤 메로다크-발라단이 자신의 은신처에서 나와 소요를 일으킴으로써 아시리아의 두 번째 개입에 구실을 제공해 주었다. 센나케리브는 벨-이브니가 무능한데다 반란자들과 공모했다는 혐의로 폐위시키고 대신에 자기 장남인 아슈르-나딘-슈미를 앉혔다. 메로다크-발라단은 전투를 피해 "자기 나라 신전에 있는 모든 신을 모아 배에 태우고 바다 한가운데에 있는 나기테의 늪지대로 새처럼 달아났다."[7]

6년간의 평화가 지속된 후 기원전 694년에 이르자 센나케리브는 "비트 야킨 사람들이 아슈르의■ 무기 앞에 흩어져 있었던 바다(아랍-페르시아 만) 저편"의 엘람 도시들을 정복하기로 결심했다. 그래서 완고하게 버티는 이 칼데아인들을 단번에 파멸시키기 위해 엄청난 수륙 양면 작전을 준비했다. 시리아의 조선공들이 니네베에서 건조한 배들이 페니키아와 키프로스의 선원들을 가득 태우고 티그리스 강을 따라 우파(오피스)까지 내려갔다. 그곳에서 그 배들은 아라흐투 수로로 옮겨졌고, 그 후에

■ [역주] 또는, 아슈르 신의.

유프라테스 강으로 옮겨졌다. 이 시대에는 티그리스 강이 방대한 습지로 흘러들어가 버렸기 때문에 이 강의 하류는 항해에 적합하지 않았던 것이다. 군사들은 마른 땅 위로 따라가 하구 근처의 바브-살리메티에서 배들과 만났다.[8] 그들은 배에 올라 만의 정점을 건너 엘람의 몇몇 도시들을 약탈하고 노획물을 갖고 돌아왔다. 메로다크-발라단에 대해서는 아무 말이 없다. 그는 망명했다가 죽었음이 틀림없다. 그러나 엘람인들은 즉각적으로 반응했다. 그들의 왕 할루슈(할루투시-인슈시나크)는 바빌로니아를 침략해서 시파르를 점령했다. 그러자 바빌로니아인들은 아슈르-나딘-슈미를 사로잡아 그에게 넘겨주었다. 그는 엘람으로 끌려갔다가 사라졌는데 아마 살해된 것 같다. 엘람 왕은 바빌로니아의 왕위에 자기 부하 중 한 명을 임명했는데 그는 머지않아 아시리아인에게 쫓겨났다. 그 빈자리를 지역 주민들이 선택한 칼데아의 군주 무셰지브-마르두크가 차지했다. 그리고 다시 바빌론 주민 전체의 대대적인 봉기가 있었다. 그들은 마르두크 신전의 보물을 주고 엘람 왕 "움만-메나누"(훔반-니메나)의 도움을 요청했다. 아시리아인들에게 충격을 안겨 준 사건이 기원전 691년에 티그리스 강변의 할룰레에서 일어났다. 센나케리브의 연대기는 이에 대해 큰 승리로 묘사하지만 실제로 이것은 패배였다.[9] 센나케리브는 이 패배 때문에, 그리고 더욱이 자기 아들의 실종 탓에 극도로 화가 났으며 끊임없는 반란 때문에 견딜 수 없게 되었다. 이리하여 센나케리브는 끝장을 내기로, 즉 바빌로니아에 보복하기로 결정한다. 기원전 689년에 그는 상상할 수 없는 일을 감행한다. 명성과 거룩함의 도시요 제국 제2의 거대 도시며 문명의 근원인 도시를 파괴한 것이다. 그의 선임자들은 종종 이 도시를 미워하긴 했어도 대체로 무한한 인내와 존경심을 갖고 대했었다.

"나는 마치 폭풍이 휘몰아치듯 공격했다. 광풍처럼 몰아쳤다. …
노소老少를 가리지 않고 그 주민들의 시체로 도시의 거리를 가득
메웠다. … 그 도시 자체와 그 집들을 초석부터 지붕까지 유린하고
파괴하고 불로 무너뜨렸다. … 후세에 사람들이 그 도시의 신전 터
까지도 잊어버리게 하려고 그곳을 물로 휩쓸어 버리고 목장으로 만
들어 버렸다. 나의 주 아슈르의 마음을 진정시키려고, 그리고 백성들
이 그분의 높은 권능 앞에 복종하며 절하게 하려고 바빌론의 먼지를
아주 멀리 떨어진 백성들에게 선물로 가져갔으며, 그 일부를 뚜껑
덮은 항아리 안에 넣어 (아수르에 있는) 이 신년新年 신전 안에 보관
했다."[10]

이 과격한 군사 작전으로 "바빌론의 암"을 뿌리 뽑은 센나케리브는
서쪽으로 방향을 돌려 이집트를 정복함으로써 팔레스타인 문제를 끝내
기로 결심한다. 낙타를 얻을 목적과 더불어 바빌로니아인들을 도왔던
아랍인 족장 하자엘Haza'el을 벌할 목적으로 감행했던 아랍 원정은 아마
바로 이 시기에 있었을 것이다.[11] 지중해 해안에 다시 돌아온 센나케리브
는 수에즈 지협地峽을 향해 진군했다. 펠루시움[12]까지 갔을 때, 그의 진
영이 파괴되었다. 구약성서에 따르면, 이것은 "이 밤에 나와서 아시리아
인들의 진영에서 18만 5천 명을 쳤던 주님의 천사" 때문이고, 헤로도토
스에 따르면 "밤에 그들 가운데 퍼져나가면서 화살통, 활 및 방패의 가
죽 띠까지 갉아먹은 수많은 쥐 떼" 때문이며, 좀 더 세속적인 유대인
역사가 요세푸스에 따르면 "흑사병(전염병)" 때문이다.[13] 예상대로 아시
리아 연대기는 이 슬픈 일화에 관해 침묵하고 있으며 많은 아시리아학
학자는 이 사건의 존재 자체를 반박하며 부정한다.

그러나 수메르와 아카드의 위대한 신들은 바빌론의 파괴를 묵과할 수
없었다. 기원전 681년 테베투 월(1월) 20일에 니네베에 있는 나부 신전

에서 기도하던 센나케리브는 자신에게 합당한 죽음을 맞이한다. 자기 아들의 단도에 찔려 죽은 것이다. 어느 전승에 의하면 성소를 지키는 날개 달린 황소 중 한 마리에 밟혀 죽었다고 한다.[14]

센나케리브는 때로 가혹한 판단을 받는다. 사람들은 그를 편협하고 난폭하며 무기력한 기분파로 규정했다.[15] 또한 실제로 그의 원정 중 상당수는 그의 부관이 수행했다. 그러나 그의 장점은 인정해야 한다. 바빌론을 파괴한 이 왕은 아시리아에서는 위대한 건축가인 동시에 탐미주의자였으며 문예와 자연의 친구였다. 특히 아주 오래된 도시 니네베(니누아)를 제국의 격에 어울리는 수도로 개조한 일은 그의 업적으로 평가되어야 한다. 이 도시의 둘레는 몇 년 만에 3킬로미터에서 12킬로미터로 네 배나 증가했다. 거대한 석회석 덩어리로 이루어진 성벽은 "산처럼 높았고" 열다섯 개의 성문이 있었는데 각 문에는 신의 이름이 적혀 있었다. 성벽은 테빌투(코스르)라는 작은 하천을 중심으로 나뉘어 있는 두 지역을 감싸고 있었다. 이 두 지역은 오늘날 모술 맞은 편 티그리스 강 좌안에 있는 두 쌍둥이 텔 쿠윤지크와 네비 유누스다.[16] 쿠윤지크에 낡은 왕궁이 서 있었다. 이 왕궁은 아마 샴시-아다드 1세가 세웠던 것 같은데, 유지 보수가 이루어지지 않고 테빌투 강이 범람하여 그 기반이 무너져 있는 상태였다. 하천의 흐름을 돌리고 그 건물을 허문 다음 고대의 토대를 기반으로 쌓은 큰 축대 위에 센나케리브의 웅장한 거주지, "비교할 상대가 없는 궁전"이 건설되었다.

"나는 그토록 머나먼 산에서 힘들여 가져온 아마누스 산産 삼나무 대들보를 지붕에 가로질러 놓았다. 문을 여닫을 때 좋은 향기가 나는 삼나무로 만든 큰 문짝을 화려한 가죽끈으로 묶어서 문에다 고정했다. 내부에는 왕으로서 나의 즐거움을 누리기 위해 아무루어■로 비트 힐라니 *bît hilâni* 라 불리는 히타이트 궁전의 양식을 따라 현관을 설치했다."[17]

거푸집을 사용해 "반 세겔 동전들처럼" 주조된 거대한 구리 기둥들이 청동 사자상들 위에 얹혀서 궁전의 현관문들을 장식했다. 은, 구리, 혹은 돌로 수호신이 만들어져 "사방으로" 설치되었다. 전투 장면이 조각된 커다란 석회석 판들을 문을 통과해 갖고 들어와 벽을 따라 세워 놓았다. 마지막으로, 궁전 옆에 "큰 공원이" 펼쳐져 있었고 그 공원에는 "마치 아마누스 산지처럼 온갖 식물과 유실수가 심겨 있었다." 도시 내부에 있는 광장들은 확장되었고 거리와 가로수 길은 포장되어 "대낮(의 빛)처럼 빛나고" 있었다. 약 50킬로미터 떨어진 야산에서 물을 확보하여 긴 수로로 니네베까지 끌어옴으로써 주변의 벌판을 거대한 과수원으로 만들었다. 그 수로는 웅장한 송수관을 거쳐 작은 골짜기를 통과했는데 그 송수관의 흔적이 지금도 제르완 마을 근처에서 발견된다.[18]

자신과 자신의 업적에 대한 자부심이 대단했던 센나케리브는 자신이 열정적으로 혼신의 노력을 기울였던 이 아슈르의 나라의 고지대에다 흔적을 남기길 좋아했다. 제르완 근처의 바비안, 도후크에서 멀지 않은 말타이, 그리고 터키-이라크 국경에 있는 주디 다그에는 "강력한 왕, 먼 나라 백성들의 군주"의 거대한 초상이 새겨져 있다.[19] 그는 선 채로 자기 민족 신에게 경의를 표하고 있는데, 자신이 그토록 심하게 모욕했던 바빌론의 신에 대해서는 전혀 신경을 쓰지 않는 것처럼 보인다.

■ [역주] 가나안어나 히브리어 등의 서셈어를 가리킨다.

에사르하돈

센나케리브 살해 사건은 아시리아를 뒤흔들었던 왕위 계승의 위기 가운데 정점을 이룬다.[20] 세상을 떠난 왕에게는 적어도 네 명의 아들이 있었다. 장남이 엘람에서 실종되었기 때문에 왕위를 계승할 사람은 정상적으로는 차남인 아라드-닌릴이어야 했다.[21] 그러나 센나케리브는 막내아들을 선택했다. 에사르하돈은 센나케리브에게 강한 영향력을 행사했던 두 번째 부인 자쿠트(나키아)에게서 태어났다. 질투심에 사로잡힌 아라드-닌릴과 에사르하돈의 형(혹은 형들)은 흥분하며 음모를 꾸몄다. 그러자 왕은 막내 왕자를 멀리 "은신처에" 떨어뜨려 놓으면서까지 자신의 결정을 그대로 유지했다. 이 때문에 센나케리브는 살해당했다. 그러나 왕을 살해한 이 형들은 왕이 죽자마자 서로 왕위를 놓고 다투며 "자기들끼리 새끼 염소처럼 서로 싸우다가" 대중의 지지를 잃어버렸다. 에사르하돈■은 자신의 권리를 주장하기 위해 급히 니네베로 돌아갔다. 그의 길을 막을 것으로 예상됐던 군부가 그의 편이 되었고 "아시리아의 백성들이 와서 그의 발에 입을 맞추었다." 그는 "자신의 군사들로 하여금 마치 도랑을 뛰어넘듯 티그리스 강을 뛰어넘게" 한 후 수도에 입성했고 기원전 681년 3월에 "기뻐하며 자기 아버지의 왕좌에 앉았다." 그의 형들은 우라르투로 달아났으나 이들을 도왔던 관리들과 그 자손들은 사형당했다.

새로운 군주의 첫 행보는 센나케리브가 바빌론을 파괴함으로써 저지른 죄를 속죄하는 것이었다. 그는 바빌론을 재건하기로 결심했다.[22] 화가 난 신들은 그 도시가 60년 동안 폐허로 남아 있어야 한다는 명을 내렸지

■ 아슈르-아하-이딘[Ashur-aha-iddin] "아슈르 신께서 형제를 주셨다."

만 사제들은 이 장애물을 비켜갈 방법을 발견했다. "자비로우신 마르두크께서 운명의 석판을 뒤집으셔서 이 도시가 제11년에 회복될 것을 명하셨다." 실제로 쐐기문자 철자법에서 70이란 숫자의 순서를 뒤바꾸면 11이 된다. 마치 우리 숫자 9를 뒤집으면 6이 되는 것과 같은 이치다. 바빌론의 모든 백성이 "광주리를 나르기 위해" 동원되었다. 바빌론은 재건되었을 뿐만 아니라 "확장되고 하늘까지 높아졌으며 웅장하게 되었다."[23] 이 도시는 센나케리브의 주장처럼 철저하게 파괴되지는 않았더라도 많은 손상을 입었던 것 같다. 왜냐하면, 바빌론을 건설하는 데에 왕의 재위기간 전체가 소모되었고, 왕이 죽고 나서 1년이 지난 기원전 668년에 이르러서야 아수르에 포로로 잡혀 있던 마르두크 신상이 자기 신전으로 돌아갈 수 있었기 때문이다. 에사르하돈은 이러한 경건한 행위 및 정의와 지혜로 바빌론 백성 대부분의 마음을 사로잡았다. 메로다크-발라단의 아들이 우르를 빼앗으려다 실패한 일과 다쿠루 아람인들이 두 차례 봉기를 일으켰다가 즉시 제압된 일을 제외하면 남부의 속주들은 잠잠했다. 그뿐 아니라 기원전 675년에 자기네 나라를 침공한 엘람 왕 훔반-할타시를 물리친 것은 다름 아닌 바빌로니아인들이었다.[24]

에사르하돈은 제국의 또 다른 골칫거리였던 페니키아에 대해 강경책을 썼다. 기원전 676년에는 반란을 일으켰던 시돈의 왕 아브디-밀쿠티를 사로잡아 참수형에 처했다. 그 도시는 "갈기갈기 찢어져 바다에 던져졌고" 주민들은 아시리아로 이주시켰으며 영토는 속주가 되었고 카르-에사르하돈이라는 이름이 붙은 새로운 도시가 이 속주의 중심지가 되었다. 몇 년 후 그는 티레의 왕 바알에게 강제로 조약[25]을 맺게 함으로써 그를 완전히 제압했다. 그 이후로 아시리아는 페니키아와의 무역을 독점하였다. 이런 단호한 조치들은 적어도 잠정적으로 지중해 연안에 평화를 보장해 주었고, 그 덕분에 에사르하돈은 북부와 동부에서 대두하기 시작한 문제들에 집중할 수 있었다.

기마 유목민들로서 드니에프르 강과 볼가 강 사이에 있는 흑해의 북쪽 평원에서 유랑하는 스키타이인(아시리아어로 이슈쿠자이)의 무리[26]가 기원전 7세기 초에 캅카스를 넘어, 이미 소아시아와 이란에 정착해 있던 킴메르인과 합류했다. 호전적인 스키타이 부족들이 들어오면서 킴메르인의 약탈 행위가 급증했다. 킴메르인의 지도자는 테우슈파라는 인물이었다. 기원전 679년 킴메르인과 스키타이인은 타우루스 남부의 산허리를 공격함으로써 타발에 주둔한 아시리아 수비대를 위협하며 아시리아의 신하인 킬리키아 군주들의 반란을 조장했다. 에사르하돈은 전광석화電光石火 와 같은 반격으로 킬리키아인들의 "목덜미를 짓밟고" 테우슈파와 그 무리를 "칼로 쓰러뜨림으로써" 그들을 퇴각하게 했다. 그러자 이들은 프리기아 왕국으로 공격의 방향을 돌려 이 왕국을 3년 후에 쓰러뜨리게 된다. 이들의 파도가 자신의 영토를 피해 가는 것을 보고 기뻐한 아시리아 왕은 킴메르인과 화친을 맺고 자기 딸을 스키타이인 바르타투아(헤로도토스에 나오는 프로토티에스)와 결혼하게 했다. 또한 기원전 673년에는 우라르투의 루사 2세의 맥없는 공격을 무리 없이 물리쳤다.

그러나 동부에서는, 만나인(이제는 킴메르인 및 스키타이인과 섞여 있는)의 정기적인 조공 상납을 확보하려는 아시리아의 거듭된 노력이 실패로 끝났다. 메디아 역시 그에 못지않게 완강했다. 그들은 우르미아 호수의 남부와 동부의 이란 고원 전체를 차지했고, 카슈타리투(카샤트리타, 프라오르테스)가 이들을 집결시키기 시작하면서 왕국의 밑그림을 그렸다. 그 직접적인 결과는 아시리아 군대에 공급되는 말의 수가 엄청나게 줄어든 것이었다.■ 에사르하돈은 그 장기적인 결과가 어떠할지도

■ [역주] 아시리아는 전차에 사용할 큰 말을 이집트와 누비아에서 수입했지만 기병대

막연하게나마 인식하고 있었을 것이다. 그는 이런 상황을 개선하기 위해 자신이 할 수 있는 일을 했다. 메디아에 대항해 몇 차례의 장거리 공격을 감행했으며, 그들의 왕 중 세 명의 보호자가 되었다. 이들은 자기네 속국들의 반란에 대항하기 위해 에사르하돈의 도움을 요청했던 것이다. 에사르하돈은 좀 더 남쪽 자그로스 중부에서 수행한 일련의 원정으로 엘리피(케르만샤 지역)를 얻었고, 티그리스 강 좌안의 아람 부족 감불루와 동맹을 맺음으로써 엘람과 메소포타미아 사이에 완충 국가들을 만들려고 생각하고 있었다. 한편 이 시대의 엘람은 두려움의 대상이 아니었다. 기원전 674년 우르타키가 갑자기 죽은 자신의 형 훔반-할타시를 계승하여 왕이 되었다. 그는 아시리아에 대해 우호적인 태도를 보여 주었다. 심지어 자기 선임자들이 빼앗았던 신상들을 돌려주고 니네베에 상주常住 대사를 임명하기까지 했다.[27]

에사르하돈은 군사력을 외교와 결합하며 제국에 어느 정도 안정성을 부여하는 정책을 시행하면서도 자신의 원대한 계획을 시야에서 놓치지 않았다. 그 계획은 바로 이집트 정복이었다.[28] 주변 환경은 그 어느 때보다도 호의적인 것 같았다. 이집트는 당시 여러 개의 왕국으로 분열되어 있었는데 그중 가장 중요한 왕국은 나일 강 삼각주에 있는 사이스 왕국이었다. 이곳에서는 리비아 출신 파라오의 후손인 네코(니쿠)가 다스리고 있었다. 그러나 이 모든 왕은 기원전 715년부터, 쿠시(현재의 수단인 상부 누비아) 지방 출신으로 테베에 거주하고 있는 25왕조의 통치자들에게 복종하고 있었다. 에사르하돈의 치세에 25왕조의 파라오는 기원전 689년부터 다스린 타하르카라 불리는 인물이었다. 그런데 아시리아 왕은 이집트인이 쿠시인을 싫어한다는 사실을 알고 있었다. 그는 자신의

에 사용할 작은 말은 북쪽과 북동쪽, 특히 우라르투에서 수입했다.

원정을 단순한 행군으로 만들어 스스로 해방자로 자처하기만 해도 충분히 이집트인을 자기편으로 끌어올 수 있을 것으로 생각했던 것이 분명하다. 그러나 이것은 심각한 오산이었다. 기원전 679년이 되자 에사르하돈은 국경 도시 아르자를 다시 정복함으로써 "정세를 탐색했다." 이 도시는 "이집트 시내"(네게브에 있는 와디 엘-아리시)를 끼고 있었으며 센나케리브가 정복했다가 잃어버렸던 도시다. 타하르카는 움직이지 않았다. 그러나 6년 후 에사르하돈은 반란을 일으킨 아스칼론을 돕기 위해 온 타하르카의 군대와 충돌했다가 패전을 맛보았다. 그러는 동안에 그는 사해 주위에 사는 아랍인의 환심을 사기 위해 애썼다. 왜냐하면 아랍인의 협조 혹은 최소한 그들의 중립성이 보장되지 않는다면 에사르하돈이 이집트를 공격할 때 아랍인이 통과를 방해하거나 보급로를 차단하는 일이 벌어질 수도 있기 때문이었다. 그래서 그는 센나케리브가 예전에 빼앗았던 하자엘의 아내와 신들을 돌려주었고, 조공을 조건으로 그의 아들 우아테(야타)를 경쟁자에게서 지켜 주었다. 그러나 자부심이 강한 아랍 유목민들이 조공을 바치는 것을 좋아할 리가 없었다. 이리하여 나중에 에사르하돈은 다른 사람이 아닌 우아테의 반란을 진압해야 했다.[29]

기원전 671년 에사르하돈은 대규모 군대를 동원하여 마침내 이집트 공격을 감행했다. 라피후(가자 남쪽의 텔 리파)를 통과하여 바다를 끼고 내려간 아시리아인은 처음으로 시나이 사막을 건넜다. 흥미진진하면서도 무시무시한 모험이었던 이 공격에 관한 이야기는 동화와 비슷하다. 그들은 "물리면 즉사하는 머리 둘 달린 뱀"과 "활개 치는 푸른 동물들"을 보았다고 한다. 그 후 그들은 나일 강 삼각주로 침투했다. 타하르카의 군대는 끈질기게 저항했고 정복이 점진적으로 이루어지면서 큰 손실을 초래했음이 틀림없다.

"나는 이슈프리 성에서 출발해 그가 사는 멤피(멤피스)까지 (걸어서) 15일 걸리는 거리를 행진하면서 매일 예외 없이, 신들…의 저주를 받은 이집트와 쿠시의 왕 타르쿠(타하르카)에 맞서 아주 치열한 전투를 벌였다. 나는 그가 사는 멤피스를 포위하여 대호對壕, 갈라진 틈, 공격용 사다리를 이용하여 한나절 만에 점령했다. 그의 왕비, 그의 궁녀들, 그의 "추정 상속인" 우르샤나후루, 그의 다른 아이들, 그의 소유, 그의 수많은 말, 크고 작은 동물들을 노획해 아시리아로 끌어왔다. 모든 쿠시인들은 이집트 바깥으로 이주시켜서 나에게 경의를 표할 사람조차 전혀 남겨두지 않았다. 이집트 전역에 새로운 사람들을 왕, 총독, 관료, 항만 관리인, 공무원, 행정가로 임명했다. 또한 아슈르를 비롯한 다른 위대한 신들에게 바칠 제물을 계속해서 정기적으로 상납하도록 제도화했다. 그들의 통치자인 나에게 매년 끊임없이 바쳐야 할 조공을 그들(이집트인들)에게 부과했다."[30]

그러나 타하르카는 자신의 패배를 인정하지 않았다. 그는 2년 후 피신해 있던 상부 이집트■에서 돌아와 멤피스를 다시 점령하고, 나일 강 삼각주 지역에 있던 아시리아인에 대항하는 반란을 선동했다. 에사르하돈은 다시 한 번 나일 강 유역을 향해 원정을 떠나지만 하란에 이르러 중병에 걸려 죽었다(기원전 669년).

그보다 3년 전인 기원전 672년 5월, 그는 "아시리아 백성"과 외국 대사들 및 제국 모든 지역의 대표자들을 모아 자기 아들 아슈르바니팔을 엄숙하게 태자로 선포하고 다른 아들 샤마시-슈마-우킨을 바빌론의 왕으로 선포했다. 동시에 속국의 군주들이 충성 조약adê에 서명하게 했는데, 그중 메디아의 군주들과 관련된 조약이 님루드에서 발견되었다.[31]

■ [역주] 상부 이집트는 나일 강 하류 삼각주 지역을 제외한 나일 계곡의 상류 지방, 즉 이집트 남부 지방을 가리키는 용어다.

정확히 알 수 없는 어느 날 (아마 그가 죽은 후 즉각적으로) 왕태후 자쿠트는 자신의 권력을 이용하여 샤마시-슈마-우킨과 다른 형제들, "혈통상의 왕자들, 총독이나 사령관 등의 주요 인사들, 치안 관리들, 나라의 모든 책임자와 남녀 아시리아인들"로 하여금 자기 손자 아슈르바니팔에게 충성의 맹세를 하도록 강요하였다.[32] 병약하여 점술가들과 의사들을 주위에 두고 살았지만, 신중하고 용맹스러웠던 군주 에사르하돈은 집권 초기의 어려움을 늘 기억하며 살았다. 그래서 자신이 죽은 후에 어떤 계승의 위기도 일어나지 않도록 하려고 노력했던 것이다.

아슈르바니팔

사실상 왕위 계승은 충돌 없이 마무리되었다. 아슈르바니팔■은 아버지의 죽음 이후 한 달 만에 니네베에서 왕위에 올랐고 샤마시-슈마-우킨■은 이듬해부터 바빌론의 왕위에 올랐다. 겉보기와 달리 제국은 절대 나뉘지 않았다. 바빌론을 같은 혈통의 왕자에게 맡김으로써 에사르하돈은 아마 이 왕자의 권리 주장을 차단하고, 자신의 적법한 후계자의 많은 근심을 덜어 주며, 자치 비슷한 것을 보장함으로써 바빌로니아인을 진정시키고 싶었던 것 같다. 그러나 에사르하돈은 아슈르바니팔이 그의 형제보다 우위에 있을 것이고 아시리아 영토 전체를 다스릴 것이며 대외 관계와 국가적 이해가 달린 군사 작전에 책임을 질 것이라는 점을 그의 모든 백성에게 분명히 밝혔다. 채택된 체제는 불안하게 보이긴 했지만,

---

■ 아슈르-반-아플리(Ashur-ban-apli): "아슈르 신이 아들의 창조자시다."
■ 샤마시-슈마-우킨(Shamsh-shuma-ukîn): "샤마시 신이 적법한 이름(자손)을 세우셨다."

새로운 체제였으므로 시도해 볼 만한 것이었다. 이 체제는 거의 16년 동안 완벽하게 기능했다.[33]

아슈르바니팔은 아시리아의 왕관과 더불어 아버지의 갑작스러운 죽음 때문에 미완의 과업으로 남겨진 무거운 임무를 상속했다. 그 임무는 바로 이집트를 다시 손에 넣는 것이었다.[34] 먼저 자신의 나라에서 권력을 확립하기 위해 니네베에 머물러 있던 아슈르바니팔은 투르타누가 이끄는 전투 부대를 이 먼 나라로 파병했다. 부대는 멤피스 남쪽 평원에서 타하르카 및 그의 군대와 대면했다. 아시리아인들이 승리하면서 멤피스를 다시 점령했으나 타하르카는 에사르하돈을 피해 달아났던 것처럼 그들을 피해 달아났다. 아슈르바니팔은 상부 이집트를 침략하지 않고는 전쟁을 끝낼 수 없으며, 그렇게 되면 전쟁이 힘든 장기전이 될 것이라는 점을 깨달았다. 그래서 그는 명을 내려 아시리아인을 주축으로 페니키아인, 시리아인, 키프로스인, 그리고 나일 강 삼각주에 있던 왕국들에서 차출한 이집트인 군사들로 보강된 대규모 군대를 현장에서 조직하게 했다. 이 군대는 멤피스를 떠나 테베를 향해 진군했지만 하부 이집트의 군주들이 폭동을 일으키려 한다는 소식을 접하고 도중에 멈춰야 했다.

"모든 왕이 반란에 관해 이야기하면서 불경스러운 결정을 하게 되었다. '타하르카가 이집트에서 쫓겨났는데 우리가 어떻게 그냥 있을 수 있단 말인가?' 그래서 그들은 충성을 맹세하기 위해 사신들을 말에 태워 쿠시의 왕 타하르카에게 보냈다. '우리 서로 평화롭게 지내고 서로 협약을 맺도록 합시다. 이 나라를 우리끼리 나눠 갖고 어떤 외국인도 우리 사이에서 다스리지 못하게 하자는 것입니다.'"[35]

그중 한 명이 배신하는 바람에 음모 가담자들은 체포되었다. 몇몇은 처형당했고 몇몇은 (특히 사이스의 왕 네코는) 니네베로 이송되었다. 아시리아군은 들끓고 있는 하부 이집트를 등지고 테베로 진군할 수 없었다. 게다가 그들은 조국에서 거의 2000킬로미터나 떨어져 잘 알지도 못하는 적대적인 나라 한가운데에 있었던 것이다. 이 나라의 언어도, 관습도, 종교도 그들에게는 완벽히 낯설었고, 행정 인력과 충분한 병력 없이는 이 나라를 직접 통치할 수 없었다. 유일한 결론은 나일 강 삼각주 지역의 왕들을 용서하고 구슬려서 기어코 자기편으로 만들고 난 후 쿠시인에 대한 미움이 나머지 역할을 하리라 기대하는 것이었다. 그래서 아슈르바니팔은 포로들을 해방하고 네코에게 기대를 걸었다. 네코의 조상은 예전에 이집트 전체를 통치했던 사람들이다. "그는 그에게 빛나는 의복을 입히고" 풍성한 선물을 주어 사이스로 보냈다. 그의 선택은 더할 나위 없이 훌륭한 것이었다.

2년이 흘렀고 그동안 타하르카는 유랑 생활 중에 죽었다. 기원전 664년에 그의 아들 타누타몬(아시리아인들은 탄다마네라 불렀다)은 테베에 들어가서 대대적인 환영을 받았다. 그 후 그는 나일 강을 따라 배를 타고 내려가 멤피스 앞에 나타났다. 여기서 그는 대부분 이집트인으로 이루어진 소규모 군대를 상대로 교전을 벌여 승리를 거두었다. 네코는 이 전쟁에서 목숨을 잃었다. 다른 지도자들은 나일 강 삼각주 지역의 습지로 피신했다. 이 쿠시인은 이 지역을 진압하려고 시도하다가 실패하고 퇴각했다. 바로 이때 멤피스 남쪽 어딘가에 주둔해 있던 대규모 아시리아 군대가 테베로 진군하라는 명령을 받게 된다. 그들은 방어가 허술한 이 도시로 침투해 "홍수처럼" 약탈과 파괴를 일삼다가 "셀 수 없이 많은 무거운 노획물"을 가져갔는데 이 중에는 하나의 무게가 거의 38톤이나 되는 두 개의 큰 호박琥珀 기둥(혹은 첨탑)이 있었다. 남부의 이 거대한 대도시는 이 재난에서 다시는 회복되지 못했다. 아시리아는 이때부터 두 이집트■의 주인이 되었는데, 네코의 아들이며 얼마간은 그의 아버지처럼 충성스러웠던 프삼티크 1세가 주요한 신하 겸 동맹이었다.

비록 아슈르바니팔의 명문들이 흔히 1인칭으로 기록되어 있긴 하지만, 왕 자신이 작전을 지휘하기 위해 몸소 이집트로 갔으리라 보기는 어렵다. 반면 그가 두 차례의 페니키아 원정에 직접 관여한 것은 확실한 것 같다. 첫 번째 원정은 기원전 677년에 아라드의 왕 야킨루를 "그의 명에 아래에" 두기 위한 원정이었다. 야킨루는 외국 선박으로 하여금 아시리아 항구 대신 자신의 개인 항구에 상품을 하역하도록 강요했었다. 다음 원정은 기원전 662년에 반란을 일으킨 티레 왕 바알을 진압하려는 것이었다. 당시 아라드처럼 섬 위에 건설되었지만 해안에서 훨씬 가까웠던 티레는 난공불락의 요새로 명성을 떨치고 있었다. 티레는 포위되었고 굶주려서 항복할 수밖에 없었다. 이 두 도시에서 아슈르바니팔은 반란자들을 전에 없이 너그럽게 대우하였다. 아마 자신의 주력 부대가 나일 강 유역에 있어서 페니키아의 신하들을 잃어버리면 안 되는 상황이었기 때문인 것 같다. 그는 그들의 경의 표현, 그들의 선물, 그리고 규방에 들어오게 될 그들의 딸들로 만족했다. 언제나 군사가 부족했던 그는 "나의 선왕들이 이름도 들어 본 적이 없을 정도로 먼 곳에 사는" 서부 아나톨리아의 리디아 왕 기게스(구구)의 요청에는 귀를 막고 있었다. 기게스는 킴메르인과 교전 중이었다. 기게스는 혼자 힘으로 저항했고 두 명의 전쟁 포로를 니네베로 보냄으로써 자신의 가치를 증명하려고 노력했다.[36]

이집트와 페니키아에서 아시리아가 성공을 거둠으로써 아시리아 왕은 서부에서 몇 년 동안 휴식을 누릴 수 있었지만, 동부에서는 그렇지

■ [역주] 상부 이집트와 하부 이집트를 일컫는 표현으로 이집트 전체를 가리킨다.

못했다. 그의 치세에 관한 연대는 매우 불확실하다. 이 문제에 관해 연구하는 학자들은 서로 상당히 다른 연대에 이르렀다.[37] 에사르하돈과 맺은 조약을 깨뜨리고 "구름 같은 메뚜기 떼처럼 아카드를 침략한" 엘람 왕 우르타키에 맞서 싸운 전투, 그리고 만나와 메디아에 대항하여 자그로스에서 수행한 원정들은 모두 아마도 기원전 665년부터 655년 사이에 있었던 것 같다. 반면 킴메르인이 타발 왕과 동맹을 맺고 남쪽으로 공격해왔다가 아시리아인에게 격퇴당한 일은 리디아가 그들에게 패하고 기게스가 전사한 후 기원전 650년과 640년 사이에 일어난 것 같다.

기원전 7세기 중반경에 이르자 지금까지 늘 아슈르바니팔의 곁에서 함께 했던 신들이 갑자기 그를 떠난 것처럼 보였다. 기원전 653년에 나일 강 삼각주 지역에서 프삼티크가 반역의 군기를 높이 든 것이다. 그는 이오니아, 카리아, 리디아에서 온 용병들의 도움으로 아시리아인들을 내쫓고 그들을 팔레스타인의 아슈도드까지 추격했던 것 같다. 우리는 이러한 정보를 헤로도토스에게서 얻을 수 있다. 당연한 일이지만, 쐐기문자 문서는 이 점에 관해 지극히 말을 아끼고 있기 때문이다. 단지 "라삼 실린더"의 한 구절에서만 기게스가 "나의 주권의 멍에를 거부했던 이집트 왕 투샤밀키(프삼티크)를 돕기 위해 병력을 파견했다"고 말하고 있다. 아슈르바니팔은 다른 때 같았으면 아마 프삼티크에 맞서 군대를 파견했을 것이고 이집트를 그리 쉽사리 포기하지 않았을 것이다. 그러나 당시 그는 엘람에 맞서 치열한 전투를 벌이고 있었으므로, 두 강 유역■을 구하기 위해 나일 강 유역을 포기할 수밖에 없었다. 엘람의 왕은 지배 왕조와 경쟁 관계에 있는 가문 출신의 테프트-훔반(아시리아 문서에서

■ [역주] 메소포타미아를 지칭하는 표현으로 "두 강"은 티그리스 강과 유프라테스 강을 가리킨다.

는 테움만으로 나온다)이었다. 이 일이 있기 10여 년 전에 테움만이 왕위를 찬탈했을 때 우르타키 가문의 모든 왕자는 아시리아로 망명해야 했다. 테움만이 그들의 소환을 요구하고 아슈르바니팔이 이를 거절하자 전쟁이 발발했다. 감불루인은 에사르하돈에게 했던 맹세를 어기고 엘람인의 공격을 도왔다. 자기네 나라로 쫓겨 들어간 감불루인은 카르케 강 유역에 있는 툴리즈에서 격퇴당했다. 테움만은 전투 중에 죽었다. 사람들은 그의 머리를 잘라 니네베로 가져가서 왕궁 정원에 있는 나무에다 매달았다. 유명한 저부조에서 이 장면을 볼 수 있다.[38] 감불루인은 징벌을 받았고 엘람은 우르타키의 아들과 다른 왕이 나눠 가졌다. 아시리아는 이집트에서처럼 여기서도 정복한 나라를 자기들의 통제 아래 두려하지 않았고 그렇게 할 능력도 없었다. 이러한 중도적 조치 때문에 결국 그들은 불간섭 아니면 처절한 전투 중 하나를 선택해야만 했다.

엘람과의 전투가 끝나기 무섭게 바빌론에서 반란이 일어났다. 16년 동안 샤마시-슈마-우킨은 자기 형제에 대해 충성스럽게 행동했다. 그러나 점차 바빌론 민족주의의 바이러스가 그에게까지 침투했고 그는 모든 것을 고려해 볼 때 바빌론이 니네베와 마찬가지로 세계를 지배할 권리를 갖고 있다고 생각하기에 이르렀다. 기원전 652년 그는 시파르, 바빌론, 바르시파의 항구에 아시리아인이 들어오지 못하게 막고 페니키아인, 필리스티아인, 유다인, 시리아 사막의 아랍인, 바닷가 습지의 칼데아인, 엘람인을 포함하는 거대한 동맹을 조직하기 시작했다. 만약 이 모든 적이 함께 공격했다면 아시리아는 몰락했을 것이다. 다행히도 그 공모는 적시에 발각되었다. 강렬한 어조로 표현된 선언서에서 아슈르바니팔은 바빌로니아인들에게 다음과 같이 경고한다.

이 거짓된 형제의 공허한 말에 대해 말하자면, 나는 그가 하는

말을 모두 들었다. 그것은 허풍일 뿐이다. 그를 믿지 마라. 일순간이
라도 그의 거짓말에 귀 기울이지 마라. 나와 온 세상이 보기에 너희
의 명성에 오점이 없으니 너희의 명성을 더럽히지 마라. 또한 신들에
게 죄를 짓지 마라.[39]

그러나 바빌로니아인들은 그의 말을 들으려 하지 않았고 아시리아 왕
은 자기 형제를 향해 진군해야 했다. 3년 동안 맹렬한 전투가 벌어졌고,
양측이 번갈아가며 승리와 좌절을 맛보는 동안 이 불운한 나라에 흉년이
강타했다. 마침내 샤마시-슈마-우킨은 자신의 수도에서 포위당하고 모
든 희망을 잃어버렸다. 전설에 따르면 그는 자기 궁전에 불을 놓고 불길
속에서 죽어갔다고 한다(기원전 648년).[40] 이후 수메르와 아카드는 안정
을 되찾았다. 그 전 해에 아슈르바니팔은 칸달라누라는 잘 알려지지 않
은 사람을 바빌론의 왕위에 올려놓았다.[41]

이제 샤마시-슈마-우킨의 동맹자들을 벌할 일이 남아 있었다. 아슈르
바니팔은 기원전 650년부터 아랍인들을 공격하여[42], 거듭 돌발 상황이
발생하는 끝없는 전쟁으로 말려들어 갔다. 적들은 용감하게 싸우다가
"타는 듯한 갈증이 있고 하늘에 새도 날지 않는" 무시무시한 사막으로
사라져서 쉽사리 잡히지 않았다. 그러나 여기서도 아시리아 군대는 다시
기적을 이루어냈다. 우아테와 그의 동맹자들인 나바트인(이미 사해 남
쪽에 정착해 있었다)을 정복한 것이다. 우아테는 사로잡혀 목에 줄이 묶
인 채 니네베의 성문 빗장을 지키게 되었다. 큰 부족이었던 케다르의
부족장 아비-야테는 자기 군사들과 더불어 포위당했다. 그들은 우물에
접근할 수 없게 되자 "갈증을 달래고자 자기들의 낙타를 쪼개서 역겨운
피와 물을 마셔야" 했다. 이 원정에서 탈취한 사람과 동물이 얼마나 많
았던지 아슈르바니팔은 다음과 같이 말한다.

"우리나라에서는 시장에서 한 세겔도 안 되는 가격에 낙타를 샀다. 술집 주인은 낙타나 노예를 선물로 받았으며 작은 항아리(의 맥주)를 주고 맥주 제조공을 샀고 신선한 대추야자 한 광주리를 주고 정원사를 샀다."[43]

그동안에 엘람과의 전쟁이 재발했다. 아슈르바니팔의 부하였던 수사의 왕 역시 바빌론의 반란에 도움을 주었기 때문이다. 엘람 전쟁에 관련된 이 장면의 파란만장한 이야기, 그리고 수사의 왕위에 세 명의 왕(마지막 왕은 훔반-할타시 3세다)이 연속적으로 즉위한 혁명에 관한 내용은 여기서 다루기에는 너무 복잡하다.[44] 단지 기원전 647년에 아시리아가 마지막 전투에서 승리를 거두었다고만 밝혀 두겠다. 엘람은 초토화되었고 그 수도는 완전히 약탈을 당했다. 사필귀정事必歸正이었다. 아시리아인은 그곳에서 "고대 엘람의 왕들이 일곱 차례 정도의 습격에서 가져갔던 아카드의 은, 금, 재물, 재산과 바빌론의 모든 것들을" 발견했던 것이다. 수사의 지구라트는 파괴되었고, 신전들은 유린당했으며, 그 신들은 잡혀가 "바람에 던져졌다." 패배한 엘람인은 무덤 너머까지 추격을 당하였고 그들의 나라는 상징적으로 지도에서 제거되었다.

"나의 여신 이슈타르를 두려워하지 않고 나의 선왕들에게 고통을 주었던 그들의 옛 왕들 및 최근 왕들의 무덤을 황폐하게 하고 파괴한 후 태양에 드러내고 그들의 해골을 아시리아로 가져갔다. 나는 제사 때 바치는 제물과 부어주는 물을 그들의 에템무etemmu, 망령 가 받지 못하게 함으로써 결코 안식을 누리지 못하게 했다. 한번은 한 달 25일이 걸린 원정 중에 엘람 속주를 사막으로 바꾸어 버리고 그 밭에다가 소금과 시흘루sihlu, 독초를 뿌렸다. … 수사, 마다크투, 할테마시를 비롯한 그들의 거룩한 도시들에서 노획물을 모아 아시리아로 가져갔다. 야생 당나귀, 가젤, 그리고 모든 야생 동물은 예외 없이

내 덕에 평화롭게 이 도시들 안에 살았다. 나는 그들의 밭에서 사람의 소리, 크고 작은 동물의 발걸음 소리, 알랄루 새*allalu*, 롤카나리아(?)의 즐거운 울음소리를 빼앗았다."[45]

이리하여 수많은 모욕에 대해 보복이 이루어졌으며 적어도 삼천 년 동안 엘람과 메소포타미아를 대립하게 했던 싸움이 결정적으로 종식되었다.[46]

아슈르바니팔은 이제 자신의 승리를 경축할 수 있었다. 학식을 갖춘 이 위대한 군주는 니네베에 있는 자신의 호화로운 궁전에서 "온 세계"가 자기 발아래 엎드리는 것을 바라보았다. 엘람 왕은 정복당했고 그의 아들은 아랍인의 왕 한 명과 더불어 문자 그대로 그의 마차에 연결되었다. 그를 배신한 형제는 자기 범죄에 합당한 죽음을 맞이했으며 바빌로니아는 평정되었다. 티레와 아라드의 자부심 넘치는 상인들, "목이 뻣뻣한"[47] 유다인, 저항하는 아람인, 그리고 만나인은 짓밟혔고 킴메르인은 먼 곳으로 보내졌다. 처음에는 적대적이었던 킬리키아와 타발의 군주들은 자기 딸들을 왕과 결혼시키려고 내주었다. 기게스는 프삼티크를 도왔다는 이유로 자기 나라가 호전적인 야만인들의 공격으로 불에 타고 피로 물드는 장면을 목격했지만, 이제 그의 아들 아르디스는 마치 호의를 구하듯 아시리아의 멍에를 메게 해 달라고 요청했다. 엘람이 파괴되는 것을 보고 너무나 기쁜 나머지 페르시아의 왕 키루스 1세는 선물을 보냈다. 또한 믿기 어렵지만, 우라르투의 루사 2세도 그렇게 했다. 니네베는 멤피스, 테베, 그리고 수사에서 가져온 전리품으로 넘쳐났고 아슈르의 위대한 이름은 에게 해의 푸른 해안 지방에서 아라비아의 불타는 사막에 이르기까지 두려움과 존경의 대상이 되었다. 아시리아는 전능한 것처럼 보였다. 그러나 이 그림에 그림자가 얼마나 많은가! 위대하고 부유한 이집트는 영원히 사라져 버렸다. 엘람은 정복되었지만 폐허로 남아 있었다. 바빌론은 친아시리아계와 반아시리아계로 찢어졌다. 페니키아인은 노예로 전락했으며 자기네 해양 제국이 차츰차츰 그리스인의 손에 들어가는 것을 지켜봐야 했다. 속국의 군주들도 그다지 믿음직하지 않았다. 군대는 수세기에 걸친 유혈 전쟁으로 지쳐 있었다. 아시리아의 국경은 나일 강에서 사해로, 아라라트 산에서 타우르스 산맥의 첫 지맥支脈들로, 카스피 해에서 자그로스 산맥으로 다시 줄어들었다. 그리고 이 자그로스 산맥 너머에 의심스러운 동맹 스키타이와 무서운 적 메디아가 있었다. 제국은 최근에 거둔 승리의 빛나는 광채 뒤에서 그 어느 때보다 연약해져 있었다. 많은 이들은 분명 히브리 예언자들이 대담하게 선포했던 말을 곰곰이 생각해야 했을 것이다.

> "너를 보는 모든 자가 너에게서 멀리 떨어져
> 말할 것이다.
> 니네베가 파괴되었다! 누가 그를 불쌍히 여기겠는가? …
> 거기, 불이 너를 삼킬 것이고,
> 칼이 너를 멸망시킬 것이며 …
> 너의 상처는 치료할 수 없고,
> 너의 괴로움은 치명적이다.
> 너에 관해 하는 말을 듣는 모든 사람이
> 너에 대해 손바닥을 칠 것이다.
> 너의 악독이 미치지 않은 사람이 누구란 말이냐?"[48]

21 아시리아의 영광

아슈르바니팔이 자신의 승리를 자축할 당시 아시리아의 생명은 30년 밖에 남지 않았다. 우리는 아시리아의 등장을 묘사했던 것과 마찬가지로 그 몰락을 묘사할 것이다. 그러나 먼저 잠시 멈춰서서 사르곤 왕조 시대에 절정에 이르렀던 제국에 대해 곰곰이 생각해 봐야겠다. 여기서 여러 문제가 제기된다. 예를 들어, 오랫동안 비옥한 초승달 지대 전체 및 아나톨리아 일부와 이란 일부를 포함했으며, 한때 카스피 해 연안에서 나일 강 연안까지 이르렀던 이 거대한 정치적 실체의 사회-경제적 구조에 관해 우리가 알고 있는 것은 무엇인가? 이 제국의 대내외 교역 물품과 교역로 및 교역량은 어떠했을까? 아시리아의 지배는 근동 사람들의 물질적, 정신적 삶에 어떤 영향을 미쳤을까? 다시 말해서, 우리가 아시리아 제국이라 부르는 것이 동시대인들의 눈에는 어떻게 보였을까?

이런 (그리고 다른 여러) 질문에 만족할 정도로 정확히 대답하기 위해서는 제국 전체를 한눈에 볼 수 있어야 할 것이다. 그런데 주변 지역에 관해서는 문서 자료가 거의 없다. 타우루스, 자그로스, 유프라테스 너머의 아시리아 행정 중심지 중 상당수는 지도에 표시할 수도 없다. 위치가 알려진 유적 대부분은 발굴이 이루어지지 않았고, (아르파드나 하마처럼) 그나마 발굴이 이루어진 얼마 안 되는 유적에서는 이 시대의 문서가 전혀 나오지 않았다. 시리아, 팔레스타인, 혹은 아나톨리아 속주를 관할하는 총독의 문서가 있다면 큰 도움이 되겠지만[1], 현재 우리의 핵심적인 정보는 아수르, 니네베, 칼후의 문서에서 유래했으며, 이와 아울러 이 수도들을 중심으로 한 아시리아 핵심 지역 도시들과 바빌론에서 발견된 공문서(좀 더 드물게는 개인 문서)에서 나온 것이다. 이 문서들은 상당히 분량이 많고, 종종 아주 흥미롭다. 그러나 이 문서들은 정복한 영토에 관해서는 간결하게 요약만 하고 있으며 아주 중요한 일부 주제들에 대해서는 침묵을 지키고 있다.[2] 요컨대, 우리는 왕, 왕실, 중앙 정부, 군대, 그리고 (형상이 조각된 멋진 기념비들 덕분에) 예술 분야에 관해서만 충분한 정보를 가지고 있을 뿐이다. 따라서 우리는 먼저 이 분야에 관해 관심을 집중하려 한다. 더구나 이 분야는 아시리아의 힘과 영광이 만들어 낸 거의 모든 것을 대표한다. 두 번째 장에서는 니네베에 있는 그 유명한 아슈르바니팔의 도서관을 살펴보려 한다. 이 과정에서 기원전 7세기에 나타나는 메소포타미아의 학문을 오랜 진화의 관점에서 검토해 볼 기회를 갖게 될 것이다. 때로 우리는 이 진화를 거슬러 올라가야 할 것이다. 이 문서들은 그 자체로도 흥미롭지만, 우리가 흔히 제왕 명문들을 읽으며 아시리아인에 대해 상상하게 된 이미지를 수정해 준다는 점에서 가치가 있다. 이런 명문들의 목적은 왕의 영웅적 자질과 아슈르의 주도권을 칭송하고 존경심과 경외심을 불어넣기 위한 것임을 잊지 말자. 사실, 피보다 지식과 문화에 목말라하며 지적이면서 세련되기도 한 사람들을 "늑대의 무리"(바이런)라 생각하는 것은 잘못이다.

아시리아 국가

"위대한 왕, 강력한 왕, 만물의 왕, 아수르 지방의 왕"이란 직함을 가지고 니네베의 왕좌를 차지하고 있는 사람은 정복 국가의 강력한 힘을 구현하면서 모든 권력을 자기 손안에 집중시킨다. 그는 곧 아시리아 국가며, 홀로 아시리아 국가다. 그를 돕는 고관들, 그의 군대를 인솔하는 장교들, 그의 명령을 집행하는 총독들과 관리들은 전체 주민과 동등한 그의 "종들"*ardâni*에 불과하다. 성직자는 정치나 경제에서 중요한 위치를 차지하지 않는다. 더 나아가 이 성직자들의 우두머리는 왕이다. "귀족"은 세습되는 것이 아니라 왕이 임면任免한다. "자유" 도시들은 왕이 허락할 때에만 자유롭게 된다. 따라서 그의 권위에 대해서는 어떤 견제도 없다. 견제는 단지 비밀스러운 형태로만 존재했지만 위험한 음모, 간계, 모의의 성격을 띨 수 있었다.[3] 그렇지만 수많은 백성의 절대 군주인 아슈르바니팔과 기원전 제3천년기의 작은 나라 라가시의 엔시인 에안나툼 사이의 차이는 그들이 가진 권력의 범위일 뿐 그 성격은 아니다. 아시리아의 왕은 그 자신이 아슈르 신의 "종"으로서 그의 대사제며 그의 지상 영역의 관리자*shangu*다. 왕은 이 지상 영역을 확장하고 풍요롭게 할 책임을 지고 있다. 그러나 신의 선택이라는 이 오래된 수메르의 원칙이 여기서는 대중적 합의의 원칙 때문에 완화된 것 같다. 대중적 합의의 원칙은 부족에서 선출한 족장이 왕이 되어 "장막에 살던" 시대부터 전해져 내려온 것 같다.[4] 리무 체계 및 백성이 군주에게 여러 경우에 충성의 맹세*adû*를 하게 함으로써 백성을 군주와 연결하는 (역시 유목민이었던 아람인에게서 빌려온[5]) 관습 역시 이런 배경에서 이해할 수 있다. 왕은 후계자를 지명할 때 자신의 선택을 신들의 "확실한 결정"으로 정당화하려고 주의를 기울인다. 그러고 나서 그 결정을 신탁으로 확인하게 하고 충성 맹세*adû*의 형식을 빌어 왕가와 고위 관리들과 "아시리아 백성"이 비준하게 한다. 샴시-아다드 5세나 센나케리브의 치세 말에 있었던 궁전의 혁명이 증명하듯 항상 만장일치가 이루어지는 것은 아니었지만, 전반적으로 볼 때, 바빌로니아에서는 왕위 찬탈이 흔히 일어났고 특히 기원전 제1천년기에 심했던 반면 아시리아에서는 이런 일이 드물었다. 일종의 "다수에 의한 지지"를 받고자 하는 이 욕구는, 아시리아의 여러 도시(특히 아수르와 하란)와 바빌로니아의 도시들을 향한 아시리아 왕들의 태도와 관련이 없지 않다. 왕이 이 도시들에 대해 조세, 세금, 노역을 면제해 준 것은 오랜 관습을 따르기 위한 것만이 아니었다. 왕은 쉽게 반란을 일으키는 도시의 지식층이 국가의 압력을 잘 견디지 못한다는 사실을 인지하고 있었던 것이다.

일단 신들 및 사람들의 선택과 인정을 받게 된 황태자는 비트 레두티 *bīt redūti*, 즉 "계승의 집"에 들어간다. 사르곤 왕조 시대에 이 집은 니네베에서 몇 킬로미터 상류에 있는 티그리스 강변의 타르비수(셰리프 칸)[6]에 있었다. 그곳에서 태자는 마무리 교육을 받고 절차가 복잡한 행정적이고 의전적인 임무를 맡음으로써 왕의 역할을 준비한다. 아슈르바니팔의 이야기에서 알 수 있듯이 어떤 왕자들은 아주 혹독한 교육을 받았다.

> "나는 스승 아다파의 기술을 습득했다. 그것은 서기관의 모든 지식으로도 발견할 수 없는 숨겨진 보화, 하늘과 땅의 징조들…이었다. 나는 기름으로 점을 치는 데 능숙한 학자들과 함께 하늘을 연구했다. 난해하고 어려운 나눗셈과 곱셈 문제를 풀었고, 수메르인들의 예술적인 문자와 숙달하기 어려운 난해한 아카드어를 읽으면서 대홍수 이전의 기도문을 읽는 기쁨을 누렸다. … 나는 매일 다음과 같은 일을 했다. 준마를 타고 즐겁게 달려 사냥용 별관(?)까지 가서, 활을 잡고 내 용맹의 상징인 화살을 날렸다. 긴 투창投槍을 던지듯 무거운 창을 던졌다. 전차를 모는 사람처럼 고삐를 잡고 길을 소용돌이치게 만들었다. 나는 중무장한 궁수弓手처럼 아리투*aritû* 방패와 카바부*kababu* 방패를 다루는 법을 배웠다. … 나는 왕이 걷는 식으로

걸으면서 의식을 배웠다. 나의 아버지인 왕 뒤에 있으면서 고관들에게 명령을 내렸다. 나의 동의가 없이는 어떤 총독도 임명되지 않았다. 어떤 장관도 내가 없이는 취임하지 못했다."[7]

왕이 죽으면 니네베나 칼후가 아니라 전통적인 수도인 고도古都 아수르에 묻힌다. 모든 왕의 무덤을 다 알지는 못하지만 아수르의 고대 궁전 밑에 있는 둥근 지붕의 방들에서 고대에 약탈당한 다섯 개의 무거운 석관이 발견되었다.[8] 이 안에는 아슈르-벨-칼라, 아슈르나시르팔, 샴시-아다드 5세, 그리고 아마 센나케리브와 에사르하마트(에사르하돈의 아내)의 시신이 있었을 것이다. 최근 출간된 한 토판에 따르면 왕의 시신은 기름에 잠겨 석관 안에 있었던 것 같다.[9] 뿐만 아니라 1989년에 이라크 고고학자들이 왕실 묘지를 발견했는데, 이를 살펴보면 그 안에 어떤 보물이 함께 묻힐 수 있었는지 알 수 있다. 이곳은 아슈르나시르팔 궁전의 가족용 부속건물 지하에서 약탈을 피한 세 기의 무덤이 나왔다. 첫째 무덤에서는 한 남자의 유골이 200개의 금붙이와 함께 발견되었다. 둘째 무덤에는 사르곤 2세의 아내인 탈리야와 샬만에세르 5세의 아내인 듯한 야바로 추정되는 두 여자의 시신이 있었다. 믿을 만한 보고[10]에 따르면, 이 무덤에는 목걸이, 귀걸이, 매다는 보석, 팔찌와 발찌, 의복의 단추 등 약 200점의 금붙이가 있었고, 이와 아울러 작은 장식용 보석들과 남은 봉헌 음식이 여전히 들어 있는 묵직한 금사발 세 점이 들어 있었다고 한다. 셋째 무덤은 아슈르나시르팔의 아내인 물리수의 무덤이지만 그 안에 들어 있던 큰 석관은 비어 있었다. 여왕의 시신이 다른 곳으로 옮겨졌다는 의미다. 그렇지만 청동으로 만든 두 개의 관 안에는 왕관 하나를 포함해 금으로 된 440점의 물건이 모여 있었고 그 주변에 여러 점의 유골이 있었다. 이 무덤들이 소장하고 있는 금의 전체 무게는 57킬로그램에 달할 것으로 추정된다. 그러나 이 물건들의 가치는 아름다움에 있으며, 또한 상아, 설화석고, 채색 유리, 준보석 등이 금과 어우러지는 조화로운 결합, 그리고 무엇보다 보석 세공인들의 솜씨에 있다. 어떤 선조線條 세공 작품들 위에 있는 일부 선들은 너무 가늘어서 확대 렌즈의 도움 없이는 볼 수 없을 정도다. 새로운 무덤을 찾기 위한 다른 발굴이 예정되어 있었으나 "걸프전"■의 발발로 중단되었다.

태자는 아버지가 죽은 지 얼마 지나지 않아 극도로 간결한 의식을 거쳐 아수르에서 왕위에 오른다.[11] 가벼운 왕좌에 앉은 채로 이동하는 태자 앞에서 사제는 "아슈르는 왕이다!"라고 외친다. 태자는 국가의 신을 모신 신전 에쿠르에 이르러 성소 안에 들어가 기름이 가득 담긴 금사발 하나, 1미나의 은, 그리고 수놓은 의복을 바친다. 그러고 나서 제사장은 신상 앞에 엎드린 왕에게 기름을 붓고 왕권의 상징물인 "아슈르의 왕관과 닌릴의 홀"을 그에게 넘겨주면서 다음과 같이 선포한다.

"머리 위에 있는 왕관, 왕관의 주인들인 아슈르와 닌릴이 그대 위에 백 년 동안 그것을 놓아두기를.
에쿠르 안에 있는 그대의 발과 아슈르를 향해 펼쳐진 그대의 손이 은총을 받기를.
그대의 신 아슈르 앞에서 그대의 사제들과 그대 아들들의 사제들이 환대받기를.
그대의 홀笏로 그대의 나라를 넓히라.
아슈르가 그대에게 만족, 정의, 평화를 어서 주시기를."[12]

■ [역주] 여기서 걸프전은 1990년에 이라크의 쿠웨이트 침공에 대응하여 미국을 중심으로 한 다국적군이 이라크를 공격함으로써 시작된 전쟁을 가리키며 1991년에 마무리되었다.

이때 새로운 군주는 고관들이 기다리고 있는 궁전으로 간다. 이들은 그에게 경의를 표하고 그에게 자기 지위의 상징물을 넘겨준다. 이것은 흔히 상징적인 행동에 불과하다. 이 중 대부분이 즉시 복원되기 때문이다. 그러나 이런 행동은 자신들이 섬기는 자에 불과하며 언제든 바로 해임될 수 있다는 사실을 일깨워 준다. 이 의식 후에 대중적인 축제가 있었던 것 같다.

아시리아 왕의 일상적인 임무는 짐리-림이나 함무라비의 임무와 거의 같다. 사람들이 그에게 중요한 소식을 전해 준다. 그는 명령을 내리고, 판결하고, 사절단과 고위 관리들을 영접하고, 파발꾼에게 대답한다. 그의 편지들은 궁전의 서기 *tupshar ekalli* 가 수많은 서기관에게 구술해 주는데 이 중 많은 이들은 이집트어를 포함해 여러 언어에 능통하다. 그러나 왕은 이들 고대의 왕들보다 훨씬 많은 도움을 받는다. 그는 더 많은 주도권을 아랫사람들에게 넘겨주고 훨씬 더 많은 시간을 사냥과 종교적 의무에 할애한다. 종교적 의무는 너무나 힘겨운 일이라 왕이 어떻게 그것을 이행했을지 의문스럽다. 실제로 사제 겸 왕인 그는 아시리아뿐만 아니라 바빌로니아의 여러 마을에서도 수많은 전통 의식과 축제에 참여하고 특별히 왕을 위해 만들어진 듯한 여러 의식에서 주요한 역할을 한다.[13] 예를 들어 보호에 대한 대가로 모든 신에게 바치는 연회인 타쿨투 *tâkultu* 가 있고, 비트 림키 *bît rimki*, 즉 "목욕의 집"에서 기도와 함께 이루어지는 왕의 목욕 의식이 있다.[14] 또한 그는 신들 앞에서 자기 백성을 대표하며, 이런 면에서 그는 "부적처럼 다루어지거나 공동체의 모든 죄를 위한 속죄의 염소가 된다."[15] 이 때문에 단식과 털을 미는 의식을 포함하는 주기적인 모욕 행위가 생겨난 것이다. "대리 왕"이라는 고대의 책략은 특히 에사르하돈의 치세에 바빌론에서 여러 차례 나타나는데 이 책략은 아시리아 군주를 위한 것이다.[16] 당시에 살았던 다른 사람들과 마찬가지로 왕 역시 이 세상에서 일어나는 모든 일은 신의 의지로 결정된다고 확신한다. 그는 점쟁이와 점성가에 둘러싸여 살면서, 전조가 모호하거나 왕국의 이해관계가 걸려 있을 때에는, 좀 지나칠 정도로, 반드시 이들에게 조언을 구한 다음 결정을 내린다.[17]

아시리아 왕은 광대한 제국을 통치하기 위해, 오스만 제국의 조직과 여러 면에서 비슷하면서도 좀 더 효율적인 중앙 행정조직에 의존한다.[18] 고관들의 서열에서 가장 높은 계급은 최고 사령관인 투르타누*turtânu*가 차지하지만, 사르곤 왕조에서는 군대가 아주 넓게 퍼져 있기 때문에 (또한 권력 남용을 막으려는 예비 조처인 듯하다) 실제로 두 명의 투르타누가 있다. "오른쪽의" 주사령관과 그를 보좌하는 "왼쪽의" 부사령관이 있는 것이다. 그다음으로 라브 샤케*rab shaqê*(술 맡은 책임자), 궁전의 사자使者, *nagir ekalli*, 대大장관*abarakku rabû*, "재상"*sukkallu*, 그리고 라브 레셰*rab rêshê*(문자적으로 "장군"이다)가 있다. 이 고관 중 대부분은 아시리아의 부유한 가문 출신이며 일부는 왕가 출신이도 하다. 그들의 직무(이 전통적인 직함들과 반드시 일치하지는 않음)는 종종 정의하기 어렵다. 대장관*abarakku rabû*는 기본적으로 제국 전역에서 오는 조공을 기록하고 분배하는 일을 맡고, 라브 레셰*rab rêshê*는 내시들(궁전에 많이 있었다)의 우두머리로서 지방 행정과 통신망을 감독하는 것 같다. 모두가 국경 지방의 총독으로서 군사적인 임무를 겸하고 있다. 그 아래 계급에는 사무국장인 샤 판 에칼리*sha pân ekalli*, 궁전 내부 행정을 맡은 라브 에칼리*rab ekalli*, 왕의 대리자로 특별한 임무를 맡은 쿠르부투*qurbûtu*, 그리고 다른 몇몇 고위 관리들이 있다.

중앙 정부와 지방 정부는 기본적으로 조공과 민간 부문에서 징수한 조세(농업세, 상업세, 통행료 등)를 기반으로 운영된다.[19] 중앙 정부의 몫은 수많은 하위 관리들이 관리하는 특별 부서들에서 장부에 기록되었으며 행정과 군대를 유지하는 데에 사용된다. 군사 원정으로 획득한 전리품과 속국의 군주들이 어느 정도 자발적으로 바치는 "선물"은 주로 무거운 귀금속과 사치품으로 이루어져 있다. 이것들은 모두 왕실 창고에 보관되어 군주의 가족, 지방 궁전, 신전에 분배되거나 왕이 상을 주고 싶은 사람들에게 선물로 주어진다. 또한 국가는 소유 토지(왕의 토지나 "귀족의" 토지), 대출, 노예 매매, 재산 몰수 등으로 다른 수입을 창출한다.

제국 내부의 교역에 관해서는 거의 아무것도 알려지지 않았다. 기원전 8세기부터 많은 공문서가 양피지나 파피루스에 아람어로 기록되어 현존하지 않기 때문인 듯하다. 외부 교역의 경우도 그다지 기록이 없으며, 궁전에 속한 일과 민간 상인들에 속한 일을 분명히 구분하기도 쉽지 않다. 교역은 왕의 지원을 받으며[20] 딜문을 거쳐 아랍-페르시아 만까지 뻗어나가는데, 아마 페니키아인의 중재로 에게 해 지역과 지중해 서부 지역까지 확장된 것 같다. 이러한 교역은 특히 금속을 비롯해 목화, 아마, 염료, 보석, 상아 등과 같은 귀한 상품을 획득하는 것을 목표로 한다.[21] 한편 아시리아가 정복의 결과 철(레바논)이나 은(아나톨리아)과 같은 광물의 산지에 자유롭게 접근할 수 있게 되었음을 기억해야 한다. 게다가 은은 제국 내에서 교역 통화다. 그러나 산업은 여전히 수공업에 의존하고 있었다. 수공업은 계약 아래 일하는 민간 수공업자들^{ishkâru} 과 왕실 작업장으로 나뉘어 있다. 경제의 기반은 여전히 농업과 축산업이며 생산의 단위는 마을이다. 토지 제도[22]는 잘 알려져 있지 않지만, 소규모 농지가 널리 보급된 것 같다. 왕과 그 주변 인사들 및 총독들과 고관들은 대토지를 소유하면서 노예와 일쿠^{ilku} 의 의무를 수행하는 자유민에게 경작하게 한다. 이 시대의 또 다른 특징은 주민(그리고 재화)이 아시리아의 대여섯 대도시와 주도州都 에 집중되어 있었다는 점이다. 이 현상은 제국의 급격한 붕괴에 이바지했던 것 같다.

제국(적어도 아시리아 지역)의 주민은 대체로 세 범주로 구분될 수 있다. 그것은 자유민(유목민을 포함해 다양한 사회적 지위를 갖고 있다), 국가나 부유한 개인에 완전히 의존하는 사람들("농노"라 불리기도 하는 이 사람들은 문서에 아주 가끔 언급된 무슈케누*mushkênu*인 듯하다), 그리고 노예들이다. 언제나 그렇지만 노예들은 빚진 사람들과 전쟁 포로 가운데에서 충원되고 그 어느 때보다 수가 많지만 제국의 경제에서 전혀 중요한 역할을 하지 못한다. 오랜 전통에 따르면 이들은 법적 권리를 누리며 행정부에서 상당히 높은 지위까지 오를 수도 있다. 놀라운 점은, 공식적인 문서에서 아시리아와 제국 전체의 주민을 지칭하기 위해서 신분, 직무, 직업을 구분하지 않고 니셰*nishê*("사람들"), 나프샤티*napshâti*("인간"), 또는 아르다니*ardâni*("유순한 백성", "종")와 같은 아주 모호한 용어만을 사용한다는 것이다. 당대의 관료들이 보기에 모든 주민은 전적으로 왕에게 의무를 행하는*dullu sharri* 사람들의 무리로 여겨지기 때문일 것이다.[23] 이 의무에는 토목공사의 부역뿐만 아니라 소위 아시리아의 "국가 산업", 즉 전쟁에 의무적으로 (군주가 면제해 준 경우가 아니라면) 참여하는 것이 포함된다.

아시리아 군대

아시리아의 군대는 언제나 아슈르의 무궁한 영광을 위해 동원되었다. 경우에 따라 아르메니아나 이란의 눈 덮인 산봉우리에서 아라비아나 이집트의 작열하는 사막까지, 그리고 페니키아의 온화한 해안 지방에서 "해국"의 숨 막히는 늪지까지 이동하면서도 지칠 줄 모르고 거의 언제나 승리를 거두었다. 나중에 등장할 마케도니아 보병과 로마 군단처럼 사르곤 왕조 당시의 아시리아 군대는 세계 제일의 군대였다.[24]

티글라트-필레세르 3세 때부터, 군대를 이루고 있는 군인들은 모집 방식에서 세 범주로 나뉜다. 우리는 이를 각각 직업 군인, "예비역" 군인, 그리고 "보충역" 군인이라 부르겠다. 제국의 모든 속주에서 모집하여 배치하는 직업 군인이 상비군*kiṣir sharrūti*을 이루고 있다. 이 중 일부는 태어날 때부터 아시리아인이지만 대부분은 바빌로니아나 시리아 왕국과 같은 과거 독립국 출신일 수밖에 없다. 아람인이 지배적인데 이 중 두 부족, 이투인과 구라이아인은 그 수가 무척 많으면서 높은 평가를 받는다. 또한 "용병" 즉 외국 징집병(메디아인, 킴메르인, 아랍인, 엘람인)과 다소간 자발적인 지원병이 점점 증가한다. 일부 상비군 부대는 왕의 호위대가 되는데, 이들은 사르곤이 "내 곁에서 행진하는 사람들"로 표현한 부대이다. "예비역" 군인은 다시 "왕의 군사들"과 "예비군"의 두 집단으로 나뉜다. 왕의 군사들*ṣabê sharri*은 젊을 뿐만 아니라 선발되었을 것 같으며, 일쿠*ilku*로서 병역을 수행하고 있다.[25] 이들 역시 제국 전역의 사회 각계각층에서 모집되긴 하지만 복무 기간이 정해져 있다. 매일 식량을 받으면서 자기 집이나 진영에서 전시에 소집될 것에 대비하며 대기하고 있다. 예비군*sha kutalli*("뒤의 사람들") 역시 식량을 받지만 필요한 경우가 아니면 동원되지 않는다. 이들은 아마 인적 손실을 보충하기 위해서 존재했던 것 같다. 마지막으로 "보충역"은 이례적으로 큰 규모의 원정이나 적의 대규모 공세를 막아내기 위해 제국의 한 지역 혹은 여러 지역에서 대중적 징집으로 모집된다. 이집트 2차 전쟁 때처럼 어떤 경우 아시리아 왕은 속국의 군주들에게 무장 병력을 자신의 지휘 아래로 넘겨달라고 요구하기도 한다.

이런 모병 제도는 아주 유익하다는 사실이 증명되었다. 우선, 곳곳에 군대가 있다 보니 국경 지대에서 기습 공격을 당하면, 현지 반란에 대비한 군대가 주둔하고 있는 마을이나 제국의 국경을 따라 늘어서 있는 수많은 요새 중 한 곳에서 군대가 출격하여 즉각 맞서 싸울 준비가 되어 있다. 둘째로, 상비군이 있다 보니 한편으로는 중요한 작전에 필요한 병력을 상비군을 중심으로 신속히 모을 수 있고, 다른 한편으로는 장기간의 작전을 수행할 수 있다. 예전의 유일한 제도였던 계절적 징집 제도에서는 사람들을 돌려보내 농사를 짓게 해야 했기 때문에 일부 원정 기간이 단축될 수밖에 없었던 것이다.[26] 아시리아 군대의 성공에는 또 다른 비결이 있다. 무엇보다, 빠른 우편 체계(숙박소와 말을 갈아타는 곳을 갖춤)와 봉화烽火 체계가 있고 오늘날의 국가들 부럽지 않은 정보기관과 첩보 기관도 있다.[27]

전쟁과 관련된 문서가 풍부하긴 하지만 이 군대의 규모를 평가하고 그 조직과 전술을 이해하기는 몹시 어렵다. 우리 자료는 전투에 참여한 병력을 거의 언급하지 않으며 아시리아 측 사상자의 수에 대해서도 침묵한다. 그러나 카르카르에서 샬만에세르 3세의 군대 규모는 적이 끌고 나온 칠만 명보다 적었을 리가 없다는 사실과, 제국의 한 속주에서 1500명의 기수와 이만 명의 사수를 제공할 수 있었다는 사실은 알 수 있다.[28] 전체 숫자를 제시해야 한다면, 기원전 7세기에 아시리아 왕이 보충병의 도움을 받지 않고 40만에서 60만의 군인을 동원할 수 있었다 추정해도 그다지 틀리지 않을 것이다. 아시리아 군대의 조직에 관한 우리 지식에도 수많은 공백이 있다. 장교들의 계급("십부장", "오십부장", "백부장", "천부장")을 보면 주요 전투 부대의 크기를 대충 알 수 있으며 일부 문서에서는 그 정확한 구성을 알려준다. 그러나 "연대장"(천부장) 위로 투르타누*turtânu* 까지의 계급 체계는 전혀 알 수 없다. "기병대장" 혹은 "전차부대장"이 언급되긴 하지만 이들이 맡은 부대의 숫자를 모르기 때문이다. 전투는 과장되어 아주 모호하게 묘사되며 단지 일부 원정 이야기(특히 사르곤의 8차 원정)에서만 매복, 기습, 허를 찌르는 공격, 두 토막으로 나뉜 적의 부대 등과 같은 세부적인 내용이 언급되어 있다. 다행히 저부조가 아주 많이 있어서 기록 자료를 보충한다. 여기에는 병기[29], 장비, 휴식 중이거나 활동 중인 군대의 활동에 관해 풍부한 정보가 정확하고 생생한 형태로 등장한다.

정예 전투원들은 대부분 좋은 가문 출신 아시리아인으로 기병대와 전차부대에서 복무한다.[30] 기병들은 끝이 뾰족한 원뿔 모양의 철모를 머리에 쓰고, 소매가 짧은 긴 옷에 때로 쇠사슬 갑옷이나 흉갑을 걸치고 있다. 이들은 끈이 달린 반장화를 신은 채 안장이나 등자鐙子도 없이, 주로 이란 고원에서 들어온 혈기왕성한 준마에 오른다. 그들은 창이나 활로 무장하고 있으며, 활이 있으면 두 명이 함께 가는데 그중 한 명은 두 말의 말굴레를 잡고 다른 한 명은 화살을 쏜다. 전차의 정원은 네 명이다. 마차를 부리는 사람, 궁수弓手, 그리고 궁수를 방패로 보호하는 두 명의 "제3의 마부"가 있다. 보병은 아람인이 주류를 이루었는데, "중보병"(창기병과 궁수)과 "경보병"(궁수와 투석병)으로 나뉜다. 제복은 시대에 따라 다른데 아마 보병들의 출신 지역에 따라서도 다를 것이다. 일부는 흉갑이 있는 긴 옷이나 흉갑이 없는 긴 옷을 입고 일부는 치마나 간단한 옷을 입는다. 뾰족한 철모나 고전 그리스의 철모를 떠올리게 하는 장식이 있는 철모를 쓰기도 하고, 목덜미 위로 틀어 올려 감은 머리카락 주위에 띠 하나만 두르고 있는 경우도 있다. 신은 반장화부터 샌들까지 다양하며 상당수는 맨발이다. 창기병은 방패 뒤에 몸을 숨기는데, 이 방패들은 비전투 요원들이 들고 있으며 이들은 주둥이가 있는 화살통을 가진 궁수들과 동행한다. 방패에는 두 종류가 있다. 하나는 작고 둥글며 다른 하나는 아주 크고 직사각형이다. 일반적으로 경보병의 궁수와 투석병에게는 철모도 방패도 없다. 이들은 행군하는 부대의 정찰병, 즉 전위대와 측위대이며 "특공대"다. 군사 대부분은 전문적인 무기 외에 육박전에 대비해 양날검을 갖고 있다. 장교들은 흔히 수놓은 긴 옷을 입고 있으며 많은 무기를 갖고 있다.

군대의 물자 지원은 아주 세심하게 이루어진다. 각 부대에는 막노동꾼 *hupshu*, 창고 담당자, 술 관리자, 요리사, 빵 담당자, 과자 담당자가 있다. 군대에는 악사, 휘장徽章 관리인, 서기관, 통역, 점쟁이, 사자使者, "정보부" 관리, 그리고 살아 있는 짐승까지 함께 있다. 아시리아 군대는 장비를 아주 잘 갖추고 있어서 적의 영토에 있는 요새화된 도시를 포위하여 빼앗을 수 있다. 전문가, 목수, 공병을 갖추고 있는 명실상부한 "공병대"가 존재한다. 이들은 해자垓字를 메꾸고, 흙으로 성벽 맞은편에 계단식 경사지를 만들고, 사다리를 세우고, 굴릴 수 있는 목탑을 제조하고, 터널을 판다. 또한 파성추를 이용해 성문과 성벽을 부수거나 투석기로 돌을 던진 후 군사들의 도움을 받아 곡괭이로 도시를 해체하는 일을 맡는다. 또한 이 공병대는, 군대가 다양한 규모의 강을 건널 수 있게 해 주는 개인용 수영 가죽 부대*mashkirû*와 물에 뜨는 물체로 떠받치는 둥글고 가벼운 뗏목*kalakkû*도 제조한 것 같다.[33] 그러나 열을 지어 행군하고 싸우고 죽이고 베고 성벽을 허물고 포로를 호송하는 군사들을 표현하는 아주 많은 저부조 작품들과 나란히 등장하는 (안타깝게도 아주 드물게 등장한다) 저부조 작품들이 있는데, 여기에서는 문서에서 절대 언급되지 않는 장면을 우리에게 보여준다. 이 작품들을 보면 군사들이 진영에서 쉬면서 말을 돌보고 짐승을 도살하고 먹고 마시고 즐기고 하프와 탬버린에 맞춰 춤을 춘다. 여기서 전쟁의 무시무시한 영상은 감동적인 인간성의 미광으로 부드러워진다. 우리 중 많은 이들은, 27세기 전에 살았던 무정한 살인자들인 이 병사들 이면에서 젊은 시절 동료를 발견하게 된다. 그것은 보잘것없는 인간, 즉 어느 군대에서나, 그리고 아마 어느 시대에서나 발견될 것 같은 변함없는 "병사"다.

이 엄청난 전쟁 조직이었던 아시리아 군대가 몇 주 만에 바빌로니아인과 메디아인에게 패했다는 사실은 우리를 생각에 잠기게 한다. 군대가 너무 방대하고 국제적이다 보니 병력의 우세를 결속력과 충성도에서 잃어버린 것일까? 일부 주장처럼 군대가 "크세르크세스에게 속한 무리"가 되었을까?[34] 군대가 반란을 일으켰거나 단체로 탈영한 것일까? 지휘관들이 적진으로 넘어간 것일까? 그러나 그 어떤 주장도 설득력이 없다. 아슈르바니팔이 죽은 후 이어진 혼란의 시대에 뭔가 돌발상황이 생겼다는 점을 인정해야 할 것이다. 그렇지만 무슨 일이 생겼단 말인가? 아직 잘 알려지지 않은 기원전 7세기 후반을 밝혀 줄 새로운 문서가 언젠가, 언제나 그렇듯, 우연히 발견된다면 이에 관해 알 수 있을지도 모르겠다.

아시리아 예술

거대한 포석들과 "니네베를 바라보고 있던 매끄러운 눈을 지닌" 초대형 석상들이 처음으로 유럽의 박물관으로 들어온 이후 "아시리아 예술"이라는 표현을 들으면 즉각적으로 조각을 떠올리게 된다. 좀 더 정확히 말하면 조각이 아니라 저부조低浮彫라고 해야 한다. 기원전 제1천년기 티그리스 강 기슭에서 환조丸彫는 잘 발견되지 않기 때문이다. 아수르, 님루드, 코르사바드, 니네베에서는 왕이나 신의 상이 아주 조금밖에 발견되지 않았으며 그중 가장 좋은 것도 상투적이고 냉정하며 경직되어 있다. 아카드와 신新 수메르 시대 거장들의 작품보다 훨씬 수준이 떨어지며 카슈 시대의 작품에도 미치지 못한다. 반대로 저부조는 많이 있는데 모두 흥미롭고, 많은 경우 훌륭하게 제작되었으며, 때로 무척 아름답다. 관심 있는 독자들은, 이에 관해 탁월한 방식으로 묘사하고 분석한 후 삽화를 넣은 예술 서적들을 참조하기 바라며[35], 여기에서는 조금만 언급 하려 한다.

기원전 제1천년기 아시리아의 저부조 기법은 왕 개인에게 집중되면서 도 다른 기원, 의미, 자질을 가진 두 범주의 유물에 적용된다. 하나는 석비와 그 변이형태(암벽에 새긴 조각, "첨탑", 반半 환조로 조각된 수호 신)고, 다른 하나는 상판床板이다. 서로 독립적이며 세로로 "읽도록" 제 작되는 석비는 수메르와 아카드의 거대한 문화적 맥락 안에서 새겨지며 기본적으로 종교적 성격을 띤다. 석비는 남부 메소포타미아에서 기원전 제3천년기에 나타나는데, 언제나 신전 옆에 놓이고 항상 신의 형상이 새겨져 있다. 처음에는 신만 홀로 나오거나 그렇지 않더라도 지배적으로 나타난다(에안나툼의 독수리 석비). 그러나 나중에 가서는 왕이 한 신이 나 다수의 신을 마주보고 있다. 이 경우 신은 인간의 형상으로 나타나기 도 하고(함무라비 "법전") 상징물로 암시되기도 한다(나람-신의 석비, 대부분의 쿠두루). 아카드 시대의 고양된 분위기가 사라진 후에는 의식 적 행위만 나타난다. 신은 서 있거나 앉아 있으며 군주는 항상 부동의 자세로 서서 주먹에 활을 쥐고 있다. 더 많은 경우 맨손으로 기도하는 자세를 취하거나 헌주를 붓고 있다. 석비의 목적은 자신을 선택하고 영 감을 주고 인도하며 자신의 승리와 선행에 도움을 주는 신에게 신앙심을 표현하는 것이다. 아시리아 왕의 석비는 이런 전형에 충실하면서도 아시 리아만의 독특한 두 가지 특징을 선보인다. 이곳에서 신들은 상징의 형 태로만 나타나며, 특히 신전보다 궁전에 더 자주 세워진다. 이렇게 함으 로써 아슈르 신과 지상에 있는 그의 대리자의 "제국주의" 정책을 연관시 키는 것이다.

규모가 크고, 암각 조각처럼 영원히 고정된 이 석비들은 북부 메소포타미아에서 아카드 왕들의 시대까지 거슬러 올라가는 긴 역사가 있다. 그러나 신아시리아 시대에 자신의 상징 동물 위에 서 있는 사람 모양의 신들을 보면 아나톨리아의 영향, 더 정확히 말해 히타이트의 영향을 강하게 받았음을 알 수 있다.[36] 또한 궁전, 신전, 도시의 문을 지키는 일부 동물에 날개와 머리를 달아 준 발상도 히타이트에서 온 것이라고 보아야 한다. 이 경우 동물 머리와 그 상체는 동물이 새겨져 있는 벽이나 돌덩이에서 환조로 도드라져 있다.[37] 그러나 황소를 특히 좋아하는 것이나 (아마 황소가 아시리아 제2의 신 아다드의 동물이기 때문인 듯하다) 큰 것에 대한 기호는 전적으로 아시리아풍이며 이 인상적인 작품들의 양식이나 완성도 역시 그러하다. 마지막으로, "첨탑"이라 불리는 작품은 (이런 유형의 기념비는 기원전 13세기에 나타나 샬만에세르 3세 이후에 사라졌으므로 지속 기간이 짧다) 사실 네 면을 가진 석비다. 지구라트 형태로 생긴 점이나 위쪽 판에 의식儀式 장면이 있는 점은 종교적인 특징을 돋보이게 하며, 측면에 층을 이루고 있는 "그림 띠"에는 짧은 설명이 곁들여 있어 분명한 이야기체의 특징을 지님으로써 상판床板의 특징과 연결된다.

석판과는 대조적으로 상판(큰 포석을 조각하여 궁전의 방과 복도의 벽을 따라 세워 놓은 것)은 수평으로 하나씩 읽도록 제작되었다. 상판은 남부 메소포타미아에서는 그 어느 시대에도 발견되지 않으며, 역시 히타이트에서 들여온 것이다. 좀 더 정확히 말하면, 이를 더욱 널리 이용했던 신히타이트인에게서 빌려왔다고 해야 한다.[38] 그러나 아시리아인은 재능을 발휘하여 걸작을 만들었고, 몇몇 단점(너무 얕은 부조, 원근법 결여, 상투적 무늬의 반복)이 있긴 하지만, 균형 잡힌 구도와 (특히 동물 문양에서) 날카로운 관찰과 활기를 불어넣는 생동감을 보면 놀라움을 금할 수 없다. 이것은 논쟁의 여지 없이 위대한 예술에 속한다. 저부조 분야에서 메소포타미아가 만들어 낸 그 어떤 작품들보다 뛰어나며 진정으로 세계적인 명성을 얻을 만하다. 그러나 이 작품은 기본적으로 세속적인 예술인데, 세속적인 예술은 지금까지 이 지방의 기념비적 조각에서 전혀 발견되지 않던 것이다. 물론 "생명나무"에 물을 주는 날개 달린 요정들이나 제단 앞에서 헌주를 붓는 왕이 나오기는 하지만 어떤 형태로도 신들은 나타나지 않는다. 일련의 전쟁 장면과 더불어 여기저기 평화로운 그림(왕이 포도 덩굴 아래에서 왕비와 함께 오찬을 즐기고, 고관들과 관리들을 맞이하며, 활과 창으로 사자를 쫓는 그림)이 섞여 나타난다. 그 목적은 군주의 신앙심을 기리기 위한 것이 아니라 그의 용맹을 강조하고 그와 그 군대의 위업에 관해 이야기하고, 이렇게 함으로써 보는 사람들의 감탄과 두려움을 자아내게 하려는 것이다. 룩소르의 저부조에 나타나는 초인적으로 용맹스럽고 규모가 큰 파라오와는 정반대로 아시리아 왕은 복장과 머리 장식(뾰족한 끝이 있는 일종의 터키모자■) 및 태도 외에는 주위 사람들과 아무런 차이가 없다. 아시리아 왕은 본질적으로 신이 아니며 인류를 다스리기 위해 자기 나라에서 신의 부름을 받은 인간에 불과하기 때문일 것이다. 이처럼 왕의 조각상이든 석비든 상판이든, 왕이 사제와 아슈르의 하수인으로 표현되든 아니면 국가와 전쟁의 우두머리로 표현되든, 모든 아시리아의 공식적인 예술은 정치적 동기를 반영한다. 아시리아 군주의 궁전이 "개인 선전의 총체"에 불과하다는 말은 아주 적절한 표현이다.[39]

궁전의 벽, 신전의 벽, 부유한 개인 저택의 벽, 그리고 주요 도시의

■ [역주] 터키모자는 차양이 없는 원통형 모자로 윗부분이 평평하지만 아시리아 왕의 모자는 그 위에 작은 뿔 모양의 장식이 얹혀 있는 것으로 표현된다.

성문에 설치된 다른 장식들에 관해서도 같은 말을 할 수 있을 것이다. 이 장식 중에는 특히 아수르와 코르사바드에서 발견된, 유약을 입힌 여러 색깔의 벽돌판[40]과, 주로 틸 바르시프(텔 아흐마르)에서 나온 아름다운 벽화가 있다.[41] 여기서도 아시리아인은 자기들이 가장 강하다는 생각과 자기들이 세계를 지배할 권리가 있다는 생각을 알리려고 신성한 예술과 세속의 예술을 사용했다. 프레스코화에서는 군사적 소재들이 저부조보다 훨씬 더 자유롭고 생생하게 다루어지며, 장식된 판에 그려진 종교적이며 엄숙한 소재는 기하학적 도안이 있는 넓은 띠와 도식화된 동식물 소재로 강조된다. 이러한 동식물 소재는 바빌론이나 수사의 소재를 예고한다.

아시리아인은 자신들이 금속을 가공하는 기술이 있는 전문가였거나 이 전문가들을 활용했을 것이다. 선전용으로 보이는 전쟁 장면이 새겨진 발라와트의 눈부신 청동문 외에도, 무척 아름다운 청동 물품(경이로운 판과 소상, 작은 석비, 누워 있는 동물 형상의 저울추)과, 압착되거나 조각된 청동 또는 은이나 금으로 만든 다채롭고 화려한 보석, 접시, 그릇이 남아 있다.[42] 솜씨 좋은 일꾼들은 양탄자와 의복에 수를 놓았는데, 문지방과 상판에 이런 수놓은 제품을 아주 미세한 부분까지 그대로 옮겨 놓은 것을 보면 그 섬세함을 감상할 수 있다.[43] 보석 세공술은 고전적인 신화의 소재를 순수하게 아시리아풍 의식儀式의 소재와 결합해 놓았다. 당시 실린더-인장은 완벽한 솜씨로 새겨졌으며 무미건조하면서도 매력적인 아름다움을 지니고 있다.[44] 그러나 "작은" 예술 가운데 최고봉은 이론의 여지 없이 상아 조각술이라고 해야 한다.

상아 조각술은 메소포타미아에 고대 왕조 시대부터 나타나지만[45] 그후 오랫동안 우리가 알 수 없는 이유로(재료가 부족했던 것 같은데 이 재료는 인도에서 수입되었을 가능성이 아주 높다) 사라졌다가 기원전 제2천년기 중반에 근동 지방에서 이집트의 영향 아래 있던 팔레스타인(메기도와 라키시의 상아)과 지중해 해안(우가리트)에서 다시 나타났다. 기원전 제1천년기 초에 이집트(상아의 또 다른 수입원)와 교역 관계에 있던 페니키아 도시들, 이스라엘 왕국, 그리고 시리아의 아람 국가들이 번영했고, 그 덕분에 시리아-팔레스타인(사마리아, 하마)뿐만 아니라 이란(지위예), 아르메니아(토프라크 칼레), 아시리아에서도 이런 형태의 예술이 뛰어난 발전을 이룬다. 아수르, 코르사바드, 아르슬란 타시, 그리고 특히 님루드에서 발견된 상아 물품[46] 중 대부분이 제국의 서부 지방에서 징수된 조공과 전리품에서 왔다는 사실은 거의 의심할 수 없다. 그러나 이 물품 중 몇몇은 아시리아의 작업장에서 시리아, 페니키아, 혹은 현지 출신 예술가들이 만들었을 것이다.

상아는 의자, 왕좌, 침대, 가리개, 문 등을 장식하기 위해서, 혹은 상자, 사발, 항아리, 숟가락, 빗, 장식핀, 손잡이 등을 만들기 위해서 여러 기술을 이용해 가공되었다. 부조, 환조, 선조세공線條細工으로 새기거나 조각하기도 하고 단순히 윤을 내거나 준보석으로 상감象嵌하기도 하고 채색하거나 금으로 도금하기도 한다. 표현하는 소재도 놀라울 정도로 다양하다. 호루스나 하토르 여신의 탄생과 같은 순수하게 이집트풍 소재 외에도 페니키아 양식인 것처럼 보이는 "창가의 여인", 암소, 사슴, 그리핀■도 있다. 또한 싸우는 동물들, 야생 동물들을 제압하는 "길가메시", 나체의 여신과 여인, 사냥과 행군 장면이 있는데, 전문가들은 이를 부분적으로는 시리아풍이고 부분적으로는 아시리아풍인 소재라고 여긴다. 그런데 이 소재들은 전적으로 평화적이라는 점을 강조해야겠다. 일부 작품에서 아시리아 왕은 홀로 있기도 하고 군사들과 함께 있기도 하지만

■ [역주] 그리핀은 전설 속의 동물로 몸통은 사자며 머리와 날개는 독수리 모습이다.

전쟁 장면은 전혀 나오지 않는다. 미소 짓는 여인들(유명한 님루드의 "모나리자"), 흥겨운 무용수들과 악사들, 수수께끼 같으면서 침착한 스핑크스, 자기 새끼에게 젖을 먹이면서 우아하고 온화하게 머리를 돌려 새끼를 핥는 암소들을 보고 있노라면 기분이 좋아지고 피로가 풀린다. 티그리스 강 기슭이 아닌 다른 곳에서 외국인이 만들었다 하더라도 이상아 제품이 아시리아인의 거주지에서 다량으로 발견되는 것을 보면 매력적인 것과 세련된 것에 대한 아시리아인의 감수성이 얼마나 뛰어났는지 잘 알 수 있다. 이와 마찬가지로 아시리아인의 도서관은 학문과 문학에 대한 그들의 애정에 관해 증언해 준다.

22 니네베의 서기관들

　　1849년 영국 메소포타미아 고고학의 선구자인 헨리 레이야드 경은 니네베에 있는 센나케리브의 궁전을 발굴하다가 "1피트가 넘게 쌓인 토판으로 완전히 뒤덮인 커다란 두 방"을 발견했다.[1] 삼 년 후 그의 조수 호르무즈 라삼은 같은 유적지에 있는 아슈르바니팔의 궁전에서 비슷한 것을 발견했다. 이렇게 수집된 전체 3만 점의 토판과 그 단편斷片 들은 대영박물관으로 보내져, 현재 세계적으로 독특한 쐐기문자 문서 소장품을 이루고 있다. 그런데 조사를 해 보니 이 유명한 "아슈르바니팔의 도서관"■ 중 5분의 1만이 제왕 명문, 편지, 행정 문서와 같은 공문서인 것으로 드러났다. 나머지에는 비교적 소수의 문학적 문서(신화, 서사시, 전설), 그리고 무엇보다 종교적이고 "과학적인" 문서들이 포함되어 있었다. 그런데, 이 "과학적"이라는 말은 당시 사람들의 관점에서 과학적이라는 말로서, 여기에는 점술과 축사逐邪 도 포함된다. 또한 글자의 모양을 보면, 둘째 부류에 속하는 (즉, 공문서를 제외한 나머지) 토판 중 일부는 아시리아 서기관들이 수메르와 바빌로니아의 문서를 베낀 것이었지

■ 센나케리브의 궁전에서 발견된 토판 중 대부분은 실제로 어린 시절 그곳에 살았던 그의 손자 아슈르바니팔 의 것이었다.

만 바빌로니아 현지에서 기록된 것도 일부 있는 듯하다. 한편 왕실 공문서의 몇몇 편지를 보면, 문화에 굶주린 아시리아인들이 문명의 본고장이라 여겨지는 수메르와 아카드 지방에서 시대나 장르와 관계없이 여러 명문을 입수했음을 확인할 수 있다. 특히 문예에 흠뻑 빠진 군주 아슈르바니팔이 그러했다. 그는 자기 아우 샤마시-슈마-우킨이 죽은 후 바빌로니아에 아무런 장애물이 없어지자 이를 이용해 강제 몰수나 다소 자발적인 "증여"로 자기 도서관을 풍성하게 채운다.[2]

> 그는 자신의 관리에게 다음과 같은 편지를 쓴다. "네가 이 편지를 받거든 세 사람과 바르시파의 학식 있는 사람들을 데리고 가서 모든 토판을 찾아라. 그들의 집 안에 있는 모든 토판과 에지다^{Ezida} 신전에 있는 모든 토판을 찾아내라. … 너희 공문서 보관소에는 있지만 아시리아에는 없는 가치 있는 토판들을 찾아서 나한테 보내라. 내가 관료들과 감독관들에게 편지를 보냈으니 … 아무도 너에게 토판 넘겨주기를 거절할 수 없다. 내가 네게 언급하지 않았더라도 네가 보기에 내 궁전에서 유용할 것 같은 문서나 의식이 있으면 찾아서 입수한 다음 나한테 보내라."[3]

바빌로니아와 아시리아의 중요한 도서관은 왕궁 아니면 신전에 있었을 것이라는 생각이 오랫동안 지배적이었지만 실제로는 관저나 개인 집에 있었다. 고대 하란의 유적인 술탄 테페의 발굴에서는 신^{Sin}의 사제인 쿠르디-네르갈이라는 사람이 종교적이고 문학적인 작품을 모아 놓은 대규모 소장품이 드러났다.[4] 이 소장품 중에는 『길가메시 서사시』나 『고통당하는 의인의 시』와 같은 위대한 고전뿐만 아니라 미간행 문서들도 있다. 미간행 문서 중에는 『니푸르의 가난한 사람』이라는 재미있는 이야기가 나온다. 여기서 그는 니푸르 성주와 다투어 쫓겨나지만 여러 책

략을 이용해 성주를 세 번이나 두들겨 팬다.[5]

신아시리아의 서기관들은 진흙으로 만든 판에 작고 다닥다닥 붙어 있는 당대의 문자 기호들을 새기기도 했지만, 목재나 상아로 만든 틀 안에 밀랍을 부어 제작한 판에 철필로 자국을 내기도 했다. 이 판들은 독립적으로 존재하면 달투*daltu*라 불렀고 금속 매듭으로 서로 연결해 아코디언 모양으로 열리는 일종의 책 모양을 이루면 레우*lê'u*라 불렀다. 이것들은 진흙으로 만든 토판보다 가벼웠지만 값이 비쌌기 때문에 비교적 드물게 사용되었다. 지금은 모두 사라져 버리고 1953년에 님루드에서 발견된 몇 개만 남아 있다. 이것들은 우물 바닥에서 발견되었는데, 아마 님루드가 약탈당할 때 우물에 던져진 듯하다. 그중 일부에는 점성술 문서의 흔적이 아직도 남아 있다.[6] 아마 문학적 문서나 과학적 문서는 양피지나 파피루스에는 기록되지 않았던 것 같다.

토판이 도서관에 들어오면 정식으로 등록하고 오늘날의 책처럼 널빤지 위에 정렬해 두었다. 그렇지만 행정 문서나 상업문서는 일반적으로 진흙 분류표가 붙은 항아리나 바구니 안에 보존했다. 수많은 고대 문서가 경탄할 만큼 엄격한 방식으로 복사되었다. 서기관은 여백에 "오래된 균열"*hepû labiru*이라고 기록해 두거나 자신의 난처함을 인정한다(*ul idi*, "나는 모르겠다"). 문서는 작품별로 그리고 주제의 범주별로 분류되었다. 총서에 속하는 각 토판에는 번호를 매기거나, 토판의 마지막 구를 다음에 이어지는 토판의 서두에서 반복했다. 예를 들어, 『창조 서사시(에누마 엘리시)』의 제4토판의 마지막에 나오는 "나는 그를 위해 화려한 방을 창조했다"라는 표현은 제5토판의 첫머리에 다시 나온다. 또한 이런 작품이 기록된 토판들을 보면 대부분 맨 아래에 한 줄을 띄고, 주로 서기관의 이름을 포함해 여러 세부 사항을 적은 다소 긴 "간기^{刊記}"가 나온다.[7] 예를 들어 바빌론에서 만들어진 『에누마 엘리시』제4토판의 사본에 나오는 간기는 다음과 같다.

"146행. 본문이 손상된 토판을 따라 적은 불완전한 『에누마 엘리
시』의 제4토판. 제련업자 나이드-마르두크의 아들 나부-벨-슈가 기
록함. 그는 자기 삶을 위해 그리고 자기 집(가족)의 삶을 위해 이것
을 써서 에지다 신전에 두었다."[8]

이 소중한 유물을 수집하는 데에 쏟은 열정과 이를 보존하기 위해 들
인 공을 생각해 보면 니네베의 서기관들뿐만 아니라 그들의 주인인 아시
리아 왕들 역시 대단하다는 생각이 든다. 역설적이게도, 수메르와 아카
드의 정신적 유산 중 대부분은 그토록 파괴를 일삼았던 이 아시리아인들
덕분에 우리에게 전수되었다.

"목록의 과학"

아슈르바니팔의 학식이 아무리 뛰어났더라도 그의 도서관이 왕 자신
에게 큰 도움이 되었을 것 같지는 않다. 물론 그가 "홍수 이전의 돌들"을
해독하고 『길가메시』와 같은 위대한 고전 문학을 읽는 즐거움을 누렸을
수는 있지만, 자신의 지휘 아래 모은 수만 개의 토판에 몰두할 만한 시간
이나 열정은 없었을 것이다. 니네베 궁전의 소장품은 의사, 점술가, 퇴마
사, 천문학자나 점성술사와 같은 여러 "전문가들"이 이용할 수 있었을
것이다. 이들은 왕실에 소속되었을 수도 있고 그렇지 않았을 수도 있다.
물론 "왕의 서기관"*tupshar sharri* 역시 이를 이용할 수 있었을 것이다. 이
소장품에 있는 문서에 관해 당시 이런 사람들이 관심을 두었듯이 오늘
우리 역시 관심이 있다. 한편, 이 문서에서 메소포타미아의 과학을 개략

적으로 볼 수 있는 것은 사실이지만 이것만으로 우리가 원하는 모든 정보를 얻을 수는 없다. 따라서 우리는 니네베 토판들보다 더 오래된 자료와 후대의 자료에 의존해야 한다. 특히 니푸르, 텔 하르말, 아수르, 우루크 등에서 기원전 제3천년기 말부터 3세기에 걸쳐 나오는 과학 문서들의 도움을 받아야 할 것이다.[9]

"칼데아인"을 마술사와 점성술의 창시자로 알고 기이하게 여겼던 그리스인은 그들의 명예를 크게 훼손했다. 넓은 의미에서 마술은 수메르와 아카드의 "엄숙한" 종교를 구성하는 요소였으며, 메소포타미아에서는 기원전 제3천년기부터 점술이 과학의 지위로 승격되었지만[10], 기원전 시대가 끝나갈 무렵에 이르러서야 급속히 대중화가 진행되었다. 마법이나 민간 점성술은 바빌로니아 지혜의 절정을 대표하기는커녕 서서히 죽어가는 문명에서 타락의 증세로 나타났다. 사실 메소포타미아인에 관해 우리가 알고 있는 바를 종합해 보면 이들은 진정한 학자들이 가질 수 있는 거의 모든 특성을 타고난 사람들이었다. 먼저, 이들은 채워지지 않는 호기심에 이끌려 과거의 비밀을 깊이 이해하려고 노력했고 자기 나라에 이국적인 동식물을 들여왔을 뿐만 아니라 천체의 움직임과 수의 속성에 열광했다. 우리는 앞서 이들이 얼마나 지적으로 정직하게 토판들을 베껴 적었는지 살펴보았다. 게다가 이들에게는 인내심이 있어서 회계에서 예술 작품에 이르기까지 모든 활동에서 세부 사항에 관한 관심이 드러난다. 예리한 관찰력이 있어서 방대한 양의 자료를 기록해 두었는데, 그 목적은 실제적인 것보다는 흥미와 지식에 대한 긍지에 있었다. 또한 어떤 영역에서는 중요한 발견도 이루어냈다. 마지막으로, 그들의 수학을 보면 이들이 얼마나 추상적으로 추론할 수 있었는가를 보여준다. 그들에게 부족한 것이 있다면 그것은 종합의 정신인 것 같다.

메소포타미아의 학문적인 교육은 이러한 특성을 발전시킬 수밖에 없었다.[11] 미래의 서기관은 학교*bit tuppi*("토판의 집")에 다닐 나이가 되자마자 갈대를 다루면서 수메르어와 아카드어를 동시에 배워야 한다. 수메르어를 배우는 이유는 신아시리아 시대에도 모든 아카드어 문서에 수메르어 표어문자가 가득 들어 있어서 그것의 발음과 의미를 반드시 알아야 했기 때문이다. 그는 솜씨를 발전시키고, 기호들과 그 이름, 발음, 의미, 여러 훈독訓讀과 음독音讀을 암기하기 위해 수많은 토판을 베껴 적어야 했다. 이를 위해 음절이나 형태에 따라 분류하여 두 줄 혹은 세 줄로 만든 기호 목록 즉 "음절 목록"과 수메르어-아카드어 "어휘집"을 활용했다. 그 외에도 문법 요소를 어형 변화표(동사 활용형, 접사 결합형 등)나 관용 표현의 형태로 보여주는 표도 있었다. 아슈르바니팔이 말했듯이 기초적인 사칙연산조차도 "분명하지 않았다." 그 이유는 나중에 설명하겠다. 수메르의 풍자적인 이야기를 그대로 믿는다면, 규율은 엄격했다. 선생은 필요하다면 학생들을 하루에 여러 차례씩 채찍질하는 것을 주저하지 않았다. 좋은 식사와 뇌물을 받은 경우는 예외였지만 …[12] 이런 기본 지식을 터득한 젊은이는 1년이나 2년 후에 다른 반(또는 다른 학교)으로 가서 배운 것을 완성한다. 다양한 장르의 문서(예를 들어 법률 문서, 서신, 종교 문서)를 익히고, 수메르어 문서를 번역하며, 명실상부한 이중 언어 "사전"을 이용해 다른 언어(시대에 따라 히타이트어, 카슈어, 아람어, 이집트어, 또는 그리스어)를 배운다. 공부의 이 제2단계 끝에 그는 서기관-비서의 직업을 선택할 수도 있고 자기가 원하는 직업을 선택할 수도 있다. 자기가 원하는 직업을 택하면 몇 년 더 공부해야 하지만 이 과정에서 그는 움마누*ummânu*, 전문가, 또는 "학자"가 될 것이다. 교육, 문화, 과학은 일반적으로 엔키/에아의 영역에 속했고 서기관과 학자는 마르두크의 아들인 나부의 보호 아래 있었다. 아시리아에서 나부의 제의가 중시된 점은 이 나라에서 지식이 얼마나 높은 평가를 받았는지 증언해 준다.

　이러한 교육 제도 덕택에 전문가들은 동료나 제자들에게 자신의 지식을 목록의 형태로 전수하게 되었다.[13] 그래서 수메르어-아카드어 어휘 총서를 비롯해 오늘날 우리가 식물학, 동물학, 광물학이라 부르는 학문 분야에 관한 여러 종류의 기술적記述的 사전이 존재한다. 또한 메소포타미아인이 지리학에 관해 가지고 있던 개념이 강, 산, 나라, 도시의 목록 덕분에 우리에게 알려져 있다. 그들이 양피지 위에 그려진 지도를 이용했는지는 알 수 없지만, 진흙 토판 위에 그려진 신전, 지형, 도시의 도면이 발굴 과정에서 드러났다. 그중 특히 니푸르의 도면은 고고학자들이 확정한 도면과 정확히 일치한다.[14] 기원전 16세기의 것으로 추정되는 소위 "세계 지도"가 남아 있다. 땅은 "바다"로 둘러싸인 원반으로 표현되어 있으며 유프라테스 강을 중심으로 둘로 나뉜다. 우리가 갖고 있는 가장 오래된 중세의 지도에서 예루살렘이 중심에 있듯 여기서는 바빌론이 중심을 차지하고 있다. 네 방위각 끝에 있는 짧은 설명은 땅의 경계에 있는 나라들을 묘사한다. 놀랍게도 이 중 가장 북쪽에 있는 나라는 "태양이 보이지 않는 곳"이라 불린다. 바빌로니아인이 북극의 밤에 대해 들어본 적이 있다는 의미일 수도 있지만 그보다는 메소포타미아의 위도에서 봤을 때 태양이 하늘의 북쪽 지역으로 절대 지나가지 않음을 표현했을 가능성이 더 높다.[15] 역사는 제왕 목록, (때로 시대적으로 겹치기도 하는) 왕조들의 목록, 연호관리 목록의 형태로도 제시된다. 바빌로니아 연대기와 아시리아 연대기조차도 사건들의 목록으로 인정할 수 있다. 신전과 신들의 목록과 더불어, 수학과 천문학의 표, 징후와 예측의 목록, 길한 날과 불길한 날의 목록, 전조의 목록 등은 약간 조롱 섞인 표현으로 "목록의 과학"이라 불리는 과학을 완성한다. 그러나 이런 단어와 숫자는 이런 원자료를 훨씬 능가하는 구두口頭 교육을 도와주는 기억 보조 장치에 불과했으며 교육은 크게 발달했을 것이다. 거대한 돌덩이를 옮기고 세우는 일, 예를 들어 거대한 궁전과 신전, 다리, 수도를 만드는 일에는 특정 물리 법칙들에 관한 깊이 있는 지식이 필요했다. 마찬가지로 약이나 색소를 만들거나 채색한 유리나 유약 입힌 물건을 제조하려면 특정한 경험적 화학의 원리를 따라야 했다.[16] 마지막으로 수학이나 천문학(메소포타미아인은 이에 관해서는 대가로 통한다)에 관한 다른 문서를 이용해 현대 과학적 접근과 아주 닮은 지적인 사유 과정을 재구성할 수 있다.

수학과 천문학

메소포타미아에서 발견된 가장 오래된 수학 문서는 기원전 제2천년기 초의 것으로 추정되며 이 당시에 벌써 놀라운 수준의 발전이 이루어졌음을 증명해 준다.[17] 이 문서들은 두 범주로 나뉜다. 첫째 부류는 나눗셈과 곱셈뿐만 아니라 아주 복잡한 계산도 가능하게 해 주는 수표數表였고, 둘째 부류는 교육용으로 제작한 문제들이었다. 그런데, 이 문제 중 다수는 기본적으로 실용적이다. 예를 들어, 토목공사 혹은 수로를 파거나 확장하는 일과 관련되어 있다. 그러나 어떤 문제는 아무런 실용적인 필요에도 부응하지 않는다. 이런 문제는 분명 정신의 유희, 즉 지적인 훈련이다. 여기에 예를 두 개 들어 보겠다.

문제 1
"나는 돌 하나를 발견했지만 그것의 무게를 달아 보지 않았다. 그후 나는 여기에 7분의 1일을 더하고, 또 11분의 1을 더했다. 그리고 무게를 달아 보니 1마누였다. 이 돌의 원래 무게는 얼마였을까? 돌의 무게는 3분의 2마누 8시클루 22.5세우■였다."[18]

문제 2

"누군가가 너에게 다음과 같이 질문한다고 하자. '내가 그린 정사각형의 변을 따라 깊이 땅을 파서 1무샤루*musharu*, 60^3 반의 체적의 흙을 파냈다. 내가 표면을 정사각형 모양으로 만들었다면 얼마 깊이 판 것일까?'

너는 12를 갖고 계산해 보아라. 12의 역수를 구해 체적인 1.30.0.0을 곱해라. 그러면 너는 7.30.0을 본다(얻는다). 7.30.0의 세제곱근은 얼마인가? 그 세제곱근은 30이다. 30에 1을 곱하면 30이다. 30에 또 하나의 1을 곱하면 30이다. 30에 12를 곱하면 6.0(360)이다. 30은 정사각형의 한 변의 길이고 6.0은 깊이다."[19]

첫 문제의 진술은 이것이 순수하게 이론적이라는 것을 보여준다. 답이 나와 있지만 그것을 도출한 과정은 없다. 그 과정을 학생들에게 구두로 설명해 줘야 했다. 반면 두 번째 문제에서는 그 과정이 단계별로 전개되어 있다. 근의 개념이 메소포타미아에 잘 알려져 있었음을 알 수 있다. 더구나 근에 대해 놀랄 만큼 정확한 계산이 이루어지고 있어서 2의 제곱근을 1.414213(1.414214가 아니라)으로 알고 있었다.

두 번째 문제의 계산 공식은 메소포타미아 수학의 두 가지 중요한 특징을 드러내 준다. 그것은 자리 표기법과 60진법이다. 고대의 모든 숫자 표기 체계는 (로마 숫자의 경우처럼) 병렬 원리를 따르고 있었지만 자리 표기법에서는 전체 수에서 차지하는 위치에 따라 각 숫자가 다른 값을

■ [역주] 마누(*manû*), 시클루(*shiqlû*), 세우(*she'u*)는 모두 무게를 측정하는 단위로서 1마누는 60시클루이며 1시클루는 180세우다.

지닌다. 우리가 실제로 사용하는 체계도 바로 자리 표기법이다. 예를 들어 우리가 333이라고 쓰면 숫자 3은 각각 순서대로 300, 30, 3의 값을 지닌다. 메소포타미아인 역시 자리 표기법을 사용했지만, 중요한 차이가 있는데 그것은 333을 60진법에 따라 $(3 \times 60^2) + (3 \times 60) + 3$, 즉 총계 10,983으로 읽어야 한다는 점이다. 자리 표기법과 60진법은 계산을 수행할 때 상당한 이점이 있었다. 숫자 60은 숫자 10보다 더 많은 수로 나눌 수 있었던 것이다. 그러나 불행히도 메소포타미아에서 이 60진법 체계의 하위 단위들은 10진법의 형식을 따르고 있었으며 영寨은 (현대의 번역자들이 문서의 이해를 돕기 위해 사용하긴 하지만) 존재하지 않았다. 영은 셀레우코스 시대에 이르러서야 나타났는데 숫자 앞에 놓이긴 했지만 뒤에는 절대 놓이지 않았다. 그렇지만 옛날 계산하던 사람들이 이 때문에 불편해하지는 않은 것 같다. 그들은 문제에 나오는 단위들의 크기를 대충 알고 있었고 그것들을 자기 제자들에게 말로 전했을 것이다. 그러나 이 때문에 이 문서들의 해석은 유난히 복잡하다. 예를 들어, 1이라는 숫자는 1, 즉 1.0(= 60)으로 읽힐 수도 있고 1.0.0(= 3,600)으로 읽힐 수도 있었기 때문이다. 해당 분야의 전문가들 역시, 이 고대의 수학자들이 상징을 이용하지 않으면서 산술의 방법이 아닌 대수의 방법을 기반으로 작업했다는 점을 지적했다.[20] 어떤 문제의 진술이나 그 문제의 풀이 과정은 이차 방정식의 풀이 및 지수와 대수 관계의 사용을 전제로 한다.

흥미롭게도 메소포타미아의 기하학은 대수만큼 발전하지는 못했다. 메소포타미아인은 사각형, 삼각형, 원의 기본적인 속성을 알고 있었다. 일례로 텔 하르말에서 발견된 한 토판(기원전 18세기)에 있는 도형 그림을 보면 유클리드 정리도 알려져 있었던 것 같다. 그러나 이들은 도형의 기본적인 속성을 증명하는 정확한 방법을 알지 못했고 다각형의 면적도 어림잡아 계산했다. 그렇지만 그들은 파이π의 값을 3으로 계산했으며,

심지어 수사에서 나온 어느 토판에는 3.375로 계산하기도 했다. 한편, 그들의 일부 건축물의 완성도를 고려해 본다면, 전적으로 교육적 성격을 띤 적은 수의 수학 문서만 보고 우리가 그들의 수학 지식을 과소평가한 것일 수도 있다.

메소포타미아인이 두각을 나타냈던 천문학 분야[21]에서 일찍부터 수학이 특별하게 응용되었다고 생각할 수도 있지만 사실이 아니다. 진정한 과학적인 천문학은 기원전 제1천년기 후반에 이르러서야 출현했다. 현재까지 알려진 메소포타미아의 가장 오래된 천문학 문서는 바빌론의 왕 암미-사두카(기원전 1646~1626년)의 치세에 21년 동안 일출 직전과 일몰 직후 금성의 출현을 관찰한 목록이다.[22] 천체를 관찰하고 그 움직임을 기록하려는 욕구는 두 가지 관심의 산물이었다. 그것은 형이상학적 관심과 연대기적 관심이다. 아주 옛날부터 태양, 달, 일부 별자리, 그리고 근동의 하늘에서 밝게 빛나는 수많은 별 가운데 가장 눈에 띄는 금성(이슈타르)을 신으로 여긴 이유를 예측하기는 어렵지 않다. 지상에서 일어나는 일을 하늘의 반영으로 보는 철학적 맥락에서는 하늘의 사건과 인간의 운명 사이에 관계를 설정하는 것이 당연하다. 그러므로 한마디로 말해 메소포타미아의 천문학은 점성술[23]과 밀접한 관련을 맺었다. 그러나 점성술은 개인의 출생 시점의 성상星狀을 확정하는 것이 가능해지면서부터 비로소 개인의 운명을 결정하는 성격을 갖게 되었다. 이를 위해 수많은 관찰이 있어야 했고 상관관계 설정이 필요했다. 따라서 운명을 예측하는 점성술은 아주 후대에 가서야 활기를 띠게 되었다.

그러는 동안 메소포타미아인은 달력 문제를 놓고 고민하고 있었다. 메소포타미아에서 한 해는 춘분 바로 다음에 나타나는 초승달과 함께 시작되었다. 한 해는 달의 주기에 따라 29일 혹은 30일로 이루어진 열두 달로 나뉘었다. 하루는 일몰과 함께 시작되었고 열두 개의 베루*béru* 즉

두 시간 단위로 나뉘었고, 베루는 다시 열두■ 개의 2분 단위로 세분되었다. 이 체계는 원에도 적용되었고,■ 오늘날에도 이 두 경우에 여전히 사용되고 있다. 그러나 음력의 한 해는 양력의 한 해보다 약 12일이 짧았고, 그 결과 7년이 지나면 그 차이가 한 계절만큼이나 생겨나게 되었다. 이 간격을 수정하기 위해 군주들은 특정 해에 한두 차례 윤달을 선포했지만 이런 자의적인 결정 대신에 가능하다면 정기적이고 오류가 없는 조정 체계가 필요했다. 그 외에도 문제가 있었다. 달은 초승달이 보이기 시작할 때 시작되었지만, 이라크에 살았던 사람이라면 누구나 잘 알듯이 남부의 안개, 북부의 먼지, 곳곳에 부는 모래바람 때문에 정확하게 이 시점을 확정하는 것이 어려울 때가 흔했다. 그래서 공인된 천문학자들이 각 달과 각 해의 시작을 미리 계산하는 것이 중요했다. 이 때문에 결국 달의 주기와 태양의 주기를 지배하는 법칙을 발견하게 된 것이다.

이 방면으로 최초의 진전이 이루어진 것은 기원전 제1천년기의 두 번째 사분기였다. 이 일은 아시리아 제국의 여러 지점에서 지속적으로 이루어진 관찰을 중앙에서 수집하고[24], 물시계 및 그리스인이 "폴로스"라 부르는 형태의 해시계(매달려 있는 작은 공이 반구 위에 그림자를 드리운다)를 발명했기 때문에 가능한 일이었다. 또한 이 모든 자료의 상호 관련성을 확정하고 그 결과를 추정하게 해 준 수학이 발전한 덕택에 가능한 일이었다. 천문학자들이 음력으로 235월이 양력으로 정확히 19년을 이룬다는 사실을 알게 되자 기원전 747년에 바빌론의 나부-나치르(=나보나사르) 왕은 19년의 기간에 일곱 차례 윤달을 넣기로 결정했다. 그러나 이 "나보나사르의 달력"은 기원전 388년과 367년 사이에 이르러

■ [역주] "60"을 잘못 적은 것 같다. 영어판에는 "60"으로 되어 있다.
■ [역주] 원을 360도로 나눈 것을 가리킨다.

서야 표준이 되었다.[25] 그러는 동안에 천문학자들은 열두 "집"을 가진 황도대黃道帶를 발견하고 해와 달과 별들의 위치 추산력推算曆을 확립했다. 또한 그들은 월식과 일식을 아주 정확하게 예측했다. 기원전 4세기 초에 나부-리만니(스트라본의 "나부리아누스")가 작성한 신월新月, 만월滿月, 월식月蝕의 표는 놀라울 만큼 정확하며, 기원전 375년경에 활동하던 바빌로니아의 가장 위대한 천문학자인 키딘누("키데나스")는 태양력의 주기를 단지 4분 32.65초의 오차로 확립할 수 있었다. 실제로 태양의 핵심부 이동에 관한 그의 계산의 오차는 1887년 현대 천문학자 오폴처의 계산보다 적다.[26]

메소포타미아의 천문학이 경탄을 자아내기는 하지만 우리가 위에서 언급했던 통합의 정신이 결여되어 있음은 인정해야 한다. 바빌로니아의 천문학자들은, 동시대에 살았지만 더 뛰어났던 그리스 천문학자들과는 달랐다. 가진 자료를 통합하여 사모스 출신의 아리스타르코스의 태양 중심 체계나 히파르코스의 지구 중심 체계에 비견되는 우주 이론으로 집대성하려는 시도는 결코 하지 못했다. 바빌로니아 천문학자들의 작업은 자연스러운 호기심과 수학적 취향을 충족시키고 축제와 의식이 정확한 순간에 이루어지도록 달력을 확정하는 데에만 목적이 있었다는 인상을 준다. "그리스인이 철학자면서 동시에 기하학자였다면 칼데아인은 경험주의자면서 치밀하게 계산하는 사람이었다."[27] 우리가 앞으로 보게 되겠지만 메소포타미아의 의학 역시 (이 분야에서도 단점이 있었다고 본다면) 똑같은 단점을 갖고 있었다.

의학

앞에서 다룬 정밀과학과는 아주 거리가 멀지만 메소포타미아의 의학은 이 장에서 특별히 다룰 만한 가치가 있다. 그것은 의학 관련 문서가 풍부할 뿐만 아니라 무척 흥미롭지만 흔히 잘 알려지지 않았기 때문이다.[28] 메소포타미아인은 질병을 신들이 인간의 죄에 대해 내리는 형벌로 보았다. 여기서 "죄"라는 단어는 단순히 비난받아 마땅한 행위나 범죄뿐만 아니라, 흔히 어떤 금기를 본의 아니게 깨뜨린 것을 의미하기도 한다. 이런 관점 때문에 질병을 이러저러한 남신이나 여신의 "손"이라고 불렀다. 감정이 상한 신들은 죄인을 치거나 악한 귀신을 보내 죄인의 몸에 들어가 그를 괴롭히게 할 수 있었다. 따라서 질병은 얼룩, 즉 신체적 오점인 동시에 도덕적 오점, 환자를 불결하게 하는 오점이며 마술-종교적인 치료의 영역에 속했다. 사람들은 점쟁이*bâru*에게 가서 가능하면 병에 걸린 원인, 즉 환자 자신이나 주위 사람들도 모르는 죄를 알려 달라고 요구했으며, 아시푸*âshipu*에게 가서 마술적 의식이나 절차 혹은 주술을 이용해 원인이 되는 귀신(들)을 쫓아내 달라고 요구했다. 이러한 주술 행위 중 몇몇(마클루*maqlû*, 슈르푸*shurpu*, 리프슈르*lipshur*, 남부르부*namburbû*)은 잘 알려져 있으며 완전한 목록이 있을 때도 있다.[29] 또한 기도와 희생 제물로 신들의 노여움을 달래려고 노력하기도 했다.

　메소포타미아에서 환자를 돌보는 기술이 이런 정화淨化, 즉 어떻게 보면 영혼을 씻는 일에 국한된다면 그것을 의학이라 부를 수 없을 것이다. 그러나 우리는 이 지역에 (헤로도토스가 뭐라 말하든 간에[30]) 진정한 임상의사와 치료사가 있었음을 알고 있다. 이들은 선사시대부터 풍습 가운데 단단히 뿌리내린 개념들을 존중했다. 오늘날 "원시적"이라 불리는 사람들 대부분이 여전히 이런 개념들을 갖고 있다. 그러나 이들은 일부 자연 물질의 병인病因 역할을 알고 있었다. 증세를 자세히 관찰하여 이를 증후군과 질병으로 분류할 줄 알았고, 약물 치료나 외과 치료를 시행했다. 치료는 물론 경험적이었지만 많은 경우 합리적이었다. "엄숙한"

의학 *âshipûtu* 과 병행하여 실용적인 의학 *asûtu* 도 명백히 존재했다. 실용적인 의학은 놀랄 만큼 발달해 있었고 두 세기 전에 유럽에서 실제로 사용되던 의학과 크게 다르지 않았다. 그러나 환자들 자신이 이 두 형태의 치료에 대해 각각 어느 정도 상대적으로 중요하게 생각했는지는 여전히 알 수 없다. 환자들이 먼저 점쟁이 그리고/혹은 퇴마사에게 문의하고 나중에 실패하면 의학의 손에 의지한 것일까, 아니면 그 반대였을까? 경우에 따라, 그리고 개인의 선택에 따라 달라졌음이 거의 확실하다.[31]

의사 *asû* 는 마법사도 아니고 사제도 아니었다. 위에 묘사된, 서기관이 받았던 것과 같은 일반 교육을 받은 후 한 명 혹의 여러 명의 선생 곁에서 직무를 배워 전문가, 즉 움마누 *ummânu* 의 지위에 오른 전문직 종사자였던 것이다. 그는 평판이 높았으며 아마 스스로 사례비의 수준을 정했을 것이다. 유명한 의사들, 즉 당대의 "거물급 의사"는 아주 인기가 높아서 여러 왕실에서 이들을 서로 빼앗으려고 했다. 우리는 미탄니의 투슈라타가 이러한 전문의 중 한 명을 아멘호테프 3세에게 보냈던 일과 바빌론의 의사들이 히타이트 하투실리스 왕의 병상을 방문했던 일을 알고 있다. 또한 아시리아와 바빌로니아의 왕들에게는 개인 주치의가 있었다.

수많은 증세와 처방 목록, 그리고 의사들에게 보낸 편지와 의사들이 쓴 편지가 남아 있다. 약 30여 년 전에 프랑스의 위대한 아시리아학 학자인 르네 라바는 기원전 7세기부터 5세기 사이의 문서들을 재구성하여 진단과 예측에 관한 "개론"을 출판했다.[32] 이 문서들은 하나의 총서에 속하며, 40개의 토판에 적혀 있고 다섯 "장"으로 나뉜다. 첫 장은 사실 퇴마사를 위해 저술되었으나 아마 의사들에게도 적용될 것 같은데, 환자의 병상을 방문했을 때 접하게 되는 몇몇 전조 징후에 대한 해석을 제공해 준다.

"퇴마사가 환자의 집을 방문했을 때 … 검은 개나 검은 돼지를 본다면 이 환자는 죽을 것이다. … 흰 돼지를 본다면 이 환자는 회복되거나 (그렇지 않으면) 어려운 일을 당할 것이다. 붉은 돼지를 본다면 이 환자는 (죽을 것이다?) 셋째 달 (또는) 셋째 날 … "[33]

이 당황스러운 전조 다음에는, 증세를 장기臟器, 질환, 혹은 발병 순서에 따라 분류하여 훨씬 더 이성적으로 묘사한다. 적어도 여섯 개의 토판이 부인과 질환과 소아과 질병에 할애되어 있다. 이런 병이 아주 흔했음을 알 수 있다. 개론 전체에서 예측이 강조되어 있으며 치료는 아주 드물게 제시되어 있다. 단독으로 혹은 전집의 형태로 쓰인 이와 유사한 문서들은 단지 신체 특정 부위의 질병에 관해서만 다룬다. 반면 어떤 문서들은 치료법에만 집중한다. 진단하기 쉬운 질환 가운데 두 가지 예를 선택해서 제시해 보겠다.

간질

"(환자의) 목덜미가 계속해서 왼쪽으로 돌아가고, 손과 발이 긴장되어 있고, 눈이 하늘을 향한 채 크게 열려 있고, 입에 침이 흐르고, 코가 부르릉거리고, 의식을 잃고, (발작의) 마지막에 (…) 하면 이것은 간질의 발작, 즉 신Sîn 의 '손'이다."[34]

심한 황달

"어떤 사람의 몸이 노랗고 얼굴이 노랗고 검으며 혓바닥이 검으면 이 (병)은 아하주ahhâzu 다. … 이 병에 대해서는 약이 없다. 이 사람은 죽을 것이고 나을 수 없다."[35]

상당수의 문서는 정신의학적 질환과 연관이 있다. 여기에는 "우울증"

이 포함되는데 이 병은 사람들이 생각하는 것만큼 현대적인 질병이 아니다.[36]

메소포타미아 의사들의 진단과 예측은 미신과 훌륭한 임상적 관찰의 미묘한 결합이지만 그 치료법은 전혀 마술에 의존하지 않는다. 현재까지 알려진 가장 오래된 "약전"藥典은 우르 3왕조의 것으로 추정되는 처방 모음집이다. 여기에는 광물과 식물을 주재료로 하는 연고, 치료액, 그리고 물약을 만드는 방법이 설명되어 있으며 200~300년 전에 기록되었던 것일 수 있다.[37] 약간의 예외를 제외하면 이런 약이 처방된 형태는 오늘날과 아주 똑같았다. 시럽, 흡입약, 훈증, 한 방울씩 떨어뜨리기, 크림, 도포제, 찜질, 관장灌腸, 그리고 심지어 좌약도 있었다. 약의 조제에 들어가는 특정 약초들이 무엇인지 알기 어려운 경우도 가끔 있지만, 많은 경우 지금도 사용되고 있거나 얼마 전까지 사용되던 재료들이 발견된다. 예를 들어 다음 처방전에는 방광이나 요도의 질환으로 보이는 병을 치료하기 위해 복용하는 아편도 있고 국부적으로 사용하는 완화제도 있다.

"양귀비 씨를 맥주에 찧어 넣어서 환자에게 마시게 하여라. 몰약을 약간 빻아서 기름과 섞어 청동관을 사용하여 요도 안으로 불어넣어라. 찧은 아네모네를 해초 달인 물에 넣어 환자에게 주어라."[38]

또한 다음과 같이 "폐의 수축"의 경우에 사용하는 복잡한 찜질 처방이 있다.

"양의 콩팥의 일부 (…) 취하라. 1/2카*qa*의 대추야자, 15긴*gin*의 전나무 송진, 15긴의 월계수, 13긴의 오포파낙스, 10긴의 갈바눔 수지, 7긴의 겨자, 2긴의 칸다리스 …
이 재료들을 기름과 대추야자와 함께 유발에 넣고 빻아라. 섞은 재료를 가젤 가죽 위에 쏟아라. 가죽을 접어라. 그것을 아픈 곳에 대고 사흘 동안 그대로 두어라. 그동안 환자는 단맛이 나는 맥주를 마셔야 한다. 또한 따뜻한 음식을 먹고 따뜻한 곳에 있어야 한다. 나흘째 되는 날 찜질을 벗기고 … "[39]

어떤 경우에는 치료 과정에서 손과 도구를 이용하므로 내과 의사가 외과 의사 역할을 동시에 한다. 아슈르바니팔의 개인 의사인 아라드-난나는 아슈르바니팔에게 보낸 편지에서 한 동료를 비판하는 견해에서 코피의 치료에 대한 의견을 표명하는데 이에 관해서는 우리 시대의 이비인후과 의사도 반대하지 않을 것이다.

"코의 출혈에 관해서는 … 붕대가 정확하게 붙어 있지 않습니다. 붕대가 코의 측면에 붙어 있어서 호흡을 방해하고 피가 입으로 흘러 들어 갑니다. 공기가 들어가는 것을 막고 출혈이 멈추도록 코를 깊숙이까지 막아야 합니다."[40]

마지막으로 우리는 기원전 18세기의 메소포타미아 의사들이 전염병(신들이 주민을 삼키는 것으로 여겨졌기 때문에 우쿨투 *ukultu* ["먹기"]라 불린다)의 존재를 식별하고 "당국", 즉 왕에게 정기적으로 이에 관해 보고했음을 알게 된다. 더 나아가 이들은 전염의 개념과 이를 피하기 위해 필요한 위생 조치의 개념을 알고 있었다. 이에 관해서는, 마리에서 멀리 떠난 짐리-리 왕이 자기 아내 시브투에게 조언을 아끼지 않는 다음과 같은 특별한 편지에서 잘 알 수 있다.

"난나메 부인이 병에 걸렸다는 소식을 들었소. 그런데 그 부인은 궁전의 사람들을 많이 접하고 있으며 자기 집에서 수많은 여자를 만나고 있소. 그러니 이제 엄중한 명을 내려 그 부인이 마시는 잔으로 아무도 마시지 못하게 하고, 그 부인이 앉는 자리에 아무도 앉지 못하게 하고, 그 부인이 눕는 침상에 아무도 눕지 못하게 하시오. 그 부인이 자기 집에서 더는 많은 여자를 만나지 못하게 하시오. 그 병은 전염성이 있소(*mushtahhiz*, '잡다, 붙들다'의 의미가 있는 *ahâzu*에서 파생되었다)."[41]

이처럼 메소포타미아 의학은 여전히 마술로 얼룩져 있지만 이미 현대 의학의 몇몇 특징을 보여주고 있었다. 아마 이집트 의학과 동시에 그리스로 전수된 듯한 이 의학은 기원전 5세기에 있었던 히포크라테스의 위대한 개혁으로 가는 길을 열었다. 그러나 메소포타미아 의학은 2~3천 년 동안 존재하면서도 거의 발전을 이루지 못했다. 메소포타미아의 의사들은 의술의 기반을 형이상학적 개념에 두었고 거기서 완전히 빠져나오지 못했다. 그리하여 합리적 설명을 수반하는 연구에 대해 문을 닫아 두었던 것이다. 이들은 병을 관찰하고 여러 질환을 개별화하는 데에는 놀랄 만큼 뛰어났지만, "왜" 그리고 "어떻게"라는 근본적인 질문은 절대 하지 않았다. 천문학자들과 마찬가지로 그들 역시 위대한 이론을 세우지 않았고 겸손하게 (그리고, 아마 분별 있게) 자료를 수집하고 자기 환자들을 능력껏 돌보는 것에 만족했다. 결국, 환자들이 그 이상의 능력을 요구하지 않았던 것이다.

23 칼데아인

아슈르바니팔의 치세 중 절정기에 있었던 수사 점령 후 불과 35년이 지난 기원전 612년 니네베의 궁전은 화염에 휩싸이고 이와 더불어 아시리아의 힘은 무너지고 있었다. 바빌로니아의 칼데아인은 메디아인과 힘을 합해 이처럼 급격하고 난폭하고 철저한 파괴를 주도했다. 그들은 메소포타미아의 유일한 지배자로서의 위치를 유지하면서 파괴된 제국을 상속받아 이 제국을 보존하려고 노력했다. 바빌로니아인은 아시리아는 폐허의 상태로 남겨두고 바빌로니아에 집중했다. 거대한 공사로 바빌로니아를 정치적, 경제적, 문화적, 종교적 부흥의 중심지가 되게 했다. 함무라비 시대 이후 바빌론(지금은 근동의 모든 도시 가운데 가장 광대하고 아름다운 도시)이 이런 위엄과 명성을 누린 적은 결코 없었다. 그러나 신新바빌로니아의 빛나는 시기[1]는 길지 않았다. 메소포타미아의 마지막 위대한 군주 네부카드네자르 2세를 이어 유약하고 무책임한 왕들이 나타났다. 이들은 부지불식간에 동쪽에서 새로 일어난 무시무시한 적에 대항할 만한 능력이 없었다. 기원전 539년에 이르러 바빌론은 저항도 없이 페르시아 왕 키루스의 손에 무너졌다.

이상은 독립된 메소포타미아 역사의 마지막을 장식한 사건들을 요약해 비극적으로 단순하게 정리한 것이다. 이 사건들을 좀 더 자세히 살펴

볼 필요가 있을 것 같다.

니네베의 몰락

이유를 알 수 없지만 아슈르바니팔의 명문은 기원전 639년경에 갑자기 멈춘다. 이리하여 그의 치세의 마지막 몇 년은 어둠 속에 빠져든다. 더구나 어떤 연대기나 연호관리 목록도 기원전 639~627년의 시기를 다루고 있지 않아서 이 어둠은 더욱 깊다. 사실 이 시기에 관한 우리의 유일한 정보원情報源은 헤로도토스다. 다행히 그는 메디아와 페르시아의 역사를 충분히 잘 알고 있었다.[2] 책의 첫머리에서 그는 메디아 왕 프라오르테스가 아시리아를 공격했으나 전장에서 죽고 그의 아들인 키악사레스(진짜 이름은 우바르크샤트라)가 왕위를 이었다고 이야기한다. 그러나 메디아는 곧 스키타이의 지배를 받게 되었고 그 지배는 28년 동안 지속되었다고 한다. 자그로스를 넘은 스키타이인은 소용돌이를 일으키며 아시리아와 시리아-팔레스타인을 지나갔다. 만약 프삼티크가 이들을 매수하여 퇴각하게 하지 않았더라면 이집트에도 들어갔을 것이다. 키악사레스는 잔치 도중 술에 취한 스키타이인의 수장들을 살해함으로써 마침내 자유를 되찾았다. 헤로도토스는 다른 일화에서, 스키타이인이 니네베에 대한 메디아의 공격을 꺾었다고 주장한다. 사르곤 왕조가 스키타이와 맺었던 우호 관계를 생각해 보면 충분히 있을 수 있는 이야기다. 어쨌든 헤로도토스에 따르면 아슈르바니팔은 이들의 우두머리인 마디우스와 동맹 조약을 맺었던 것 같다. "역사의 아버지"의 말을 전적으로 신뢰하는 것은 경솔한 일이지만, 그의 말이 사실이라면 스키타이의 기병대가 아시리아 영토를 이 끝부터 저 끝까지 종횡무진하면서 아무 저항

세력을 만나지 않은 채 이란으로 돌아올 수 있었다는 것은 놀라운 일이다. 아시리아의 군대가 다른 곳에 전념하고 있었거나 허를 찔렸던 것으로 생각해야 할까?

일반적으로 아슈르바니팔은 기원전 627년에 죽었다고 여겨진다. 이 해는 그가 바빌론의 왕위에 올려놓았던 꼭두각시 왕 칸달라누가 죽은 해와 같은 해인 것 같다. 이 시점부터 자료가 좀 더 많기는 하지만, 이후에 이어지는 사건들의 연대를 정하기 위해서는, 두 권의 바빌로니아 연대기(공백도 있고 서로 6년 간격으로 떨어져 있다)와 바빌로니아 여러 도시에서 나온 계약서의 연대에 의존할 수밖에 없다. 그래서 연대에 관해 다소 다양한 해석이 생겨났다.[3] 가장 최근의 해석으로 가장 그럴듯한 재구성에 따르면, 늙고 병든 아슈르바니팔은 계승의 위기를 피하려고 기원전 630년에 왕위에서 내려와 자기 아들 아슈르-에틸-일라니■에게 아시리아의 왕권을 넘겼을 것이다. 물론 바빌론에 대한 이론상의 통치권은 칸달라누를 매개로 해서 지키고 있었을 것이다. 그러나 칸달라누가 죽자마자 남부 왕국의 상황은 악화되었다. 어느 아시리아 장군이 자신을 바빌론의 왕으로 선포했다가 바로 제거된다. 아슈르바니팔의 다른 아들인 신-샤르-이슈쿤■은 자신을 바빌론의 왕으로 선포한다. 그 와중에 왕위 계승권을 주장하는 세 번째 인물이 일어난다. 이 사람은 나부-아플라-우수르■(나보폴라사르)로서 칼두 부족(칼데아인)이며 해국海國의 총독이었다.[4] 나보폴라사르가 자기 출신 지역에서 벗어나지 못하고 처음에는 수메르 지방의 몇몇 도시를 다스리는 것으로만 만족해야 했던 반면 신-

■ "아슈르(는) 신들의 영웅(이다)."
■ "신(Sîn) 신이 왕을 세우셨다."
■ "나부여, (나의) 아들을 보호하소서!"

샤르-이슈쿤은 수도에 자리 잡았다. 그의 형제였던 아시리아 왕은 그에 대항하여 군대를 출동시켰고 4년 동안 파란만장한 내전이 바빌로니아의 3분의 2를 피로 물들였다. 기원전 623년에 아슈르-에틸-일라니가 직접 개입했다가 니푸르 근처에서 전사했다. 승자는 니네베로 가는 길에 올랐다. 그는 도중에 그를 막아낼 목적으로 배치된 아시리아 군대를 거느리고 니네베로 가서 왕위에 올랐다. 그때부터 칼데아인은 남부 메소포타미아에서 마음대로 활동할 수 있었다.

그동안 이란에서 키악사레스는 아시리아의 본을 따라 자신의 군대를 재조직함으로써 이 군대를 효과적인 병기로 만들고 있었다. 그는 자기 수도 엑바타나(하마단)에 있으면서 "세 메디아"를 통치하고 있었다. 사실상 이란 고원 전체와, 좀 더 남쪽에 있는 속국 페르시아를 지배했다는 말이다. 동시에 우르미아 호수 주변에 있는 만나 지방을 위협하면서, 스키타이인의 공격으로 허약해진 우라르투를 탐내고 있었다. 한편 아시리아 왕국은 아슈르바니팔의 두 아들이 서로 싸우는 전쟁 틈에 붕괴되기 시작하고 있었다. 동쪽에서는 엘람인이 일정 수준의 독립을 회복했으며 국경 도시 데르가 반란을 일으켰다. 서쪽에서는 다른 반란이 일어나 페니키아 도시들을 뒤흔들고 있었고, 아시리아의 팔레스타인 지배가 느슨해지자 유다 왕이며 열렬한 야훼 숭배자인 요시야는 예전 이스라엘 왕국인 아시리아의 속주 사마리아에서 아무런 제재도 받지 않은 채 "제단을 뒤엎고 우상을 분쇄할" 수 있었다.[5]

아시리아 왕이 된 신-샤르-이슈쿤[6]은 바빌로니아가 그의 영향력에서 벗어나는 것을 오랫동안 두고 볼 수 없었다. 그는 나보폴라사르에게 전쟁을 선포했다. 그 후 7년 동안 이 불행한 나라는, 아시리아가 늘 차지하고 있던 요새들을 겨냥한 공격과 반격의 무대가 되었다. 칼데아인은 맞서 싸우며 니푸르를 빼앗고 마침내 수메르와 아카드 지방 전체를 해방하기에 이르렀다. 기원전 616년에 공세를 취한 것은 칼데아인이었다. 다행히도 이때부터 명료하고 정확한 바빌로니아 연대기가 기록되어 있어서 니네베의 붕괴까지 어떤 사건들이 있었는지 달별로, 때로는 날짜별로 추적할 수 있게 된다.[7]

나보폴라사르는 먼저 적을 탐지한다. 그는 유프라테스 강을 거슬러 올라가 카부르 강의 합류 지점에 이르러 그 강 연안에 정착해 있던 아람 부족들의 항복을 받고 그에 대항하여 파견된 아시리아와 만나Manna 의 군대를 패주시킨 후 하란 근교까지 쫓아간다. 이 성공으로 용기를 얻은 나보폴라사르는 몇 달 후 북쪽으로 두 번 연속 공격을 감행하여 아라프하 근처의 소小자브 강까지 이르렀다. 한때 아수르를 포위하기도 했으나 강력한 적군 앞에서 퇴각한다. 그는 아마 아시리아를 혼자서 무찌르기에는 힘이 충분하지 않다고 생각했을 것이다. 그래서 몇 년 전 "형제의 전쟁" 당시, 우루크에 끌려 와 있던 엘람의 신상들을 돌려줌으로써 엘람인과 친선 관계를 회복하려 했지만 그들의 효과적인 지원을 이끌어내는 데에는 성공하지 못했다. 한편 이제 수세에 몰린 신-샤르-이슈쿤은, 바빌로니아와 메디아가 점점 강해지는 것에 불안감을 느낀 이집트에 동맹 관계를 맺자고 간청하여 이를 얻어냈다. 한때 이집트를 점령했던 나라가 이제는 이집트에 도와 달라고 손을 내미는 상황이 된 것은 아시리아가 얼마나 나약한 상태로 몰락했는지를 여실히 보여준다. 그러나 이집트는 아주 멀리 있었고 프삼티크는 전쟁에 그다지 깊이 개입하고 싶어 하지 않았다. 그가 아시리아를 도와주더라도 그것은 보잘것없는 일이고 사태의 흐름을 조금도 바꾸지 못할 것이다.

키악세레스가 독자적으로 행동하며 이 평형 상태에 개입하지 않았더라면 신-샤르-이슈쿤은 바빌로니아를 잃는 것을 기정사실로 받아들이고 칼데아인과 화친을 맺었을지도 모른다. 기원전 615년 말에 메디아인들은 아시리아를 기습 공격하여 아라프하를 빼앗았다. 기원전 614년 겨울에는 니네베를 향해 진군하여 타르비수를 점령한 후 남쪽으로 이동하여 아수르를 기습 공격한다.

> "우리 연대기는 이렇게 말한다. '그들(메디아인)은 도시를 공격하여 (그 성벽?)을 파괴했다. … 그들은 주민 대부분에게 피해를 끼치고 도시를 약탈하고 포로들을 사로잡아 갔다.'"[8]

바빌로니아인들도 소식을 들었지만 너무 늦게 도착해서 여기에 참여할 수 없었다. 나보폴라사르는 아수르 성벽 아래에서 키악사레스(바빌로니아인에게는 우마키샤르타라 불린다)를 만났고 "그들은 상호 친선과 평화의 관계를 맺었다." 이 동맹은 나중에 나보폴라사르의 아들 네부카드네자르와 키악사레스의 딸 아미티스의 결혼으로 조인될 것이다.[9] 그 후 메디아와 바빌로니아는 힘을 합쳐 싸우게 된다. 아시리아의 운명은 결정되었다.

기원전 613년 바빌로니아 군대는, 아시리아의 수중에 다시 들어간 유프라테스 중류 지방에서 단독으로 싸웠지만 아나트 앞에서 패했다. 기원전 612년 여름에 이르러서야 두 동맹국은 힘을 합해 니네베에 대한 마지막 공격을 감행한다. 성벽은 불완전했지만 용맹스러운 방어가 이루어진 덕분에 3개월 동안 포위공격을 견뎌냈지만 도시는 결국 함락되었다.

> "그들은 아부 월(8~9월)에 그 도시를 향해 여러 날 동안 강한 공격을 퍼부어 점령하고 주민 대부분에게 큰 피해를 끼쳤다. 그날에 아시리아의 왕 신-샤르-이슈쿤은 … (사형에 처해졌다?). 그들은 그 도시와 여러 신전에서 엄청난 전리품을 가져가고 도시를 텔*tilu*과 폐허 무더기로 만들었다."[10]

이 비운의 해의 연말에 아시리아의 수도 세 곳(종교적 도시 아수르, 군대의 사령부 칼후[11], 그리고 행정 중심지 니네베)을 비롯해 다른 도시들 대부분이 점령당하고 파괴되었다. 신-샤르-이슈쿤의 죽음(또는 도주) 이후에 그의 관리 한 명이 아슈르-우발리트라는 이름으로 권력을 장악한다. 그런데 이 이름은 역설적이게도 기원전 13세기에 아시리아를 후리의 지배에서 해방했던 위대한 군주의 이름과 똑같다. 아슈르-우발리트는 남은 군대를 모아 하란에 들어가 성문을 걸어 잠갔고 최후의 순간에 파견된 약간의 이집트 군대가 거기에 함께 있었다. 기원전 610년 바빌로니아인들과 움만-만다(메디아인들)[12]는 하란을 향해 진군했고 이 도시는 메디아인들의 손에 무너졌다. 아시리아-이집트 군대는 유프라테스 건너편으로 달아난다. 아슈르-우발리트는 기원전 609년에 하란을 되찾으려고 시도했지만 소용없었고 그 이후 사라진다.

근동 최초의 위대한 제국으로서 3세기 동안 세계를 떨게 만들었던 거인은 단지 3년 만에 비참하게 최후를 맞는다. 나보폴라사르는 다음과 같이 멸시와 미움이 가득한 표현으로 자기 비문을 작성했다.

> "나는 수바르투 지방을 망쳐놓았다. 이 호전적인 지방을 폐허의 무더기로 만들었다. 아시리아인은 오랜 옛날부터 모든 민족을 지배하고 그 명에는 나라 안 모든 주민의 피를 흘리게 했으나 나는 아시리아의 발을 아카드에서 몰아내고 그 명에를 떨쳐 버렸다."[13]

네부카드네자르

메디아인은 자기들이 힘을 많이 보태서 무찌른 왕국의 지분을 차지하지 않은 것 같다. 단지 하란만 오랫동안 그들의 손에 남아 있었다. 그들이 마음에 품고 있던 소아시아 정복 계획을 수행하는 데 이곳을 근거지로 삼고 싶었기 때문인 듯하다. 바빌로니아인은 아시리아에 대해 홀로 소유권을 갖고 있었지만 그곳에 정착하지 않았다. 단지 아르바일루(에르빌)처럼 전쟁의 피해를 입지 않은 몇몇 지방 중심지만 차지했다.[14] 나머지는 폐허의 벌판으로 남아있을 뿐이었다. 학살을 피한 주민 대부분이 달아나고 신상들이 포로로 잡혀 끌려간 후 황폐한 토지만 남은 것이다. 두 가지 야망밖에 없었던 바빌론의 왕에게 이런 땅은 전혀 흥미가 없었다. 첫째 야망은 자기 나라가 당한 손해를 복구하고 과거의 영광, 정치적 힘, 문화적 종교적 명성을 되찾는 것이고, 둘째는 과거 아시리아 제국에 있던 가장 좋은 땅을 회복하는 것이다.

엘람은 아무런 문제가 되지 않았다. 두 동맹국은 엘람을 단순히 나눠 가졌다. 수사 평원은 바빌로니아가 차지했고 안샨의 산악지방은 메디아, 좀 더 정확히 말하면 당시 바로 옆에 있던 메디아의 속국 페르시아가 차지했다.[15] 반면 시리아-팔레스타인은 아시리아의 멍에가 걷히자마자 이집트의 지배 아래에 들어가게 되었다. 아시리아를 도와주러 간다는 명목하에 프삼티크의 아들인 네코 2세는 기원전 609년에 시리아-팔레스타인을 침공했다. 어리석게도 네코 2세의 길을 막으려 했던 요시야는 네코 2세에게 패하고 살해당했다.[16] 이제 이집트 군대는 카르케미시를 점령하고 유프라테스로 가는 통로를 확보했다. 그런데 이 요충 도시를 차지하고 페니키아 해안과 그 후배지後背地를 지배하는 것은 아시리아인에게 중요했듯이 바빌로니아인에게도 중요했다. 국제 교역 대부분이 이곳을 거쳐 이루어졌기 때문이다. 바빌로니아인은 자그로스와 타우루스 너머 나라들은 메디아인에게 기꺼이 양보했지만, 이집트인, 시리아의 아람인, 페니키아인에게 레반트의 풍요로운 속주를 빼앗기거나 지중해로 가는 접근로를 봉쇄당하는 일은 견딜 수 없었다. 신바빌로니아 명문에서 언급하는 "하티 지방", 즉 레바논과 팔레스타인을 향한 원정은 기본적으로 경제적 이유에서 일어난 것이었다.

아시리아를 상대로 한 최후의 승리 이후, 연로한 나보폴라사르는 군사 작전 수행을 차츰차츰 자기 아들 나부-쿠두리-우수르, 곧 그 유명한 네부카드네자르 2세[17]에게 맡겼다. 기원전 607년에 이 젊은 왕자는 시리아에서 이집트인을 몰아내라는 임무를 부여받는다. 그는 카르케미시 근처의 유프라테스 강 우안에 교두보를 설치하기 위해 2년 동안 노력하지만 성과를 거두지 못한다. 그러자 기원전 605년 5~6월에 큰 군대를 모아 이 도시를 직접 공격한다. 이집트 주둔군은 리디아와 리비아 용병의 도움을 받아 강력히 저항하지만 결국 쓰러지거나 죽거나 포로가 된다.

"나머지 이집트 군대는 패전 당시 (아주 빨리) 달아나 모든 공격을 피할 수 있었지만 바빌로니아 군대가 하마 지역에서 이들을 다시 만나 철저히 쳐부수어 단 한 명도 자기 나라로 돌아가지 못하게 했다."[18]

이제 바빌로니아인에게 시리아-팔레스타인의 문이 활짝 열렸다. 바빌로니아인은 이곳으로 밀어닥쳐 이 지역을 종횡무진으로 다니면서 이제부터는 자기들이 이곳의 주인임을 증명했다. 이들이 이집트 국경 도시 펠루시움에 도착했을 때 네부카드네자르는 아버지의 부고를 들었다. 그는 즉각 길을 거슬러 올라가 23일이라는 기록적인 속도로 바빌론에 도착했고, 도착한 즉시 기원전 605년 9월 23일에 왕위에 올랐다.

이집트의 방해만 극복한다면 이 지역을 침공하는 일은 비교적 쉽겠지만 그 후에 유지하는 일이 더 어려울 것이라는 사실을 칼데아 왕들은 분명 알았을 것이다. 이곳 주민 중 가장 다루기 어려운 사람들, 특히 페니키아인, 필리스타아인, 유다인은 매년 니네베에 (마지못해 그리고 오직 강제와 강요 때문에) 여태껏 바치다가 얼마 전에 멈춘 조공을 바빌론에 다시 바치는 것에 쉽게 동의하지 않을 것이다. 더구나 "아시아 식민지"에 대한 오랜 염원이 실현되었다가 4년 만에 사라지는 것을 지켜본 이집트는 그 어느 때보다 더 투지를 불태울 것이다. 사르곤 왕조의 왕들이 그랬던 것처럼 오래지 않아 네부카드네자르도 꼬리에 꼬리를 물고 일어나는 반란을 진압하기 위해 매년 자기 군대를 동원해 지중해 지역으로 가야만 했다. 카르케미시 전투가 있은 지 열두 달이 지난 후 그는 다마스쿠스, 티레, 시돈, 예루살렘의 조공을 받고 반란을 일으킨 아스칼론을 파괴하기 위해 서부로 돌아와 있었다. 바빌로니아 연대기는 기원전 601년에 바빌로니아 왕과 이집트 왕 사이에 이 지역 어디에선가 중요한 싸움이 있었지만 승리를 확정짓지 못했다고 보고한다. "그들은 전장에서 서로 싸웠고 서로에게 상당한 패배를 안겨 주었다." 기원전 599년에 네부카드네자르는 시리아에 있는 자기 기지에서 "사막으로 군대를 보내 수많은 아랍인의 소유물, 동물, 신상을 약탈하게 한다."[19] 이듬해 유다 왕 여호야김은 예언자 예레미야의 경고에 귀를 막고 조공을 바치기를 거부했지만, 그 후 절묘한 시기에 세상을 떠나는 바람에 바빌로니아의 형벌을 피할 수 있었다. 기원전 597년 3월 16일에 예루살렘은 점령당했고 젊은 왕 여호야긴은 3000명의 유다인들과 함께 유배당했으며, 그를 대신하여 시드기야라는 별명을 가진 마타니야■가 왕위에 올랐다.[20] 유감스럽게도 연대기에 있는 공백 때문에 이야기는 여기서 멈추지만, 다른 자료를 보면 네코의 후계자인 프삼티크 2세가 기원전 600년경에 시리아에서 원정을 수행했으며 파라오 아프리에스(기원전 588~568년)가 가자를

■ [역주] 성서에 따르면 시드기야, 즉 마타니야(=맛다냐)는 여호야긴 왕의 삼촌이었다.

빼앗고 티레와 시돈을 공격했음을 알 수 있다. 시드기야는 믿음이 가는 이집트 군대가 가까이 있었기 때문에 기원전 589년 말이나 588년 초에 반란을 일으킬 생각을 할 수 있었을 것이다. 네부카드네자르는 홈스 근처에 있는 리블라에 위치한 사령부에서 작전을 지휘하고 있었다. 열여덟 달에 걸친 포위 끝에 예루살렘은 기원전 587년 7월 29일에 공격을 받아 점령되었다. 시드기야는 제리코로 달아났으나 잡혀서 체포되었다.

> "그들은 왕을 사로잡아 리블라에 있는 바빌론 왕에게로 올라가게 했다. 그에 대해 심판이 선포되었다. 시드기야의 아들들은 그가 보는 앞에서 참수당했고 시드기야는 눈이 뽑히고 청동 사슬로 묶인 채 바빌론으로 끌려갔다."[21]

또다시 수천 명의 유다인이 왕과 함께 유배되었다. 바빌론 왕의 호위 대장이 예루살렘에 들어가 "야훼의 집과 왕의 집과 귀족들의 집을 불사르고" 도시를 파괴하게 했다. 현지 출신 총독이 임명되었으나 나중에 유다인들에게 살해당했다. 이렇게 해서 이스라엘(사마리아)보다 135년 후에 "유다가 자기 나라를 떠나 멀리 포로로 끌려갔다."

우리가 알기로 네부카드네자르가 시리아-팔레스타인에서 벌인 마지막 군사 행동은 티레를 포위 공격하는 것이었다. 13년 동안 지속된 이 공격은 티레를 점령하고 왕을 사로잡음으로써 마무리된다. 어느 토판 조각에서는 기원전 568년에 있었던 파라오 아흐모세 2세를 상대로 한 원정에 관해 암시하면서 어느 이집트 도시를 언급하고 있지만, 그렇다고 해서 네부카드네자르가 나일 강 유역에 있는 이 도시까지 침투했다는 증거가 되지는 않는다. 적어도 그의 치세가 끝나기 10년 전에 이르러 서부는 평정되었고 건축용 목재의 무궁무진한 원천인 레바논은 거의 산업적인 수준의 개발을 당했다.

"나는 모든 적을 제거함으로써 이 나라를 행복하게 만들었다. 흩어져 살던 모든 주민을 원래 거주지에 모아들였다. 선왕 중 그 누구도 하지 못한 일을 나는 이루었다. 가파른 산을 자르고 바위를 쪼개고 길을 닦고 삼나무(의 수송)를 위해 직선 도로를 건설했다. 나는 레바논의 주민을 모두 함께 안전하게 살게 해 주었고 아무도 이들을 괴롭히지 못하게 했다."[22]

그러는 동안에 메디아인은 북서쪽으로 진군하여 우라르투(기원전 590년)와 카파도키아를 차례로 침공했다. 기원전 585년에 키악사레스와 리디아 왕 알리아테스가 "일식日蝕의 전투"■에서 대치했는데 무력으로는 대결을 해소할 수 없게 되자 네부카드네자르가 중재자로 나서 이 두 나라 사이에 휴전을 중재하고 할리스 강(키질리르마크 강)을 국경으로 확정했다.[23] 동맹자의 동의가 있었는지는 모르지만 그는 킬리키아를 점령하고 "우라르투 국경을 따라 위치한" 여러 도시를 요새화했다. 아마 그는 키악사레스를 믿지 않았던 것 같다.

네부카드네자르 치세의 마지막 시기는 자료 부족으로 잘 알려지지 않았다. 이 시대의 수많은 문서는 쉽게 사라질 재료 위에 아람어로 기록되었기 때문이다. 그는 기원전 562년에 병으로 죽었다. 그의 아들 아멜-마르두크(성서에는 에빌-메로다크로 나온다)는 두 해밖에 왕위에 있지 않았다. 베로수스에 따르면, "그는 공적인 업무를 불법적이고 부정확하게 감독했고" 자신의 매형/제였던 네르갈-샤르-우수르("네리글리사르")가 그를 폐위했다.[24] 네르갈-샤르-우수르는 사업가로서 네부카드네자르가

■ [역주] 할리스 강변에서 메디아와 리디아 사이에 있었던 이 전투는 개기일식으로 갑자기 중단되었다. 개기일식이 일어난 날짜를 계산할 수 있기 때문에 이 전투가 있었던 날을 정확히 기원전 585년 5월 28일로 확정할 수 있다.

공무를 맡겼던 인물이다.[25] 그의 명문에 언급된 신전 재건과 토목 공사 외에 그의 치세에 있었던 유일한 군사 작전은 4년(기원전 559~556년) 동안 지속된 킬리키아 왕에 대한 원정이었다. 그가 죽자 그의 아들 라바시-마르두크가 그를 계승했다. 그는 어린아이에 불과했지만 벌써 악한 성향을 드러냈던 것 같다. 그래서 그의 친구들이 그에 대항해 공모했고 아홉 달 후에 그를 고문하고 죽였다. 공모자들은 힘을 합해 자기들 중 한 명인 나부-나이드■(나보니두스)라는 인물을 왕위에 올리기로 결정했다(기원전 556년). 그러나, 그보다 4년 전에, 머지않아 고대 세계의 모습을 바꿔 놓게 될 한 사건이 이란에서 일어났다.

바빌론의 몰락

나보니두스는 메소포타미아의 그 어떤 군주보다 더 이상하고 난해하며, 그 덕분에 가장 매력적이다.[26] 그의 아버지에 대해서는 사실상 알려진 것이 없으며 단지 왕가의 혈통이 아닌 바빌론 귀족이었다는 사실만 알려져 있을 뿐이다. 반면 그는 자기 어머니 아다드-구피가 죽은 후 그에 관한 일종의 전기를 남겨 놓았다.[27] 기원전 651년 하란에서 태어난 아다드-구피는 달 신이었던 신Sin을 독실하게 섬겼다. 하란에는 우르만큼이나 유명한 신Sin의 신전이 있었다. 일찌감치 남편을 여읜 듯한 그는 하란이 메디아에 점령되기 전에 하란을 떠나 바빌론으로 피신했다. 네부카드네자르의 조정에서 높은 위치를 차지한 듯한 그는 자기 아들을 조정에 입문시켰다. 그는 104세를 일기로 기원전 547년에 죽었다. 강한 성품을

■ "나부 신이 (왕을) 높이셨다."

지녔던 그는 자기를 존경하는 아들에게 깊은 영향을 끼쳤다. 모든 종교적인 것에 대해 심취하게 함과 더불어 신^{Sin}을 향한 아주 특별한 신심을 불어넣어 주었던 것이다. 이런 신심 때문에 마르두크의 사제들은 그를 달가워하지 않았다.

바빌론이 페르시아에 점령된 후 당시 "부역자^{附逆者}들"은 그들의 옛 왕[=나보니두스]의 명예를 실추시킴으로써 새로운 왕에게 아부하려고 애썼다. 그들은 그가 온갖 나쁜 짓을 했다고 고소하는 비방의 글을 썼다. 그중 가장 나쁜 짓은 바빌론의 신전에 신^{Sin}의 이름으로 "이 나라에서 아무도 보지 못했던 신의 형상"을 도입한 것이었다. 그들에 따르면 이 형상은 검은 마술의 성격을 띠고 있었다. 왜냐하면 그가 이것을 숭배할 때 "왕관을 쓴 악마의 모습을 하고 있었기" 때문이다.[28] 이러한 심각한 비방은 그 저자들조차도 기대하지 않았던 성공을 거두었다. 이 때문에, 이름을 혼동하긴 했지만 구약성서 다니엘서에 나오는 "네부카드네자르의 광증^{狂症}"에 관한 전설이 생겨났고, 사해 사본에도 그 영향이 남아있다.[29] 그렇지만 이런 비방에 일말의 진실이 포함되어 있음을 인정해야 한다. 나보니두스의 일부 명문을 보면 그가 신^{Sin}을 국가의 신 마르두크보다 더 높이 받들고 있었으며 그 신전에 특별한 관심을 기울였음을 알 수 있다. 나보니두스는 우르에 있는 대형 지구라트의 상당 부분과 여러 건축물을 보수했다.[30] 그러나 여러 해 동안 그는 메디아인이 파괴한 하란의 신^{Sin} 신전을 재건하려는 생각에 골몰해 있었다. 그렇다고 일부 사람들이 생각하듯 그가 마르두크 대신에 이 신을 모든 신의 우두머리로 만들려 했다는 증거는 전혀 없다. 우리는 그가 다른 메소포타미아 신전들(바빌론에 있는 마르두크의 신전 에사길을 포함해)을 재건하는 일에 후하게 기부했음을 알고 있다. 또한 이 신전들을 재건하기 전에 신성한 토지라는 사실을 인증해 주는 토대 매장물을 정성들여 찾게 했던 것을 보면 그가 수메르와 아카드의 종교적 전통에 애착이 있었음을 알 수 있다.

이렇게 찾는 일에는 수고스러운 발굴이 뒤따랐는데, 이 때문에 나보니두스는 가끔 "고고학자 왕"으로 불리기도 한다. 물론 그의 방법을 비롯해, 이 경우에는 그의 목표까지도 고고학과는 아무런 관련이 없었다. 그렇기는 하지만 이 왕이 당대의 특징이라 할 수 있는 과거에 관한 관심을 그의 백성과 공유했다는 사실은 분명하다. 신바빌로니아 시대 전반에 걸쳐 (아케메네스와 셀레우코스 시대도 물론이지만) 서기관들은 고대의 의식, 고대의 연대기, 고대의 왕조 목록을 복사하는 일을 그치지 않았고, 사람들은 열정적으로 골동품을 수집했다. 우르에서 벨-샬티-난나르(지금은 엔-니갈디-난나로 읽힘. 전승에 의하면 나보니두스가 이 도시에 신Sin의 사제로 임명한 딸)의 궁전을 발굴하던 울리Woolley는 같은 거주층에서 카슈인의 쿠두루kudurru, 슐기의 조각상 파편, 진흙으로 만든 라르사 왕의 원뿔 등과 같은 다양한 시대의 유물을 발견하고 깜짝 놀랐다. 울리는 나중에 가서야 이 공주의 개인 박물관을 발견했다는 사실을 알게 되었다.[31]

부드러운 몽상가이며 신심이 가득한 이 왕과 모든 면에서 대조되는 사람이 있었는데 그는 바로 키루스 2세라는 무시무시한 인물이었다. "위대한 왕, 아케메네스 사람, 파르수마시와 안샨의 왕"은 나보디두스의 즉위 3년 전인 기원전 559년에 페르시아의 왕위에 올랐다.

메디아인과 마찬가지로 인도-유럽어를 사용하는 페르시아인은 기원전 제2천년기 말에 메디아인과 함께 이란에 들어왔다. 그들은 먼저 우르미아 호수 근처에서 메디아인 곁에 살다가 남동쪽으로 쫓겨난 후 파르스 산맥이라 불리는 자그로스 산맥 연장부의 북쪽에 정착했다. 페르시아인은 헤로도토스 덕분에 기원전 7세기 말경 역사에 등장하는데, 이 무렵 이들은 아케메네스(하하마니시)의 아들인 테이스페스의 후손들이 다스리는 두 왕국을 이루고 있었다. 진정한 의미의 페르시아(파르수마시), 즉 오늘날의 이스파한과 시라즈 사이에 펼쳐져 있는 지역은 테이스페스의 큰아들인 아리아람네스의 가문이 다스렸고, 좀 더 서쪽에 있는 안샨 지방은 아리아람네스의 동생인 키루스 1세의 가문이 통치했다. 이 두 왕국은 메디아의 속국이었다. 한두 세대 동안 아리아람네스의 "집"은 키루스 1세의 가문보다 우위에 있었으나 키루스 1세의 아들인 캄비세스 1세(기원전 약 600~559년)는 이 역학 관계를 역전시키고 주군인 메디아 왕 아스티아게스의 딸과 결혼함으로써 자신의 영예를 드높였다. 이 결혼 관계에서 키루스 2세가 태어났다. 나보니두스의 재위 초기에 키루스(쿠리아시)는 파사르가다에 Pasargadae 궁전에 거주하면서, 비교적 고립되어 있었지만 아주 광대한 영역을 다스리면서 자기 외할아버지에게 조공을 바치고 있었다. 그러나 그에게는 충분한 지적인 능력과 야망이 있었다. 그는 주변 이란 지역에 있는 부족들을 복속시키고 자기 왕국을 점점 넓혀 가고 있었다. 그때 바빌론의 왕이 그에게 제국을 얻을 기회를 제공했다.

우리는 나보니두스의 가장 큰 열망이 하란에 신 Sîn 의 신전을 다시 세우는 것이었다는 사실을 언급했었다. 하란은 그에게 애착이 가는 도시였을 뿐만 아니라 메소포타미아와 아나톨리아를 연결하는 도로들이 만나는 지점에 있어서 교역과 전략의 중요한 중심지였다. 불행히도 하란은 610년부터 메디아인의 수중에 있었다. 나보니두스는 메디아에 대해 무력했다. 나보니두스는 페르시아를 보면서 기원전 제1천년기에 이따금 바빌로니아에 도움을 주었던 엘람을 떠올리며 키루스에게 하란을 되찾도록 도와 달라고 요청했다. 키루스는 이 요청을 수용했다. 아스티아게스는 음모를 눈치채고 외손자를 엑바타나로 불렀지만 그에게 돌아온 것은 거절이었다. 전쟁이 일어났고, 결국 페르시아의 승리로 끝났다. 자신의 장군에게마저 배반당한 아스티아게스는 키루스의 포로가 되었고, 키루스는 하룻밤 새에 두 왕국, 즉 페르시아 왕국과 메디아 왕국의 주인이 되어 있었다(기원전 550년). 오래전부터 고전 작가들에게 알려져 있던 이 중요한 사건[32]은 동시대의 쐐기문자 문서에도 나온다. 나보니두스는 마르두크가 꿈에 자기에게 나타나 하란에 신^{Sin}의 신전인 에훌훌을 재건하라는 명령을 내렸다고 한다. 나보니두스가 하란은 움만-만다(메디아인)의 수중에 있다며 이의를 제기하자 마르두크는 다음과 같이 대답했다.

> "네가 말하는 이 움만-만다와 그들의 나라, 그리고 그들과 동맹을 맺은 모든 왕은 더는 존재하지 않을 것이다.
> (그리고 실제로) 셋째 해에 마르두크가 그들에 대항하기 위해 안샨의 왕이며 자신의 젊은 종인 키루스를 일으켜 세웠다. 그(키루스)는 수많은 움만-만다 사람을 적은 수의 군대로 물리쳤다. 그리고 움만-만다의 왕 이슈투메구(아스티아게스)를 포로로 잡아 끌어와 자기 나라에 가두었다."

또한 『나보니두스의 연대기』에는 좀 더 무미건조한 문체로 더 정확한 이야기가 발견된다.

> "이슈투메구 왕은 군대를 동원해 안샨의 왕 키루스를 잡기 위해 진군했다. … 이슈투메구의 군대가 왕에 대항해 반란을 일으켰고 왕은 포로가 되었다. 군대는 왕을 사슬에 묶어 키루스에게 넘겨주었다."[33]

메디아를 무찌른 키루스는 여러 차례에 걸쳐 빛나는 원정을 수행하였고, 10년 후에는 세상에서 그때까지 존재했던 나라 중 가장 큰 제국을 얻게 되었다. 그의 첫 목표는 당시 호화로움으로 유명한 크로이소스가 다스리고 있던 리디아였다. 이 페르시아 왕은 아르메니아 산맥을 넘는 대신 군대를 이끌고 북부 자지라를 가로질러 타우루스 산맥의 남사면 南斜面을 따라 진군했다. 니네베 남쪽에서 티그리스 강을 건너고 하란을 거쳐 서쪽으로 진군한 후 당시 바빌론의 속국이었던 킬리키아를 점령했다. 이리하여 그가 얼마 전 나보니두스와 맺었던 동맹 관계가 깨졌다. 결국 나보니두스는 리디아와 그 동맹국이었던 이집트의 진영으로 들어가게 되었다. 그러나 크로이소스는 홀로 페르시아와 맞서야 했고 프테리아에서 패했다(기원전 547년). 리디아는 병합되었고 이오니아의 그리스 도시들은 차례로 정복자의 손에 들어갔다. 그 후 키루스는 반대 방향으로 기수를 돌려 이란 동부에서 파르티아와 아리아를 점령하고, 투르케스탄과 아프가니스탄에서 소그디아나와 박트리아를, 그리고 인더스의 상류를 점령했다. 페르시아 제국은 이제 에게 해에서 파미르 고원까지 약 사천 킬로미터에 펼쳐져 있었다. 이런 거인 앞에 바빌로니아가 살아남을 희망은 전혀 없었다.

그동안 나보니두스는 아라비아에 있었다. 나보니두스 치세의 연대기를 보면 그는 재위 2년에 하마로 갔다. 이듬해에는 아마누스 산지로 가서 아둠무(에돔)로 군대를 파병했다고 한다.[34] 이런 "세금 징수인의 순회"는 지극히 평범한 일이다. 그러나 같은 연대기에서는, 적어도 재위 7년부터 11년까지 (12년부터 16년까지는 공백이 있기 때문에) "왕이 테마에 있었다"고 지속적으로 반복해 기록하면서 그가 없었기 때문에 바빌론에서 신년 축제가 행해질 수 없었다고 한탄한다. 테마(아랍어로는 테이마)는 홍해에서 직선거리로 230킬로미터 떨어진, 아라비아 반도 북서부에 있는 오아시스다. 나보니두스는 이곳을 기점으로 헤자즈 전체를 두루 돌아다니면서 (다른 문서에 의하면, 정복하면서) 야트리부(메디나)

까지 갈 수 있었다.[35] 그가 바빌론에서 멀리 떨어진 사막 한복판에 체류한 이유는 메소포타미아 역사상 가장 큰 수수께끼 중 하나다. 정치적, 전략적, 경제적, 종교적(테마는 아랍인이 달 신을 섬기는 중요한 성소였다) 측면에서 여러 설명이 제안되었다.[36] 나보니두스 자신은 자기가 고의로 바빌론을 내전과 기근에 팽개쳐 두었다고 한다. 그러나 어떤 가설도 완전히 만족스럽지 않다. 더구나 적어도 5년 동안이나 왕이 자기 자리를 떠나 자기 어머니의 장례식에도 참석하지 못한 이유를 설명할 수 없다. 나보니두스는 자기 아들인 벨-샤라-우수르(성서의 "벨사자르")의 손에 통치를 맡겨 놓았다. 벨-샤라-우수르는 아마 훌륭한 군인이었던 듯하지만, 초라한 정치인이었고 점점 더 세력을 얻어가는 친페르시아 당파가 그의 권위에 이의를 제기하고 있었다. 사실 키루스는 자신이 정복한 거의 모든 나라에서 무력으로 강제하기보다는 새로운 백성의 환심을 사려고 노력했다. 그는 자신을 해방자로 표현했으며 피정복민을 관용으로 대했고, 심지어 현지의 전통과 관습을 장려했다. 따라서 그는 근동 전역에서 아주 인기가 높았고, 많은 바빌로니아인은 수많은 사람이 미워하는 미친 나보니두스 대신 이런 선한 군주의 백성이 되더라도 잃을 것이 없다고 생각하고 있었다. 분명 바빌론은 페르시아인에게 쉬운 먹이였을 것이다.

키루스는 기원전 539년 가을에 바빌론을 공격했다. 마침내 아라비아에서 돌아온 나보니두스는 벨사자르에게 바빌론 상류에 있는 티그리스 강변을 따라 군대를 배치하여 페르시아인의 길을 막으라는 명령을 내렸다. 그러나 페르시아인은 압도적으로 수적인 우세에 있었다. 게다가 바빌로니아 군대의 좌측면을 보호할 임무를 맡은 구티움의 총독 우그바루(고브리아스)는 적에게 넘어갔다. 그 후 이어지는 사건들은 『나보니두스의 연대기』에 자세히 묘사된다.[37]

"타슈리투 월(9~10월)에 키루스가 티그리스 강변 우파(오피스)에 있는 아카드의 군대를 공격하자 아카드인들은 퇴각했다. 그는 재물을 약탈하고 사람들을 학살했다. 제14일에 시파르는 전투 없이 점령당했다. 나보니두스는 달아났다. …

제16일에 구티움의 총독인 우그바루와 키루스의 군대가 전투 없이 바빌론에 들어갔다. 그 후 나보니두스가 돌아와서 사로잡혔다. 월말까지 구티인의 방패병들이 에사길의 문을 포위했지만 에사길이나 (다른) 신전에서 (의식)의 중단은 전혀 없었다. …

아라흐삼누 월(10~11월) 3일에 키루스가 바빌론에 들어갔다. (도로가?) 그의 앞에서 가득 채워졌다. 키루스는 바빌론 전체에 인사했고 바빌론에는 평화가 깃들었다."

벨사자르는 오피스에서 살해당했다. 나보니두스가 어떻게 되었는지는 알 수 없지만 일부 고전 작가들에 따르면 키루스가 그를 이란 중심부에 있는 카르마니아의 총독으로 임명한 것 같다.[38] 바빌론은 파괴되거나 약탈당하지 않고 최고의 예우로 대접을 받았다. 페르시아인은 점령 첫날부터 바빌로니아인의 감정을 건드리지 않고 나라 전체에 질서를 유지하려고 애썼다. 수메르와 아카드의 신들은 자기네 신전에 그대로 머물러 있었다. 심지어 예전에 메디아인이 빼앗아 간 아시리아의 신들도 복원되었다. 키루스는 모든 사람에게 자기가 그들 나라 왕의 후계자라 생각한다는 사실과 자기는 마르두크를 숭배하고 "그의 위대한 신성을 기쁘게 찬양할" 준비가 되어 있다는 사실을 알렸다. 따라서 아카드어로 기록된 명문에서 바빌로니아인이 그를 맞아들이고 열정적으로 환영했다는 주장을 아마 그대로 믿어야 할 듯하다.

"바빌론의 모든 주민과 수메르와 아카드 모든 지방의 주민은 그 군주들과 총독들과 더불어 그(키루스)의 앞에 몸을 굽히고 그의 발에 입을 맞추면서 그가 왕위를 얻은 것을 기뻐했다. 그리고 그 눈부신 얼굴에 기쁨으로 경의를 표했다. 마치 죽음에서 생명으로 옮겨주고 손해와 재난을 피하게 해 준 주인을 맞이하는 것 같았다. 그리고 그들은 그의 이름을 기렸다."[39]

키루스 원통

24 바빌론의 영광

비록 짧은 기간(기원전 626~539년)이었지만 칼데아인의 시대는 남부 메소포타미아에 중요한 흔적을 남겼다. 아름다운 여러 기념물 가운데 상당한 분량의 제왕 명문과 많은 경제 문서 및 사법 문서를 보면 위대한 신바빌로니아 왕국이 어떠했을지 충분히 짐작할 수 있다. 이런 자료 전반에서 다음 두 가지 점이 명확히 드러난다. 이 시대에는 종교적 건축물을 중심으로 한 건축 활동이 특별히 눈에 띄었다. 또한 이 시대에 이르러 신전이 주요한 사회경제적 단위로 다시 부상하는 것 같다.

아시리아 지배자들은 그들이 처한 환경과 그들의 의지 덕분에 기본적으로 전투적이고 팽창주의적인 나라를 건설한 반면, 오랫동안 외부 세계와 단절되어 있던 바빌로니아는 수메르-아카드의 유서 깊은 문명의 상속자와 보호자로서 메소포타미아의 "신성한 지역"이 되었다. 아시리아인도 바빌로니아를 그렇게 인정했기 때문에 깊은 반목에도 불구하고 이 지역을 대체로 존중했다. 기원전 6세기 바빌로니아의 부흥은 강한 종교적 색채를 띨 수밖에 없었다. 우리는 칼데아 군주들이 그토록 노력, 시간, 재정을 들여 주요 신전들을 재건하고 장식할 뿐만 아니라 화려하고 웅장한 의식적 축제를 거행한 이유를 이해할 수 있다. 주목할 만한 점은, 그들의 명문이 군사적 업적보다 경건한 행위를 기념하고 있으며 그들이 옛 아시리아 주인들의 오만한 칭호보다 "마르두크의 은혜를 받은 자", "신들의 사랑을 받은 자", "신실한 목자", 혹은 어느 신전의 "봉헌자"라는 칭호를 선호했다는 점이다. 이런 칭호들은 이라크 남부 전역에 흩어져 있는 수천 개의 벽돌에서 발견된다. 복구와 재건을 위해 그들이 쏟은 어마어마한 노력은 시파르와 바르시파에서 우루크와 우르에 이르기까지 수메르와 아카드의 모든 대도시로 퍼져나갔지만 가장 많은 수혜를 받은 곳은 단연 그들의 수도였다. 새롭게 확장되고 아름답게 꾸며졌으며 강한 방어 시설을 갖춘 바빌론은 세상에서 가장 훌륭한 도시 중 하나로 여겨졌다. 예레미야는 바빌론의 멸망을 예언하면서도 바빌론을 "온 세상을 취하게 할, 야훼의 손에 있는 금잔"이라 부르지 않을 수 없었으며, 헤로도토스는 (아마) 기원전 460년경에 바빌론을 방문한 후 이 도시에 관해 장황하게 묘사하면서 웅장함에서 이 도시를 능가할 도시는 없다고 외쳤다.[1]

이 큰 도시가 이런 명성을 얻을 자격이 있을까? 지난 몇 년 동안 이루어진 관광 (혹은 다른) 목적을 가진 복원에도 불구하고 이 유적지는 그다지 인상적이지 않다. 차라리 1899년부터 1917년까지 바빌론을 발굴한 로베르트 콜데바이와 그의 동료들의 출간물을 참조하는 편이 낫다.[2] 이 독일 학자들은 여름과 겨울을 막론하고 18년 동안 악착같이 일한 후에야 이 도시의 전체적인 평면도를 알아내고 남아 있는 주요 유물을 발굴했다. 좀 더 최근에 연구가 계속되었지만[3], 아직도 해야 할 일이 많이 남아 있다. 그렇지만 발굴해 낸 것만 가지고도 그리스 역사가[=헤로도토스]의 묘사를 보충하거나 수정하고 그의 환희에 동참하는 것이 가능하다.

큰 도시 바빌론

바빌론은 분명 아주 큰 도시였다. 메소포타미아에서는 물론 아마 당시 세계에서 가장 컸을 것이다. 이 도시의 면적은 약 850헥타르였고, 전해지는 바로는 1179개의 신전과 신당이 있었다. 인구는 약 10만 명으로 추정되지만 그 두 배라도 여유 있게 수용할 수 있었다. 진정한 의미의 도시, 즉 도시 중심부는 뚜렷한 정사각형 모양이었고 유프라테스 강을 중심으로 균등하지 않은 두 부분으로 나뉘었는데, 작은 부분이 강의 동쪽에 있었다. 도시는 성벽으로 둘러싸여 있었지만 "나쁜 사람들과 악독한 사람들이 바빌론을 압제하지 않도록 하려고" 네부카드네자르가 거리를 두고 둘째 성벽을 건설하게 했다. 이 성벽은 "산처럼 높았고" 길이가 약 8킬로미터에 이르렀다. 이 두 성벽 사이에 펼쳐져 있는 평원은 띠 모양의 녹지를 이루고 있었으며 그 안에는 밭과 종려나무 숲이 있었다. 아마 별장, 작은 집, 갈대 오두막이 들어차 있었을 것이다. 이 평원에는 단 하나의 공공건물이 있었던 것 같다. 그것은 네부카드네자르의 "여름 궁전"[4]으로서 그 폐허가 도시 북쪽 끝에 바빌이라는 텔을 이루고 있다. 아직 확실하게 위치를 알 수 없는 비트 아키티 *bit akīti*, 즉 신년 신전은 아마도 좀 더 멀리 떨어진 들판에서 찾아봐야 할 것 같다.

바빌론의 두 성벽은 뛰어난 작품이었고 고대에 경탄의 대상이 되었다.[5] 망대를 세워 요새화하고 해자를 파서 방어한 두 성벽은 3~8미터 두께의 평행한 여러 벽으로 구성되어 있었다. 도심을 두르고 있는 성벽에는 말린 벽돌로 만든 두 벽이, 군사 작전용으로 사용되는 7미터 간격의 도로를 사이에 두고 서 있었다. 50여 미터 너비의 해자는 유프라테스 강에서 끌어들인 물로 채워져 있었다. 도시 외곽을 두르고 있는 성벽은 세 개의 벽으로 이루어져 있었는데, 그중 두 벽은 구운 벽돌로 만들어졌다. 이 벽들 사이의 공간은 건물 잔해와 다진 흙으로 채워져 있었다. 그 결과 성벽 꼭대기는 너비가 거의 25미터에 이르러 나란히 전차 세 대가 지나갈 수 있었고 군대를 도시의 한 구역에서 다른 구역으로 신속히 이동시킬 수 있었다. 그러나 시험대에 오르게 되자 요새와 참호를 갖춘 이 대단한 방어 체계는 소용이 없었다. 헤로도토스의 말을 믿는다면 (이에 관해 의심할 이유는 거의 없다) 물이 적을 때 유격대를 앞세운 페르시아인이 유프라테스 강의 하상河床을 거쳐 들어가 기습적으로 바빌론을 빼앗았다.

도심을 두르고 있는 성벽에는 여덟 개의 성문이 있었는데 각 문에 남신이나 여신의 이름이 붙여져 있었다. 성문은 성벽에 걸쳐 있으며, 앞뒤로 늘어서 있는 두세 쌍의 직사각형 망루로 이루어져 있었다. 이 망루들은 통로 안쪽으로 돌출됨으로써 통로를 구획으로 만들어 감시를 용이하게 해 주었다. 발굴 당시 가장 잘 보존되어 있던 문은 북서쪽에 있는 이슈타르 문으로 약 25미터 높이였고 화려한 장식 때문에 눈에 띄었다.[6] 외벽면 북쪽과 내벽면 전체는 아름다운 청금석을 입힌 벽돌로 덮여 있었다. 이 벽돌에다 흰색 바탕에 녹색, 황색, 청색의 저부조로 장식한 용(마르두크의 상징)과 황소(아다드의 상징)가 수평으로 늘어서 있었다. 벽의 아래쪽과 아치형 통로의 가장자리는 황색 띠와 흰색 장미꽃으로 장식되어 있었다. 동물의 전체 숫자는 165마리로 추산된다. 도로를 높일 때 땅에 묻힌, 첫 단계에 건설된 문의 아랫부분에도 150마리의 용과 황소가 부조로 장식되어 있었다. 그러나 이 경우에는 평범한 구운 벽돌 위에 장식되어 있었다. 독일 고고학자들이 떼어낸 진짜 이슈타르 문은 지금 베를린 박물관에 있지만 최근 이라크 문화재 관리국이 이를 현장에 복원해 놓아서 이 유적지의 주요한 볼거리가 되어 있다.

우리는 아이-이부르-샤푸Ai-ibur-shapû, 즉 "적이 통과하지 못할 것이다"

이슈타르 문

라고 불리는 길을 따라 북쪽에서 이슈타르 문으로 갈 수 있다. 오늘날
이 길은 "행렬의 길"로 알려져 있다. 20미터가 넘는 너비에 석회암과
각력암 포석이 깔려 있으며 두꺼운 벽이 길가에 세워져 있는 이 도로
역시 푸른 바탕에 저부조로 조각한 동물들로 장식되어 있었다. 그러나
이 경우 동물은 황색과 적색 갈기를 가진 흰색 사자(이슈타르의 상징)였
고 양쪽에 각각 적어도 60마리는 있었다. 이 벽 너머 동쪽으로는 도시의
입구를 보호하는 큰 보루가 있었고 서쪽으로는 "북부 궁전"[7]이 있었다.
네부카드네자르의 치세 말에 건설되었고 아직 발굴이 끝나지 않은 이
궁전은 박물관과 도서관을 갖추고 있는 것으로 드러났다. 기원후 1776년
에 바로 이곳에서 현무암으로 만든 거대한 "바빌론의 사자상"이 나왔다.
이 상의 기원과 양식은 파악하기 어렵다. 현재 이 상은 이 유적지 입구에
있는 받침돌 위에 세워져 있다. 행렬의 길은 이슈타르 문을 지나면서
조금 더 넓어지며 도시 전체를 직선으로 가로질러 지구라트의 대지 남쪽

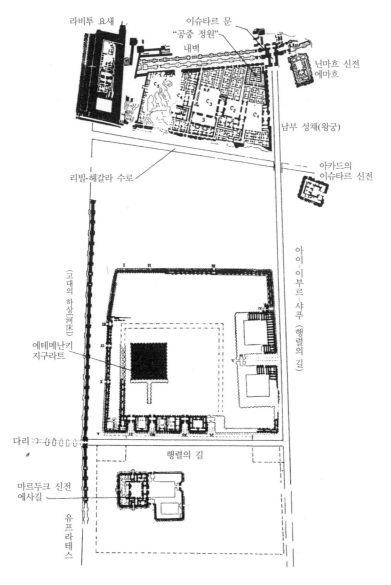

라비투 요새

이슈타르 문
"공중 정원"
내벽

닌마흐 신전
에마흐

남부 성채(왕궁)

리빌-헤갈라 수로

아카드의
이슈타르 신전

(고대의 하상[河床])

아이-이부르-샤푸 (행렬의 길)

에테메난키
지구라트

다리

행렬의 길

마르두크 신전
에사길

유프라테스

바빌론 중심부의 평면도

R. Koldewey, *Das wieder erstehende Babylon*, 1925
(R. 콜데바이, 『다시 소생하는 바빌론』)의 평면도에 기초해 저자가 작성한 도면

까지 이르렀다. 길은 여기서 방향을 바꿔 서쪽으로 향해 가다가 여섯 개의 기둥이 있는 배 모양의 다리를 이용해 유프라테스 강을 건넜다. 이 큰 간선도로는 도시를 두 부분으로 나누었다. 그중 한 구역에는 미로 같은 길이 거주 구역을 이루고 있었는데, 이곳 일부는 여전히 메르케스 언덕 아래에 묻혀 있다.[8] 아울러 이슈타르와 여신 닌마흐의 신전들도 이곳에 있었다. 다른 구역에는 왕궁, 지구라트, 그리고 마르두크, 니누르타, 굴라의 신전 등 큰 공공건물이 있었다. 아마 아직 탐사되지 않은 다른 신들의 신전도 있었을 것이다.

"빛나는 거처", "장엄한 주거지", "나라의 중심", 즉 남부 궁전은 네부카드네자르가 자기 아버지의 작은 거주지에 추가하여 건설한 것이다. 이 궁전은 성벽 바로 뒤 이슈타르 문 옆에 있었다.[9] 이 거대한 건물에는 방어 시설을 갖춘 거대한 문 하나가 "행렬의 길" 쪽으로 열려 있었고 다섯 개의 큰 뜰이 앞뒤로 배치되어 있었는데 각 뜰을 둘러가며 접견실, 왕의 거처, 업무용 건물, 부속건물들이 있었다. 왕좌가 있는 방은 넓었고 (52미터 × 17미터) 아주 높았으며 아마도 둥근 천장이 있었을 것이다. 아시리아 궁전과는 달리 문을 지키는 대형 석조상도 없었으며 벽을 장식하는 상판도 없었다. 유일한(그러나 화려한) 장식은 푸른 벽돌로 만든 거대한 판 위에 있는 도식화된 종려나무와 꽃이었으며 그 아래 굽도리에는 걸어가는 사자가 있었다. 궁전의 북동쪽 모퉁이의 지하층에 복합 건물이 하나 있었는데 여기에는 열네 개의 작은 방이 중앙 복도를 향해 나 있었다 (그중 한 방에는 사슬 펌프■로 이용되었을 듯한 삼중 수직 갱도가 있었다). 이것은 한때 네부카드네자르가 자기 아내 아미티스를 위해 만든 그 유명한 "바빌론의 공중 정원"의 기본 골격이라고 해석되었

■ [역주] 사슬에 양동이를 달아 물을 퍼올리는 장치를 가리킨다.

다.[10] 오늘날에는 이를 행정 부서의 공문서 보관소라고 대수롭지 않게 여긴다.[11] 서쪽으로 궁전과 인접한 곳에는 25미터 두께의 벽을 지닌 거대한 요새 _halşu rabîtu_ 가 있어서 유프라테스 강줄기를 굽어보고 있었다.

궁전 남쪽에는 돌출부가 있는 벽으로 둘러싸인 넓은 공간 한가운데 명실상부한 바벨탑이 서 있었다. 이 탑은 에테메난키 _Etemenanki_, 즉 "하늘과 땅의 기초 신전"이라 불리는 대형 지구라트였다. 아마도 바빌론만큼이나 오래되었을 이 지구라트는 센나케리브가 파괴했다가 에사르하돈, 아슈르바니팔, 나보폴라사르, 네부카드네자르가 연이어 재건했지만, 전설에 의하면 크세르크세스가 다시 한 번 파괴했다고 한다. 그러나 사실은 멋진 구운 벽돌을 이용하려는 사람들 때문에 바빌론 유적이 여러 세기 동안 주기적으로 약탈당한 결과인 것 같다. 이리하여 이 지구라트는 이제 존재하지 않는다. 마지막 벽돌들을 끄집어내기 위해 그 기초 주변으로 둘러가며 팠던 구덩이밖에는 아무것도 남아 있지 않다. 따라서 헤로도토스의 묘사와 "에사길의 토판"[12]이라 불리는 아주 막연한 아카드어 문서만을 토대로 머릿속으로 지구라트를 재구성해야 한다. 이 지구라트는 분명 거대한 건축물로서 측면이 91미터고 아마 높이도 그 정도 되었을 것이며 층의 개수는 다섯에서 일곱 정도였다. 그 꼭대기에는 "빛나는 푸른 유약"을 입힌 벽돌을 사용해 높이 올린 신당 _shahūru_ 이 있었고 그 안에는 금으로 만든 판과 큰 침대가 있었다.

"어떤 신상도 이곳에 없었고 어떤 인간도 이곳에서 밤을 지내지 않았다. 신의 사제였던 칼데아인들의 말에 따르면, 모든 여자 가운데서 신이 선택한 단 한 명의 여자는 예외였다. 이 칼데아 사람들은 (나는 그들이 하는 말이 믿기 어렵지만) 신이 사람의 몸을 입고 신전에 내려와 그 침대 위에 눕는다고 한다."[13]

이 이상한 이야기는 히에로스 가모스*hieros gamos*, 즉 "신성한 결혼" 같은 의식을 떠올리게 하지만 신바빌로니아 시대에 그런 의식이 있었음을 확인해 주는 문서가 전혀 없다는 사실을 인정해야 한다.

바빌론의 수호신이며 바빌론 제신 중 아누 다음으로 높은 마르두크의 신전은 에사길*Esagil*, 즉 "높이 올린 머리를 가진 신전"이라 불렸다. 이 신전은 6700제곱미터 넓이의 큰 건물로 지구라트 아래가 아니라 유프라테스 강의 다리로 가는 길 건너편에 있었다. 바빌론의 모든 왕은 그들의 신전 중에 가장 유명한 신전, "하늘과 땅의 궁전, 왕권의 자리"에 호의를 베풀었고 네부카드네자르는 이 전통을 저버리지 않았다.

> "나는 은, 금, 값비싼 보석, 청동, 마간의 목재, 엄청나게 많은 값진 것 전부, 산에서 나는 것, 바다의 보화, 많은 양의 재물, 사치스러운 선물을 나의 도시 바빌론으로 가져와 그(마르두크)의 앞에 바쳤다. … 나는 신들 중 엔릴인 마르두크의 신당 에쿠아*Ekua*의 벽을 태양처럼 빛나게 했다. 반짝이는 금을 청금석 및 설화석고와 함께 마치 회반죽처럼 그 내부에 발랐다. … 내 마음이 나에게 에사길을 재건하라고 충동한다. 나는 항상 그것에 대해 생각한다. 나는 고귀한 숲 레바논에서 가져온 가장 좋은 삼나무를 골라 에사길의 지붕을 만들었다. 나는 신전 내부에 있는 튼튼한 삼나무 들보를 눈부신 금으로 덮었다. … 에사길을 건축하기 위해 나는 매일 기도했다."[14]

지구라트에 관해 묘사한 헤로도토스는 "다른 신전"에 관해 이야기한다. 이곳에는 금으로 만든 "제우스"의 신상이 금으로 만든 왕좌에 앉아 있었고 그 옆에는 금으로 만든 큰 탁자가 있었다. 이 귀금속은 전부 800탤런트(5.5톤)였다. 또한 제단이 있었는데 (금으로 만들지는 않았다) 이곳에서는 매년 천 탤런트의 향이 태워졌다. 이 숫자는 아마 과장이었겠지만 신전의 호화로움이 얼마나 유명했는지 짐작하게 해 준다.

고고학자들이 바빌론 유적의 이 구역을 발굴하느라 애쓰던 중에 지하 20미터 이상 깊이에서 에사길이 발굴되었다. 그들은 간신히 중앙 신전을 발굴해 낼 수 있었다. 이 신전에는 앞뜰 하나와 여러 방으로 둘러싸인 중앙 뜰 하나가 포함되어 있었다. 이 방들 가운데에는 마르두크의 신당(에쿠아), 그의 배우자인 사르파니툼의 신당, 에아의 신당, 나부의 신당이 있었다. 옆에 붙어 있는 한 신전에서는 벽과 문 외에 아무것도 발굴할 수 없었다.[15] 에사길은 고대에 완전히 도굴당해(놀랄만한 일은 아니다) 크게 값나가는 물건은 전혀 나오지 않았다. 근처에 있는 작은 언덕 꼭대기에는 예언자■의 친구였던 암란 이븐 알리의 무덤이 있어서 이슬람교인들에게 바빌론의 이 구역은 지금까지도 신성한 곳으로 여겨지고 있다.

신년 축제

바빌로니아 달력에서 가장 중요하고 가장 엄숙한 축제인 신년 축제는 바로 이 크고 아름다운 도시를 배경으로, 화려한 에사길과 아름다운 들판에서 매년 봄에 진행되었다.[16]

이 축제는 종교적 사고의 두 흐름이 만나면서 생겨났다. 그것은 풍요의 제의와 우주의 기원에 관한 개념이다. 풍요의 제의는 신석기시대까지 거슬러 올라가는 것으로 추정되며 농경 주기의 중요한 시점에 이루어진 주술적 성격의 의례(다른 곳에서는 거의 알려지지 않은)에서 드러난다. 이 축제를 수메르어로는 아키티*á-ki-ti* 라고 하며 아카드어로는 아키투*akītu*

■ [역주] 이슬람교의 창시자 무함마드를 가리킨다.

라고 한다.[17] 이러한 축제 중 두 건이 아카드 시대부터 우르에서 확인되며 한 건이 우르 3왕조 시대부터 니푸르에서 발견된다. 그렇다고 해서 이 두 도시에서만 아키투 축제가 이루어졌다는 말은 아니다. 우리는 아키투*akitu* 라는 단어의 어원과 정확한 의미를 모른다. 그러나 "파종의 아키투"나 "보리 수확의 아키투"라는 표현에 사용된 수식어로 보나, 시대와 장소를 막론하고 아키투 신전*bīt akīti*이 도시 바깥 들 한가운데나 흔히 수로 가에 있었다는 사실로 보아 이 단어가 가리키는 축제가 농사에 관련된 축제임은 분명하다. 우리가 이미 언급했던 "신성한 결혼" 의식이 이 풍요의 제의와 연결된다. 신성한 결혼 의식은 적어도 기원으로 볼 때 도시 우루크 및 이난나/이슈타르 제의와 밀접한 관련이 있으며 기원전 제2천년기 초반에 사라진 듯하다.

종교적 사고의 둘째 흐름은 전적으로 니푸르의 엔릴 사제들이 만들어 낸 우주 기원에 관한 개념에 기반을 두고 있기 때문에 풍요의 제의보다 좀 더 인위적이긴 하지만, 이 역시도 남부 메소포타미아의 고유한 생태학적 문맥에 뿌리내리고 있다고 생각된다. 이 흐름은, 세상의 질서가 매년 복원되며 그 결과 각 사람의 미래도 복원되어 근원적 혼돈으로 되돌아갈 위험을 안고 있다는 개념을 전제로 한다. 이 위험은 아주 구체적인 주술적 행위(지난날 저지른 잘못과 죄를 제거함, 티아마트와 악의 세력을 무찌른 엔릴의 싸움을 말이나 연극을 사용해 환기시킴)로만 막을 수 있으며 질서의 회복은 "운명의 선포"로만 확보될 수 있다. 그런데 이 지역처럼 농사를 기반으로 하는 곳에서는 자연이 긴 겨울잠에서 깨어나고 (그러나 깨어나지 않을 가능성도 있다) 첫 싹이 땅에서 솟아나는 때, 즉 니산누*nisannu* 월(우리 달력으로 3월과 4월에 걸쳐 있다) 초 "해의 문턱"(수메르어 zag-mu[k], 아카드어로 zagmukku)이야말로 이 의식을 행하기에 최적기라 할 수 있다. 이런 관점에서 이 의식은 풍요의 제의와 결합되어 한 의식 안에 아키투 축제 전체를 포함하게 되었다. 기원전 제1천 년기에 바빌로니아와 아시리아에서 행해진 신년 축제는 비트 아키티[= 아키투 신전]에서 행해진 의식을 포함했고 일반적으로 아키투라는 이름 을 갖고 있었지만 때로는 자그무쿠*zagmukku* 의 축제라고도 불렸다.

바빌론에서(그리고 아마 다른 곳에서도[18]) 이 축제는 니산누 월 첫날 에 시작되어 11일 혹은 12일 동안 지속되었다. 자세한 진행 순서가 나오 는 유일한 문서(셀레우코스 시대의 의식을 기록하고 있지만 그 기원은 분명 더 오래되었다[19])는 불행히도 완전하지 않고 중요한 공백이 있지만 첫 5일 동안 축제의 단계를 날짜별로 어느 정도 추적할 수 있게 해 준다.

의식을 적어 놓은 토판의 첫 부분은 심하게 손상되었으며 에사길의 "웅장한 문"을 여는 것과 그곳에 있는 큰 뜰을 엿보게 해 줄 뿐이다. 둘째 날에는 대사제*sheshgallu* 가 동 트기 두 시간 전에 일어나 유프라테스 강에 몸을 씻고 마르두크의 신상을 가리고 있던 커튼을 열어젖힌 후 바 빌론과 그 주민에게 은총을 내려 달라고 마르두크에게 청하는 비밀스러 운 기도를 낭송한다. 그 후 그는 "들어오는" 사제들, 즉 에리브 비티*êrib bîti*■와 주술사들*kalû* 및 가수들을 맞이한다. 이들은 "벨(마르두크)과 벨티 아(사르파니툼) 앞에서 전통적인 방식으로 의식을 거행한다." 이어지는 이야기는 너무 단편적이라 이해할 수 없지만 "잊힌 의식", "적들", "마르 두크의 저주"에 관해 말하는 것으로 보아 혼란스러운 시대에 관해 언급 하는 듯하다.

셋째 날도 둘째 날과 마찬가지로 시작하지만 "해가 뜬 지 세 시간 후 에" 대사제는 대장장이, 소목장이, 세공인을 한 명씩 불러서 그들에게 "손가락 일곱 개 높이의" 두 신상을 만들게 하는데, 하나는 삼나무 목재

■ [역주] "에리브 비트"는 아카드어로 "집에 들어오는 사람"이란 의미를 지닌다.

로 만들고 다른 하나는 위성류 목재로 만든 후 보석으로 장식하고 붉은 옷을 입히게 한다. 한 소상은 뱀을 잡게 하고 다른 소상은 전갈을 잡게 하여 마다누 신[20]의 신당에 놓아두어야 한다. 각각의 장인에게 배분될 희생 제물 고기의 양이 세밀하게 명시된다.

넷째 날 아침에 대사제는 먼저 마르두크와 그의 배우자에게 기도를 올린 후 뜰로 가서 북쪽을 바라보며 에사길을 축복하고 다른 사제들과 가수들을 맞아들인다. "오후 끝의 두 번째 식사를 마친 후" 저녁에는 마르두크 앞에서 『에누마 엘리시』, 즉『창조 서사시』 전체를 낭송한다. 이 긴 낭송 중에 아누의 왕관과 엔릴의 의자는 덮여 있어야 한다. 아마 이 신들을 공경하는 마음에서 이렇게 했을 것이다. 특히 엔릴의 경우 마르두크가 엔릴의 역할을 대신하는 상황이었던 것이다.■

다섯째 날에는 이른 아침에 기도와 의식적 주문을 낭송한 후 마슈마슈*mashmashu* 라 불리는 전문적인 사제가 신전을 정화한다. 이 사제는 향로와 횃불을 가지고 신전 벽에 유프라테스 강과 티그리스 강의 물을 뿌리고 신전 문에 삼나무 진액을 바른다. 그러는 동안 사람들은 북을 치고 향내 나는 식물을 태운다. 그러고 나서 그는 백정을 불러 숫양 한 마리의 목을 베게 한다. 그러면 사람들은 그 시체를 신전 안에서 끌고 다니다가 "서쪽을 바라보면서" 머리와 함께 강물에 던진다. 이 숫양은 지난해의 모든 죄를 물결에 따라 가져가 버리는 "희생양"이다. 이렇게 한 후 백정과 마슈마슈는 바빌론을 떠나서 축제가 끝날 때까지 바빌론으로 돌아오지 못한다. 이때 (부정을 타지 않으려고 이 속죄 의식에서 멀리 떨어져 있던) 대사제는 일꾼들에게 금으로 수놓은 푸른 천 베일로 나부의 신전

■ [역주] 『에누마 엘리시』에 따르면, 엔릴을 비롯한 신들이 티아마트의 위협 앞에서 두려워 떨고 있을 때 젊은 신 마르두크가 나서서 적을 무찌르고 신들을 구원한다.

을 가리라고 명령한다. 실제로 나부가 몇 킬로미터 떨어진 그의 도시 바르시파(비르스 님루드)에서 배를 타고 바빌론으로 오기 때문이다.

같은 날 저녁 (축제 의식에 반드시 참석해야 하는) 왕은 에사길로 가서 손을 씻지만 신전 내부로 들어가지는 않는다. 그는 대사제에게 자기 왕권의 상징물(왕홀, 원형 물건, 왕관, 그리고 무기류)을 넘겨준다. 이 상징물은 바로 마르두크의 신상 안치소에 안치된다. 그 후 대사제가 돌아오면 이곳에서 이상한 장면이 펼쳐진다.[21] 그는 군주의 뺨을 때리고 귀를 잡고 마르두크 앞으로 끌고 가 그를 땅에 엎드리게 한다.

> "왕은 다음과 같은 말을 한 번(만) 할 것이다. '나는 죄를 짓지 않았고 나라의 주인으로서 당신의 신적 통치(가 요구하는 것)를 소홀히 하지 않았습니다. 나는 바빌론을 파괴하지 않았습니다. 나는 바빌론의 멸망을 명하지 않았습니다. 나는 에사길을 …하지 않았습니다. 나는 그 의식들을 잊지 않았습니다. 나는 (내) 아랫사람들이 뺨에 따귀를 맞게 하지 않았습니다. … 나는 그들을 모욕하지 않았습니다.'"

대사제는 왕을 안심시킨다.

> "아무것도 두려워하지 마십시오. … 벨 신이 당신의 기도를 듣고 당신의 주권을 위대하게 하시며 당신의 왕권을 높이실 것입니다. 벨 신이 당신에게 영원히 복 주실 것입니다. 그분은 당신의 적을 무찌르고 당신의 반대자를 치실 것입니다."

그는 왕에게 상징물을 돌려주고 다시 그의 뺨을 때린다. 그의 반응은 전조의 역할을 한다.

"그(사제)는 왕의 뺨을 때릴 것이다. 만약 그가 왕의 뺨을 때릴 때 눈물이 흐른다면 (그것은) 벨 신이 호의적이라는 의미이다. 만약 눈물이 나지 않으면 벨 신이 화가 난 것이며, 적이 일어나 그가 몰락하게 될 것이다."

갈대를 태운 불 앞에서 황소 한 마리를 희생 제물로(?) 바침으로써 이 정화와 왕의 굴욕의 날이 마무리된다. 여섯째 날에 관해서는, 장인들이 제작한 두 점의 "불행의 소상들"이 나부 앞에서 목이 잘리고 불태워졌다는 것 외에는 알 수 없다.

이 의식에 관한 우리 토판은 여기서 멈춘다. 그러나 신년 축제에 관련된 일부 문서들을 보면 다른 신들, 특히 시파르, 쿠타, 키시의 신들이 바빌론으로 온다는 것을 알 수 있다. 아홉째 날 왕은 마르두크의 신상 안치소에 들어가 마르두크의 "손을 잡고"[22] 그를 다른 신들과 함께 우브슈킨나*ubshukinna* 라 불리는 특별한 신당에 안치한다. 이곳에서 신들의 모임은 마르두크를 왕으로 선포하고 처음으로 운명을 결정한다. 이때 왕이 이끄는 큰 행렬이 형성되고 모든 남신과 여신의 신상이 여기에 참여한다. 이 신들의 선두에는 금과 보석으로 반짝이는 수레를 탄 마르두크가 있다. 행렬은 기쁨과 존경과 감탄으로 가득한 사람들 앞에서 "행렬의 길"을 통과하여 지나가 이슈타르 문을 거쳐 도시를 빠져나간 후 유프라테스 강변에 도착한다. 짧은 시간에 강을 건넌 행렬은, 큰 정원 한가운데 식물과 꽃이 가득한 신전, 비트 아키티*bit akiti*[23]에 도착한다. 이 신전에서 무슨 일이 일어났는지는 알 수 없지만 아마도 티아마트에 대한 마르두크의 승리, 즉 혼돈의 세력에 대한 질서의 세력의 승리를 상기시켰을 것 같다.[24] 비트 아키티에서 이틀을 보낸 신들은 니산누 월 열한째 날에 에사길로 돌아와 다시 모여서 "나라의 운명"을 선포했다. 이 모호한 표현이 어떤 의미를 내포하는지 정확히 알 수 없다. 아마 신들은 군주의 통치나 전쟁, 기근, 홍수 등과 같은 명확한 사건에 관한 신탁을 선언했을지도 모른다. 아니면 단순히 나라와 왕, 바빌론과 그 주민에 대한 신들의 보호를 재확인했을지도 모른다. 이날은 음악, 노래, 기도가 곁들여진 큰 잔치와 더불어 마무리되었다. 열두째 날에는 바빌론에 온 모든 신이 각각 자기 도시로 돌아갔고, 사제들은 그들의 신전으로, 왕은 자기 궁전으로 돌아갔다. 신년 대축제는 끝났고 수메르와 아카드의 미래는 보장되었다.

신전과 은행

칼데아 바빌로니아에서는, 이 흥미로운 종교적 정열의 꼭대기와 경제적 현실의 무미건조한 평원[25] 사이의 거리가 생각만큼 그렇게 멀지 않다. 그것은 이 시대에 수많은 신전이 부흥했을 뿐만 아니라, 농업 생산과 상업 활동의 단위로서 신전이 주요한 역할을 담당했다는 말이다. 이 역할은 고대 왕조 시대에 신전이 담당했던 역할을 떠올리게 한다. 우리는 우르 3왕조 때부터 신전의 권력과 특권이 점차 줄어들고 그 대신에 궁전, 귀족, 그리고 일정 부분 중소규모 지주들이 득세하는 것을 목격했다. 이처럼 거의 이천 년 전에 구식이 된 상태로 다시 돌아가는 이유가 무엇일까 궁금해진다. 기원전 11세기와 9세기 사이 남부 메소포타미아에 관해서는 정보가 거의 없지만, 다음과 같은 가설을 내세우더라도 사리에 어긋나지는 않을 것이다. 그것은 침략, 전쟁, 기근, 혼란이 있었던 이 시기에 이르자 카슈 시대에 만들어진 왕실과 귀족의 토지 대부분을 신전이 관리하게 되었고 토지와 가축을 가진 농민과 소지주는 신전의 보호 아래 몸을 맡겼으리라는 가설이다. 이와 유사한 현상이 제정 로마의 말기에 유럽에서 일어났다.[26] 바빌로니아는 "혼란의 시기"를 벗어나자마자 강력한 칼데아 부족들과 직면하여 오랫동안 정치적으로 불안하고 왕권이 약한 시대로 접어들었다. 이 모든 상황은 대규모 강제 이주와 아시리아의 수메르와 아카드 장악으로 더 악화되었다. 그런데 아시리아인은 이 지역에서 키딘누투 *kidinnūtu* 라는 조치를 이용해 특히 종교적 대도시(즉 기본적으로 신전)에 의지하고 있었다. 키딘누투는 종교적 대도시에 세금과 강제노역을 면제해 주고 그 주민에게 토지 소유권을 보장해 주는 조치였다.[27] 나보폴라사르가 아시리아의 멍에를 떨쳐 버렸을 때 큰 신전들의 경제적 우위는 이미 오랜 기간에 거쳐 튼튼히 확립되어 있었다.

신바빌로니아 시대에 이런 종교적 대도시는 그다지 많지 않았다. 바빌론(마르두크), 바르시파(나부), 시파르(샤마시), 딜바트(아누), 그리고 우루크(이슈타르) 정도였다. 니푸르와 우르가 빠진 것이 특징적이다. 니푸르는 아시리아에 대항한 독립 전쟁에서 황폐하게 된 데다가 유프라테스 강 유역이 이동하면서 피해를 입었으며[28], 우르는 그다지 비옥하지 않은 지역에 있어서 주로 해상 무역으로 생존하고 있었던 것이다. 또한 종교적 대도시가 하나를 제외하고 모두 이 지역의 북부에 위치해 있다는 점을 주목해야 한다. 전형적이지 않은 예를 사용함으로써 자료를 왜곡할 위험 부담이 있긴 하지만 신전의 부를 평가하려면 우루크에 의존할 수밖에 없다. 이슈타르 신전 에안나에서 그 어떤 신전보다 중요한 공문서가 나왔기 때문이다.[29] 이 문서들을 보면 에안나는 당시 아시리아 궁전의 토지와 맞먹는 넓은 토지를 소유했다. 아마 이 지방 토지의 대부분을 차지했던 것 같다. 종려나무 숲과 곡물 생산지 외에도 많은 가축(오천에서 칠천 마리의 소와 10만에서 15만 마리의 양[30])이 있었고 아울러 작업장과 가게가 있었다. 가게의 중요성은 그다지 잘 알려지지 않았지만 그 경제적 역할은 아마 무시할 수 없었을 것이다. 신전의 토지는 소작인 *errêshu* 과 임대 농민 *ikkaru* 이 경작한다. 소작인은 수입 중 일부를 신전에 바치고 임대 농민 중에는 종을 거느릴 정도로 높은 지위에 있는 사람들도 있다. 종려나무 숲은 소작인과 계약 회사가 경작한다.[31] 헌납물 중 일부는 성직자나 행정 담당자의 세습 수입 *isqu* 으로 분배되는데, 이들이 이것을 다시 팔 수 있기 때문에 양도와 전달이 가능한 상당한 규모의 세습 유산이 된다. 마지막으로, 신전 주위에는 다소 느슨하게 신전에 소속된 수많은 "수도사들" *shirku* 이 산다. 이들은 신에게 헌신한 남녀로서 사회 각계각층에 속하며 노예에서 위대한 상인이나 관료에 이르기까지 다양한 직업에 종사하고 있다.[32] 지위는 유전되기 때문에[33] 이 중 대부분은 혼란과 기근의 시기에 부모나 친구들이 신전에 맡긴 바빌로니아인의 후손일 가능성이 많다. 신전의 업무는 행정관 *qîpu*, 상업적 활동도 겸하고 있는 회계 *shatammu*, 그리고 "신전 서기관" *tupshar bîti* 으로 이루어진 삼인방이 관리한다. 이 삼인방은 경제적인 활동 외에도 시의 법원에서 유지들 및 왕의 대리인과 나란히 자리를 차지하고 있어서 사회적 측면에서도 어느 정도 권위가 부여된다.[34]

이와 같은 바빌로니아 고유의 신전 행정 구조 위에 칼데아 제국 전체를 대상으로 한 왕의 통치 구조가 겹쳐진다. 많은 점에서 이 통치는 아시리아 체제처럼 충성 맹세 *adê*, 지방 총독 *bêl pihâti* 와 *shaknu*, 속국의 왕, 그리고 자유도시를 포함하고 있다. 그러나 주목할 점은 왕실의 고관 가운데 투르타누 *turtânu* 가 사라지고, "술 맡은 고관" *rab shaqê* 이 "요리 맡은 고관" *rab nuhatimmu* 으로 대체되었다는 것이다. "아카드 지방의 어른들"은 대부분 칼데아 부족들의 족장으로서 아시리아에는 없던 세습 귀족에 해당한다. 대사제 *shangû* 가 도시 행정을 관할하고 왕의 행정관 *qîpu* 이 보조적인 역할을 한다는 사실은 신전의 우위권을 드러내 주는 중요한 지표다. 또한 종교적 행정과 공적인 행정 사이에 뚜렷한 경계가 없이 같은 사람들이 이쪽과 저쪽 모두에 관여할 수 있었다.

국가는 수확물 중 도급 계약에 의한 평가액을 공제하고 신전에서 받는 10분의 1 세와 정기적인 헌물, 속국의 군주들에게 받는 조공, 그리고 주민들을 대상으로 징수하는 요금과 세금으로 수입을 얻는다. 그러나 상비군을 지원하고 대형 공사 비용을 부담해야 하는 국가의 입장을 생각해 본다면 이 수입은 부유한 신전들과 비교해 볼 때 상대적으로 보잘것 없어 보인다. 나보니두스의 치세에는 은이 너무나 필요해 왕이 극단적인 조치를 취해야 하기도 했다.[35] 그는 왕위에 오른 지 1년 후인 기원전 556년에 신전의 토지 중 일부를 빼앗아 일반 농민의 작업장을 만든다. 2년 후에는 신전 서기관을 없애고 그 대신에 왕의 행정관*rêsh sharri*을 앉혀 삼인방 중 행정관*qîpu*과 회계*shatammu*보다 우위에 두고, "왕의 재산 담당 관리"를 임명하여 신전의 재정에 주도권을 쥐게 한다. 이와 같은 신전에 대한 통제 강화는, 장인들을 포함해 신전에 속한 모든 사람이 국내의 큰 "가문들"에 속한 상황에서 인기가 없을 수밖에 없었다. 또한, 이미 정통을 벗어났다는 의심을 받고 있는 이 군주에 대한 바빌로니아인의 적개심을 고조시키는 데에 이바지했을 것이고, 아마 귀족 중 일부를 페르시아에 우호적인 당파로 결집시키는 데에도 한몫을 했을 것이다.

칼데아 시대의 바빌로니아 사회에서 두 번째로 특징적인 요소를 이루는 것은 바로 귀족들, 곧 마르 바니*mâr banî*("가문이 좋은 아들"과 비슷한 의미)라 불리는 사람들이다. 이들은 공통의 조상을 주장하는 여러 "가문"을 이루고 있지만, 사실 이 "가문"은 혈통적으로 서로 아무런 연관이 없는 사람들을 받아들이는 사회-직업적 협회의 성격을 띤다. 이 사람들 가운데에는 서기관, 장인, 관료, 신전 행정관, 일반 농민, 상인, 사업가 등이 있다. 유일하게 공통점이 있다면 그것은 세습 수입, 자기 토지에서 나오는 수입, 상업 활동과 금융 활동으로 얻은 이익 때문에 부유하다는 점과 더 부유해지려고 노력한다는 점이다. 이들은 최초의 진정한 "자본가들"이다. 이들의 활동은, 기원전 6세기에 교역의 기본 수단으로 은을 일반화하고 곧이어 진정한 의미의 화폐를 도입함으로써 더욱 용이하게 된다. 무게와 순도가 왕의 검인으로 보장된 금속 조각을 도입한 화폐 제도는 일반적으로 리디아 왕이 만든 것으로 알려져 있으며 그 기원이 기원전 7세기까지 거슬러 올라가지만 나중에 페르시아 시대에 가서야 보급되었다.[37] 신바빌로니아 시대에 이 자본가 집단 중 가장 잘 알려진 것은 바빌론에 있던 에기비의 가문이다. 이들은 부동산 거래, 노예 교역, 이자가 붙는 대부貸付, 상업과 농업 협회의 설립, 그리고 마지막으로, 명실상부한 예금 은행의 창립으로 막대한 재산을 모았다.[38]

키루스의 바빌로니아 점령이 칼데아 시대에 시행되던 사회-경제적 제도를 크게 변경하지는 못했다. 은행가-사업가 가문들은 아케메네스 왕조에서도 계속해서 번영을 누렸다. 신전은 점차 제국의 감독 아래 놓이게 되지만, 그래도 여전히 오랜 기간 농업 자원 생산의 주요한 주체로 남아 있었다. 그러나 신전은 무엇보다 그 이후 여섯 세기 동안 유서 깊은 수메르-아카드 문명의 근본적인 요소, 특히 종교와 과학을 존속시키게 될 것이다. 놀랄 만한 우연의 일치이긴 하지만, 이 문명은 신들의 날개 아래에서 태어났던 것처럼 신들의 날개 아래에서 서서히 죽어갈 것이다.

25 문명의 사멸

우리가 좀 전에 묘사했던 큰 도시[=바빌론]를 비롯해 메소포타미아의 다른 모든 마을과 도시는 한 세기도 지나지 않아 두꺼운 토양층 아래 묻히게 되었다. 이 텔들 여기저기에서 아무도 읽을 수 없는 글자가 새겨진 벽돌들이 뒹굴고 있었다. 티그리스 강과 유프라테스 강 사이에서 삼천 년 동안 만들어진 위대한 예술, 건축, 문학, 과학의 산물 중에 알려진 것은 사실상 아무것도 없었다. 메소포타미아 문명은 죽어서 잊혀 있었다. 그러나 고고학자들과 아시리아학 학자들이 이 문명을 부분적으로 되살리고 나서부터는 이 문명이 언제, 어떻게, 그리고 왜 죽었는지에 대해 누구나 한 번쯤은 궁금증을 느끼게 되었다.

만약 메디아인이 니네베를 다루었던 것처럼 페르시아인이 바빌론을 다루었다면 이런 질문의 여지는 거의 없었을 것이다. 아시리아 외에도 근동 지방에서 나라나 문화가 몇 년 만에, 심지어 몇 주 만에 파괴적인 전쟁에 희생된 경우는 여러 차례 있다. 예를 들어 히타이트 왕국이 그랬고 엘람, 우라르투, 프리기아도 그랬다. 그러나 페르시아인은 바빌론을 파괴하지 않았으며 바빌론의 멸망 이후에 나온 유물과 문서도 기원후 첫 몇 세기에 이르기까지, 점점 더 줄어들고 불확실해지긴 하지만, 충분히 남아 있어서 메소포타미아 문명이 멸망한 이후의 삶에 대해 증언해 준다. 그래서 다음과 같은 질문이 생겨난다. 어떤 영향 때문에 이 문명은 점차 쇠퇴하면서 마침내 세월의 안개 속으로 사라진 것일까?

이 중요한 문제가 아직 충분히 주목받지 못한 데에는 두 가지 이유가 있는 것 같다. 첫째로, 이 문제는 고대사 범위 안에 적어도 세 부류의 전문가들이 만나는 지점에 있다. 메소포타미아 역사학자들은 모두, 당연히 그래야 하지만, 자기들이 읽고 비평적인 방식으로 해석할 수 있는 문서를 바탕으로 연구를 수행하는 아시리아학 학자들이다. 따라서 그들이 잘 모르는 영역으로 들어가기를 꺼리는 것은 자연스러울 뿐만 아니라 그들의 과학적 성실성을 돋보이게 하는 일이다. 이란 문명 연구가나 그리스 문명 연구가에 관해서도 메소포타미아 쇠퇴기의 문서와 관련해 같은 말을 할 수 있다. 그러나 이에 덧붙여 말하자면 이 연구가들은, 당연한 말이지만, 메소포타미아를 이차적이지는 않더라도 적어도 자기네 연구 중심에서 벗어나 주변부에 있는 것으로 여기는 경향이 있다. 둘째로, 모든 문명의 쇠퇴와 사멸은 정치, 경제, 인종-언어, 문화, 그리고 때로는 생태 등 수많은 요인 때문에 일어나는 복합적 현상인데, 이 요인들은 가려내기 어려운 경우가 많으며 그중 일부는 (특히 여기서 우리가 관심을 두는 지역에 관해서는) 문서 자료가 없어서 영원히 알려지지 않을 것이다.

이런 여러 어려움이 있기는 하지만, 책의 앞부분에서 메소포타미아 문명이 어떻게 태어났는지 길게 묘사했으니 이 문명이 사라질 때까지 과정을 추적해 보려고 노력해야 할 것 같다. 우리는 키루스가 바빌론에 들어온 기원전 539년 10월 23일에 시작되는 이 마지막 장에서, 거의 일곱 세기에 걸친 외세 지배기의 메소포타미아 역사를 세 시대로 나누어 개괄할 것이다. 이 세 시대는 아케메네스 시대(기원전 539~331년), 셀레우코스 시대(기원전 331~126년), 그리고 마지막으로 아르사케스 파르티아

시대(기원전 126년부터 기원후 227년)다.

아케메네스 시대

페르시아인은 파괴하지 않고 피도 거의 흘리지 않은 채 바빌로니아인의 왕도를 점령했다. 바빌로니아인이 언뜻 보기에 페르시아인의 정복은 단순한 통치의 변화로만 보였을 것이다. 곧바로 삶은 정상 궤도를 되찾았지만 단 하나 차이가 있었다. 사법 토판과 경제 토판이 나보니두스의 연호 대신 이제는 키루스(쿠리아시) "바빌론의 왕, 여러 나라의 왕"이라는 연호를 사용하고 있었던 것이다.[1] 바빌로니아를 다스리는 일은 우선 나보니두스를 배반한 장군 고브리아스(우그바루)에게 맡겨졌지만 그는 1년 후에 죽었다. 키루스의 아들 캄비세스(캄부지야)는 기원전 538년 봄에 에사길에서 "벨의 손을 잡고" 신년 축제 행렬의 선두에 선 후 바빌론의 총독이 되었다.[2] 그는 시파르에 거주하면서 바빌로니아 고관들을 주위에 거느리고 있었다. 기원전 530년에 키루스가 멀리 떨어진 전장에서 죽자 캄비세스는 페르시아의 왕위에 올랐다. 그의 치세에 관해 우리가 가진 문서 자료는 몇몇 계약서와 영수증밖에는 없다. 여기에는 물론 캄비세스의 연호로 날짜가 표시되어 있다. 이 새로운 군주가 바빌로니아에 페르시아인 총독을 임명했는지 현지인 총독을 임명했는지는 알 수 없다. 다른 자료들을 보면 아케메네스 왕조가 이집트를 정복한 기원전 525년의 원정에 바빌로니아 파견 부대가 참여했음을 알 수 있다. 이 시기에는 바빌론의 질서가 잘 유지되고 있었던 것 같다. 그러나 기원전 522년에 캄비세스가 죽자 이 밀월 관계는 깨진다. 그의 형제 바르디야가 왕위를 찬탈했지만 몇 달 후 다리우스가 그를 무찌르고 살해했다. 다리우스는 왕가의 혈통이긴 하지만 (그도 역시 아리아람네스의 후손이다) 그의 권위는 머지않아 도전받게 되었다. 키루스가 임명한 여러 총독(태수)이 다리우스에게 복종하기를 거부한 것이다. 동시에 프라오르테스라는 어느 메디아 사람과 바르디야 행세를 하는 페르시아 사람 주변에 수많은 지지자가 모이고 있었다. 그때까지 순응하던 바빌로니아인들마저 주저 없이 반란자들의 진영에 참여했다. 그중에는 여전히 독립에 대한 열정으로 마음이 뜨거운 사람들이 있었던 것이다. 다리우스는 삼중 언어(고대 페르시아어, 바빌로니아어, 엘람어)로 된 유명한 쐐기문자 명문을 베히스툰에 있는 바위에 새겨 적들에 대한 자신의 승리를 기념하게 했다.[3] 여기서 다리우스는 니딘투-벨이라는 바빌로니아인이 자신을 스스로 "나보니두스의 아들 네부카드네자르"라 주장하며 군대를 모아 바빌론에서 왕위를 차지했다는 이야기를 전한다. 페르시아 왕은 직접 그에 맞서 진군한 후 유프라테스 강과 티그리스 강에서 그의 군대를 흩어 버리고 왕도까지 추격해 가서 그를 잡아 처형했다.[4] "네부카드네자르(3세)"의 날짜가 기록된 영수증들을 보면 그가 기원전 522년 10월부터 12월까지 다스렸음

베히스툰에 있는 다리우스 1세의 명문

을 알 수 있다.[5] 그렇지만 이듬해부터 다리우스가 이란에서 자기 왕권을 방어하고 있는 사이에 바빌로니아인들은 "두 번째로 휴전을 깨뜨렸다." 바빌론의 왕위를 주장하는 사람은 이번에도 "나보니두스의 아들 네부카드네자르"의 이름으로 나타나지만 사실은 할디타의 아들 아라카라는 이름을 가진 "아르메니아인"(우라르투인)이었다. 다리우스는 그에 대항하여 자신의 장군 빈다파르나를 급파했다.

> "나는 그에게 말했다. '가거라! 나에 대해 반대 의사를 밝힌 이 바빌로니아의 군대와 싸워라!' 빈다파르나는 (페르시아) 군대를 거느리고 바빌론을 향해 진군했다. 아후라마즈다■는 나를 위해 그에게 도움을 주었다. 빈다파르나는 아후라마즈다의 뜻에 따라 바빌로니아인들과 맞서 싸워 그들을 포로로 사로잡았다. 마가자나 달의 22일이 흐른 후 그는 아라카와 그의 주요 지지자인 귀족들을 사로잡았다. 그때 나는 명령을 내렸다. '이 아라카와 그의 주요 지지자인 귀족들을 바빌론에서 말뚝에 박아 처형할 것이다.'"[6]

"네부카드네자르(4세)"는 기원전 521년에 이 잔혹한 죽음을 당했다. 날짜가 기록된 토판들에 따르면 그는 이 해 8월부터 바빌론에서 "통치했었다."[7]

기원전 520년 초 마침내 모든 적을 제거한 다리우스는 근동 지방 거의 전체의 왕으로 인정받았다. 그러자 그는 자기 권력을 공고히 하면서 광대하지만 서로 어울리지 않는 페르시아 제국을 통합할 목적으로 주요한 일련의 개혁을 시도했다. 그는 주로 아시리아의 본을 따라 행정 체계를

■ [역주] 아후라마즈다는 조로아스터교 최고의 신으로 다리우스의 베히스툰 명문에 최초로 등장한다.

개편했으며, 태수들의 수를 늘리는 한편 궁전에 직접 책임을 지는 군사 총독, 조세 징수인, 감독관을 태수들에게 붙여줌으로써 그들의 권력을 제한했다. 방대한 도로망을 구축하여 전령들이 에게 해부터 아랍-페르시아 만까지 신속히 말을 달려 갈 수 있게 했다. 함무라비 "법전"을 연상케 하는 문투로 된 하나의 공통된 법이 피정복민 모두에게 주어졌다. 제국에서 사용되던 다양한 지불 방식은 단일한 통화 체계로 대체되었다. 그것은 다릭이라 불리는 금화로서 은 20시클루에 해당했다. 재편되고 평정된 바빌로니아는 무거운 세금을 부담하고 엄격한 통제를 받으면서 다리우스 대왕의 긴 치세(기원전 522~486년) 동안에 평온을 유지했다.

그러나 크세르크세스 4년에 바빌로니아인은 자유를 되찾기 위한 최후의 시도를 감행했다. 바빌론, 바르시파, 딜바트에서 나온, 날짜가 기재된 문서를 보면 벨-시만니와 샤마시-에리바가 각각 기원전 482년 8월과 9월에 차례로 바빌론의 왕으로 인정되었음을 알 수 있다.[8] 반란은 심각했던 것 같다. 다른 문서들을 보면 조피루스 태수가 피살되었고 화난 크세르크세스는 이를 진압하기 위해 자기 사위■ 메가비주스를 보냈다. 반란군들은 고문과 처형을 당했지만, 아리아노스, 크테시아스, 스트라본의 주장처럼 바빌론이 파괴되었거나 그 신전들이 완전히 무너졌을 것 같지는 않다. 헤로도토스 역시 크세르크세스가 에사길에 있는 마르두크의 금 신상을 빼앗아 갔다고만 말하고 있다. 그리고 헤로도토스가 이 일이 있은 지 약 20년 후에 실제로 바빌론을 방문했다 하더라도 그의 묘사 중 그 어디에도 바빌론이 큰 피해를 입었다는 증거는 보이지 않는다.[9]

바빌로니아인은 민족 왕조를 복원하려다 실패함으로써 장기적으로

■ [역주] 원문에는 "매형"으로 되어 있으나 실제로 메가비주스는 크세르크세스의 딸 아니티스(Anytis)와 결혼한 것으로 전해진다. 메가비주스는 조피루스 태수의 아들 이기도 하다.

단순한 영예의 상실보다 훨씬 심각한 영향을 받았다. "왕권이 하늘에서 내려온" 이후 메소포타미아의 군주들은 언제나 자기 백성의 안녕과 번영에 대해 신들 앞에 책임감을 느끼고 있었다. 도시들은 왕들 덕분에 신전, 관저, 방어 시설, 그리고 흔히 공원과 정원을 갖게 되었고 왕들은 나라 전체에 대한 자신들의 의무를 게을리하지 않았다. 특히 수메르와 아카드의 왕들, 그리고 그들의 후예인 바빌론의 왕들은 관개 수로를 파거나 유지하고, 식량을 가져다주는 강의 변덕을 가능한 범위 내에서 제어하기 위해 제방이나 둑을 건설하며, 다양한 방식으로 농업을 장려했다. 모든 왕은 논쟁을 중재하고 법이 준수되게 하려고 주의를 기울였었다. 그러나 외국인 군주들의 경우 아무리 선의를 갖고 있더라도 큰 제국을 다스리다 보니 이런 일에 적절한 관심을 기울이는 것은 불가능했다. 이 나라에서 태어나 살면서 그 필요를 계속해서 인지하고 있는 왕만이 이 일을 할 수 있었고, 필요하다면 반란에 대한 걱정 없이 대규모 토목 공사를 위해 전 주민을 동원할 수 있었다. 민족 군주를 빼앗긴 메소포타미아는 이제 바빌로니아로 줄어들어 쇠약해질 수밖에 없었다.

그러나 이 변화는 무척 느리게 진행되었다. 초기 아케메네스 왕들은 제국 내에서 가장 부유한 편에 속하는 이 지방에 대해 자기들이 해야 할 일을 인지하고 이 지방, 그중 특히 도시들에 대해 많은 일을 했다. 예를 들어 키루스는 신^{Sin}의 신전 벽 및 우르에 있는 난나/신^{Sin}과 네르갈의 신전을 수리하고 우루크의 에안나를 복원하기 시작했는데 이 복원 작업은 다리우스가 계속 수행했다. 다리우스는 바빌론을 겨울 거주지로 삼았다. 그는 이곳에 병기고와 황태자를 위한 궁전을 짓고 자기 궁전에다 기둥을 갖춘 큰 방, 즉 아파다나_apadana_를 건설했다.[10] 그러나 그리스와 오랫동안 전쟁을 치렀던 크세르크세스와 그의 후계자들은 바빌로니아 태수령에 대해 그다지 신경을 쓰지 못했던 것 같다. 크세르크세스의 즉위(기원전 485년)와 알렉산드로스의 정복(기원전 331년) 사이의 기간에는 고고학적 흔적과 건축을 기념하는 명문이 지극히 드물다. 현장에서 발견된 사업 문서들에 따르면 바빌론, 바르시파, 키시, 니푸르, 우루크, 우르는 활기를 띠고 있었으며 번영하기도 했다.[11] 그러나 이 도시들의 유적 중 이 154년 동안에 복원되거나 건축된 것은 전혀 없었다. 한편 아시리아는 기원전 614년과 609년 사이에 메디아에게 무시무시한 공격을 받고 다시 일어나지 못했다. 한 편지[12]에 따르면 기원전 410년경 이 지역에 있는 다섯 도시가 행정 중심지였으며 페르시아의 한 귀족이 이 지역에 토지를 소유하고 있었음을 알 수 있다. 그러나 아르바일루(에르빌)의 경우만 제외하면 이 도시들은 티그리스 강 유역 가장자리에 있는 큰 마을에 지나지 않았다. 기원전 401년 크세노폰은 자기가 거느린 그리스 용병 만 명과 함께 이 강의 가장자리를 따라간다. 그는 님루드 앞을 지나가다가 인근 여러 마을 주민들이 군대를 보고 두려워서 그 도시의 폐허에 숨은 것을 알아챈다. 그러나 그는 그 도시의 이름을 알지 못할 뿐만 아니라 메스필라(나중에 모술이 됨) 옆에 있는 "무방비 상태로 남아 있는 거대한 요새" 니네베의 이름도 알지 못한다. 그에게 이 도시들은 버려진 메디아의 도시들일 뿐이다.[13] 바빌로니아인과 마찬가지로 페르시아인 역시 아시리아를 다시 살리는 데에는 관심이 없었던 것이다.

기원전 5세기부터 바빌로니아에 불리한 경제적 요인들이 작용한다. 아케메네스 제국의 주요 간선도로인 수사와 사르디스를 연결하는 "왕의 도로"는 바빌론을 피해 자그로스 산맥 기슭으로 이어져 있다. 동부와의 교역은 페르시아인이 독점한다. 페르시아인이 동부 지역에 좀 더 가까이 살고 있으며 아랍-페르시아 만이라는 넓은 창을 갖고 있기 때문이다. 처음에 바빌로니아에 편입되어 있던 "강 건너편에 있는", 즉 유프라테스 강 서쪽에 있는 영토*ebir nâri*는 크세르크세스가 바빌로니아에서 분리한다. 이러한 분리는 당시에 특히 활기를 띤[14] 페니키아의 교역이 바빌로니아의 통제에서 벗어남을 의미한다. 아무 쓸모 없는 아시리아와 통합되어 아홉 번째 태수령[15]을 이루고 있는 바빌로니아는 엄청난 재정 부담을 담당한다. 바빌로니아는 매년 1000탤런트(30톤)의 은(속주 중 가장 많은 양)을 왕실에 조공으로 바치고 연중 3분의 1의 기간에 왕과 왕실에 식량을 공급한다.[16] 물론 이 모든 것이 조세의 형태로 백성들에게서 징수되는 것이다. 유난히 탐욕스러운 속주 행정부에서 지우는 무거운 짐도 만만치 않다. 헤로도토스의 말을 믿는다면 바빌로니아 태수령은 크세르크세스 치세에 매일 은으로 한 아르타바*artaba*(약 57리터)를 거두어들이고 주도 州都 의 비용으로 800마리의 종마種馬 와 16만 마리의 암말을 키운다.[17] 나보니두스 치세 말기부터 이미 기미가 보였던 물가 상승의 경향은 가속화될 뿐이다. 다리우스가 죽은 지 한 세기 후 생활비는 두 배가 되지만 그에 상응하여 임금은 오르지 않는다. 일반적인 집값은 칼데아 시대에 카누*qanu*(3.5제곱미터)당 15시클루에서 아르타크세르크세스 1세(기원전 464~424년) 때 40시클루로 오르고 토지 가격에서도 그와 비슷한 상승세가 관찰된다.[18] 따라서 빚을 지는 일은 흔히 있으며 각계각층의 주민이 그 영향을 받는다. 사업가와 고리대금업자만 예외인데 그것은 이들이 총통화를 독점하기 때문이다. 기원전 455년부터 403년까지 니푸르에서 활동했던 무라슈 회사의 경우가 그렇다. 이 회사는 빚을 갚거나 세금을 낼 수 없는 가난한 사람들에게 (40~50퍼센트의 이자로) 대출해 준다. 뿐만 아니라 페르시아 고관들이나 군인과 관리의 조직*hatru* 에 속한 토지를 개간하는 일을 맡아, 수확된 작물의 상당량을 받는 조건으로 경작용 소, 농기구, 관개수를 대 준다.[19]

원래 있었던 언어와 인종 관련 요인들이 강조되면서 아케메네스 시대 메소포타미아 문명의 쇠퇴가 가속화한다. 이미 신아시리아 시대부터 메디아인, 아랍인, 유다인, 이집트인, 시리아인, 그리고 우라르투인과 뒤섞여 있던 바빌로니아의 주민은 다리우스와 크세르크세스의 치세에 페르시아인의 대규모 유입을 맞이하게 된다. 많은 이들은 토지를 받고 어떤 이들은 판사나 관료의 지위를 얻는다. 이들과 더불어 이란의 신들이 티그리스와 유프라테스 강 유역에 침투한다. 이 신들을 위한 공식적인 제의가 이루어졌다는 증거는 전혀 없으며, 아후라마즈다 외에 다른 신의 숭배를 금하는 크세르크세스의 칙령[20]은 분명 한 번도 실행되지 않는다. 그러나 어떤 바빌로니아인들은 자기들의 셈어 이름을 이란식 이름으로 바꾼다.[21] 언어와 기원이 다른 이 모든 외국인에게 공통된 언어는 하나밖에 없었는데, 그것은 아람어다. 이미 근동 전역에서 사용되고 있으며 배우기 쉽고 파피루스와 양피지에 기록하기에 적합하여 다리우스가 제국의 공용어 *lingua franca* 로 채택한 아람어는 점진적으로 사무실, 가게, 그리고 심지어 가정에서 바빌로니아어를 대체하는 경향을 보인다. 단지 학자들과 신전의 서기관들만이 여전히 아카드어와 수메르어를 읽고 쓸 수 있다. 이 시대에 옮겨 적은 종교적, 역사적, 문학적 문서가 비교적 많다는 점과 아울러 나부-리만니와 키딘누와 같은 뛰어난 천문학 연구서가 있다는 점은 수메르-아카드 문화가 여전히 살아 있음을 보여준다. 그러나 그것은 단지 좁은 영역에서만 살아 있는 것이다. 주민 대부분은 쐐기문자 기호가 새겨진 토판을 이해할 수 없게 된다. 자기 언어를 잊는 민족은 동시에 자기 과거를 잊고 머지않아 자기 정체성을 잃는다는 사실을 역사가 우리에게 가르쳐 준다.

억압받고, 가난하고, 부분적으로 "탈민족화된" 곳, 기원전 4세기 중반 무렵 메소포타미아는 이렇게 보였다. 얼마 후 알렉산드로스가 와서 이곳에 새로운 숨결을 불어넣어 줄 것이다. 그러나 이 숨결은 전혀 다른 삶의 숨결이 될 것이다.

셀레우코스 시대

　기원전 331년 10월 1일 니네베 동쪽에서 벌어진 가우가멜라 전투[22]는, 두 해 전 이수스 전투가 알렉산드로스에게 시리아와 이집트로 가는 길을 열어 줬던 것처럼, 그에게 바빌로니아와 이란으로 가는 길을 열어 주었다. 바빌론에 있던 페르시아 주둔군은 싸움도 하지 않고 항복했으며 마케도니아의 정복자는 셈족의 유서 깊은 수도로 위풍당당하게 진입했다. 키루스와 마찬가지로 "서로 다른 백 개의 민족"의 마음을 얻지 않고는 그들을 다스릴 수 없음을 확신한 알렉산드로스는 마르두크에게 희생 제물을 바쳤으며, 전해지는 말에 따르면, 크세르크세스가 파괴한 것으로 여겨지는 신전들을 재건하라는 명령을 내렸다고 한다.[23] 바빌론 주민들은 그를 해방자로 환호하며 반겼고 즉각 그의 통치권을 인정했다. 한 달 동안 이 도시에서 휴식을 취한 알렉산드로스는 수사를 향해 떠났고, 그 후 동쪽으로 대규모 원정을 시도하여 결국 갠지스 강까지 이르게 되었다. 9년 후에 돌아왔을 때 그의 마음에는 다음과 같은 원대한 계획을 품고 있었다. 바빌론과 더불어 이집트의 알렉산드리아를 제국의 수도로 만들고, 앞으로 정복할 아라비아 반도를 둘러가는 해로를 이용해 이 두 도시를 연결할 것이다. 유프라테스 강(당시 이 강의 하류는 동쪽으로 이동했고 그다지 깊지 않은 하천들의 그물망처럼 변해 버렸다)은 아랍-페르시아 만까지 다시 항해할 수 있도록 만들 것이다. 이 강 하구에 큰 항구를 건설할 것이고 바빌론에 또 하나의 큰 항구를 건설할 것이다. 그러나 이 계획 중 실현된 것은 하나도 없었다. 기원전 323년 6월 13일 알렉산드로스는 바빌론에서 죽었다. 아마도 말라리아가 원인이었던 것 같다. 그는 겨우 서른두 살이었다.

　당시 그의 유일한 아들 알렉산드로스 4세는 아직 태어나지 않았으며 알렉산드로스의 이복형이었던 필리포스 아리다이오스가 마케도니아의 왕으로 선포되었다. 그러나 젊을 뿐만 아니라 의지가 약한 아리다이오스는 순전히 명목상으로만 왕이었다. 실제 권력은 디아도코이라 불리는 알렉산드로스의 장군들 손에 있었다. 제국을 자기들끼리 나눠 가진 이들은 그중 어느 한 사람이 독자적으로 제국을 건설하는 것을 막기 위해 42년 동안 서로 싸워야 했다. 이 기간(고대사에서 가장 복잡한 기간 중 하나다[24])에 바빌론은 여러 차례 주인을 바꾸었다. 먼저 바빌론은 섭정 페르디카스가 주재하는 일종의 군사 정권의 소재지가 되었으나, 그 후 페르디카스가 암살당하자 기원전 321년에 디아도코이가 서로 협의하여 그들의 동료인 마케도니아 기병대장 셀레우코스에게 바빌론을 할당해 주었다. 5년 후 프리기아의 야심찬 태수■ 안티고노스 모노프탈모스("애꾸눈")가 바빌론에서 셀레우코스를 몰아내자 셀레우코스는 이집트의 프톨레마이오스에게 피신할 수밖에 없었다. 그러나 그는 기원전 312년에 다시 돌아와 자기 속주를 회복했고, 그 후 4년 동안 계속해서 안티고노스와 그의 아들 데메트리오스가 공격할 때 바빌론을 지켰다. 이 전쟁은 치열했고 바빌론은 심각한 타격을 입었다. 어느 바빌로니아 연대기는 "나라 안에 눈물과 슬픔이 있었다"고 주문을 외듯 반복한다.[25] 마침내 안티고노스가 프리기아의 입소스에서 패하여 살해당하고(기원전 301년) 셀레우코스는 "승리자" 니카토르라는 칭호를 취했다. 셀레우코스는 또 다른 경쟁자 트라키아 출신의 리시마쿠스를 물리친 지 몇 달 후인 기원전 281년 9월[26]에 프톨레마이오스의 아들에게 단도로 찔려 죽었다. 그가 바빌론의 왕으로 인정받은 것은 기원전 305년이었지만 그의 백성

■ 디아도코이는 명목상 필리포스 아리다이오스가 파견한 속주 통치자로서 "태수"라는 페르시아 칭호를 계승했다.

이 보기에 셀레우코스 시대(그들은 "실루쿠-*Silukku*의 시대"라고 불렀다)
는 그가 이집트에서 돌아온 이듬해 새해 첫날, 즉 기원전 311년 4월 3일
에 이미 시작되었다. 메소포타미아에서 연속적인 연대 체계가 사용된
것은 이때가 처음이다.

셀레우코스는 입소스에서 승리함으로써 고대 페르시아 제국의 상당
부분을 얻게 되었다. 이 광대한 영토는 한때 인도 국경에서 이집트까지,
그리고 흑해에서 아랍-페르시아 만까지 이르렀다. 그러나 이 거대한 왕
국은 내적 압력으로 태어나자마자 와해되기 시작했고 늙은 마케도니아
의 장군들은 이에 맞서 싸울 능력이 없었다. 200년에 이르러 셀레우코스
의 후계자들은 타우루스와 자그로스 너머에 있는 속주와 보호령을 사실
상 모두 잃어버렸고, 파르티아의 바빌로니아 점령(기원전 126년) 이후
북부 시리아의 작은 왕국만 남게 되었는데 이마저도 기원전 63년에 로마
인들에게 쉽게 점령당했다. 사실 셀레우코스가 오론테스 강변에 안티오
키아를 건설한 이후 그의 왕국은 기본적으로 시리아 왕국이었다. 셀레우
코스의 왕들은 자기네 조상의 땅을 떠올리게 하는 기후와 풍경을 지닌
이 아름다운 도시에 사는 것에 만족했다. 뿐만 아니라, 동부 속주들을
회복하려다 뜻을 이루지 못한 안티오코스 3세(기원전 222~187년)의 시
도 외에는 페니키아 항구 도시들의 소유권을 놓고 이집트의 프톨레마이
오스 가문 왕들과 대치했던 지속적인 분쟁에 모든 외교적, 군사적 노력
을 쏟아 부었다. 바빌론 주민들은 오랜 기간 평화를 누렸지만 바빌론은
위대한 시리아-메소포타미아 왕국의 수도로서 특권적 위치를 잃어버렸
다. 근동의 정치적, 경제적, 문화적 무게 중심은 유프라테스 강변에서
지중해 연안으로 옮겨갔으며, 이 상태는 아주 오랫동안 지속될 것이다.

알렉산드로스와 그의 후계자들이 했던 일 중 가장 뛰어나고 가장 지속
적인 영향력을 미친 것은 이집트와 서부 아시아에 그리스 폴리스를 본뜬

많은 도시를 창설하고 그곳에 동양 사람들 및 마케도니아인과 그리스인을 이주시킨 일이다. 이들은 단순히 정치적, 군사적 거점의 망을 형성하려 했던 것일까? 아니면 이곳 백성에게 그리스 문화의 혜택을 누리게 해 주고 싶었던 것일까? 이유에 대해서는 오랫동안 논의가 진행되었지만[27], 최종 결과는 분명하다. 그것은, 지역에 따라 차이는 있지만, 근동이 "그리스화"되었으며 이 지역의 도시 생활이 급진적으로 변화되었다는 사실이다. 메소포타미아만 해도[28] 북서쪽 끝에 있는 안티오키아-에데사(오늘날의 우르파)부터 남동쪽 끝 파시티그리스(카룬) 하구에 있는 알렉산드리아-카락스(혹은 카락스 스파시누)에 이르기까지 이런 신설 도시 약 열두 곳이 복합어 지명으로 알려져 있다.[29] 이 중 대부분은 군대 주둔지에서 비롯되었고, 많은 곳이 폐허 위에 혹은 고대 도시나 마을 인접 지역에 건설되긴 했지만 그 설계와 건축은 전혀 달랐다. 티그리스의 셀레우키아(크테시폰 맞은편에 있는 텔 우마르)는 기원전 301년보다 조금 늦게 우파(오피스) 유적지로 추정되는 곳에 건설되었다.[30] 약 60만 명의 주민이 살던 이 도시는 당시에 가장 큰 도시였다. 항공 사진을 보면 거대한 타원형 성벽과 아울러, 서로 수직으로 만나며 곧게 뻗은 길과 대로를 중심으로 분리된 건물 구역이 뚜렷이 드러난다. 이 유적지에서 2차 세계대전 전에 이루어진 발굴과, 특히 1964년 이후에 이루어진 발굴[31]에서 여러 건물, 주랑이 있는 아름다운 길, 토판이 소장된 거대한 도서관[32], 그리고 그리스 양식의 많은 물건(상像, 진흙 소상, 패물, 도기, 동전)이 출토되었다. 셀레우코스 시대의 이 도시 위에 넓이가 적어도 이에 상응하는 파르티아 시대의 도시가 세워졌다. 유프라테스 강가에 있는 두라-에우로포스[33]의 파르티아 시대 도시 아래에서도 셀레우코스 시대의 요새, 궁전, 신전이 발견되었다.

흥미로운 점은 이 새로운 도시 중 대부분이 중앙아시아와 지중해를 연결하는 큰 교역로 위에 있었다는 사실이다. 특히 셀레우키아는 인도에서 오는 두 길(하나는 박트리아와 이란 북부를 거쳐 오는 길이고 다른 하나는 아라코시아, 페르세폴리스, 수사를 거쳐 오는 길이다), 아랍-페르시아 만의 오래된 뱃길, 그리고 아라비아에서 오는 길들이 서로 만나는 분기점에 있다. 셀레우키아에서는 금, 상아, 향, 향신료, 그리고 메소포타미아 자체 생산물(보리, 밀, 대추야자, 양모, 역청)이 시리아와 페니키아의 여러 항구 도시로 보내졌는데, 때로는 유프라테스 강을 따라 두라-에우로포스와 셀레우키아-제우그마[34]를 경유했고 때로는 티그리스 강을 따라가다가 자지라를 건너 미그도니아의 안티오키아(니시빈)와 에데사를 경유했다. 이 시기에는 아시아, 유럽, 그리고 일부 아프리카 지역 사이의 교역 관계가 크게 발전했으며 셀레우키아 왕국은 이 모든 것을 이용해 큰 이익을 얻었다. 메소포타미아에 관해 우리가 갖고 있는 경제 관련 정보는 빈약하지만 (당시 행정 문서와 교역 문서가 대부분 파피루스나 도기 파편에 아람어로 기록되었다) 출간된 몇몇 토판들(특히 우루크에서 나온 것들)에 따르면 오래된 도시들 사이에 교역 활동이 있었음과 아울러 아케메네스 시대보다 물가가 내렸음을 알 수 있다.[35]

이 새로운 경제적, 인구학적 조건은 고대 메소포타미아 도시에 다양하고도 중대한 영향을 미친다. 아시리아에는 다시 조금씩 사람이 정착하기 시작한다. 아수르와 니네베에는 이 시대의 유물이 아주 빈약하지만[36] 칼후(님루드)의 유적 위에는 커다란 셀레우코스 시대의 마을이 세워진다.[37] 심지어 1500년 동안 죽어 있던 마리 같은 도시조차도 아담한 마을 형태로 어느 정도 삶을 되찾는다.[38] 반대로 메소포타미아 반대편 끝에 있는 우르는 유프라테스 강의 이동 때문에 사멸하여 사람이 살지 않고 비어 있다.[39] 바빌로니아에서 얻게 되는 인상은 이보다 훨씬 더 복합적이다. 셀레우코스 왕조가 옛 수도를 되살리고 현대화하기 위해 간헐적인 노력을 기울였음이 분명하다. 현존하는 마지막 아카드어 제왕 명문에서 안티오코스 1세(기원전 281~260년)는 칼데아 왕들처럼 자신을 스스로 "에사길과 에지다의 공급자"라고 부르며 "이 신전들의 첫 벽돌들을 그의 장엄한 손으로 만들어 하티(시리아)에서 가져왔다"고 선언한다.[40] 셀레우코스 3세 시대(기원전 225~223년)의 것으로 추정되는 어느 토판을 보면 여러 신전에서 신들에게 여전히 제사를 드린다는 것을 알 수 있다. 그리스 건축물 흔적이 네부카드네자르의 여름 궁전 북쪽의 바빌에 있는 텔에서 발견되었다. 그리스 문화를 장려한 위대한 왕 안티오코스 4세의 시대(기원전 175~164년)에 바빌론에는 체육관과 훌륭한 극장이 세워졌고, 이 극장은 나중에 파르티아인이 확장한다.[41] 그러나 바빌론은 예전처럼 인구가 많지 않았고 그가 즉위할 때 이 도시의 많은 주민을 셀레우키아로 이주시켰으며[42] 일부 구역은 폐허가 된 것 같다. 시파르, 키시, 니푸르에서는 이 시기에 아무것도 나오지 않았지만 바그다드 근교에 있는 일련의 작은 유적들은 모두 셀레우코스 시대의 도기, 소상, 동전으로 대표되는 셀레우코스 층을 포함하고 있다. 우루크에서는 에안나 주위에 거대한 대지가 건설되어 이 신성한 구역이 완전히 변화되었으며 도시의 다른 곳에서는 새로운 신전 둘이 건설되었다. 이 신전들은 이슈타르에게 봉헌된 이리갈*Irigal* 혹은 에슈갈(*Eshgal*)과 아누에게 봉헌된 비트 레시*Bît rêsh*다.[43] 둘 다 전통적인 설계를 따르지만 에슈갈의 신상 안치소 주변에 있는 유약 입힌 벽돌에 기록된 긴 명문은 아람어로 되어 있고 이 신전에 후원한 우루크의 귀족 두 명의 이름 아누-우발리트 니카르코스와 아누-우발리트 케팔론은 당시에 유행하던 이름이다. 토판과 토구土球■에 그리스어나

■ 작은 공 모양의 진흙에 글자를 새겨 양피지나 파피루스에 기록된 공문서에 줄로 매달아 놓은 것을 가리킨다.

아람어로 새겨진 계약서를 보면 오르코이(우루크)에 상당수의 그리스인 들과, 적어도 그리스 이름을 가진 사람들이 살았음과 아울러 고대의 법과 관습이 지속되었음을 알 수 있다.

신전은 아주 많은 자율성을 누리는 것 같다. 신전이 옛날처럼 다양한 상업 활동을 수행하지만 도시의 모든 주민은 오늘날의 주식 투자와 아주 유사한 제도를 이용해 이익의 분배에 참여할 수 있다.[44] 그리스 시대에 소아시아에서도 어느 정도 독립적인 신전이 나타나는 것으로 보아 우루크의 경우가 메소포타미아에서 유일한 경우는 아닐 것이다.

바빌론과 우루크의 신전과 같은 신전들은 수메르-아카드 문화를 여전히 소중하게 보존한다. 셀레우코스 시대 내내 천문학자-사제들은 계속해서 천체의 움직임을 토판 위에 정성들여 기록하고, 서기관들은 연대기의 형태로 나라에서 일어난 사건을 적으면서[45] 아주 오래된 신화, 의식, 찬가, 전조를 베껴 적는다. 바빌로니아의 좀 덜 보수적인 지식층은 당시 무척 뛰어났던 그리스 문화에 강한 매력을 느꼈을 것이라 상상하고 싶은 마음이 들 수도 있다. 그러나 메소포타미아에서 태어난 그리스 작가들의 긴 목록을 작성할 수는 있어도[46] 이 중 누가 그리스화된 동양 사람들이고 누가 마케도니아와 그리스에서 온 "바빌로니아인"인지 구분하는 것은 불가능하다. 뿐만 아니라 아시아나 유럽에 살던 그리스인은 몇몇 전문가를 제외하고는 바빌로니아인의 문학과 과학 작품에 흥미를 느끼지 않았을 것 같다. 물론 키딘누의 글을 그리스어로 번역한 수디네스의 노력과 그리스어로 『바빌로니아카』*Babyloniaca*를 직접 써서 안티오코스 1세에게 헌정한 마르두크의 사제 베로수스의 예외적인 노력이 있기는 했다. 아마 그리스 방식 사고와 메소포타미아 방식 사고 사이에는 넘기 어려운 장벽이 존재했던 것 같다.[47] 사실 당대의 서방 사람들을 열광시키고 그들의 고유 종교를 침범하여 변질시킨 마술과 점성술은 메소포타미아 문명

중 그다지 추천할 만한 것이 못 되는 부산물이었다.

파르티아 시대

인도-아리아인에게서 기원하고 스키타이인과 혈족 관계에 있는 파르티아인*Parthava*은 기원전 250년에 역사 속으로 들어온다. 이때 이들은 우두머리 아르사케스의 지휘 아래 투르케스탄의 초원을 떠나 이란 고원으로 침투한다.[48] 기원전 200년경에 이르면 "카스피 해의 협로들"(헤카톰필로스)과 메셰드(니사이아) 지역 사이에 이미 확고히 정착해 있게 된다. 미트리다테스 1세는 기원전 160년부터 140년까지 이란 대부분을 점령하고, 자그로스를 가로지른다. 티그리스를 건너 바빌론으로 들어간 (기원전 144년) 후 셀레우키아 맞은편에 있는 크테시폰에 진영을 구축한다. 셀레우코스의 데메트리오스 2세는 바빌론 탈환에 성공하고 몇 년에 걸쳐 메디아를 다시 정복한다. 그러나 기원전 126년에 아르타바누스 2세가 이 지역에서 자신의 영향력을 다시 확인하면서부터 메소포타미아는 (트라야누스와 셉티미우스 세베루스 황제 시절 로마의 짧은 정복을 제외하고) 파르티아의 수중에 들어가고, 기원후 227년에 파르티아 왕국의 나머지 지역과 더불어 사산 왕조의 지배 아래 들어가게 된다.

파르티아는 피정복국가들을 다스리기 위해 전사 귀족층에 의존할 수밖에 없다. 이 전사 귀족층은 물론 용맹스럽지만 그 수가 그다지 많지 않다. 따라서 이들은 주민들을 배려하고 기존 제도에 의존하면서, 에데사를 중심으로 한 오스로에네 왕국, 고대 아시리아와 눈에 띄게 일치하는 아디아베네 왕국, 아랍-페르시아 만 연안의 카라케네 왕국과 같은 속국들이 형성되는 것을 용인한다. 하트라는 아수르에서 서쪽으로 58킬로미터 떨어져 있는 타르타르 와디에 있는 평범한 대상隊商 촌락에서 비롯되었지만, 기원후 1세기에 이르자 규모는 작지만 아주 번영했던 듯한, 아라바라는 이름을 가진 왕국의 수도가 된다.

셀레우코스 왕조에게서 동부의 거대한 속주를 빼앗고 거기에 이란을 더한 파르티아는 근동의 큰 교역로들에 대한 지배력을 회복하고 이를 크게 확대했다. 아르사케스 왕들이 크테시폰을 유일한 수도로 삼고 그곳에 계속 안주하며, 속국의 왕들도 자기네 주군을 본받아 자기들이 다스리는 작은 나라의 발전을 위해 앞다투어 재화를 투자하게 되면서 메소포타미아는 그 혜택을 누리게 된다. 셀레우코스 시대의 신설 도시들과 자기들의 눈앞에 펼쳐진 반半동양 반半그리스 문명에 대한 감탄에 사로잡힌 이들 옛 유목민들은 열렬한 건축가로 변신한다. 사실상 메소포타미아의 텔 중에서 파르티아 층이 없는 곳은 없다. 소박한 마을도 그렇고 셀레우키아, 바빌론, 키시, 우루크, 니푸르와 같은 도시뿐만 아니라 수 세기 동안 잠들어 있던 기르수(텔로)까지도 그렇다.[49] 그러나 가장 주목할 만한 일은 아시리아의 놀라운 부활이다. 일부 재건되고 다시 사람이 살게 된 니네베는, 아디아베네의 수도 아르바일로(아르빌, 에르빌), 시바니바(텔빌라), 카크주(사이다와), 누지(요르간 테페)와 더불어 중요한 교역 중심지가 된다. 아수르는, 광장, 아주 아름다운 궁전, 그리고 아슈르를 비롯한 옛날 신들을 항상 숭배하는 여러 신전을 갖추고 큰 도시로 다시 태어난다.[50] 한편 하트라는 웅장한 원형 도시로 지름이 2킬로미터이며 망루를 갖춘 이중 성벽으로 둘러싸여 방어가 잘 이루어졌기 때문에 로마인의 두 차례 포위 공격도 물리칠 수 있었다. 도시 중심에 있는 직사각형 모양의 넓은 공간(가로 435미터, 세로 321미터)은 둘로 나뉘어 한쪽에는 많은 신전이 있고 낮은 곳에 있는 다른 쪽에는 가게들이 늘어선 장터가 있다.[51] 이 모든 도시는 바둑판 모양으로 설계되어 있고 흔히 석재나 정성들여 자른 큰 돌을 사용해 건설된다. 궁전과 신전에는 일반적으로 하나 혹은 여러 개의 이완*iwan*이 있다. 이것은 아주 깊은 대형 응접실로서 작은 면이 바깥으로 활짝 열려 있으며 높은 아치형 지붕으로 덮여 있다. 궁전과 신전의 정면에는 상*像*이 놓여 있는 벽감이 설치되어 있고 그리스-로마 유형의 저부조로 장식되어 있다. 약간 "졸부" 냄새가 나긴 하지만 이 모든 것은 장엄하며 고대 메소포타미아 양식과 다르다. 마찬가지로 그리스-이란 양식으로 제작된 하트라 왕들의 상은 구데아의 상이나 아슈르나시르팔의 상과 다르다.

이런 고고학 자료와 금석학 자료 및 고유 명사 연구 결과를 종합해보면 외부에서 대규모 인구가 유입되었음을 알 수 있다. 지난 시대에 마케도니아와 그리스에서 온 이주자들은 그 수가 적었을 것이다. 이들은 마치 영국인이 인도에 살았던 것과 비슷한 방식으로 바빌로니아인과 나란히 살면서 자기네 제도, 관습, 언어, 삶의 방식을 유지하고 현지인들과는 피상적으로만 접촉했던 것 같다. 그러나 파르티아 시대의 새로운 이주자들(대부분 서부의 아람인과 아랍인)은 분명 그 수가 아주 많고 셈어를 사용하는 동양 사람들이라 더 쉽게 현지인과 융화된다. 이 혼합은 종교적 연합에서 놀라운 방식으로 반영된다. 독특한 혼합주의가 생겨나 이미 현지에 있던 그리스 신들이 이란, 아라비아, 시리아, 그리고 메소포타미아의 신들과 나란히 놓이거나 동화된다. 예를 들어 두라-에우로포스의 파르티아 층에서는 그리스 신전 둘, 아람 신전 하나, 기독교 예배당 하나, 유대교 회당 하나, 그리고 미트라 신전 하나가 나왔다.[52] 하트라에서 운명을 주재하는 세 신은 헬리오스에 동화된 샤마시, 아르테미스에 동화된 나나이(이난나/이슈타르), 그리고 아들-신이었는데, 이 아들-신은 다름 아닌 디오니소스였다. 역시 이 도시에서 발견되는 폭풍의 신 바알 샤민과 그의 배우자 아타르가티스는 전형적인 시리아의 신들이다.

그러나 알라트 여신의 경우 때로는 아테나의 무기를 갖고 나타나며 때로는 이슈타르처럼 사자 위에 서 있는 것으로 나타난다. 달 신 샤히루는 아랍에서 유래한 것이다. 네르갈만 자신의 아카드어 이름을 유지하고 있다.[53] 아누와 이난나의 성스러운 도시 우루크에서도 기원후 1세기에 이란의 신 가레우스에게 봉헌된 그리스-로마 양식의 작고 매력적인 신전이 세워진다. 또한 이곳에서는 미트라 신전이라 생각되는 건물의 흔적이 발견되었다.[54]

홍수처럼 밀려온 사람들, 종교적 혼합주의, 그리고 여러 민족과 문화의 융합은 수메르-아카드 문명의 흔적을 쓸어갈 것이다. 약간의 계약서, 약 200점의 천문학과 점성술 문서, 두세 점의 연대기 단편, 토판에 적힌 아카드어-그리스어 어휘 목록, 이것이 오늘날 이 시대 문서의 전부다.[55] 현존하는 최후의 쐐기문자 문서는 기원후 74~75년에 기록된 천체력天體曆이다.[56] 바빌로니아의 사제들과 천문학자들이 양피지나 파피루스에 아람어나 그리스어로 계속 기록을 남겼을 가능성도 없지 않지만 이런 문서가 발견될 확률은 아주 낮다. 바르시파에서는 나부 숭배가 기원후 4세기까지 지속되었지만 바빌론에서도 이처럼 마르두크의 숭배가 이루어졌다는 증거는 전혀 없다. 에사길과 도시 바빌론은 크세르크세스 시대보다는 기원전 127년에 있었던 히메로스라는 사람의 반란을 진압하는 과정이나 기원전 52년에 있었던 미트리다테스 2세와 오로데스 사이의 내전에서 훨씬 더 큰 타격을 입었을 것이다. 트라야누스 황제가 기원후 116년에 크테시폰을 점령하고 바빌론에 들어와서 한 일은 "벨의 손을 잡는" 것이 아니라 알렉산드로스의 영혼에게 제물을 바치는 것이었다. 기원후 197년에 셉티미우스 세베루스는 이 도시가 완전히 버려진 것을 발견하게 된다.[57]

사산 왕조 시대(기원후 224~651년) 메소포타미아에 관해서는 정보가 더 부족하다.[58] 그리스와 로마 작가들의 진술을 읽어 보면, 로마 및 비잔티움 제국이 아르사케스 왕조 및 사산 왕조와 벌인 네 세기에 걸친 전쟁 중에 메소포타미아 북부 지방이 황폐하게 되었음을 알 수 있다.[59] 고대 로마 요새들(방어 시설을 갖춘 성벽, 병영, 작은 성)의 흔적이 이 지역에서 발견되었는데, 특히 벨레드 신자르(신가라) 및 이 도시와 티그리스 강 사이에 있는 아인 시누(지구라이)를 주목할 만하다.[60] 이 전쟁 중 기원후 256년에 아수르는 사산인의 공격을 받았고 기원전 614년 메디아에 당했던 것만큼이나 철저하게 파괴되었다. 유일하게 남아 있는 이 시대의 아름다운 기념물은 크테시폰에서 발견된, 샤푸르 1세(기원후 241~272년)의 궁전에 있는 너비 27미터 높이 37미터의 인상적인 이완*iwan*이다.[61] (이곳은 전설에서 주장하는 내용이나 그곳의 실제 이름 타크-이-쿠스라우가 암시하는 것과 달리 코스로에스 1세(기원후 531~579년)의 궁전이 아니라 샤푸르 1세의 궁전이다.) 키시에서는 사산 왕조 다른 왕의 궁전에서 훨씬 수수한 유물이 발견되었고[62] 길가메시가 건설한 거대한 성벽에서 멀지 않은 우루크에서는 어느 지역 통치자(?)의 무덤과 금박으로 만든 그의 아름다운 왕관이 발견되었다.[63] 한편 우리는 북부 메소포타미아에 많은 기독교인이 살았으며 바빌론과 니푸르에 다수의 유다인 이주자 집단이 정착해 있었다는 사실을 알고 있다. 도기 조각과 그다지 중요하지 않은 몇몇 유물을 보면 여러 고대 유적지에 사람이 살았다는 증거를 얻게 된다.

이 모든 것을 종합해 보면 이 시대는 아르사케스 시대보다 훨씬 번영했다는 인상을 받게 된다. 그러나 기원후 6세기에서 7세기로 넘어가는 전환점, 즉 이슬람의 정복 얼마 전에, 늘 그렇듯이 내란과 전쟁 및 경제 위기가 결합되면서 사산 왕조는 약화되고 고대 메소포타미아는 몰락했다. 당시에 정확히 무슨 일이 있었는지는 가설의 영역을 벗어날 수 없지만 셀레우코스 시대 우르의 예는 이에 대한 하나의 전형을 제시해 준다. 십중팔구 잘 관리가 이루어지지 않은 수로는 말랐을 것이고 강은 한 번 더 하상을 이동했을 것이다. 주민들은, 반쯤 폐허가 되고 이제는 물도 없는 도시들을 버리고 주변 마을들로 분산되었다. 메소포타미아의 유서 깊은 도시들은 사막의 모래나 비옥한 평원의 충적토 아래로 급속히 사라졌다.

그나마 살아남은 것마저도 기원후 629년에 "거대한 늪"이 형성되면서 크게 훼손되었다. 이 거대한 늪은 중세 시대 내내 사실상 수메르 지방 전부를 물에 잠기게 했다.[64] 또한 기원후 13세기에 몽골인이 이 불행한 지방을 끔찍하고 철저하게 파괴했다. 문화재 약탈 또한 여기에 일조했다. 현대 무기가 이 위대하고 매력적인 문명의 마지막 증거를 없애지 못하도록 신께 기도하자.

후기

　이리하여 고대 세계에서 가장 오래되고 가장 훌륭한 문명 중 하나가 사라졌다. 기원전 7세기 말에 아시리아에 의해 심하게 파괴된 이 문명은 약 600년 동안 바빌로니아에 살아남아 있다가 서력기원이 시작되자마자 마지막 쐐기문자 명문을 남기고 사라졌다. 우루크 시대와 젬데트 나스르 시대(기원전 3750~2900년)에 태어난 문명은 거의 사천 년 동안 지속되었다.

　기원전 5세기부터 시작된 느린 쇠퇴에는 우리가 생각하고 싶어하는 것만큼 경제적 요인이 중요한 역할을 하지 않았던 듯하다. 큰 도시와 많은 마을을 포기하게 하는 생태학적 요인(물의 흐름 변화, 진흙으로 메워진 수로, 토양의 염도 증가)은 사산 왕조 시대 말(기원후 5세기와 6세기)에 가서야 결정적인 요인이 된다. 최종적으로 분석해 보면, 이 문명의 쇠퇴와 사멸은 세 가지 중요한 원인과 관련되는 것 같다. 첫째는 이 지역에 뿌리를 둔 민족 정부가 오랫동안 없었다는 점이다. 둘째는 알렉산드로스와 그 후계자들이 메소포타미아를 그리스화했다는 점이다. 무엇보다, 주로 평화적으로 들어온 연속적인 이주민의 물결 때문에 인종적, 언어적, 문화적, 종교적 질서에 심한 변화가 일어났다. 이들은 페르시아인, 그리스인, 시리아의 아람인, 이슬람교 이전 시대의 아랍인이었으며 동화되지 않았다. 메소포타미아는 긴 역사의 과정에서 여러 차례 침공을 받았다. 그러나 구티인, 아무루인, 후리인, 카슈인, 아람인으로 이루어진 첫 물결과 칼데아인은, 티그리스 강과 유프라테스 강 유역에서 비교적 젊고 활기찬 문화, 즉 자기네 문화보다 훨씬 우월한 문화를 접하고 한결같이 이 문화를 수용했다. 그런데 기원전 3세기 바빌로니아인의 경우에는 고도로 문명화된 그리스인, 즉 플라톤과 아리스토텔레스의 제자들에게 난해한 천문학이나 수학 외에 줄 수 있는 것이 아무것도 없었다. 게다가 거추장스럽고 복잡한 쐐기문자는 점점 더 국제화된 사회로 변해가는 당시 메소포타미아의 필요에 결코 부응할 수 없었다. 심지어 바빌로니아 사람들조차도 쐐기문자를 버리고 있었던 것이다. 마케도니아인, 그리스인, 그리고 동부에서 온 이민자들이 이 나라에서 발견한 것은, 여러 측면에서 경직되어 있고 일부 신전에서 몇몇 사제들이 명맥을 잇고 있는 문명이었다. 문학에서 창조성과 자발성은 함무라비 시대, 아니면 기껏해야 카슈 왕조 이후에는 결여되어 있었다. 거대한 조각은 아시리아와 함께 죽었다. 건축에서는 여전히 아름다운 기념물이 생산되었지만 전통적 규범을 엄격하게 따르고 있었다. 과학에서는 최고점에 도달한 것 같기는 하지만 천문학을 제외하면 사물의 본질 자체를 꿰뚫은 적은 전혀 없었다. 수메르-아카드 문명의 지배적인 특징이었던 전통에 대한 충성으로 삼천 년 동안 안정성, 일관성, 연속성이 확보되었지만 이제는 그것이 장점이 되기는커녕 오히려 불리한 조건이 되었다. 메소포타미아의 결정적 시기였던 그리스 시대는 유럽의 문예 부흥기나 우리가 사는 시대와 비교될 수 있다. 알렉산드로스의 정복으로 시작된 새로운 세계는 급속도로 발전하는 세계로서, 세 대륙에 사는 사람들 사이의 관계가 확대되고 탐욕스러우면서도 비평적인 호기심이 생겨남과 아울러 고대의 윤리적, 종교적, 과학적, 예술적 가치 대부분이 재검토되는 특징을 갖고 있었다.[1] 여전히 학자들만 읽을 수 있는 문학 작품, 시대에 뒤떨어진 전형이나 이상에서 영감을 이끌어 내는 예술, 이성적 설명에 등을 돌리는 과학, 냉소주의를 용인하지 않는 종교는 이런 세계에서 설 자리가 없었다. 메소포타미아 문명은 이집트 문명과 마찬가지로 살아날 가망이 없었다. 지극히 복잡한 현상을 어쩔 수 없이 부정확한 하나의 문구로 요약하는 것이 가능하다면, 이 문명은 늙어서 죽은 것이라 말할 수 있을 것이다.

그렇지만 문명이 아무런 흔적도 남기지 않고 죽는 경우는 거의 없으며, 기원후 20세기를 살아가는 우리조차도 메소포타미아인에 진 빚을 인정해야 한다. 원자를 평화적인 목적이나 끔찍한 호전적 목적으로 사용할 때 혹은 태양계를 탐사하고 우주를 관측하는 순간에도, 우리는 수학과 천문학의 기본 원리에 관해 그들에게 빚지고 있다. 메소포타미아인이 "자리" 기수법記數法을 발명했으며, 우리도 여전히 그들과 같은 방식으로 원호圓弧와 흘러간 시간을 측정한다는 사실을 기억하는 것이 좋다. 우리는 또한 오늘날 우리 중 많은 이들이 여전히 매력을 느끼는 점성술에 관해 (이 사실을 좋아해야 할지는 의문이지만) 그들에게 빚지고 있다. 그 외에도 최초의 효율적인 행정 체계, 왕의 즉위식이나 도시의 자치와 같은 제도들도 있으며, 지금까지 사용되는 여러 상징물 중에 특히 종교적 예술에서 몰타 십자가■, 초승달, "생명나무" 등도 있다. 그리스어나 아랍어 혹은 터키어를 거쳐 우리에게 전해진 몇몇 단어도 있다(예를 들어 지팡이[프랑스어 canne, 아카드어 *qânu*], 알코올[alcool, *guhlu*], 석고[gypse, *gaṣṣu*], 몰약[myrrhe, *murru*], 원유[naphte, *napṭu*], 사프란[safran, *azupiranu*], 통역[dragoman, *targumanu*], 뿔[corne, *qarnu*], 보잘것없는

■ [역주] 몰타 십자가는 지중해 몰타 섬의 기사단이 사용했던 십자가로서 네 끝이 각각 V 자 형태를 이루며 갈라져 있다.

사람[mesquin, *mushkênu*]).[2] 마지막으로 성경에서 식별 가능한 여러 메소포타미아 요소들이 있는데 그중 가장 고전적인 예는 홍수 이야기다.

우리가 그리스-로마에서 물려받은 엄청난 유산에 비교하면 이런 것들은 보잘것없어 보일 수도 있다. 그러나 이런 종류의 목록만으로 메소포타미아가 인류 문화 발전에 기여한 역할을 충분히 평가하기는 어렵다. 남아 있는 단편만을 고려하는 것은, 먼 조상이 남겨 준 가구나 작은 숟가락을 평가하면서 우리가 그들의 존재 자체에 빚지고 있으며 현재의 우리를 만든 것이 그들이라는 사실을 잊어버리는 것이나 다름없다.

기원전 약 칠천 년경에 메소포타미아 북부 무레이베트와 자르모 주민들은 농경의 발명이라는 인류의 운명을 위한 중요한 혁명에 참여했고, 그들의 직계 후손들은 최초로 도기를 만들어 장식하고, 벽돌을 주조하고, 금속을 가공한 사람들이었다. 기원전 5500년경 관개 농업에 대한 실험이 최초로 이루어진 곳은 티그리스 강과 그 지류 연안에 있는 텔 에스-사완과 초가 마미다. 이 혁명은 곧 유프라테스 강 하류에서 반복되고 완성되었다. 또한 유프라테스 강 하류에서는 바퀴, 범선, 쟁기와 더불어 신전 그리고/또는 "명성의 거주지"를 중심으로 한 최초의 대도시들이 탄생하고, 단번에 거의 완벽한 초기 예술 작품이 태어났다. 기원전 3300년경 수메르인들은 문자를 발명한다. 문자의 발명은 또 하나의 근본적인 혁명이다. 인간이 자기 생각을 가다듬고 심화하며, 그 생각을 한 세대에서 다음 세대로 고스란히 전해 줄 수 있게 해 주기 때문이다. 뿐만 아니라, 이곳에서는 사실상 파괴되지 않는 소재에 기록되었기 때문에, 기록물을 영구적으로 보관할 수 있게 해 준다. 수메르인은 셈족(아카드인, 바빌로니아인, 아시리아인)과 더불어 이 놀라운 도구를 자기네 영토와 국가를 더 잘 다스리기 위해 사용했다. 이것이 문자의 첫째 목적이었던 것 같다. 그러나 이 밖에도 서로 소통하고, 과거를 기억 속에 보존하고,

그때까지 개별적으로 존재하던 종교적 개념을 일관성 있게 조직하고, 감히 범할 수 없는 의식에 따라 신들을 공경하고 섬기면서 그들에게서 운명의 비밀을 받아내고, 자기들의 군주들을 기리고, 법전을 만들고, 흥미진진한 주변 세계를 더 잘 이해하려는 목적을 갖고 분류하며 과학적 연구의 첫 계단을 놓고, 마음을 사로잡는 신화, 전설, 서사시, "현자들의 조언"으로 우주와 인간 창조의 신비에서 선악의 문제에까지 이르는 명실상부한 철학적 주제에 관한 자기들의 성찰을 표현하고, 그리고 우리가 일일이 나열할 수 없는 수천 가지 다른 목적을 이루려고 문자를 사용했다. 고전 시대 이전의 고대 세계에서 그 어떤 민족도 이처럼 방대하고 다양한 문서를 우리에게 남겨 주지 않았다. 물질적이기보다는 정신적인 이 문명은 이토록 풍부하고 생명력이 강하기 때문에, 현지의 조건이나 신앙에 따라 약간 수정되긴 하지만, 팔레스타인부터 아나톨리아까지, 시리아부터 이란까지 아시아의 근동 지방 전역에서 즉각 수용되고 이집트와 인더스 강 유역까지 영향을 미친다. 진정한 메소포타미아의 "유산"은 바로 여기에 있는 것이지 단순히 몇몇 제도, 상징물, 단어에 있는 것이 아니다. 이런 일련의 놀라운 기술적인 주요 발견과 지적인 업적 때문에 메소포타미아는 "우리 자신의 과거 계보에서 본질적인 위치를 차지하고 있다."[3]

착각하지 말자. 두 강 사이에서 꽃피었던 문명은 주변이 바다와 산으로 둘러싸인 아주 좁은 틀 안에서 외부와 단절된 채 태어나고 죽은 것이 아니다. 이 문명은 두 시기에 유럽까지 이르렀고 궁극적으로는 우리에게까지 이르렀다. 먼저 순전히 기술적인 면과 관련된 형태로 선사시대 동안에 서서히 들어왔고, 그다음에 정신적이고 예술적인 내용에 관련된 형태로 유대-기독교 전승과 그리스 문명이라는 이중 경로로 들어왔다.

부정할 수 없이 탁월한 "그리스의 기적"에 오랫동안 눈이 멀었던 고전 시대의 사가들도 이제는 그리스의 사상과 예술에 끼친 동양의 영향을 모두 인정한다.[4] 알렉산드로스가 그리스를 아시아에 소개하기 훨씬 전부터 에게 해 지방은, 한편으로는 히타이트 이전 시대와 그 후 히타이트 시대의 아나톨리아 해안 지방과, 다른 한편으로는 시리아-팔레스타인을 비롯해 그 너머 이집트 및 메소포타미아와 직접적으로 자주 접촉했다. 늦어도 기원전 제2천년기 초부터, 상인, 장인, 예술가들이, 때로 사신 및 서기관을 동반하고, 계속해서 양방향으로 바다를 건너다녔다. 크레타와 그리스 지역 Hellade을 아시아 대륙에서 갈라놓는 이 바다는 그다지 넓지 않고 섬들로 채워져 있다. 기원전 1500년과 1200년 사이에 미케네의 선원들과 상인들이 시리아 해안에 있는 우가리트에 살았으며, 고전 시대의 실린더-인장이 보이오티아의 테베에서 발견되었고 (아마 아시리아 왕들이 보낸 선물인 듯하다)[5], 바빌론의 신화와 전설이 원래의 언어와 문자로 나일 강가에서 읽히고 있었다.[6] 따라서 그리스 문명은 "동지중해의 기초 위에" 세워졌으며[7], 다시 말해, 결국 기본적으로 메소포타미아의 문명인 것도 놀라운 일이 아니다. 아시리아-바빌로니아 의학이 히포크라테스의 개혁으로 가는 길을 어느 정도 열어 주었다고 생각할 만한 충분한 이유가 있으며[8], 기원전 6세기의 피타고라스와 같은 위대한 초기 그리스 수학자들이 유프라테스 강 연안에 살던 그들의 선배들에게 많은 것을 빌려왔을 가능성이 아주 높다. 그리스 문학에 미친 동양의 영향을 분석하는 일은 상당히 어렵지만, 최소한 이솝 이야기가 수메르-아카드의 작품을 모방한 것이며 길가메시가 헤라클레스와 율리시스의 원형일 가능성이 아주 많고 에타나 신화가 이카로스 신화를 예고한다는 점은 일반적으로 인정된다.[9] 예술에 관해서는 고대 시대 그리스의 상像, 소상, 부조를 대충 살펴보기만 해도 동시대나 그 이전 시대 메소포타미아 예술과 크게 닮은 점이 한눈에 들어올 것이다.[10]

메소포타미아가 직간접적으로 고대 그리스에까지 강한 영향을 주었다면 바로 근처에 있던 근동의 여러 지방에는 훨씬 더 깊이 영향을 미쳤으리라 생각할 수 있다. 실제로 이런 가정은 히타이트인, 가나안인, 히브리인, 우라르투인, 아케메네스 페르시아인의 경우 충분히 증명되었다. 그러나 파르티아 시대나 사산 왕조 시대의 이란 혹은 그리스 시대, 로마 시대, 비잔티움 시대의 아나톨리아의 경우는 어떠했는가? 아라비아와 이슬람 종교 및 제도에는 어떤 영향을 미쳤는가? 그 본래의 발생지였던 이라크에 파르티아 시대부터 오늘날에 이르기까지 미친 영향은 어떠했는가? 더 나아가 고고학자인 M. 로스토프트제프는 거의 반세기 전에 다음과 같은 글을 남겼다. "우리는 바빌로니아와 페르시아의 예술이 인도와 중국의 예술 발전에 얼마나 큰 영향을 미쳤는지 점차 깨닫고 있다."[11] 자료는 여기저기 흩어져 있어도 풍부하다. 그러나 우리가 알기에 아무도 이런 비교 연구를 시도해 보지 않은 것 같다. 여전히 많은 메소포타미아 유적을 발굴해야 하고, 많은 쐐기문자 문서를 번역하고 분석해야 하며, 현재 우리가 가진 지식의 큰 공백을 메워야 하므로 이런 까다롭고도 흥미진진한 연구는 다음 세대의 학자들을 위해 남겨 두어야 할 것 같다.

AAA	*Annals of Archaeology and Anthropology*, Liverpool.
AA(A)S	*Annales archéologiques (arabes) de Syrie*, Damascus.
AAO	H. Frankfort, *The Art and Architecture of the Ancient Orient*, Harmondsworth, 1954.
AASOR	*Annual of the American Schools of Oriental Research*, New Haven, Conn.
ABC	A. K. Grayson, *Assyrian and Babylonian Chronicles*, Locust Valley, N.Y., 1975.
ABL	R. F. Harper, *Assyrian and Babylonian Letters*, London/ Chicago, 1892~1914.
AfO	*Archiv für Orientforschung*, Graz.
AJA	*American Journal of Archaeology*, New Haven, Conn.
AJSL	*American Journal of Semitic Languages and Literature*, Chicago.
AM	A. Parrot, *Archéologie mésopotamienne*, Paris, 1946~1953.
ANET³	J. B. Pritchard (Ed.), *Ancient Near Eastern Texts Relating to the Old Testament*, Princeton, N.J., 1969, 3rd ed.
Annuaire	*Annuaire de l'Ecole pratique des Hautes Etudes: Sciences historiques et philologiques*, Paris.
AOAT	*Alte Orient und Altes Testament* (series), Neukirchen-Vluyn.
ARAB	D. D. Luckenbill, *Ancient Records of Assyria and Babylonia*, Chicago, 1926~1927.
ARI	A. K. Grayson, *Assyrian Royal Inscriptions*, Wiesbaden, 1972~1976.
ARMT	*Archives royales de Mari*, traductions, Paris, 1950~.
BaM	*Baghdader Mitteilungen*, Berlin.

BASOR	*Bulletin of the American Schools of Oriental Research*, New Haven, Conn.
BBS	L. W. King, *Babylonian Boundary Stones*, London, 1912.
Bi. Or.	*Bibliotheca Orientalis*, Leiden.
Bo. Stu.	*Boghazköy Studien*, Leipzig.
CAH³	*Cambridge Ancient History*, Cambridge, 3rd ed.
EA	J. A. Knudzton, *Die El-Amarna Tafeln*, Leipzig, 1915.
HCS²	S. N. Kramer, *L'Histoire commence à Sumer*, Paris, 1975, 2nd ed.
IRSA	E. Sollberger and J. R. Kupper, *Inscriptions royales sumériennes et akkadiennes*, Paris, 1971.
JAOS	*Journal of the American Oriental Society*, New Haven, Conn.
JCS	*Journal of Cuneiform Studies*, Cambridge, Mass.
JESHO	*Journal of the Economic and Social History of the Orient*, Leiden.
JNES	*Journal of Near Eastern Studies*, Chicago.
JRAS	*Journal of the Royal Asiatic Society*, London.
JSS	*Journal of Semitic Studies*, Manchester.
King, Chronicles	L. W. King, *Chronicles concerning Early Babylonian Kings*, London, 1907.
MAOG	*Mitteilungen der Altorientalischen Gesellschaft*, Leipzig.
MARI	*Mari: Annales de recherches interdisciplinaires*, Paris.
MDOG	*Mitteilungen der deutschen Orient-Gesellschaft*, Leipzig, then Berlin.
MDP	*Mémoires de la délégation en Perse*, Paris.
MVAG	*Mitteilungen der vorderasiatisch-ägyptischen Gesellschaft*, Berlin.
NBK	S. Langdon, *Die neubabylonischen Königsinschriften*, Leipzig, 1912.
OIC	*Oriental Institute Communications*, Chicago.

OIP	*Oriental Institute Publications*, Chicago.
PKB	J. A. Brinkman, *A Political History of Post-Kassite Babylonia*, Rome, 1968.
POA	P. Garelli and V. Nikiprowetzky, *Le Proche-Orient asiatique*, Paris, 1969~1974.
PSBA	*Proceedings of the Society of Biblical Archaeology*, London.
RA	*Revue d'assyriologie et d'archéologie orientales*, Paris.
RAI	*Rencontre assyriologique internationale*
RB	*Revue biblique*, Jerusalem/Paris.
Religions	R. Labat, A. Caquot, N. Sznycer, M. Vieyra, *Les Religions du Proche-Orient asiatique*, Paris, 1970.
RGTC	*Répertoire géographique des textes cunéiformes*, Wiesbaden, 1974~.
RHA	*Revue hittite et asiatique*, Paris.
RIM	*Royal Inscriptions of Mesopotamia*, Toronto.
RIMA	*Royal Inscriptions of Mesopotamia: Assyrian Periods*, Toronto.
RISA	G. A. Barton, *The Royal Inscriptions of Sumer and Akkad*, New Haven, Conn., 1929.
RLA	*Reallexikon der Assyriologie*, Berlin, 1937~1939, 1957~.
SAA	*State Archives of Assyria*, Helsinki.
SKL	T. Jacobsen, *The Sumerian King List*, Chicago, 1939.
UE	*Ur Excavations*, London, 1927~.
UET	*Ur Excavations Texts*, London, 1928~.
UVB	*Uruk Vorlaüfige Berichte* (= *Vorlaüfiger Berichte über die... Ausgrabungen in Uruk-Warka*), Berlin, 1930~.
VDI	*Vestnik Drevney Istorii* (*Journal of Ancient History*), Moscow.
Wiseman, Chronicles	D. J. Wiseman, *Chronicles of Chaldaean Kings*, London, 1956.
WVDOG	*Wissenschaftliche Veröffentlichungen der Deutschen Orient-*

	Gesellschaft, Leipzig, then Berlin.
ZA	*Zeitschrift für Assyriologie*, Berlin. 달리 언급이 없는 경우 여기에 인용된 간행본은 새로운 총서(Neue Folge)에 속한다.
ZZB	D. O. Edzard, *Die zweite Zwischenzeit Babyloniens*. Wiesbaden, 1957.

미주

14장

[1] 이 방대한 주제에 관해 개괄적으로 살펴보려면 J. Haudry, *L'Indo-Européen*, Paris, 1969; *Les Indo-Européen*, Paris, 1979를 보라. 또한 G. Cardona, H. M. Hoenigswald and A. Senn (Ed.), *Indo-European and Indo-Europeans*, Carbondale, Philadelphia, 1970; P. Baldi, *An Introduction to the Indo-European Languages*, III, 1983; W. Lockwood, *A Panorama of the Indo-European Languages*, London, 1972; J. P. Mallory, *In Search of the Indo-Europeans*, London, 1985를 보라.

[2] 예를 들어 M. Gimbutas, "The three waves of Kurgan people into Old Europe, 4500~2500 B.C.," *Archives suisses d'anthropologie générale*, Genève, 1979, pp. 113~136 및 이 고고학자의 다른 논문들을 보라. 간략한 소개로는 B. Sergent, "Les Hittites et la diaspora indo-européenne," *Les Dossiers d'Archéologie*, n. 193, 1994, pp. 12~19를 보라.

[3] J. L. Caskey, *CAH³*, I, 2, pp. 786~788; II, 1, pp. 135~140. Cf. M. I. Finley, *Early Greece: The Bronze and Archaic Ages*, London, 1970 (프랑스어판: *Les Premiers Temps de la Grèce*, Paris, 1980, pp. 25~34).

[4] M. G. Ventris and J. Chadwick, *Documents in Mycenaean Greek*, Cambridge, 1956; J. Chadwick, *The Decipherment of Linear B.*, Cambridge, 1958; *CAH³*, II, 1, pp. 609~617.

[5] 이 붕괴의 원인에 관한 이론들은 M. I. Finley, *Les Premiers Temps de la Grèce*, Paris, 1980, pp. 61~62; J. Tulard, *Histoire de la Grèce*, Paris, 1979, pp. 29~30에 간략하게 논의되고 있다.

[6] O. R. Gurney, *The Hittites*, Harmonsworth, 1980, pp. 48~60은 "아히야와 문제"를 잘 요약해 놓았다.

[7] R. Ghirshman, *L'Iran et la Migration des Indo-Aryens et des Iraniens*, Leiden, 1977.

[8] Sir Mortimer Wheeler, "The Indus Civilization," *CAH²* (supplementary Volume), Cambrige, 1960; *Civilization of the Indus Valley and Beyond*, London, 1966.

[9] G. F. Dales, "Civilization and floods in the Indus Valley," *Expedition*, 7, 1965, pp. 10~19; "The decline of the Harappans," *Scientific American*, 214, 1966, pp. 92~100; R. L. Raikes, "The end of the ancient cities of the Indus," *American*

Anthropologist, 66, 1964, pp. 284~299. P. Agrawal and S. Kusumgar, *Prehistoric Chronology and Radio-carbon Dating in India*, London, 1974.

[10] S. Piggott, *Prehistoric India*, Harmondsworth, 1950, pp. 244~288.

[11] Seton Lloyd, *Early Highland Peoples of Anatolia*, London, 1976; J. Mellaart, *CAH³*, I, 2, pp. 363~410; 681~703; K. Bittel, *Les Hittites*, Paris, 1976; U. B. Alkim, *Anatolie*, I, Genève-Paris, 1968; E. Akurgal, *L'Anatolie des premiers empires*, Genève, 1966, pp. 11~35.

[12] J. Mellaart, *Earliest Civilizations of the Near East*, London, 1965; *Çatal Hüyük: a Neolithic Town in Anatolia*, London, 1967; *The Neolithic of the Near East*, London, 1975, pp. 98~111.

[13] Seton Lloyd, *op. cit.*, pp. 20~35.

[14] J. Mellaart, "The end of the Early Bronze Age in Anatolia and the Aegean," *AJA*, 62, 1958, pp. 9~33; *CAH³*, I, 2, pp. 406~410.

[15] G. Pettinato, *Ebla, un Impero inciso nell'Argilla*, Milano, 1979, p. 123.

[16] 이 주제에 관해서는 P. Garelli, *Les Assyriens en Cappadoce*, Paris, 1963; "Marchands et *tamkaru* assyriens en Cappadoce," *Iraq*, 39, 1977, pp. 99~107; L. L. Orlin, *Assyrian Colonies in Cappadocia*, La Haye, 1970; K. R. Veenhof, *Aspects of Old Assyrian Trade and its Terminology*, Leiden, 1972; "Kanis, karum," *RLA*, V, pp. 369~378; M. T. Larsen, *The Old-Assyrian City-State and its Colonies*, Copenhagen, 1976; "Partnership in the Old Assyrian trade," *Iraq*, 39, 1977, pp. 119~145를 보라.

[17] R. Maddin, T. S. Wheeler and J. D. Mulhy, "Tin in the ancient Near East," *Expedition*, 19, 1977, pp. 35~47.

[18] K. R. Veenhof, "The Old Assyrian merchants and their relationship with the native population of Anatolia," in H. J. Nissen and J. Renger (Ed.), *Mesopotamien und seine Nachbarn*, Berlin, 1982, I, pp. 147~160.

[19] 히타이트인에 관한 주요한 종합 연구서로는 F. Cornelius, *Geschichte der Hethiter*, Darmstadt, 1973; K. Bittel, *Les Hittites*, Paris, 1976; J. G. Macqueen, *The Hittites and their contemporaries in Asia Minor*, London, 1986; O. R. Gurney, *The Hittites*, 4th ed., Harmondsworth, 1990 등이 있다. 성경에 나오는 히타이트인에 관한 언급으로는 R. de Vaux, *Histoire ancienne d'Israël*, Paris, 1979, pp. 131~133을 보라.

[20] 후리인 전반에 관해서는 I. J. Gelb, *Hurrians and Subarians*, Chicago, 1944; G. Contenau, *La Civilisation des Hittites et des Hurrites du Mitanni*, Paris, 1948, 2nd ed.; F. Imparati, *I Hurriti*, Firenze, 1964; G. Wilhelm, *Grundzüge der Geschichte und Kultur der Hurriter*, Darmstadt, 1982, 영어판: *The Hurrians*, Warminster,

1989를 보라. 또한 *RHA*, 36, 1978과 *Problèmes concernant les Hurrites*, 2 vols., Paris, 1977~1984에 있는 논문들을 보라.

[21] V. Haas, H. J. Tiele *et al.*, *Das hurritologische Archiv*, Berlin, 1975; D. O. Edzard and A. Kammenhuber, "Hurriter, hurritisch," *RLA*, IV, pp. 507~514.

[22] I. M. Diakonoff, *Hurrisch und Urartaisch*, München, 1971; M. Salvini, "Hourrite et urartéen," *RHA*, 36, 1978, pp. 157~172. 이 두 언어는 공통된 원형에서 기원한 듯하다.

[23] A. Parrot and J. Nougayrol, "Un document de fondation hurrite," *RA*, 42, 1948, pp. 1~20.

[24] J. R. Kupper, "Les Hourrites à Mari," *RHA*, 36, 1978, pp. 117~128.

[25] M. Astour, "Les Hourrites en Syrie du Nord," *RHA*, 36, 1978, pp. 1~22. 알랄라흐는 아무크 평원(알레포와 안티오키아 사이)에 있는 텔 아트샤나(Tell 'Atshana)이다. 1937~1939년과 1946~1949년에 영국에서 발굴했다. Cf. Sir Leonard Woolley, *Alalah*, London, 1955; *A Forgotten Kingdom*, London, 1959. 문서는 D. J. Wiseman, *The Alalah Tablets*, London, 1953에 출간되었다.

[26] 후리인이 누지라는 이름을 붙인 고대 가수르(Gasur)는, 키르쿠크에서 남서쪽으로 약 13킬로미터 떨어져 있는 요르간 테페(Yorgan Tepe)이다. 1925~1931년에 미국에서 발굴했다. R. F. S. Starr, *Nuzi: Report on the Excavations at Yorgan Tepe, near Kirkuk*, Cambridge, Mass., 1937~1939, 2 vols. Cf. *AM*, I, pp. 394~400. M. Dietrich, O. Loretz and W. Mayer, *Nuzi Bibliographie*, Neukirchen-Vluyn, 1972에 누지 문서에 관한 참고문헌이 있다. 입양 체계에 관해서는 E. Cassin, *L'adoption à Nuzi*, Paris, 1938을 보라. 제도에 관한 요약으로는 M. S. Drower, *CAH³*, II, 1, pp. 502~506와 P. Garelli, *POA*, I, pp. 149~150을 보라. 최근 연구 모음으로는 M. A. Morrison and D. I. Owen (Ed.), *Studies on the Civilization and Culture of Nuzi and the Hurrians*, Winona Lake, Ind., 1981을 보라.

[27] A. Kammenhuber, *Die Arier im vorderen Orient*, Heidelberg, 1968. Cf. I. M. Diakonoff, *Orientalia*, 41, 1972, pp. 91~120.

[28] 근동 지방의 말에 관해서는 A. Salonen, *Hippologica Accadica*, Helsinki, 1956; A. Kammenhuber, *Hippologica Hethitica*, Wiesbaden, 1961; J. A. H. Potratz, *Die Pferdestrensen des alten Orients*, Rome, 1966을 보라. F. Imparati, *I Hurriti*, pp. 137~149는 이 문제에 관해 잘 요약해 준다.

[29] M. Th. Barrelet, "Le 'cas hurrite' et l'archéologie," *RHA*, 36, 1978, pp. 22~34. Cf. M. J. Mellink, "Hurriter, Kunst," *RLA*, IV, pp. 515~519.

[30] 여기서 "시리아"나 "팔레스타인"이라는 이름은 어떠한 정치적인 함의도 갖지 않는다. 이 문맥에서 시리아는 레바논과 터키의 하타이 주를 포함하며, 팔레스타인

은 이스라엘 국가, 팔레스타인 국가, 그리고 요르단 일부를 포함한다. 참고문헌은 방대하다. 우리는 시리아에 관해서는 특히 H. Klengel, *Syria 3000 to 300 B.C.*, Berlin, 1992를, 팔레스타인에 관해서는 R. de Vaux, *Histoire ancienne d'Israël des origines à l'installation en Canaan*, Paris, 1971과 *CAH³*의 해당 장을, 이집트에 관해서는 A. H. Gardiner, *Egypt of the Pharaohs*, Oxford, 1961과 E. Drioton, J. Vandier, *L'Egypte*, 5th ed., Paris, 1975를 사용했다.

[31] 1931~1938년에 덴마크에서 발굴했다. 최종 출판물: H. Ingholt *et al.*, *Hama, fouilles et recherches de la Fondation Carlsberg*, Copenhagen, 1948. R. J. Braidwood, *Mounds in the Plain of Antioch* (*OIP*, XLVIII), Chicago, 1937; R. J. and L. Braidwood, *Excavations in the Plain of Antioch* (*OIP*, XLI), Chicago, 1960.

[32] P. Mattiae, *An Empire Rediscovered*, New York, 1981, p. 52.

[33] 당시에 구블라로 불리던 비블로스는 오늘날의 제바일(Jebail)로서 베이루트에서 북쪽으로 약 30킬로미터 지점에 있다. 1920년부터 프랑스의 발굴이 있었고 그후 프랑스-레바논의 발굴이 뒤따랐다. Cf. M. Durand, *Fouilles de Byblos*, Paris, 1939~1973, 5 vols.; *Byblos, son histoire, ses ruines, sa légende*, 3rd ed., Beirut, 1973.

[34] 예를 들어 "Avertissement d'Ipu-Wer," *ANET³*, pp. 441~444; "Instructions au roi Meri-Ka-Re," *ibid.*, pp. 414~418을 보라.

[35] K. M. Kenyon, *CAH³*, I, 2, pp. 592~594; R. de Vaux, *Histoire ancienne d'Israël*, pp. 63~69.

[36] 우가리트(라스 샴라)는 오늘날 시리아의 항구인 라타키아에서 북쪽으로 약 10킬로미터 떨어져 있다. 1929년부터 1939년까지, 그리고 1948년부터 현재까지 프랑스에서 발굴했다. 기원전 제2천년기 초에 우가리트는 어느 정도 알레포의 지배를 받는 중형 규모 왕국의 수도였다. 고유의 서셈어(우가리트어)를 사용하며 고유의 신을 기념하는 아름다운 신화적 운문 등을 기록하고 쐐기문자 기호로 된 알파벳을 발명한 가나안인들이 이 도시에 살고 있었다. 이들이 기록한 많은 문헌이 있다. 개관으로는 G. Saadé, *Ougarit, métropole cananéenne*, Beirut, 1979, 그리고 특히 *Syrie, Mémoire et Civilisation*, 전람회 자료집, Paris, 1993, pp. 176~191에 있는 M. Yon, "Ugarit au bronze récent," P. Bordreuil, "La religion d'Ugarit," F. Briquel-Chatonnet, "L'invention de l'alphabet"를 보라.

[37] P. Mattiae, *Ebla, an Empire Rediscovered*, pp. 112~149.

[38] D. J. Wiseman, *The Alalakh Tablets*, London, 1953. 보충 문서들이 *JCS*, 8, 1954, pp. 1~30에 있다.

[39] R. de Vaux, *op. cit.*, p. 245~253. 여기에 아브라함이 팔레스타인에 온 시기에 관한 논의도 있다.

[40] 이 주제에 관해서는 J. Bottéro, *Le Problème des Habiru à la IVe Rencontre assyriologique internationale*, Paris, 1954; "Habiru," *RLA*, IV, pp. 14~27; M. Greenberg, *Hab/piru*, New Haven, 1955를 보라.

[41] 도기 파편이나 설화석고판 혹은 묶인 포로의 상(像) 위에 글자를 쓴 후 마술적인 의식으로 이것을 깨뜨리는 것을 가리킨다. Cf. K. Sethe, *Die Achtung feindlicher Fürsten, Völker und Dinge auf altägyptischen Tongefässscherben des Mittleren Reiches*, Berlin, 1926; G. Posener, *Princes et Pays d'Asie et de Nubie*, Bruxelles, 1940; "Textes d'envoûtement de Mirgissa," *Syria*, 43, 1966, pp. 277~287.

[42] R. de Vaux, *op. cit.*, pp. 78~84 (참고문헌 포함); *CAH³*, II, 1, pp. 54~73.

15장

[1] D. Oates, *Studies in the Ancient History of Northern Iraq*, Oxford, 1958, p. 41.

[2] J. Eidem, "The Tell Lailan archives, 1987," *RA*, 85, 1991, pp. 126~131.

[3] O. Rouault, "Cultures locales et influence extérieures: le cas de Terqa," *Studi Miceni ed Egeo-Anatolici*, Rome, 1992, p. 253.

[4] N. Yoffee, *The Economic Role of the Crown in the Old Babylonian Period*, Malibu, Calif., 1977, pp. 143~151; J. Renger in E. Lipinski (Ed.), *State and Temple Economy in the Ancient Near East* I, Louvain, 1979, p. 252.

[5] J. Bottéro, "Désordre économique et annulation de dettes en Mésopotamie à l'époque paléo-babylonienne," *JESHO*, 4, 1961, pp. 113~164.

[6] McG. Gibson, "Violation of fallow and engineered disaster in Mesopotamian civilization," in T. E. Downing and McG. Gibson (Ed.), *Irrigation's Impact on Society*, Tucson, Ariz., 1974, pp. 7~19.

[7] Sir Leonard Woolley and P. R. S. Moorey, *Ur of the Chaldees*, London, 1982, p. 191.

[8] W. Hinz, *CAH³*, II, 1, p. 266.

[9] 이 왕조에 관해서는 알려진 것이 거의 없다. 바빌로니아 왕조 목록 A와 B(*ANET³*, pp. 271~272; *RLA*, VI, pp. 91~100)에 따르면 이 왕조에는 11명의 왕이 있어서 총 368년(sic)을 통치했다고 한다. 그 수도는 위치가 알려지지 않은 우루쿠(그)라는 도시이다. 첫 왕의 이름은 일리만으로도 읽힐 수 있다.

[10] F. R. Kraus, *Ein Edikt des Königs Ammiṣaduqa von Babylon*, Leiden, 1958; J. J. Finkelstein, "The edict of Ammiṣaduqa: a new text," *RA*, 63, 1969, pp. 45~64; pp. 189~190. 프랑스어 번역은 위의 미주 5에 인용된 J. Bottéro의 논문에 있음.

[11] F. Cornelius, "Die Annalen Hattushilis I," *Orientalia*, 28, 1959, pp. 292~296; F. Imparati and G. Saporetti, "L'autobigrafia di Hattushili I," *Studi Classici e Orientali*, 14, 1965, pp. 40~85.

[12] 이 문서는 히타이트 왕 텔레피누시(기원전 약 1525~1500년)의 칙령으로 그 서문에는 히타이트 왕국 설립 당시부터 과거 사건을 회상하는 내용이 나온다. 여기에 인용된 문서는 E. H. Sturtevant and G. Bechtel, *A Hittite Chrestomathy*, Philadelphia, 1935, p. 185에 나온다.

[13] "Chronique des Anciens Rois," A, line 1: King, *Chronicles*, II, pp. 22; *ABC*, p. 156.

[14] *ANET³*, p. 396.

[15] 현재 카슈인들에 관한 종합적인 연구는 T. H. Carter, *Studies in Cassite History and Archaeology*, Bryn Mawr, 1962(학위논문); E. Cassin, in *Fischer Weltgeschichte*, III, Frankfurt, 1966, 12~70밖에 없다. 보충 자료로 J. A. Brinkman, "The monarchy in the time of the Kassite dynasty," in P. Garelli (Ed.), *Le Palais et la Royauté*, Paris, 1974, pp. 395~408; "Kassiten," *RLA*, V, pp. 464~473을 보라. 카슈인들의 대외 정책에 관한 주요 연구는 16장에 인용되어 있다.

[16] 아굼 카크리메의 명문에 따르면 마르두크와 차르파니툼의 신상은 24년 동안 바빌론 밖에 머물러 있었다. 이 시기에 해국(海國)의 왕(아마도 굴키샤르)이 삼수-디타나 이후 비어 있던 왕좌에 스스로 올랐을 가능성도 있다(*CAH³*, II, 1, pp. 441~442).

[17] 명문은 F. Delitzch, *Die Sprache der Kossäer*, Leipzig, 1904에 출간되었다. 아굼은 "하니(Hani)의" 신상을 가져왔다고 말한다. 이것이 "하티"에 대한 서기관의 오류인지 아니면 히타이트인들이 돌아오는 길에 하나(Hana)에 신상을 남겨두고 왔던 것인지 알 수 없다. 이 질문에 관해서는 K. Jaritz, "Quellen zur Geschichte der Kassu-Dynasty," *Mitteilungen des Instituts für Orientforschung*, 6, 1958, pp. 205~207; B. Landsberger, "Assyrische Königsliste und 'dunkles Zeitalter,'" *JCS*, 8, 1954, p. 65를 보라.

[18] J. A. Brinkman, *Le Palais et la Royauté*, p. 396. 제왕 명문에 관한 참고문헌: Faisal al-Wailly, "Synopsis of royal sources of the Kassite period," *Sumer*, 10, 1954, pp. 43~54; J. A. Brinkman, *Materials and Studies*, I.

[19] *ABC*, pp. 51~59; pp. 157~177.

[20] "Histoire synchronique," col. I, 1'~7' (*ABC*, pp. 157~158).

[21] R. C. McC. Adams, *Land behind Bagdad*, Chicago, 1965, pp. 53~55; *Heartland of Cities*, Chicago, 1981, pp. 316~319; 331~334; R. C. McC. Adams and H. J. Nissen, *The Uruk Countryside*, Chicago, 1972, pp. 39~41.

[22] *Chicago Assyrian Dictionary* 8, pp. 495~497. 나부-쿠두리-우추르(네부카드네자르)와 같은 고유 명사에서 "쿠두루"라는 단어의 의미는 "아들" 혹은 "후손"이다. 나머지 두 의미는 "광주리"와 "장식"이다.

[23] 쿠두루의 목록과 분류는 U. Seidl, "Die babylonischen Kudurru-Reliefs," *BaM*, 4, 1968, pp. 7~220에 있다. 쿠두루에 관한 가장 중요한 출판물은 L. W. King, *Babylonian Boundary Stones and Memorial Tablets in the British Museum* (= *BBS*), London, 1912이다.

[24] D. T. Potts, *The Arabian Gulf in Antiquity*, I, Oxford, 1990, pp. 299~302; E. Porada, "The cylinder seals found at Thebes in Beotia," *AfO*, 28, 1981~1982, pp. 1~70; J. A. Brinkman, "The Western Asiatic seals found at Thebes in Greece: a preliminary edition of the inscription," *ibid.*, pp. 73~77.

[25] A. Parrot, *Sumer*, 2nd ed., p. 301, fig. 285.

[26] Taha, Baqir, "Iraq Government excavations at 'Aqar Quf," *Iraq*, 8, 1946.

[27] 그 예로 A. Parrot, *Sumer*, 2nd ed., pp. 302~303, fig. 286, 287을 보라.

[28] 이 인장들에 관해서는 T. Beran, "Die babylonische Glyptik der Kassitenzeit," *AfO*, 18, 1958, pp. 255~287; A. Limet, *Les Légendes des sceaux kassites*, Bruxelles, 1971을 보라. 또한 D. Collon, *First Impressions*, London, 1987, pp. 58~61을 보라.

[29] W. G. Lambert, *Babylonian Wisdom Literature*, Oxford, 1960, pp. 13~19.

16장

[1] 고대 근동과 이집트에 관한 전반적인 역사서는 모두 이 시대에 관해 다소 자세하게 다루고 있다. *POA*, I, pp. 138~218에 나오는 P. Garelli의 설명은 소중한 길잡이가 되며, 여기에 대한 보충 자료로 *Cambridge Ancient History*, II, 1과 II, 2가 있다. 이 두 장은 각각 두 나라의 역사를 소재로 다루고 있으며 일부 반복되는 부분도 있다.

[2] 이 시대에 관해 자세한 내용을 더 알고 싶다면 "Les Hittites," *Les Dossier d'Archéologie*, n° 193, 1994, pp. 26~30에 있는 J. Freu의 글을 보라.

[3] A. K. Grayson, *ARI*, I, pp. 32~41; *ABC*, pp. 158~159.

[4] 특히 H. Klengel, "Mitanni: Probleme seiner Expansion und politische Struktur," *RHA*, 36, 1978, pp. 91~115를 보라.

[5] 텔 할라프에서 가까운 텔 페케리예(Tell Fekheriyeh; 신아시리아 시대의 시카누)라는 의견이 있었다. 그러나 미국인들(C. W. McEwan *et al.*, *OIP*, LXXXIX, Chicago, 1940)과 독일인들(A. Moortgat, *AAAS*, 6, 1956, pp. 39~50; 7, 1957, pp.

17~30)의 시굴에서는 이와 같은 의견이 증명되지 않았다. 투슈라타가 이집트 왕들에게 보낸 편지의 진흙에 대한 중성자 활성 분석에 기초하여 이 유적을 찾으려는 연구 역시 결과를 도출하지 못했다. 이 독창적인 방법에 대해서는 A. Dobel, W. J. Van Liere and A. Mahmud, "The Wassukanni project of the University of California, Berkeley," *AfO*, 25, 1974~1977, pp. 259~264를 보라.

6   S. Smith, *The Statue of Idrimi*, London, 1949, Cf. *ANET³*, pp. 557~558; *CAH³*, II, 1, pp. 433~436. 이 흥미로운 명문에서 이드리미는 자신이 왕권을 잃었다가 다시 회복한 과정에 관해 이야기한다.

7   H. Klengel, *op. cit.*, p. 94, n. 2, 1.

8   R. S. F. Starr, *Nuzi II*, Cambridge, Mass., 1937, pl. 118, 1; H. Klengel, *op. cit.*, n. 2, 2; *CAH³*, II, 1, p. 436.

9   이 사건은 수필루리우마스와 마티와자 사이에 맺어진 조약에 언급되어 있다. Cf. E. Weidner, *Politische Dokumente aus Kleinasien, BoStu*, 8, 1923, p. 39. 이 문짝들은 나중에 아슈르-우발리트가 되찾아 왔다.

10   A. Moret, *Des clans aux empires*, Paris, 1923, p. 306은 프톨레마이오스 왕가, 십자군, 보나파르트, 메흐메트 알리, 그리고 1차 세계대전 당시의 알렌비 장군을 언급하지만 좀 더 최근의 예도 있다.

11   투슈라타가 아멘호테프 4세에게 보낸 편지: *EA*, n° 29, lines 16~18.

12   *EA*, n° 17, lines 5~6; *EA*, n° 29, lines 18~20.

13   *CAH³*, II, 1, p. 679; O. R. Gurney, *The Hittites²*, Harmondsworth, 1980, p. 27.

14   토판에 쓰인 이 편지들(*EA*와 뒤따르는 번호로 인용됨)은 여러 박물관에 분산되어 있다. 이들은 J. A. Knudtzon, *Die el-Amarna Tafeln*, Neukirchen-Vluyn, 1978, 2nd ed.에서 책으로 묶여 출판되었다. 영어판: S. A. Mercer, *The Tell el-Amarna Tablets*, Toronto, 1939, 2 vols. 프랑스어판: W. L. Moran, *Les Lettres d'Amarna*, Paris, 1987. 이 편지 중 후리어로 쓰인 한 점과 히타이트어로 쓰인 두 점 외에는 모두 아카드어로 쓰였으며 일부 가나안 어휘가 포함되어 있다. Cf. *CAH³*, II, 2, pp. 98~116.

15   이 시기에 관한 일반적인 연구 중에서 E. Cavaignac, *Subbiluliuma et son temps*, Paris, 1932 (여전히 유용한 자료); E. Drioton et J. Vandier, *L'Egypte*, Paris, 1962, 2nd ed. (참고문헌 포함); K. A. Kitchen, *Suppiluliuma and the Amarna Pharaohs*, Liverpool, 1962; A. Goetze, *CAH³*, II, 2, pp. 1~20; 117~129; 252~273; H. Klengel, *Syria 3000 to 300 B.C.*, Berlin, pp. 109~115를 보라.

16   J. A. Brinkman, "Foreign relations of Babylonia from 1600 to 625 B.C.," *AJA*, 76, 1972, pp. 274~275.

17   *EA*, n° 1, lines 10~65 (카다슈만-엔릴); *EA*, n° 21, lines 13~21; *EA*, n° 22; *EA*,

n° 23, lines 7~8 (투슈라타)

[18] 카데시(히타이트어로 킨자)는 홈스에서 남쪽으로 25킬로미터 떨어져 있으며 오론테스 강가에 위치한 텔 네비 멘드이다. 이 커다란 텔은 현재까지 제한적인 발굴 밖에 이루어지지 않았다. M. Pézard, *Mission archéologique à Tell Nebi Mend*, Paris, 1931.

[19] *EA*, n° 7, lines 69~72.

[20] *EA*, n° 7, lines 53~54.

[21] P. Garelli, *POA*, I, p. 160, 미탄니-하니갈바트의 왕가에 관한 아주 유용한 도표(p. 161)도 나옴. 이 시기에 관해서는 A. Harrak, *Assyria and Hanigalbat*, Hildesheim, 1987을 보라.

[22] *Histoire synchronique*, col. I, lines 8'~11'; *Chronique P*, col. I, lines 5'~6' (*ABC*, pp. 159~171). 이 딸은 무발리타트-셰루아라 불렸다.

[23] 이 불안은 아슈르-우발리트가 파라오와 외교 관계를 맺었다는 소식을 들은 부르나부리아시 2세가 아멘호테프 4세에게 보낸 편지에서 잘 드러난다. "당신이 나를 사랑한다면 그들(아시리아인들)이 아무것도 사지 못하게 하셔야 합니다. 그들을 빈손으로 돌려보내십시오!"(*POA*, I, 203).

[24] 이 조약은 수필루리우마스와 아무루의 왕 아지루 사이에 맺어졌다. Cf. E. Weidner, *op. cit.*, 위의 미주 9; *ANET³*, pp. 529~530.

[25] *CAH³*, II, 2, pp. 226~228; 253~254, 참고문헌, p. 952.

[26] *ANET³*, pp. 199~203.

[27] *CAH³*, II, 2, p. 258. Cf. E. Edel, "Die Abfassungszeit des Briefes KBo I 10 (Hattusilis-Kadashman Enlil) und seine Bedeutung für die Chronologie Ramses II," *JCS*, 12, 1958, pp. 130~133.

[28] *ARI*, I, p. 81, § 527; p. 83, § 532.

[29] 이 멋진 유적은 1950~1960년에 프랑스의 이란 발굴단이 발굴했다. R. Ghirshman *et al.*, *Tchogo-Zanbil (Dur Untash)*, Paris, 1966~1970, 4 vols.

[30] W. G. Lambert, "Three unpublished fragments of the Tukulti-Ninurta Epic," *AfO*, 18, 1957~1958, pp. 38~51에 전체 번역이 나와 있다. Cf. E. Weidner, "Assyrischen Epen über die Kassiten-Kämpfe," *AfO*, 20, 1963~1964, pp. 113~116. P. Machinist, "Literature as politics: the Tukulti-Ninurta epics," *Catholic Biblical Quarterly*, Washington, 38, 1976, pp. 425~455.

[31] *ARI*, I, p. 108, § 716; *ARAB*, I, p. 51, § 145.

[32] *Ibid.*, col. IV, 9~13. 아수르에서 북쪽으로 3km 지점에 있는 카르-투쿨티-니누르타(오늘날의 투쿨 아키르)는 왕의 거주지였다. 독일의 발굴(W. Bachmann, *MDOG*, 53, pp. 41~57; W. Andrae, *Das Wiedererstandene Assur*, Leipzig, 1938,

pp. 121~125)에서 벽화(A. Parrot, *Assur*, Paris, 1961, p. 4, fig. 7)가 그려져 있는 궁전, 아슈르 신전, 그리고 지구라트 하나가 나왔다.

33 카슈 왕조의 종말에 관해서는 D. J. Wiseman, *CAH³*, II, 2, pp. 443~447; R. Labat, *ibid.*, pp. 485~487을 보라.

17장

1 이 두 민족에 관해서는 R. D. Barnett, *CAH³*, II, 2, pp. 417~442를 보라. 기원전 12세기와 11세기 사이에, 서쪽에서 온 프리기아인은 점차 아나톨리아 고원의 서부와 중부 모두를 점령했고 캅카스에서 온 듯한 무슈키인은 유프라테스 강 상류, 다시 말해 유프라테스 강과 그 지류 무라드 수(Murad Su) 사이에 정착했다.

2 R. D. Barnett, "The Sea People," *CAH³*, II, 2, pp. 359~378; W. Helck, *Die Beziehungen Agyptens zu Vorderasien im 3. und 2. Jahrtausend v. Chr.*, Wiesbaden, 1962; N. K. Sandars, *Les Peuple de la Mer*, Paris, 1981.

3 F. M. Abel, *Géographie de la Palestine*, Paris, 1933, I, pp. 312~314. 필리스티아인 전반에 관해서는 R. A. Macalister, *The Philistines, their History and Civilization*, Chicago, 1965; K. A. Kitchen, "The Philistines," in D. J. Wiseman (Ed.), *Peoples of Old Testament Times*, Oxford, 1973을 보라.

4 D. Stronach, "Achaemenid village I at Susa and the Persian migration to Fars," *Iraq*, 36, 1974, pp. 239~248; R. Ghirshman, *L'Iran et la Migration des Indo-Aryens et des Iraniens*, Leiden, 1977, pp. 45~70. Cf. R. H. Dyson Jr., *CAH³*, II, 1, pp. 712~715.

5 방대한 문헌을 산출해 낸 이 주제에 관해서는 *POA*, II, pp. 63~76; 188~194; *CAH³*, II, 1, pp. 303~337; 507~525; 537~605; R. de Vaux, *Histoire ancienne d'Israël*, pp. 277~620에 요약 설명과 참고문헌이 있다.

6 Cl. F. A. Schaeffer, *Ugaritica I*, Paris, 1939, pp. 45~46; R. de Vaux, "La Phénicie et les peuples de la mer," *Mélanges de l'Université Saint-Joseph*, 45, Beirut, 1969, pp. 481~498; J. Nougayrol, "Guerre et paix à Ugarit," *Iraq*, 25, 1963, pp. 120~121. M. C. Astour, "New evidence for the last days of Ugarit," *AJA*, 69, 1965, pp. 253~258.

7 페니키아인에 관한 주요 저서: G. Contenau, *La Civilisation phénicienne*, Paris, 1949, 2nd ed.; D. Harden, *The Phoenicians*, London, 1962; S. Moscati, *Il Mondo dei Fenici*, Milano, 1966 (영어판: *The World of the Phoenicians*, London, 1973, 2nd ed.); A. Parrot, M. H. Chehab and S. Moscati, *Les Phéniciens*, Paris, 1975;

G. Bunnens, *L'Expansion phénicienne en Méditerranée*, Bruxelles, 1979.

[8] G. Février, *Histoire de l'écriture*, Paris, 1948; G. R. Driver, *Semitic Writing*, Oxford, 1948; D. Diringer, *Writing*, London, 1962; *The Alphabet*, London, 1968; J. Naveh, *Die Entstehung des Alphabets*, Zürich, 1979. F. Briquel-Chatonnet, "L'invention de l'alphabet," in *Syrie, Mémoire et Civilisation*, Paris, 1993, pp. 188~191.

[9] 주요 번역 모음집: C. H. Gordon, *Ugaritic Literature*, Rome, 1949; G. R. Driver, *Canaanite Myths and Legends*, Edinburgh, 1956; A. Jirku, *Kanaanäische Mythen und Epen aus Ras Shamra*, Gütersloh, 1962; A. Caquot and M. Sznycer, "Les textes ougaritiques," in *Les Religions du Proche-Orient*, Paris, 1970, pp. 353~450; A. Herdner, *Textes ougaritiques I*, Paris, 1974; *ANET³*, pp. 130~155.

[10] 신히타이트인에 대한 종합 연구는 Seton Lloyd, *Early Anatolia*, Harmonsworth, 1956, pp. 156~176; O. R. Gurney, *The Hittites*, Harmonsworth, 1980, 2nd ed., pp. 41~47; *CAH³*, II, 2, pp. 441~442; 526~529; J. D. Hawkins, "Hatti, the 1st millennium B.C.," *RLA*, IV, pp. 152~159에 있다. 문자와 언어에 관해서는 E. Laroche, *Les Hiéroglyphes hittites I*, Paris, 1960; P. Meriggi, *Hieroglyphisch-Hethitisches Glossar*, Wiesbaden, 1962, 2nd ed.를 보라.

[11] 이 명문들의 완전한 목록이 E. Laroche, "Liste des documents hiéroglyphiques," *RHA*, 27, 1969, pp. 110~131에 나온다.

[12] M. J. Mellink, "Karatepe: more light on the dark ages," *Bi. Or.*, 7, 1950, pp. 141~150을 보라.

[13] J. D. Hawkins, "Assyrians and Hittites," *Iraq*, 36, 1974, pp. 67~83.

[14] 아람인에 관한 주요 저서와 종합 논문: E. Forrer, "Aramu," *RLA*, I, pp. 131~139; R. T. O'Callaghan, *Aram Naharaïm*, Rome, 1948; A. Dupont-Sommer, *Les Araméens*, Paris, 1949; A. Malamat, "The Aramaeans," in D. J. Wiseman (Ed.), *Peoples of the Old Testament Times*, Oxford, 1973, pp. 134~155. P. Bordreuil, "Les royaumes araméens de Syrie," in *Syrie, Mémoire et Civilisation*, Paris, 1993, pp. 250~257.

[15] 신명기 36장 5절.

[16] B. P. Cornwall, "Two letters from Dilmun," *JCS*, 6, 1952, pp. 137~145.

[17] *ARAB*, I, § 73, 116, 166.

[18] S. Moscati, "The Aramaean Ahlamu," *JSS*, 4, 1959, pp. 303~307.

[19] M. F. Unger, *Israel and the Aramaeans of Damascus*, London, 1957.

[20] P. Garelli, "Importance et rôle des Araméens dans l'administration de l'Empire assyrien," in H. J. Nissen and J. Renger (Ed.), *Mesopotamien und seine Nachbarn*,

Berlin, 1982, II, pp. 437~447; H. Tadmor, "The aramaization of Assyria: aspects of western impact," *ibid.*, pp. 449~470.

[21] M. Freiherr von Oppenheim, *Der Tell Halaf*, Leipzig, 1931, pp. 71~198; *Tell Halaf II, Die Bauwerke*, Berlin, 1956; A. Moortgat, *Tell Halaf III, Die Bildwerke*, Berlin, 1955; A. Parrot, *Assur*, Paris, 1961, fig. 90~106.

[22] *AAO*, p. 156.

[23] 이 왕조부터 시작하여 신바빌로니아 시대까지에 관한 기본적인 저서는 J. A. Brinkman, *A Political History of Post-Kassite Babylonia (1158~722)* (= *PKB*), Rome, 1968이다.

[24] "탄식시" 유형의 이 흥미로운 문서에 관해서는 H. Tadmor, "Historical implications of the correct rendering of Akkadian dâku," *JNES*, 17, 1958, pp. 138~139를 보라. Cf. *CAH³*, II, 2, p. 501. 이 문서가 네부카드네자르 1세에 관련된 것인지는 확실하지 않다.

[25] L. W. King, *BBS*, n° VII, lines 29~36.

[26] W. G. Lambert, "The reign of Nebuchadnezzar I: a turning point in the history of ancient Mesopotamian religion," in W. S. McCullough (Ed.), *The Seed of Wisdom*, Toronto, 1964, pp. 3~13.

[27] G. A. Melikishvili, *Nairi-Urartu* (러시아어), Tiflis, 1954, p. 171. Cf. *CAH³*, II, 2, p. 459.

[28] *ARI*, II, § 97 (cf. § 83); *ANET³*, p. 275.

[29] *ARI*, II, § 95.

[30] *ARAB*, I, § 309; *ARI*, II, § 100; *Histoire synchronique*, col. II, lines 14'~24' (*ABC*, pp. 164~165); E. Weidner, "Die Feldzüge und Bauten Tiglatpilesers I," *AFO*, 18, 1958, pp. 342~360.

[31] 북부 시리아에 코끼리가 있었다는 사실은 좀 놀랍다. 아마 정확히 알 수 없는 어느 시기에 인도에서 코끼리를 들여왔던 것 같다. 코끼리의 수는 그다지 많지 않았던 것 같다. 형상이 새겨진 기념물에 코끼리가 나오는 예가 흔치 않기 때문이다. Cf. D. Collon, "Ivory," *Iraq*, 39, 1977, pp. 219~222.

[32] *ARAB*, I, § 247~248; *ARI*, II, § 43~45, 103, 111, 132.

[33] 나부-아플라-이디나(887~855)의 석판, I, 4~5. 번역: L. W. King, *BBS*, p. 121.

[34] J. R. Kupper, *Les Nomades de Mésopotamie au temps des rois de Mari*, Paris, 1957, pp. 115~125.

[35] *Histoire synchronique*, col. II, lines 25'~27' (*ABC*, p. 165). 바빌론의 왕은 마르두크-샤피크-제리이다.

[36] L. W. King, *Chronicles*, II, pp. 143~179. 무엇보다 "Chronique religieuse," (*ABC*,

pp. 133~138), "Chronique dynastique," (*ABC*, pp. 139~144), 그리고 아시리아 연
대기 단편(*ABC*, p. 189)을 보라.

37 P. Gössmann, *Das Erra-Epos*, Würzburg, 1955; L. Cagni, *L'Epopea di Erra*, Rome,
1969; R. Labat, *Les Religions du Proche-Orient*, pp. 114~137.

38 "Chronique religieuse," col. III, lines 4~15 (*ABC*, pp. 137~138).

39 이 부족들에 관해서는 *PKB*, pp. 260~267 (칼데아인), pp. 267~285 (아람인); M.
Dietrich, *Die Aramäer Südbabyloniens in der Sargonidenzeit* (700~648), 1970,
Neukirchen-Vluyn, 1970을 보라. Cf. F. Malbran-Labat, *Journal asiatique*, 1972,
pp. 15~38.

18장

1 A. K. Grayson, *ARI*, II, § 368.

2 루브두에 관해서는 *PKB*, p. 178, n. 1096을 보라.

3 정확하게는 니누르타-아팔-에쿠르(1192~1180) 시대부터.

4 신아시리아 시대의 정치사에 관한 주요 자료는 다음과 같다.

A. 아시리아 제왕 명문에 대한 참고문헌은 R. Borger, *Handbuch der Keilschrift-
literatur*, III, Berlin, 1975, pp. 23~28에 있다. 수많은 명문이 D. Luckenbill,
Ancient Records of Assyria and Babylonia (*ARAB*), Chicago, 1926~1927, 2
vols.에 영어로 번역되어 있다. 이 책은 실용적이지만 저술 시기를 봐서 알
수 있듯이 불완전할 수밖에 없다. A. K. Grayson, *Assyrian royal Inscriptions*
(*ARI*), Wiesbaden, 1972~1976, 2 vols.은 탁월한 책이지만 아슈르나시르팔 2
세의 치세까지만 나와 있다. 다행히 토론토 대학에서 *Royal Inscriptions of
Mesopotamia* (*RIM*) 프로젝트를 담당하고 있는 이 학자와 그의 동료들은 아
시리아를 다룬 하위 총서(*RIMA*)의 제1권으로 A. K. Grayson, *Assyrian Rulers
of the First Millennium B.C.*, Toronto, 1991을 이미 출간했으며 다른 여러 저
서가 뒤따를 것으로 예상된다. A. K. Grayson, *ARI*, II, § 368.

B. 연호관리 목록은 해마다 일어난 사건을 언급하고 있으며 1938년에 A.
Ungnad, "Eponyment," *RLA*, II, pp. 412~457에 출간되었으나 이 역시 개정할
필요가 있다.

C. 니네베에서 발견된 왕실 서한집은 R. F. Harper, *Assyrian and Babylonian
Letters belonging to the Kuyunjik Collection of the British Museum* (*ABL*),
London/Chicago, 1892~1914, 14 vols.에 출간되었다. 이 편지들은 Leroy
Waterman, *Royal Correspondence of the Assyrian Empire* (*RCAE*), Ann Arbor,

Mich., 1930~1936, 4 vols.에 번역되었으나 이 책 중 많은 부분은 다시 써야 한다. 이 니네베 편지 외에도 님루드 왕실 서한집이 있다. 이 서한집은 C. J. Gadd, J. V. Kinnier Wilson, B. Parker, H. W. Saggs and D. J. Wiseman, *Iraq*, 12 (1950)부터 28 (1956)에 걸쳐 출간되었다. 또한 헬싱키 대학 출판사에서 출간했으며 아주 다양한 문서를 다룬 State Archives of Assyria라 불리는 훌륭한 총서도 보라. 이 총서는 현재(1994) 열 권이 나와 있다. [역주] 2012년 현재 열여덟 권이 나와 있다.

D. 아시리아 바빌로니아 연대기는 A. K. Grayson, *Assyrian and Babylonian Chronicles* (*ABC*), Locust Valley, NY, 1975를 보라.

E. 바빌로니아의 명문은 J. A. Brinkman, *A Political History of Post-Kassite Babylonia* (*PKB*), Rome, 1968에 다루어져 있다.

F. 구약성서, 특히 열왕기하, 역대하, 그리고 예언서. 아시리아에 관한 총체적인 관점을 보려면 H. W. F. Saggs, *The Might that was Assyria*, London, 1984를 보라.

5 *ARAB*, I, § 402~434; *ARI*, II, § 464~488. 또한 W. Schramm, "Die Annalen des assyrischen König Tukulti-Ninurta II," *Bi. Or.* 27, 1970, pp. 174~190을 보라.

6 이 주제에 관해서는 다음 자료를 보라. W. G. Lambert, "The reigns of Assurnasirpal II and Shalmaneser III, an intepretation," *Iraq*, 36, 1974, pp. 103~109; H. Tadmor, "Assyria and the West: the ninth Century and its aftermath," in H. Goedicke et J. J. Roberts (Ed.), *Unity and Diversity*, Baltimore, 1975, pp. 36~48; A. K. Grayson, "Studies in Neo-Assyrian history: the ninth century B.C.," *Bi. Or.*, 33, 1976, pp. 134~135; M. Liverani, "The ideology of the Assyrian empire," in M. T. Larsen (Ed.), *Power and Propoganda*, Copenhagen, 1979, pp. 297~317; P. Garelli, "L'Etat et la légitimité royale sous l'Empire assyrien," *ibid.*, pp. 319~328; J. Reade, "Ideology and Propaganda in Assyrian art," *ibid.*, pp. 329~343.

7 D. G. Hogarth, *The Ancient Near East*, London, 1950, p. 25.

8 *CAH³*, II, 2, p. 479. 아슈르가 그 전에는 없던 지배자와 전사의 성격을 갖게 된 것은 중기 아시리아 시기(기원전 13~11세기)였다. 창조 서사시(에누마 엘리시)의 아시리아 판에서 그는 여러 신들 중에서 제2열에 있는 마르두크를 대신한다.

9 F. M. Fales, "The ennemy in the Neo-Assyrian inscriptions: the 'moral judgment,'" in H. J. Nissen and J. Renger (Ed.), *Mesopotamien und seine Nachbarn*, Berlin, 1982, II, pp. 425~435.

10 *ARAB*, I, § 466, 501~502; *ARI*, II, § 574, 641.

11 탤런트(*biltu*)는 약 33킬로그램에 해당하며 구르(*gur*)는 약 70리터에 해당한다.

12 A. L. Oppenheim, *Ancient Mesopotamia*, Chicago, 1964, p. 167. 또한 위의 미주 6에 인용된 논문들을 보라.

13 G. Kestemont, "Le commerce phénicien et l'expansion assyrienne du IXe-VIIIe siècle," *Oriens Antiquus*, II, 1972, pp. 137~144; Frankestein, "The Phoenicians in the Far West: a function of Neo-Assyrian imperialism," in *Power and Propaganda*, pp. 263~294.

14 A. Parrot, *Assur*, Paris, 1961, p. 19, pl. 22~23.

15 *ARAB*, I, § 443; *ARI*, II, § 587.

16 *ARAB*, I, § 444~445; *ARI*, II, § 549. Cf. P. Garelli, "Les sujets du roi d'Assyrie," in *La Voix de l'opposition en Mésopotamie*, Bruxelles, 1973, p. 189.

17 A. K. Grayson, *Bi. Or.*, 33, 1976, p. 140. 이 저자와 J. A. Brinkman(*PKB*, pp. 390~394)에 따르면 두 차례의 시리아 원정이 있었을 것이다. 한 차례는 파티나 (아무크)를 향한 원정이었고 다른 한 차례는 레바논을 향한 원정이었다. 원문은 *ANET³*, pp. 275~276에 있다.

18 *ARAB*, I, § 497, 518; *ARI*, II, § 586. Cf. *ANET³*, p. 276.

19 투슈한은 쿠르크로서 디아르바크르에서 남쪽으로 30킬로미터 떨어져 있으며, 이 곳에서 아슈르나시르팔의 첨탑이 발견되었다(*ARI*, II, § 629~643). 카르-아슈르 나시르팔과 네바르티-아슈르는 유프라테스의 양안(兩岸)에서 서로 마주보고 있 으며, 오늘날 라카와 데이르 에즈-조르 사이에 있는 잘라비야와 할라비야에 해당 되는 것 같다.

20 유명한 아시라아의 "잔인성"에 관한 새로운 관점으로 다음을 보라. A. T. Olmstead, "The calculated frightfulness of Ashur-nasir-apal," *JAOS*, 38, 1918, pp. 209~263; *History of Assyria*, New York, 1923, pp. 645~655; H. W. Saggs, "Assyrian prisoners of war and the right to live," *AFO*, Beiheft 19, 1982, 85~83. *Civilization before Greece and Rome*, London, 1989, pp. 189ff.

21 *ARAB*, I, § 443, 445, 472; *ARI*, II, § 547, 549, 579.

22 J. de Morgan, *Les Premières Civilisations*, Paris, 1909.

23 A. Parrot, *Assur*, p. 54, pl. 62; W. Budge, *Assyrian Sculptures in the British Museum*. London, 1914, pl. 12; 421.

24 최근의 연구 S. Lackenbacher, *Le Roi bâtisseur: Les récits de construction assyrienne des origines à Teglatphalazar III*, Paris, 1982를 보라.

25 *ARAB*, I, § 489; *ARI*, II, § 653.

26 A. H. Layard, *Nineveh and its Remains*, London, 1849; *Nineveh and Babylon*, London, 1882.

27 1949년부터 1963년까지 이루어진 영국의 발굴. 예비 보고서는 *Iraq*, 12 (1950)부

터 25 (1963) 사이에 있다. 최종 출판물: M. E. L. Mallowan, *Nimrud and its Remains*, London, 1966, 2 vols. 결과 요약으로는 M. E. L. Mallowan, *Twenty-five Years of Mesopotamian Discovery*, London, 1956, pp. 99~112; J. Reade, *Fifty Years of Mesopotamian Discovery*, London, 1982, pp. 99~112를 보라. 또한 J. N. Postgate and J. E. Reade, "Kalhu," *RLA*, V, pp. 303~323을 보라. 1974년부터 1976년까지 이루어진 폴란드의 발굴은 *Iraq*, 37 (1975)와 38 (1976)에 출간되었다. 1970년부터 복구와 함께 이루어진 이라크의 발굴은 *Sumer*, 26 (1970)과 *Iraq*, 34 (1972)부터 1985년 판까지에 요약되어 있다.

[28] M. E. L. Mallowan, *Nimrud and its Remains*, I, p. 106; p. 137, fig. 17.

[29] D. J. Wiseman, "A new stela of Assur-naṣir-pal II," *Iraq*, 24, 1952, pp. 24~39. Cf. *ANET³*, pp. 558~560.

[30] H. Frankfort, *AAO*, pl. 93.

[31] J. Laessøe, "A statue of Shalmaneser III from Nimrud," *Iraq*, 21, 1959, pp. 147~157.

[32] 에사르하돈의 명문은 H. Heidel, *Sumer*, 12, 1956, pp. 9~37에 출간되었다. "샬만에세르 요새"의 발굴에 관해서는 M. E. L. Mallowan, *Nimrud and its Remains*, II, pp. 369~470을 보라.

[33] H. Rassam, *Asshur and the Land of Nimrod*, New York, 1897. 님루드 발굴 도중에 시도된 연구들에 관해서는 D. Oates, "Balawat (Imgur-Enlil): the site and its buildings," *Iraq*, 36, 1974, pp. 173~178; J. Curtis, "Balawaat," in *Fifty Years of Mesopotamian Discovery*, pp. 113~119를 보라.

[34] L. W. King, *Bronze Reliefs from the Gates of Shalmaneser*, London, 1915. Cf. A. Parrot, *Assur*, pl. 121~129.

[35] *ARAB*, I, § 553~612에 출간된 샬만에세르의 명문과 더불어 G. C. Cameron, *Sumer*, 6, 1950, pp. 6~26; F. Safar, *Sumer*, 7, 1951, pp. 3~21; J. Laessøe, *Iraq*, 21, 1959, pp. 38~41; J. V. Kinnier Wilson, *Iraq*, 24, 1962, pp. 90~115를 보라. 이 왕의 치세에 관한 종합 연구는 *POA*, II, pp. 87~91에 있다. 또한 위의 미주 6에 언급된 H. Tadmor와 A. K. Grayson의 논문을 보라.

[36] 오늘날의 텔 아흐마르로서 제라블루스(카르케미시)에서 남쪽으로 20킬로미터 떨어진 유프라테스 강의 좌안에 있다. 1929년부터 1931년까지 이루어진 프랑스의 발굴: F. Thureau-Dangin and M. Dunand, *Til Barsip*, Paris, 1936. 프레스코화는 무척 아름다우며 기원전 8~7세기의 것으로 추정된다(A. Parrot, *Assur*, pl. 109~119). 1988년에 이루어진 호주의 발굴: G. Bunnens (Ed.), *Tell Ahmar*, Leuven, 1990; *Akkadica*, 63, 1989, pp. 1~11.

[37] 오늘날 지스르 엘-쇼구르에서 남쪽으로 7킬로미터 떨어진 오론테스 강가의 카르

카르(M. C. Astour, *Orientalia*, 38, 1969, p. 412).

38 *ARAB*, I, § 611; *ANET*³, p. 279. 이 자료가 아랍인을 언급하는 최초의 문서임을 기억하자.

39 *ARAB*, I, § 681. Cf. 왕하 8:7~15. 이 다마스쿠스 왕에 관해서는 A. Lemaire, "Hazaël de Damas, roi d'Aram," in D. Charpin, F. Joannès (Ed.), *Marchands, Diplomats et Empereurs*, Paris, 1991, pp. 35~44를 보라.

40 신전들을 복구하고 의례를 복원한 나부-아플라-이디나의 석판(*BBS*, pp. 120~127). "Histoire synchronique," col. III, lines 23~24. Cf. *PKB*, p. 189.

41 *ARAB*, I, § 624.

42 *ABC*, p. 167; *PKB*, pp. 192~199. 님루드에서 발견된 왕좌의 받침돌에는 샬만에세르와 마르두크-자키르-슈미가 서로 악수하는 모습이 새겨져 있다. D. Oates, *Iraq*, 24, 1963, pp. 20~21. 이 받침돌에 새겨진 명문: P. Hulin, *ibid.*, pp. 48~69.

19장

1 *ARAB*, I, § 713~729와 *JNES*, 32, 1973, pp. 40~46에 있는 샴시-아다드 5세의 명문들. 통치 연대에 관해서는 A. K. Grayson, *Bi. Or.*, 33, 1976, pp. 141~143을 보라.

2 E. F. Weidner, "Die Feldzüge Samsi-Adads V. gegen Babylonien," *AFO*, 9, 1933~1934, pp. 89~104; *PKB*, pp. 204~210.

3 *ARAB*, I, § 731. 그의 기념비가 아수르에 있는 아시리아 왕들의 기념비 가운데 있다는 사실과, 더 나아가 칼후의 총독이 "자기 주인 아시리아의 왕 아다드-니라리와 자기 여주인이며 궁전의 귀부인인 삼무라마트의 생명을 위해" 동상 하나를 헌정했다는 사실(*ARAB*, I, § 745)은 이 여성의 힘이 어떠했는지 잘 보여준다. 그러나 그가 실제로 섭정을 행했다는 확실한 증거는 없다(S. Page, *Orientalia*, 38, 1969, pp. 457~458).

4 A. T. Olmstead, *History of Assyria*, New York, 1923, p. 158.

5 세미라미스 전설에 관한 최근 연구로는 W. Eilers, *Semiramis: Entstehung und Nachhall einer altorientlische Sage*, Wien, 1971; G. Roux, "Sémiramis, la reine mystérieuse de l'Orient," *L'Histoire*, 68, 1984, pp. 20~23; G. Pettinato, *Semiramide*, Milano, 1985를 보라.

6 Bérose, *Babyloniaca*, in *Sources for the Ancient Near East*, Malibu, Calif., 1978, p. 164.

7 *ARAB*, I, § 732~743에 출간된 아다드-니라리 3세의 명문들뿐만 아니라 텔 알-리마(*Iraq*, 30, 1968, pp. 139~153)와 셰이크 아흐마드(*Iraq*, 35, 1973, pp. 54~57)에

서 발견된 비문들을 보라. Cf. H. Tadmor, "The historical inscriptions of Adad-nirâri III," *Iraq*, 35, 1973, pp. 141~150.

[8] 이 원정의 연대에 관해서는 A. R. Millard and H. Tadmor, "Adad-niâri III in Syria," *Iraq* 35, 1973, pp. 57~64를 보라.

[9] 매년 발생한 사건들을 언급하고 있는 리무(limu) 목록을 이렇게 부른다. 위의 제2장과 제8장의 미주 4를 보라.

[10] F. Thureau-Dangin, "L'inscription des lions de Til-Barsib," *RA*, 27, 1930, pp. 11~21.

[11] 아슈르-니라리 5세와 아르파드의 마티-엘(Mati'-El) 사이의 조약: *ARAB*, I, § 749~760; *ANET³*, pp. 532~533; R. Borger, *Text aus der Umwelt des Alten Testaments*, I, 2, Güterloh, 1983, pp. 155~158.

[12] 알레포 남서쪽에 있는 아피스에서 발견된 자키르의 비석: *ANET³*, pp 655~656. 아시리아의 개입에 관한 가설이 P. Garelli, *POA*, II, p. 97에서 제기된다.

[13] 우라르투에 관한 최근 저서 중 몇몇을 언급하면 다음과 같다. B. Piotrovskii, *Il Regno di Van, Urartu*, Rome, 1966; *Ourartou*, Genève, 1970; C. Burney and D. H. Lang, *The People of the Hills; ancient Ararat and Caucasus*, London, 1971; S. Kroll, *Urartu, das Reich am Ararat*, Hamburg, 1979. 러시아어로 된 저서와 논문도 많이 있다.

[14] F. König, *Handbuch der Chaldischen Inschriften*, *AfO* Beiheft 8, 1995.

[15] E. Akurgal, *Die Kunst Anatoliens*, Berlin, 1961, pp. 185~195; B. Piotrovskii, *Urartu, the Kingdom of Van and its Art*, London, 1967, pp. 22~23.

[16] 이 문제에 대해서는 충분한 논의가 이루어졌다. 특히 P. Garelli, *POA*, II, pp. 113, 231~234; M. T. Larsen, *Power and Propaganda*, p. 86을 보라.

[17] 이 칭호들에 관해, 그리고 아시리아 주변 속주들의 조직에 관해서는 다음을 보라. E. Klauber, *Assyrisches Beamtentum*, Leipzig, 1910; E. Forrer, *Die Provinzeinteilung des Assyrischen Reiches*, Leipzig, 1920; R. A. Henshaw, "The Office of *saknu* in Neo-Assyrian times," *JAOS*, 87, 1967, pp. 517~525; 88, 1968, pp. 461~483; P. Garelli, *POA*, II, pp. 135~137; J. Pecirková, "The administrative organization of the Neo-Assyrian empire," *Archiv Orientalni*, 45, 1977, pp. 211~228; J. N. Postgate, "The place of the *saknu* in Assyrian government," *Anatolian Studies*, 30, 1980, pp. 69~76.

[18] F. Malbran-Labat, *L'Armée et l'Organisation militaire de l'Assyrie*, Genève/Paris, 1982, pp. 59~61.

[19] 이 문제에 관해서는 B. Oded의 저서, *Mass Deportation and Deportees in the Neo-Assyrian Empire*, Wiesbaden, 1979를 보라.

20 B. Oded, *op cit.*, pp. 20~21.

21 A. Parrot, *Assur*, pp. 53~56.

22 *ARAB*, I, § 761~822에 있는 티글라트-필레세르 3세의 명문들. 그 외에도 님루드 에서 발견되어 D. J. Wiseman이 *Iraq*, 13, 1951, pp. 21~26; 18, 1956, pp. 117~129; 26, 1964, pp. 119~121에 출간한 단편들, 그리고 아래의 미주 27과 34에 인용된 명문들을 보라.

23 "Chronique babylonienne," col. I, lignes 1~5 (*ABC*, pp. 70~71); *ARAB*, I, § 782, 805, 809; *PKB*, pp. 229~232.

24 M. Weippert, "Zur Syrienpolitik Tiglath-Pilesers III," in H. J. Nissen and J. Renger (Ed.), *Mesopotamien und seine Nachbarn*, Berlin, 1982, II, pp. 395~408.

25 *ARAB*, I, § 813. Cf. M. C. Astour, "The arena of Tiglath-Pileser III's campaign against Sarduri II (843 B.C.)," *Assur*, 2/3, 1979, pp. 61~91.

26 1928년 프랑스의 발굴: F. Thureau-Dangin, A Barrois, G. Dossin and M. Dunand, *Arslan Tash*, Paris, 1931. Cf. G. Turner, *Iraq*, 30, 1968, pp. 62~68. 티글라트-필레 세르 3세는 님루드에 자기를 위해 궁전을 짓게 했다.

27 R. Ghirsham, *Iran*, Harmondsworth, 1954, p. 94. 기념비: L. D. Levine, *Two Assyrian Stelae from Iran*, Royal Ontairo Museum, Art and Archaeology, Toronto, 1972, pp. 11~24. 이 중 두 번째 비석은 사르곤 2세의 것이다.

28 H. W. Saggs가 출간한 님루드 편지, *Iraq*, 17, 1995, p. 128. Cf. M. Cogan, "Tyre and Tiglath-Phalazar III," *JCS*, 25, 1973, pp. 96~99.

29 역대하 28장 5~8절; 열왕기하 15장 29~30절; 16장 5~9절. Cf. *ANET³*, pp. 283~284.

30 H. W. Saggs가 출간한 님루드 편지, *Iraq*, 17, 1995, pp. 21~56; 25, 1983, pp. 70~80. Cf. *PKB*, pp. 235~243.

31 *ARAB*, I, § 829~830의 명문은 실제로는 에사르하돈의 것이다. 이 통치기에 관한 흔치 않은 자료들로는 *PKB*, p. 244를 보라.

32 *ARAB*, I, § 1~230에 있는 사르곤의 명문들. 연대기의 표준이 될 만한 책은 A. G. Lie의 저서, *The Inscriptions of Sargon II, King of Assyria, The Annals*, Paris, 1929이다. 사르곤의 통치에 관한 종합 연구: H. Tadmor, "The campaign of Sargon II of Assur: a chronological-historical study," *JCS*, 12, 1958, pp. 22~40; 77~100.

33 이것은 "아수르의 헌장"이라 불린다. *ARAB*, II, § 133~135; H. W. Saggs, "Historical texts and fragments of Sargon II of Assyria: the 'Assur Charter,'" *Iraq*, 37, 1975, pp. 11~25. 이 반란에 관해서는 P. Garelli, *La Voix de l'opposition en Mésopotamie*, pp. 207~208을 보라.

34 "Chronique babylonienne," col. I, lines 33~37 (*ABC*, pp. 73~74). 메로다크-발라단

의 명문: C. J. Gadd, "Inscribed barrel cylinder of Marduk-appal-iddina II," *Iraq*, 15, 1953, pp. 123~134.

35 *ARAB*, II, § 5; *ANET³*, p. 285; R. Borger, "Das Ende des aegyptischen Feldherrn Sib'e = Sô," *JNES*, 19, 1960, pp. 49~53.

36 *ARAB*, II, § 30~62; *ANET³*, p. 286. Cf. H. Tadmor, *op. cit.*, pp. 83~84.

37 특히 *SAA*, I, 41, V, 3, 53, 81, 85, 87, 88, 113, 164. 님루드 편지, *Iraq* 20, 1958, pp. 182~212.

38 F. Thureau-Dangin, *Une relation de la huitième campagne de Sargon*, Paris, 1912; *ARAB*, II, § 139~189. A. L. Oppenheim의 주목할 만한 논문, "The city of Assur in 714 B.C.," *JCS*, 19, 1960, pp. 133~147을 보라.

39 *Huitième campagne*, lines 18~27, F. Thureau-Dangin 번역.

40 *ARAB*, II, § 23.

41 우르에서 남쪽으로 38km 떨어져 있는 오늘날의 텔 엘-라흠(Tell el-Lahm). 이 거대한 텔에 대해 몇 차례 시굴이 이루어졌다. Fuad Safar, "Soundings at Tell el-Lahm," *Sumer*, 5, 1949, pp. 154~164 참조. 이곳에서 나보니두스의 명문이 발견되었다. H. W. Saggs, *Sumer*, 13, 1957, pp. 190~194 참조.

42 J. Elayi and A. Cavigneaux, "Sargon II et Ionien," *Oriens Antiquus*, 18, 1979, pp. 59~75 참조. 키프로스는 페니키아 해안에서 뱃길로 하루 또는 이틀 거리밖에 안 되었다. 7이라는 숫자는 아마 왕의 수 때문에 생겨났을 수 있다.

43 2장을 보라. 첫 발굴(1843~1844와 1852~1854)은 P. E. Botta and E. Flandin, *Les Monuments de Ninive*, Paris, 1849~1850과 V. Place, *Ninive et l'Assyrie*, Paris, 1867~1870에 출간되었다. 시카고 동양 연구소의 발굴(1930~1935)에 관해서는 G. Loud and C. Altmann, *Khorsabad*, Chicago, 1936~1938, 2 vols. (*OIP*, XXX~VIII, XL)을 보라. 도면과 재구성은 A. Parrot, *Assur*, fig. 10~13에 있다.

44 *ARAB*, II, § 89.

45 "Chronique babylonienne," col. II, line 6' (*ABC*, p. 76). Cf. H. Tadmor, *op. cit.*, p. 97, n. 312.

46 J. A. Brinkman, *Prelude to Empire*, Philadelphia, 1984, p. 56, n. 254.

20장

1 D. Luckenbill이 출간한 명문, *The Annals of Sennacherib* (*OIP*, II), Chicago, 1924 와 *ARAB*, II, § 231~496 외에도 A. Heidel이 출간한 문서들, *Sumer*, 9, 1953, pp. 117~188, 그리고 A. K. Grayson, *AfO*, 20, 1963, pp. 83~96을 보라. J. Reade,

"Source for Sennacherib: the prisms," *JCS*, 24, 1975, pp. 189~196.

2 U. Cozzoli, *I Commeri*, Rome, 1968; A. Kammenhuber, "Kimmerier," *RLA*, V, pp. 594~596.

3 *SAA* I, n° 92. 우라르투 왕국은 기원전 590년까지 지속되다가 메디아에 정복되었다. 아슈르바니팔과 같은 시대에 통치했던 아르기슈티 2세와 루사 2세의 명문이 남아 있다.

4 *ANET³*, pp. 287~288에 있는 이 원정에 관한 문서. 라키시의 항복이 니네베의 저부조에 표현되어 있다. *AAO*, pl. 101; A. Parrot, *Assur*, fig. 49.

5 열왕기하 18장 13절~19장 34절. Cf. 역대하 32장 1~31절; 이사야 36장 1절~37장 38절; W. von Soden, "Sennacherib vor Jerusalem, 701 B.C." in *Festschrift Eric Stier*, Munster, 1972, pp. 43~51.

6 J. A. Brinkman의 연구 "Sennacherib's Babylonian problem," *JCS*, 25, 1973, pp. 89~99와 L. D. Levine의 연구 "Sennacherib's southern front: 704~689 B.C.," *JCS*, 34, 1982, pp. 28~58을 보라.

7 *ARAB*, II, § 242. 나기테는 위치가 파악되지 않고 있지만 아마도 유프라테스 강 하구와 카룬 강 하구 사이에 펼쳐져 있는, 습지 가운데 있는 평평한 섬 중 하나였던 것 같다.

8 우파(오피스)는 바그다드 남쪽 티그리스 강변에 있는 텔 우마르이다. 바브-살리 메티가 어디였는지는 알지 못한다. 센나케리브 당시 이 지역의 지리에 관해서는 G. Roux, "Recently discovered ancient sites in the Hammar Lake district (Southern Iraq)," *Sumer*, 16, 1960, p. 31 and n. 55를 보라.

9 *ARAB*, II, § 253~254에 있는 이 전투에 관한 아시리아 측 기록. "Chronique babylonienne," col. III, lines 16~18 (*ABC*, p. 80)은 "아시리아의 퇴각"에 대해 말한다. 할룰레는 아마도 디얄라 남부 지역에 위치해 있었던 것 같다.

10 *ARAB*, II, § 339~341. "Chronique babylonienne," col. III, lines 22~23 (*ABC*, p. 80~81)은 조심성 있게 말한다. "키슬리무(*kislimu*) 달 첫날 도시는 함락되었다. 무셰지브-마르두크는 사로잡혀 아시리아로 끌려갔다."

11 *ARAB*, II, § 358.

12 수에즈 지협에서 약 50 km 떨어져 있는 텔 엘-파라마.

13 열왕기하 19장 35절; 헤로도토스, II, 141; 요세푸스(Flavius Josèphe), 『유대 고대사』(*Antiquités judaïques*), X, 1, 4~5.

14 열왕기하 19장 36~37절; "Chronique babylonienne," col. III, lines 16~18 (*ABC*, p. 81). Cf. *ARAB*, II, § 795. E. G. Krealing의 연구 "The death of Sennacherib," *JAOS*, 53, 1933, pp. 335~346과 S. Parpola의 연구 "The murder of Sennacherib," in B. Alster (Ed.), *Death in Mesopotamia*, Copenhagen, 1980, pp. 171~182를 보라.

[15] 예를 들어 H. R. Hall, *The Ancient History of the Near East*, London, 1950, pp. 481~482를 보라. A. T. Olmstead, *History of Assyria*, New York, 1923, pp. 334, 601, 610의 의견은 좀 더 미묘하다.

[16] 작은 마을로 둘러싸여 있으며 예언자 요나에게 헌정된 작은 예배당을 갖고 있는 네비 유누스는 거의 발굴되지 않았다. 단지 쿠윤지크만 발굴되었다. 발굴은 처음에 Layard(1947)가 진행했으며, 나중에는 영국 발굴단이 1932년까지 진행했다. 결과 보고서는 *AM*, I과 R. Campbell-Thompson and R. W. Hutchinson, *A Century of Exploration at Nineveh*, London, 1929에 있다. 이라크인들이 1967년에 발굴을 재개했고 복구도 진행했다. T. Madhloum and A. M. Mehdi, *Nineveh*, Baghdad, 1976.

[17] *ARAB*, II, § 356.

[18] T. Jacobsen and Seton Lloyd, *Sennacherib's Aqueduct at Jerwan* (*OIP*, XXIV), Chicago, 1935; J. Reade, "Studies in Assyrian geography I, Sennacherib and the waters of Nineveh," *RA*, 72, 1978, pp. 47~72; 157~180.

[19] W. Bachmann, *Felsreliefs in Assyrien*, Leipzig, 1927. Cf. A. Parrot, *Assur*, fig. 80~81.

[20] 에사르하돈의 연대기 앞부분에 나오는 이야기: *ARAB*, II, § 501~505; *ANET³*, pp. 288~290.

[21] B. Alster (Ed.), *Death in Mesopotamia*, Copenhagen, 1980, pp. 171~182에 실린 S. Parpola의 글에 따르면 아라드-닌릴은 아라드-물리시(Arad-Mulishshi)로 읽혀야 한다고 한다. 그렇다면 이 이름은 성경에 나오는 암살범의 이름 아드라멜레크(Adramalek)와 상당히 유사하게 된다.

[22] 에사르하돈의 명문들(*ARAB*, II, § 497~761)은 R. Borger, *Die Inschriften Asarhaddons, König von Assyrien*, Graz, 1956에 수집되어 있다. 그 이후 다른 명문들이 출간되었는데 특히 다음 것들을 주목할 만하다. *Sumer*, 12, 1956, pp. 9~38; *AfO*, 18, 1957~1958, pp. 314~318; *Iraq*, 23, 1961, pp. 176~178; 24, 1962, pp. 116~117; *JCS*, 17, 1963, pp. 119~131; *Iraq* 26, 1964, pp. 122~123.

[23] *ARAB*, II, § 639~687. Cf. J. Nougayrol, *AfO*, 18, 1957~1958, pp. 314~318.

[24] "Chronique babylonienne," col. II, lines 39~50; IV, 1~2, 9~10 (*ABC*, pp. 82~83); "Chronique d'Assarhaddon," lines 10~11, 35~37 (*ABC*, pp. 126~127).

[25] R. Borger, *op. cit.*, § 69; *ANET³*, pp. 533~534.

[26] 스키타이인에 대한 일반적인 정보: T. Talbot Rice, *The Scythians*, London, 1957 (프랑스어판: *Les Scythes*, Paris, 1958); R. Grousset, *L'Empire des steppes*, Paris, 1969; B. D. Grapow, *Die Skythen*, Berlin, 1978. 스키타이인의 역사에 대한 우리의 지식은 무엇보다 헤로도토스, IV, 1~144에서 비롯된 것이다.

27 "Chronique d'Assarhaddon," lines 16~18, 21~22 (*ABC*, p. 126); G. Cameron, *History of Early Iran*, Chicago, 1936, p. 166; *ABL*, n° 918.

28 A. Spalinger, "Esarhaddon in Egypt: an analysis of the first invasion of Egypt," *Orientalia*, 43, 1974, pp. 295~326. 이 시대의 이집트에 대해서는 K. A. Kitchen, *The Third Intermediate Period in Egypt*, Warminster, 1973을 보라.

29 A. K. Irvine, "The Arabs and Ethiopians," in D. J. Wiseman (Ed.), *Peoples of Old Testament Times*, Oxford, 1973, p. 291. *ARAB*, II, § 518~536, 551의 문서들. Cf. *ANET³*, pp. 191~192.

30 *ANET³*, p. 293. 실제로는 멤피스에서 처절한 전투가 벌어졌고 나일 강 삼각주의 왕들은 그 자리에 유지되었다. 타하르카의 동상과 이집트 여신 아누케트(Anuqet) 의 동상이 니네베(네비 유누스)에 있는 에사르하돈의 왕궁터에서 발견되었다. Cf. V. Vikentiev, *Sumer*, 11, 1955, pp. 111~114; 12, 1956, pp. 76~79.

31 D. J. Wiseman, "The vassal-treaties of Esarhaddon," *Iraq*, 30, 1958, pp. 1~99. Cf. *ANET³*, pp 534~541.

32 *ABL*, n° 1239. Cf. P. Garelli, *Akkadica*, 27/2, 1982, p. 22. 전체 원문은 F. Malbran-Labat, *L'Armée et l'Organisation militaire de l'Assyrie*, Genève/Paris, 1982, p. 200, n. 100에 있음.

33 아슈르바니팔의 명문들: M. Streck, *Assurbanipal und die letzten assyrischen König*, Leipzig, 1916; D. D. Luckenbill, *ARAB*, II, § 762~1129; T. Bauer, *Die Inschriftenwerke Assurbanipals*, Leipzig, 1933; A. C. Piepkorn, *Historical Prism Inscription*, I, Chicago, 1933. 다른 문서와 단편들: W. G. Lambert, *AfO*, 18, 1957~1958, pp. 382~398; D. J. Wiseman, *Iraq*, 26, 1964, pp. 118~124; E. Knudsen, *Iraq*, 29, 1967, pp. 46~49; A. Millard, *Iraq*, 30, 1968, pp. 98~114; R. Borger, *AfO*, 23, 1970, p. 90.

34 A. Spalinger, "Assurbanipal and Egypt: a source study," *JAOS*, 94, 1974, pp. 316~328.

35 *ARAB*, II, § 722; *ANET³*, pp 294~295.

36 아슈르바니팔(*ARAB*, II, § 784~785, 849, 909~910)에 따르면 기게스가 그에게 사 신을 보냈는데, 그 사신이 가져온 편지에 이르기를 아슈르 신이 꿈에 자기에게 나타나 "아시리아 왕의 발을 잡고 그의 적들과 싸우기 위해 그의 이름을 부르라 고" 명령했다고 한다.

37 M. Cogan and H. Tadmor, "Gyges and Ashurbanipal," *Orientalia*, 46, 1977, pp. 65~85; A Spalinger, "The death of Gyges and its historical implications," *JAOS*, 98, 1978, pp. 400~409; A. K. Grayson, "The chronology of the reign of Ashurbanipal," *ZA*, 70, 1981, pp. 226~245.

[38] *AAO*, pl. 114; A. Parrot, *Assur*, fig. 60; D. Frankel, *Ashurbanipal and the Head of Teumman*, London, 1977.

[39] *ABL*, n° 301.

[40] 이것이 시칠리아의 디오도루스(Diodore de Sicile), II, 27이 말하는 그 유명한 "사르다나팔레(Sardanapale)의 자살"이다. 디오도루스는 아슈르바니팔(사르다나팔레)과 그의 형제를 혼동한다. M. Cogan and H. Tadmor, *Orientalia*, 50, 1981, pp. 229~240에 출간된 문서는 샤마시-슈마-우킨이 화재로 죽었음을 확인해 주지만 자살에 관해서는 말하지 않는다.

[41] J. A. Brinkman, *Prelude to Empire*, Philadelphia, 1984, p. 105.

[42] *ARAB*, II, § 817~830, 868~870, 878~880, 940~943, 946~950과 *ANET³*, pp. 297~301에 있는 문서들. M. Weippert의 매우 자세한 연구, "Die Kämpfe des assyrischen Königs Assurbanipal gegen die Araber," *Die Welt des Orients*, 7, 1973~1974, pp. 38~85.

[43] *ANET³*, pp. 299.

[44] W. Hinz, *The Lost World of Elams*, New York, 1973에 잘 요약되어 있다.

[45] J.-M. Aynard, *Le Prisme du Louvre AO 19.939*, col. V, lines 49~56, 66~71; pp. 56~59.

[46] 기원전 612년의 니네베 점령 이후 엘람은 정복자들 사이에 분할되었다. 수사는 바빌로니아인들이 차지했고 안샨은 당시 메디아인들 아래에 있었던 페르시아인들이 차지했다. 키루스 2세는 기원전 539년에 바빌론을 점령하면서 수사를 차지했다(W. Hinz, *op. cit.*, pp. 156~160).

[47] 역대하 33장 14절에 따르면 아시리아인들은 유다 왕 므낫세(687~642)를 포로로 잡아서 니네베로 끌어왔다. 아슈르바니팔의 (미완성) 연대기에는 이 사건이 언급되지 않는다.

[48] 나훔 3장 7~8절, 15~16절, 19~23절.

21장

[1] D. Oates, *Studies in the Ancient History of Northern Iraq*, London, 1968, p. 121.

[2] J. N. Postgate, "The economic structure of the Assyrian Empire," in M. T. Larsen (Ed.), *Power and Propaganda*, Copenhagen, 1979, pp. 193~221 (특히, pp. 194~197).

[3] P. Garelli, "Les sujets du roi d'Assyrie," in *La Voix de l'opposition en Mésopotamie*, Bruxelles, 1973, pp. 189~213.

4 A. L. Oppenheim, *Ancient Mesopotamia*, Chicago, 1964, p. 99.

5 H. Tadmor, in H. J. Nissen and J. Renger (Ed.), *Mesopotamien und seine Nachbarn*, Berlin, 1982, II, pp. 455~458.

6 이 유적지는 레이야드가 1850년에, 롤린슨이 1852년에 잠깐 발굴했다가, 좀 더 최근에는 모술 대학에서 발굴했다. J. E. Curtis and A. K. Grayson, *Iraq*, 44, 1982, pp. 87~94를 보라.

7 *ARAB*, II, § 986.

8 W. Andrae, *Das wiedererstandene Assur*, Leipzig, 1938, pp. 136~140; A. Haller, *Die Gräber und Grüfte von Assur*, Berlin, 1954, pp. 170~180.

9 J. Mc Ginnis, "A Neo-Assyrian text describing a royal funeral," *SAA Bulletin*, I, 1987, pp. 1~11.

10 L. Barkho, "Gold find in Nimrud," *Gilgamesh* (Baghdad), 1989, pp. 71~75.

11 K. F. Müller, "Das assyrische Ritual," *MVAG*, 41, 1937; R. Labat, *Le Caractère religieux de la royauté assyro-babylonienne*, Paris, 1939, pp. 82~87; H. Frankfort, *Kingship and the Gods*, Chicago, 1948, pp. 243~248; G. Buccellati, "The enthronement of the king and the capital city," in *Studies presented to A. L. Oppenheim*, Chicago, 1964, pp. 54~61; J. Renger, "Inthronization," *RLA*, V, pp. 128~136.

12 H. Frankfort, *op. cit.*, p. 247.

13 G. Van Driel, *The Cult of Assur*, London, 1969, p. 170.

14 R. Frankena, *Tâkultu*, Leiden, 1954 (네덜란드어로 쓰였고 영어 요약본이 있음); "New materials for the tâkultu ritual," *Bi. Or.*, 18, 1961, pp. 199~207; J. Laessøe, *Studies on the Assyrian Ritual and Series bît rimki*, Copenhagen, 1955.

15 H. Frankfort, *op. cit.*, p. 259.

16 *ABL*, n° 437. 여기에는 바빌론 신전들을 관리하는 사람의 아들인 담키가 "샤마시-슈마-우킨의 생명을 구하기 위해" 사형 당했음을 왕에게 알리는 내용이 들어 있다. Cf. J. Bottéro, *Akkadica*, 9, 1978, pp. 18~20.

17 이 "학자들"의 편지는 S. Parpola, *Letters from Assyrian Scholars to the Kings Esarhaddon and Assurbanipal* (*AOAT*, 5), Neukirchen-Vluyn, 1970에 수집되어 있다. 또한 S. Parpola, *Letters from Assyrian and Babylonian Scholars*, SAA, X, Helsinki, 1993을 보라.

18 흥미롭게도, 아시리아 중앙 정부에 관해 우리가 갖고 있는 최상의 자료는 포도주를 고관들과 궁전의 관리들에게 배분하는 목록으로 님루드에서 발굴되어 J. V. Kinnier Wilson, *The Nimrud Wine List*, London, 1972로 출간되었다. 이 주제에 관해서는 19장 미주 17에 있는 문헌 목록을 보라. 이에 더하여 다음을 보라. J.

N. Postgate, *The Governor's Palace Archive*, London, 1973; P. Garelli, *POA*, II, pp. 132~135; "Remarque sur l'administration de l'Empire assyrien," *RA*, 67, 1974, pp. 129~140.

19 아시리아 제국의 경제에 관한 종합적 연구로는 P. Garelli, *POA*, II, pp. 128~147, 263~281; J. N. Postgate, *op. cit.*, 위의 미주 2를 보라. 또한 J. N. Postgate, *Taxation and Conscription in the Assyrian Empire*, Rome, 1974를 보라.

20 사르곤 2세가 이집트를 압박하여 아시리아와 교역 관계를 갖게 한 사실(C. J. Gadd, *Iraq*, 16, 1954, p. 179)과 에사르하돈이 바빌론인들에게 "사방과" 교역하도록 격려한 사실(R. Borger, *Asarhaddon*, § 11)은 잘 알려져 있다.

21 A. L. Oppenheim, *Ancient Mesopotamia*, pp. 93~94; "Essay on overland trade in the first millennium B.C.," *JCS*, 31, 1967, pp. 236~254.

22 토지 제도는 하란에서 나온 토지 조사(C. J. Johns, *An Assyrian Doomsday Book*, Leipzig, 1901)와 개인적인 계약서에서 특히 잘 알려져 있다. 이 문제에 관해서는 J. N. Postgate, *Assyrian Grants and Decrees*, Rome, 1969; G. Van Driel, "Land and people in Assyria," *Bi. Or.*, 27, 1970, pp. 168~175; F. M. Fales, *Censimenti e Castati di Epoca Neo-Assira*, Rome, 1973을 보라.

23 P. Garelli, "Problèmes de stratification sociale dans l'Empire assyrien," in D. O. Edzard (Ed.), *Gesellschaftklassen im alten Zweistromland* (*RAI*, XVIII), München, 1972, pp. 73~79.

24 여전히 유효한 기본 연구는 W. Manitius, "Das stehende Heer der Assyrerkönige und seine Organization," *ZA* (구 시리즈), 24, 1910, pp. 97~148, 185~224이다. 또한 지금은 Mme F. Malbran-Labat, *L'Armée et l'Organisation militaire de l'Assyrie*, Genève/Paris, 1982를 함께 보아야 한다. 아울러 Y. Yadin, *The Art of Warfare in Biblical Lands*, London, 1963; P. Villard, "L'armée néo-assyrienne," in *Les Dossiers d'Archéologie*, n° 160, 1992, pp. 42~47을 보라.

25 J. N. Postgate, *Taxation and Conscription*, pp. 219~226.

26 H. W. Saggs, "Assyrian warfare in the Sargonid period," *Iraq*, 25, 1963, pp. 145~154 (특히 pp. 146~147).

27 A. L. Oppenheim, "The eyes of the lord," *JAOS*, 88, 1968, pp. 173~180; F. Malbran-Labat, *op. cit.*, pp. 13~29, 41~57.

28 *ARAB*, I, § 611; *ANET³*, pp. 278~279 (Qarqar); W. Manitius, *op. cit.*, p. 129.

29 무기와 장비들이 님루드에 있는 샬만에세르 요새에서 발견되었다. Cf. D. Stronach, *Iraq*, 20, 1958, pp. 161~181.

30 아시리아 전차에 관해서는 F. Malbran-Labat, *op. cit.*, pp. 225~226, n. 207에 나오는 문헌 목록을 보라.

[31] J. E. Reade, "The Neo-Assyrian court and army: evidence from the sculptures," *Iraq*, 34, 1972, pp. 87~112.

[32] T. Madhloum, "Assyrian siege-engines," *Sumer*, 21, 1965, pp. 9~15; A Mierzejewski, "La technique de siège assyrienne aux IXe-XIIe siècles avant notre ère," *Etudes et Travaux* (Warsaw), 7, 1973, pp. 11~20.

[33] 몇 년 전까지 이런 뗏목이 티그리스 강에서 켈레크(*kelek*)라는 이름으로 여전히 사용되고 있었다. 수영 가죽부대가 나오는 저부조는 *AAO*, pl. 85와 A. Parrot, *Assur*, fig. 47에 있다.

[34] E. Cavaignac, "Le code assyrien et le recrutement," *RA*, 21, 1924, p. 64.

[35] 대영박물관의 조각들은 아주 많으며 이를 바탕으로 여러 출판물이 나왔다. E. A. W. Budge, *Assyrian Sculptures in the British Museum, Reign of the Ashur-nasirpal*, London, 1914; A. Paterson, *Assyrian Sculpture, Palace of Sennacherib*, La Haye, 1915; C. J. Gadd, *The Stones of Assyria*, London, 1936; S. Smith, *Assyrian Sculptures in the British Museum from Shalmanasar III to Sennacherib*, London, 1938; R. D. Barnett and W. Forman, *Assyrian Palace Reliefs and their Influence on the Sculpture of Babylonia and Persia*, Prague, 1959; R. D. Barnett and M. Falkner, *The Sculptures of Assur-naṣir-apli II, Tiglath-Pileser III, Esarhaddon from the Central and South-West Palaces at Nimrud*, London, 1962; R. D. Barnett and W. Forman, *Assyrian Palace Reliefs in the British Museum*, London, 1970.

[36] 이 암각 저부조들을 기원전 14세기 보가즈쾨이 근처의 야질리-카야(K. Bittel, *Les Hittites*, Paris, 1976, fig. 239)와 기원전 7세기 아시리아의 말타이(*AM*, I, 48, fig. 8)에서 나온, 각자 자신의 상징 동물 위에 있는 일련의 신들과 비교해 보라.

[37] 가장 오래된 히타이트의 스핑크스는 알라카 휘위크에 있으며 기원전 14세기로 연대가 추정된다(*AAO*, pl. 128B; K. Bittel, *op. cit.*, fig. 209~211).

[38] 신아시리아 상판은 K. Bittel, *op. cit.*, fig. 212~227, 276~316에 많이 나온다.

[39] J. E. Reade, in M. T. Larsen (Ed.), *Power and Propaganda*, p. 331.

[40] A. Parrot, *Assur*, fig. 107, 108, 341.

[41] A. Parrot, *Assur*, fig. 109~111, 343~345.

[42] *AAO*, pl. 115, 117, 118 A, B, 171~173; A. Parrot, *Assur*, fig. 130~133.

[43] 특히 *AAO*, p. 104, fig. 41에 나오는 아슈르나시르팔의 화려하게 수놓은 장의(長衣)를 보라.

[44] 예로 *AAO*, pl. 119; A. Parrot, *Assur*, fig. 192~205, 227~229를 보라.

[45] A. Parrot, *Mission archéologique de Mari*, I, *le Temple d'Ishtar*, Paris, 1956, pp. 148, 152, 154, 156.

⁴⁶ M. E. L. Mallowan, *The Nimrud Ivories*, London, 1978. Cf. R. D. Barnett, *A Catalogue of the Nimrud Ivories in the British Museum with other Examples of Eastern Ivories*, London, 1975, 2nd ed. 상아와 그 제조 양식의 기원, 그리고 상아로 만든 물품의 기원에 관한 아주 복잡한 문제에 대해서는 R. D. Barnett, *Iraq*, 25, 1963, pp. 81~85; I. J. Winter, *Iraq*, 38, 1976, pp. 1~22; *Iraq*, 41, 1981, pp. 101~130; D. Collon, *Iraq*, 39, 1977, pp. 219~222를 보라.

22장

1 Seton Lloyd, *Foundations in the Dust*, London, 1980, p. 126.
2 S. Parpola, "Assyrian library records," *JNES*, 42, 1983, pp. 1~29.
3 *ABL*, n° 6 (E. Chiera, *They wrote on Clay*, Chicago, 1938, p. 174에 인용됨).
4 이 문서들은 O. R. Gurney, W. G. Lambert and J. J. Finkelstein, *Anatolian Studies*, 2 (1952)부터 22 (1977)까지에 출간되었다.
5 O. R. Gurney, "The tale of the poor man of Nippur," *Anatolian Studies*, 6, 1956, pp. 145~162; 7, 1957, pp. 135~136; 22, 1972, pp 149~158. Cf. J. S. Cooper, *JCS*, 27, 1975, pp. 163~174; J. Bottéro, *Les Pouvoirs locaux en Mésopotamie*, Bruxelles, 1980, pp. 24~28.
6 D. J. Wiseman, "Assyrian writing-boards," *Iraq*, 27, 1955, pp. 3~13.
7 E. Hunger, *Babylonische und assyrische Kolophone (AOAT*, 2), Neukirchen-Vluyn, 1968.
8 S. Langdon, *The Epic of Creation*, Oxford, 1923, p. 149.
9 메소포타미아 과학 전 분야에 관련된 출판물은 거의 없다. 오래되긴 했지만 B. Meissner, *Babylonien und Assyrien*, II, Heidelberg, 1925는 여전히 유용하다. R. Taton (Ed.), *Histoire générale des sciences*, I, *La Science antique et médiévale*, Paris, 1957, pp. 73~138에 "메소포타미아 과학"에 관해 R. Labat가 탁월하게 기술한 장이 있다. 또한 M. Rutten, *La Science des Chaldéen*, Paris, 1970, 2nd ed.을 보라.
10 여러 프랑스인과 외국인 저자들의 연구가 *La Divination en Mésopotamie et dans les régions voisines*, Paris, 1966에 모아져 있다. 메소포타미아에서 이루어진 점술에 관한 가장 완성된 연구는 J. Bottéro, "Symptômes, signes, et écriture," in J.-P. Vernant, *Divination et Rationalité*, Paris, 1974, pp. 70~191이다. J. Bottéro 교수는 *Mésopotamie, l'Ecriture, la Raison et les Dieux*, Paris, 1987, pp. 157~169; *Babylone et la Bible*, Paris, 1994, pp. 161~169에서도 이 주제를 다루었다. 그는

또한 *RLA*, 8, 1988, pp. 200~234에 "Magie"라는 기사를 썼다.

11 문헌 목록으로 13장 미주 40을 보라.

12 S. N. Kramer, "Schooldays: a Sumerian composition relating to the education of a scribe," *JAOS*, 69, 1949, pp. 199~214. Cf. *HCS*², pp. 40~42.

13 이 목록에 관해서는 A. L. Oppenheim, *Ancient Mesopotamia*, pp. 180, 248, 371을 보라.

14 H. V. Hilprecht, *Exploration in Bible Land*, Philadelphia, 1903, p. 518. Cf. S. N. Kramer, *The Sumerians*, p. 64; *HCS*², fig. 18 and 19.

15 B. Meissner, *Babylonien und Assyrien*, II, p. 379. W. Horowitz, "The Babylonian map of the world," *Iraq*, 1988, pp. 147~165.

16 M. Levey, *Chemistry and Chemical Technology in Ancient Mesopotamia*, Amsterdam, 1959; A. L. Oppenheim *et al.*, *Glass and Glassmaking in Ancient Mesopotamia*, Corning, N.Y., 1970; *Dictionnaire archéologique des techniques*, Paris, 1963~1964, 2 vols.

17 이 분야의 과학에 관한 주요한 종합 연구로는 다음을 꼽을 수 있다. F. Thureau-Dangin, *Textes mathématiques babyloniens*, Leiden, 1938; O. Neugebauer and A. Sachs, *Mathematical Cuneiform Texts*, New Haven, 1954; B. L. Van der Waerden, *Science Awakening*, Groningen, 1954; E. M. Bruins, "Interpretation of cuneiform mathematics," *Physis*, 4, 1962, pp. 277~340. R. Labat, *op. cit.*(위의 미주 9)에 R. Caratini가 아주 잘 요약해 놓았다. 또한 G. Ifrah, *Histoire universelle des chiffres*, Paris, 1981, pp. 160~196을 보라.

18 R. Caratini, *op. cit.*, p. 112.

19 Taha Baqir, "Some more mathematical texts from Tell Harmal," *Sumer*, 7, 1951, p. 30.

20 R. Caratini, *op. cit.*, pp. 110~116; A. Goetsch, "Die Algebra der Babylonier," *Archive for History of Exact Sciences*, Berlin/New York, 1968, pp. 79~153.

21 미주 6와 17에 주어진 연구들과 아울러 다음을 보라. O. Neugebauer, "Ancient mathematics and astronomy," in C. Singer *et al.*, *A History of Technology*, Oxford, 1954, pp. 785~804; *Astronomical Cuneiform Texts*, London, 1955; *A History of Ancient Mathematics and Astronomy*, New York, 1975; H. Hunger, D. Pingree, "MUL APIN, an astronomical compendium in cuneiform," *AfO*, 24, 1989; A. J. Sachs, H. Hunger, *Astronomical Diaries and related Texts from Babylonia*, 2 vols., Wien, 1988; V. Tuman, "Astronomical dating of MUL APIN tablets," in D. Charpin, F. Joannès (Ed.), *La Circulation des Bien... dans le Proche-Orient*, Paris, 1992, pp. 397~414.

22 S. Langdon and J. K. Fotheringham, *The Venus Tablets of Ammizaduga*, London, 1928; J. D. Weir (같은 제목), Leiden, 1972; E. Reiner, *The Venus Tablet of Ammiṣaduqa*, Malibu, Calif., 1975.

23 점성술은 천체의 연구를 점술에 활용하는 것인데, 이에 관한 최근의 주요 연구는 다음과 같다. H. Hunger, *Astrological Reports to Assyrian Kings*, SAA, VIII, Helsinki, 1992; E. Reiner, *Babylonian Planetary Omen, Bibliotheca Mesopotamica*, Malibu, Calif., 1975와 1981에 실린 두 편의 논문; "The use of astrology," *JAOS*, 105, 1985; F. Rochberg-Halton, "Babylonian horoscopes and their sources," *Orientalia*, 58, 1959, pp. 102~123; "Elements of the Babylonian contribution to hellenistic astrology," *JAOS*, 108, 1988, pp. 51~62. 종합적 견해가 훌륭하게 제시된 *Les Dossier d'Archéologie*, n° 191, 1994의 분책 "Astrologie en Mésopotamie"를 보라.

24 A. L. Oppenheim, "Celestial observation and divination in the late Assyrian Empire," *Centaurus*, 14/1, 1969, pp. 97~135.

25 R. A. Parker and W. H. Dubberstein, *Babylonian Chronology 626 B.C.-A.D. 75*, Providence, Rhode Isl., 1956, pp. 1~3.

26 A. T. Olmstead, *History of the Persian Empire*, Chicago, 1948, p. 457.

27 G. Sarton, "Chaldaean astronomy in the last three centuries B.C.," *JAOS*, 75, 1955, pp. 166~173 (인용, p. 170).

28 의학 문서 대부분이 F. Köcher, *Die babylonisch-assyrische Medzin in Texten und Untersuchungen*, Berlin, 1963~1980, 6 vols.에 출간되었다. 문헌은 아주 방대하다. 종합적 견해: G. Contenu, *La Médecine en Assyrie et en Babylonie*, Paris, 1938; H. E. Siegerist, *A History of Medicine*, I, Oxford, 1951, pp. 377~497; R. Labat, *La Médecine babylonienne*, Paris, 1953; R. Biggs, "Medicine in Ancient Mesopotamia," in *History of Sciences*, London, 1969, pp. 94~105; J. Bottéro, "Magie et médecine à Babylone," in *Initiation à l'Orient ancien*, Paris, 1992.

29 이 귀신들에 관해서는 J. Black and A. Green, *Gods, Demons and Symbols in Ancient Mesopotamia*, London, 1992를 보라.

30 헤로도토스, I, 197. 바빌로니아인에게는 의사가 없다. 이들은 환자들을 광장으로 데려가고 행인들은 그들에게 조언을 해 준다!

31 E. K. Ritter, "Magical expert (= asipu) and physician (= asû), notes on two complementary professions in Babylonian medicine," *Assyriological Studies*, Chicago, 16, 1965, pp. 299~321.

32 R. Labat, *Traité akkadien de diagnostics et pronostics médicaux*, Leiden, 1951.

33 R. Labat, *op. cit.*, p. 3.

[34] R. Labat, *ibid.*, p. 81.

[35] R. Labat, *ibid.*, p. 173.

[36] J. V. Kinnier Wilson, "An introduction to Babylonian psychiatry," in *Festschrift Benno Landsberger*, Chicago, 1965, pp. 289~298; "Mental diseases in ancient Mesopotamia," in *Diseases in Antiquity*, III, Springfield, 1967, pp. 723~733; E. K. Ritter and J. V. Kinnier Wilson, "Prescription for an anxiety state: a study of BAM 234," *Anatolian Studies*, 30, 1980, pp. 23~30.

[37] L. Legrain, "Nippur old drug store," *University Museum Bulletin*, 8, 1940, pp. 25~27; M. Civil, "Prescriptions médicales sumériennes," *RA*, 54, 1960, pp. 57~72. Cf. S. N. Kramer, *The Sumerians*, pp. 93~98; HCS^2, pp. 84~87. P. Herrero, *La Thérapeutique mésopotamienne*, Paris, 1984.

[38] R. Campbell Thompson, "Assyrian prescriptions for diseases of the urine," *Babyloniaca*, 14, 1934, p. 124.

[39] R. Campbell Thompson, "Assyrian prescriptions for diseases of the chest and lung," *RA*, 31, 1934, p. 23. 카(*qa*)는 약 1리터를 나타내며 긴(*gín*)은 약 8그램을 나타낸다.

[40] *ABL*, n° 108.

[41] A. Finet, "Les médecins au royaume de Mari," *Annuaire de l'Institut de philologie et d'histoire orientales et slaves*, Bruxelles, 15, 1954~1957, pp. 123~144; *ARMT*, X, n°s 129, 130, 14 (왕비의 대답).

23장

[1] 이 시기 정치사에 관한 주요 자료는 다음과 같다. 1) A. K. Grayson이 *Assyrian and Babylonian Chronicles* (*ABC*), Locust Valley, N.Y., 1975에 2번부터 7번까지로 엮어 놓은 여섯 편의 바빌로니아 연대기, 2) E. Ebeling, *Neubabylonische Briefe*, München, 1949에 출간된 몇몇 편지, 3) 구약성서 열왕기하, 역대하, 그리고 예언서, 4) 일부 "고전" 작가들, 그중 특히 헤로도토스, 시칠리아 출신의 디오도로스, 요세푸스, 베로수스. 제왕 명문은 나보니두스의 치세를 제외하면 그다지 흥미롭지 않다. 이것들은 무엇보다 신전의 복원과 토목공사를 기념하기 때문이다. 그중 대부분은 S. Langdon, *Die Neubabylonischen Königsinschriften* (*NBK*), Leipzig, 1912에 출간되었다. 이에 관한 문헌 목록은 P. R. Berger가 앞과 같은 제목으로 *AOAT*, 4, Neukirchen-Vluyn, 1973에 출간했다.

[2] 헤로도토스, I, 103~106. Cf. 디오도로스, II, 26, 1~4.

3   R. Borger, "Der Aufstieg des neubabylonischen Reiches," *JCS*, 19, 1965, pp. 59~78; J. Oates, "Assyrian Chronology 631~612 B.C.," *Iraq*, 27, 1965, pp. 135~159; W. won Soden, "Assurtetillilâni, Sinsariskun, Sinsum(u)liser, und die Ereignisse im Assyrerreich nach 635 v. Chr.," *ZA*, 58, 1967, pp. 241~255; J. Reade, "The accession of Sinsharishkun," *JCS*, 28, 1970, pp. 1~9.

4   J. A. Brinkman, *Prelude to Empire*, Philadelphia, 1964, p. 110, n. 551에 표명된 나보폴라사르의 인종적 기원에 관한 유보적 태도에 주목하라.

5   열왕기하 23장 19~20절; 역대하 34장 6~7절.

6   *ARAB*, II, § 1130~1135; *Iraq*, 20, 1957, p. 11; 26, 1964, pp. 118~124; *AfO*, 19, 1959~1960, p. 143; *JCS*, 19, 1965, pp. 76~78에 나오는 명문.

7   이 무척 중요한 연대기는 먼저 C. J. Gadd, *The Fall of Nineveh*, London, 1923으로 출간되었다가 나중에 좀 더 추가되어 D. J. Wiseman, *Chronicles of Chaldaean Kings*, London, 1956으로 출간되었다. Cf. *ABC*, pp. 90~96; *ANET³*, pp. 303~305.

8   Wiseman, *Chronicles*, 57; *ABC*, p. 93.

9   C. J. Gadd, *Fall of Nineveh*, pp. 10~11에 나오는 논의.

10 Wiseman, *Chronicles*, 59~61; 나훔 예언자가 말한 "강들의 문이 열리고 궁전이 무너진다"(2:7)라는 구절이 암시하듯 니네베의 정복은 도시를 가로지르는 코스르 강의 둑이 인위적으로 파괴됨으로써 가속화되었음이 분명하다. H. W. Saggs, *The Might that was Assyria*, London, 1984, p. 120. 이런 전술(戰術)은 이미 라르사와 에슈눈나에서 본 적이 있다.

11 칼후(님루드)는 연대기에 언급되지 않는다. 이 도시는 기원전 614년에 점령되고 기원전 610년에 파괴되었던 것 같다(D. Oates, *Iraq*, 23, 1961, pp. 9~10).

12 앞서 기원전 제2천년기에 전차를 탄 인도-유럽인들을 지칭하기 위해 사용된 이 표현은 나중에 킴메르인 그리고/또는 스키타이인을 지칭했고, 여기서는 분명 메디아인에게 적용되고 있다. Cf. Wiseman, *Chronicles*, 16; J. Bottéro, *ARMT*, VII, p. 224, n. 44.

13 *NBK*, p. 69; A. T. Olmstead, *History of Assyria*, p. 640.

14 G. Goossens, "L'Assyrie après l'Empire," *Compte rendu de la IIIᵉ RIA*, Leiden, 1952, p. 91.

15 W. Hinz, *The Lost World of Elam*, New York, 1973, p. 160.

16 열왕기하 23장 29절; 역대하 35장 20절; 예레미야 14장 2절; 헤로도토스, II, 159.

17 이 왕에 관한 가장 최근의 연구는 A. Boyd and T. S. R. Boase, *Nebuchadnezzar*, London, 1972, 그리고 특히 D. J. Wiseman, *Nebuchadrezzar and Babylon*, Oxford, 1985이다.

18 Wiseman, *Chronicles*, pp. 59~61; *ABC*, p. 99.

19 "Chronique des premières années de Nabuchodonosor," lines 6~7, 9~10 (*ABC*, p. 101).

20 열왕기하 24장 17절; 예레미야 37장 1절; 요세푸스, 『유대 고대사』, X, 6. Cf. Wiseman, *Chronicles*, 73; *ABC*, p. 101.

21 열왕기하 35장 6~7절; 역대하 36장 13~20절; 예레미야 34장 1~18절. 예레미야 52장 30절은 5년 후에 일어난 새로운 반란과 유배에 관해 알려준다. 이 세 차례의 바빌로니아 군사 작전으로 유배된 유다인의 전체 수는 오만 명으로 추정된다.

22 레바논 와디 브리사의 암각 명문: *NBK*, p. 175; *ANET³*, p. 307.

23 헤로도토스, I, 74.

24 Bérose, III, 108~110. 또한 *ANET³*, pp. 308~311에 나오는 나보니두스의 비석을 보라.

25 R. H. Sack, "Nergal-sarra-uṣur, king of Babylon, as seen in the cuneiform, Greek, Latin and Hebrew sources," *ZA*, 68, 1978, pp. 129~149.

26 나보니두스의 치세에 관한 최근의 종합 연구: R. H. Sack, "Nebuchadnezzar and Nabonidus in folklore and History," *Mesopotamia*, 17, 1982, pp. 67~131; P. A. Beaulieu, *The reign of Nabonidus king of Babylon 556~539 B.C.*, New Haven/London, 1989.

27 하란에서 각각 1906년과 1956년에 발견된 두 개의 비석으로, *ANET³*에 번역과 문헌 목록이 나온다. 첫 비석에 관해서는 pp. 311~312, 둘째 비석에 관해서는 pp. 560~562를 보라.

28 S. Smith, "The verse account of Nabonidus," *Babylonian Historical Texts*, London, 1924, pp. 83~97. Cf. *ANET³*, pp. 312~315.

29 다니엘서 4장 28~33절. Cf. W. Dommerhausen, *Nabonid im Buche Daniel*, Mainz, 1964; R. Meyer, *Das Gebet des Nabonid*, Berlin, 1962.

30 Sir Leonard Woolley and P. R. S. Moorey, *Ur of the Chaldees*, London, 1982, 3rd ed., pp. 233~263.

31 *Ibid.*, pp. 251~252. Cf. G. Goossens, "Les recherches historiques à l'époque néo-babylonienne," *RA*, 42, 1948, pp. 149~159.

32 *NBK*, p. 221; A. L. Oppenheim, *The Interpretation of Dreams in the Ancient Near East*, Philadelphia, 1956, p. 250, n° 12.

33 "Chronique de Nabonide," col. II, lines 1~4 (*ABC*, p. 106; *ANET³*, pp. 305~307).

34 *Ibid.*, col. I, lines 9, 1~17 (*ABC*, 105). 아둠마투(*Adummatu*; 사우디아라비아의 엘-자우프) 대신에 아둠무(*Adummu*; 에돔)로 읽는 것에 관해서는 W. G. Lambert, *op. cit.*, 아래의 미주 36, p. 55를 보라.

35 하란의 명문: *ANET³*, pp. 562~563. Cf. C. J. Gadd, *Anatolian Studies*, 8, 1958,

pp. 35~92.

36 특히 다음을 보라. R. P. Dougherty, *Nabonidus and Belshazzar*, New Haven, 1929; W. Röllig, "Nabonid und Tema," *Compte rendu de la XIe RIA*, Leiden, 1964, pp. 21~32; W. G. Lambert, "Nabonidus in Arabia," *Proceedings Vth Seminar for Arabian Studies*, London, 1972, pp. 53~64. P. A. Beaulieu, *op. cit.*, 위의 미주 26, pp. 178~195.

37 "Chronique de Nabonide," col. III, lines 12~19 (*ABC*, pp. 109~110; *ANET^3*, p. 306).

38 요세푸스, 아피온 반박문 1권, 20; Eusebius, *Preparation for the Gospel*, IX, 41.

39 F. H. Weissbach, *Die Keilinschriften der Achaemeniden*, Leipzig, 1911, pp. 2~4. Cf. *ANET^3*, pp. 315~316.

24장

1 예레미야 51장 7절; 헤로도토스, I, 178. 바빌론에 대한 히브리어 자료와 고전 자료는 W. H. Lane, *Babylonian Problems*, London, 1923에 수집되어 있고 쐐기문자 자료는 E. Unger, *Babylon, die heilige Stadt nach der Beschreibung der Babylonier*, Berlin, 1970, 2nd ed.에 수집되어 있다.

2 이 유적의 중요한 각 부분은 *Wissenschaftliche Veröffentlichungen der Deutschen Orient-Gesellschaft* (줄여서 *WVDOG*), Berlin 총서로 출간된 단행본에 실려 있다. 결과에 대한 종합 연구는 R. Koldewey, *Das wiedererstehende Babylon*, Leipzig, 1925; J. Wellard, *Babylon*, New York, 1974; J. Oates, *Babylon*, London, 1979, pp. 144~159에 나온다.

3 1959년부터 1972년까지 있었던 독일인의 간헐적인 발굴. 복원과 재구성을 겸한 이라크 문화재국의 부분적인 발굴.

4 벽을 관통해 나 있는 통풍관 때문에 이렇게 불림. Cf. R. Koldewey and F. Wetzel, *Die Königsburgen von Babylon*, II, *WVDOG*, 55, 1932.

5 F. Wetzel, *Die Stadtmauern von Babylon*, *WVDOG*, 48, 1930.

6 R. Koldewey, *Das Ischtar-Tor in Babylon*, *WVDOG*, 32, 1918; D. Oates, *Babylon*, pp. 153~156, fig. 105~109; A. Parrot, *Assur*, fig. 220~222.

7 R. Koldewey, *Babylon*, pp. 153~167; *WVDOG*, 55, 1932. 발견된 "골동품" 목록은 J. Oates, *Babylon*, p. 152에 있음.

8 O. Reuther, *Merkes, die Innenstadt von Babylon*, *WVDOG*, 47, 1926.

9 R. Koldewey and F. Wetzel, *Die Königsburgen von Babylon*, I, *Die Südburg*,

WVDOG, 54, 1931. 벽 장식은 A. Parrot, *Assur*, fig. 224에 나온다.

[10] Bérose, III, 3, 2a; Diodore, II, 50; Strabon, XVI, 1, 5; Quinte-Curce, *Histoire d'Alexandre*, V, 1, 31~35.

[11] J. Oates, *Babylon*, p. 151. 실제로 이곳에서 바빌론에 유배된 유다인들을 위한 식량 할당 목록들이 발견되었다(Cf. *ANET³*, p. 308). 이 공중 정원에 관해서는 W. Nagel, "Wo lagen die 'Hängenden Gärten' in Babylon?," *MDOG*, 110, 1978, pp. 19~28을 보라. 그 이후 여러 가설이 표명되었는데, 우리가 보기에 가장 그럴 듯한 것은 D. J. Wiseman, "des jardin en terrasses" (*Nebuchadrezzar and Babylon*, pp. 56~60)에 제시된 가설이다. S. Dalley는 니네베에 있는 센나케리브의 왕실 정원들과의 혼동에 관해 언급했다(*Résumés de la XXXIXᵉ RAI*, 1992, pp. 17~18).

[12] F. Wetzel and E. Weissbach, *Das Hauptheiligtum des Marduk in Babylon: Esagila und Etemenanki*, *WVDOG*, 59, 1938. Cf. A. Parrot, *Ziggurats et tour de Babel*, Paris, 1949, pp. 68~74와 10장 미주 7에 인용된 저서들.

[13] 헤로도토스, I, 182~183.

[14] *NBK*, pp. 125~127.

[15] F. Wetzel and E. Weissbach, *WVDOG*, 59, 1938; R. Koldewey, *Babylon*, pp. 200~210; A. Parrot, *Ziggurats*, pp. 74~84.

[16] 이 축제에 관한 묘사는 A. Pallis, *The Babylonian Akîtu-Festival*, Copenhagen, 1921; R. Labat, *Le Caractère religieux de la royauté assyro-babylonienne*, Paris, 1939, pp. 166~176; H. Frankfort, *Kingship and the Gods*, Chicago, 1948, pp. 313~333; R. Largement, "Fête du Nouvel An dans la religion suméro-akkadienne," *Dictionnaire de la Bible, Supplément*, fasc. 32, 1959, pp. 556~597과 더불어 6과에 인용된 모든 종교사 관련 자료에 나와 있다.

[17] A. Falkenstein, "Akîtu-Fest und Akîtu-Festhaus," in *Festschrift Johannes Friedrich*, Heidelberg, 1959, pp. 147~182.

[18] 아수르와 니네베를 생각해 보면 아시리아 왕이 바빌로니아 왕을 겸직했던 시절의 연대 문제가 생긴다. 아마 축제의 시작은 이 두 왕도 중 어느 한 곳에서 앞당겨지거나 늦춰졌을 수 있다. 아키투 축제는 바빌로니아의 우루크와 딜바트에서, 아시리아의 하란과 아르바일루에서 거행되었지만 반드시 같은 시기에 있었던 것은 아니다.

[19] F. Thureau-Dangin, *Rituels accadiens*, Paris, 1921, pp. 127~154. Cf. *ANET³*, pp. 331~334.

[20] 마르두크의 주변 신들 가운데 거의 알려지지 않은 신. Cf. K. Tallqvist, *Akkadische Götterepitheta*, Helsinki, 1938, p. 359.

[21] *ANET³*, p. 334.

[22] 이 행동의 의미 및 군주의 정당성과의 관계에 대해서는 A. K. Grayson, "Chronicles and the *akîtu* festival," in A. Finet (Ed.), *Actes de la XVIIᵉ Rencontre assyriologique internationale*, Ham-sur-Heure, 1970, pp. 160~170을 보라.

[23] 센나케리브가 묘사했던 비트 아키티(*ARAB*, II, § 434~451)가 발굴되었다(*RLA*, I, p. 188; *AM*, I, pp. 228~230). 우루크의 발굴로 이러한 신전의 평면도가 드러났다(*UVB*, 5, 1934, p. 39; *Orientalia*, 26, 1957, pp. 244~245). A. Falkenstein, *op. cit.*에 따르면 바빌론에는 세 곳에 아키투 신전이 있었다.

[24] W. G. Lambert, "The great battle of the Mesopotamian religious year: the conflict in the *akîtu* house," *Iraq*, 25, 1963, pp. 189~190.

[25] 우리는 여기서 *POA*, II, pp. 157~168, 281~290에 있는 P. Garelli의 종합 연구를 따른다.

[26] F. Lot, *La Fin du monde antique et le début du Moyen Age*, Paris, 1927, pp. 444~446 (메로빙거 왕조 시대).

[27] J. A. Brinkman, "Babylonia under the Assyrian Empire," in M. T. Larsen (Ed.), *Power and Propaganda*, Copenhagen, 1979, p. 228.

[28] J. A. Brinkman, *op. cit.*, p. 225.

[29] R. P. Dougherty, *Archives from Erech: Time of Nebuchadrezzar and Nabonidus*, New Haven, 1923; H. F. Lutz, *Neo-Babylonian Administrative Documents from Erech*, Berkeley, Calif., 1927; H. Freydank, *Spätbabylonische Wirtschaftstexte aus Uruk*, Berlin, 1971.

[30] M. San Nicolo, "Materialen zu Viehwirtschaft in den neubabylonischen Tempeln," *Orientalia*, 17, 1948, p. 285.

[31] 이 주제에 관한 주요 연구는 D. Coquerillat, *Palmeraies et Culture de l'Eanna d'Uruk (559~520)*, Berlin, 1968; "Complément," in *RA*, 75, 1981; *RA*, 77, 1983; *RA*, 78, 1984이다.

[32] R. P. Dougherty, *The shirkûtu of Babylonian Deities*, New Haven, 1923.

[33] W. H. Saggs, *The Greatness that was Babylon*, London, 1962, pp. 265~266.

[34] H. W. Saggs, "Two administrative officials at Erech in the 6th century B.C.," *Sumer*, 15, 1959, pp. 29~38; P. Garelli, *POA*, II, pp. 159~161.

[35] M. A. Dandamaev, "State and temple in Babylonia in the first millenium B.C.," in E. Lipinski (Ed.), *State and Temple Economy in the Ancient Near East*, Louvain, 1979, pp. 589~596.

[36] W. G. Lambert, "Ancestors, authors and canonicity," *JCS*, 11, 1957, pp. 1~14; 16, 1962, pp. 59~77.

[37] 메소포타미아 금속 화폐의 기원에 관해서는 E. Lipinski, "Les temples néo-

assyriens et les origines du monnayage," in E. Lipinski (Ed.), *op. cit.*, 위의 미주 35, pp. 565~588을 보라.

[38] A. Ungnad, "Das Haus Egibi," *AfO*, 14, 1941~1944, pp. 57~64; R. Bogaert, *Les Origines antiques de la banque de dépôt*, Leiden, 1966, pp. 105~118.

25장

[1] 이 연대와 그 역사적 함의에 관해서는 R. A. Parker and W. H. Dubberstein, *Babylonian Chronology 626 B.C.~A.D. 75*, Providence, Rhode Isl., 1956을 보라. 이 시기에 관한 자세한 종합적 견해로 M. A. Dandamaev, *A Political History of the Achaemenid Empire*, Leiden, 1989를 보라.

[2] "Chronique de Nabonide," col. III, lines 24~28 (*ABC*, p. 111).

[3] F. H. Weissbach, *Die Keilinschriften der Achaemeniden*, Leiden, 1911; F. W. König, *Relief und Inschrift des Koenigs Dareios I am Felsen von Bagistan*, Leiden, 1938. Cf. G. G. Cameron, "The Old Persian text of the Bisutun inscription," *JCS*, 5, 1951, pp. 47~54.

[4] Behistun, § 18~20.

[5] R. A. Parker and W. H. Dubberstein, *op. cit.*, p. 15.

[6] Behistun, § 50.

[7] R. A. Parker and W. H. Dubberstein, *op. cit.*, p. 16. 이 두 반란에 관해서는 Th. de Liagre Böhl, "Die babylonischen Prätendenten zur Anfangzeit des Darius (Dareios) I," *Bi. Or.*, 25, 1968, pp. 150~153을 보라.

[8] Th. de Liagre Böhl, "Die babylonischen Prätendenten zur Zeit Xerxes," *Bi. Or.*, 19, 1962, pp. 110~114. Cf. 이 사건들과 관련된 듯한 바빌로니아 연대기 단편이 *ABC*, pp. 112~113에 있다.

[9] Arrien, *Anabase*, VII, 17, 2; Ctésias, *Persica*, 52~53; Strabon, XVI, 1, 5; 헤로도토스, I, 183. Cf. G. G. Cameron, "Darius and Xerxes in Babylonia," *AJSL*, 58, 1941, pp. 314~325.

[10] Sir Leonard Woolley and P. R. S. Moorey, *Ur of the Chaldees*, London, 1982, p. 259; *UVB*, 12~13, 1956, pp. 17, 28~31; F. Wetzel, E. Schmidt and A. Mallwitz, *Das Babylon der Spätzeit*, *WVDOG*, 62, 1957, pp. 25~27.

[11] A. T. Clay, *Legal and Commercial Transactions dated in the Assyrian, Neo-Babylonian and Persian Periods*, Philadelphia, 1908; A. Tremayne, *Records from Erech, Time of Cyrus and Cambyses*, New Haven, 1925.

[12] 바빌로니아에서 아시리아를 거쳐 이집트로 돌아가는 한 상인에게 건네진 아람어 소개 편지이다. D. Oates, *Studies in the Ancient History of Northern Iraq*, London, 1968, pp. 59~60.

[13] Xénophon, *Anabase*, II, 4 to III, 5; D. Oates, *Studies*, 60~61; G. Goossens, "L'Assyrie après l'Empire," *Compte rendu de la IIIᵉ RIA*, Leiden, 1954, p. 93.

[14] J. Elayi, "L'essor de la Phénicie et le passage de la domination assyrienne à la domination perse," *BaM*, 9, 1978, pp. 25~38.

[15] O. Leuze, *Die Satrapieneinteilung in Syrien und im Zweistromland von 530~320*, Halle, 1935, pp. 218~221.

[16] A. T. Olmstead, *History of the Persian Empire*, Chicago, 1948, p. 293. M. W. Stolper, *Management and Politics in Later Achaemenid Babylonia*, 2 vols., Ann Arbor, 1974.

[17] 헤로도토스, I, 192; A. T. Olmstead, *op. cit.*, p. 293.

[18] A. T. Olmstead, *op. cit.*, p. 82.

[19] G. Gardascia, *Les Archives des Murashû*, Paris, 1951.

[20] E. Herzfeld, *Altpersiche Inschriften*, Berlin, 1938, n° 14. Cf. *ANET³*, pp. 316~317.

[21] R. Zadok, "Iranians and individuals bearing Iranian names in Achaemenian Babylonia," *Israel Oriental Studies*, 7, 1977, pp. 89~138.

[22] 이 전투는 니네베에서 동쪽으로 23킬로미터 떨어진 케람라이스(Keramlais) 평원에서 일어났다. Cf. Sir Aurel Stein, *Geographical Journal*, 100, 1942, p. 155.

[23] Arrien, *Anabase*, III, 16, 4; VII, 17, 2; Strabon, XVI, 1, 5.

[24] 이 시대에 관해서는 G. Glotz, *Alexandre et le Démembrement de son empire*, Paris, 1945를 보라.

[25] "Chronique des Diadoques," *ABC*, pp. 115~119.

[26] A. J. Sachs and D. J. Wiseman, "A Babylonian King List of the Hellenistic period," *Iraq*, 16, 1954, pp. 202~211.

[27] W. W. Tarn, *La Civilisation hellénistique*, Paris, 1936, pp. 136~138. Cf. P. Jouguet, *L'impérialisme macédonien et l'Hellénisation de l'Orient*, Paris, 1961; M. Rostovtzeff, *The Social and Economic History of the Hellenistic World*, Oxford, 1941, I, pp. 499~504; C. Preaux, *Le Monde hellénistique: la Grèce et l'Orient*, Paris, 1978, 2 vols.

[28] 우리는 일상적인 의미에서 "메소포타미아"라는 단어를 사용한다. 이 시대에 메소포타미아는 북부 메소포타미아, 남부 메소포타미아, 그리고 유프라테스 강을 따라 이어져 있는 파라포타미아의 세 태수령으로 나뉘어 있었다.

[29] Cf. W. Eilers, "Iran and Mesopotamia," in *The Cambridge History of Iran*, III,

1, 1983, p. 487.

30 R. A. Hadley, "The foundation date of Seleucia on the Tigris," *Historia*, 27, 1978, pp. 228~230.

31 1927~1932년과 1936~1937년에 있었던 미국의 발굴; Cf. *AM*, I, pp. 388~390. 1964년부터 1974년까지 있었던 이탈리아의 발굴. *Mesopotamia*, 1 (1966)부터 8(1973~1974)까지에 있는 G. Gullini *et al.*의 초기 보고서. 결과의 요약은 A. Invernizzi, "Ten years research in the al-Mada'in area: Seleucia and Ctesiphon," *Sumer*, 32, 1976, pp. 167~175에 있다. 1989년에 있었던 14차 (잠정적으로는) 마지막 발굴에 대한 요약은 *Iraq*, 53, 1991, p. 181에 있다.

32 G. Pettinato, "Cuneiform inscriptions discovered at Seleucia on the Tigris," *Mesopotamia*, 5/6, 1970~1971, pp. 49~66.

33 마리에서 북쪽으로 50킬로미터 떨어진 유프라테스 강변에 있는 오늘날의 살라히예(Salahiyeh). 1922~1923년에 있었던 프랑스의 발굴과 1928~1939년에 있었던 미국의 발굴. Cf. M. Rostovtzeff, *Dura-Europos and its Arts*, Oxford, 1938.

34 유프라테스 강 대만곡에 있는 현대의 벨키스(Belkis). Cf. J. Wagner, *Seleukia am Euphrat/Zeugma*, Wiesbaden, 1976. 벨키스의 일부분은 기원전 제2천년기에 아주 중요했던 고대 도시 에마르 위에 겹쳐져 있었다.

35 A. T. Clay, *Legal Documents from Erech dated in the Seleucid Era*, New Haven, 1913; O. Krückmann, *Babylonische Rechts- und Verwaltungsurkunden aus der Zeit Alexanders und die Diadochen*, Weimar, 1931. 또한 G. K. Sarkisian, *VDI*, 1, 1955, pp. 136~170; *Forschungen und Berichte*, 16, 1975, pp. 15~76을 보라. 일반적인 견해로 P. Briant, "Villages et communautés villageoises d'Asie achéménide et hellénistique," *JESHO*, 18, 1975, pp. 165~188을 보라.

36 G. Goossens, *op. cit.*, 위의 미주 13, pp. 95~96.

37 D. Oates, "Nimrud 1957: the Hellenistic settlement," *Iraq*, 20, 1958, pp. 114~157; *Studies*, pp. 63~66.

38 A. Parrot, *Syria*, 16, 1935, pp. 10~11; 29, 1952, pp. 186~187; 32, 1955, pp. 189~190.

39 Sir Leonard Woolley and P. R. S. Moorey, *op. cit.*, p. 263.

40 *ANET*³, p. 317.

41 F. Wetzel *et al.*, *WVDOG*, 62, 1957, pp. 3~22; R. Koldewey, *Babylon*, pp. 294~299; G. E. Kirk, "Gymnasium or Khan? A hellenistic building at Babylon," *Iraq*, 2, 1935, pp. 223~231.

42 Pline, *Histoire naturelle*, VI, 122; Pausanias, *Descriptio Graecae*, I, 16, 3.

43 R. North, "Status of Warka Excavations," *Orientalia*, 26, 1957, pp. 206~207;

228~232; 237~241.

[44] M. Rutten, *Contrats de l'époque séleucide conservés au musée du Louvre*, Paris, 1935. 이 시대의 신전에 관해서는 G. J. P. McEwan, *Priest and Temple in Hellenistic Babylonia*, Wiesbaden, 1981을 보라.

[45] A. K. Grayson, *ABC*, pp. 119~124의 연대기 11, 12, 13, 13a이다.

[46] E. Meyer, *Blüte und Niedergang des Hellenismus in Asien*, Berlin, 1925, p. 24; W. Röllig, "Griechische Eigennamen in den Texten der babylonischen Spätzeit," *Orientalia*, 29, 1960, pp. 376~391.

[47] 이 주제에 관해서는 A. Kuhrt, "Assyrian and Babylonian traditions in classical authors: a critical synthesis," in H. J. Nissen and J. Renger (Ed.), *Mesopotamien und seine Nachbarn*, Berlin, 1982, II, pp. 539~554를 보라.

[48] N. C. Debevoise, *A Political History of Parthia*, Chicago, 1938.

[49] A. Parrot, *Tello*, Paris, 1948, pp. 309~314.

[50] H. Lenzen, *Die Partherstadt Assur*, WVDOG, 57, 1933.

[51] 1903년부터 1912년까지 있었던 독일의 발굴. W. Andrae, *Hatra*, Leipzig, 1908~1912, 2 vols. 1951년부터 1971년까지 있었던 이라크의 발굴. 초기 보고서는 *Sumer*, 7 (1951)부터 27 (1971)까지에 있다. 명문은 A. Caquot, *Syria*, 29 (1952); 30 (1953); 32 (1955); 40 (1963); 41 (1964); J. Teixidor, *Syria*, 41 (1964); *Sumer*, 20 (1964); Fuad Safar, *Sumer*, 18 (1962)에 출간되었다. 종합 연구: W. I. al-Sahili, *Hatra*, Baghdad, 1973; B. Aggoula, "Hatra, l'Héliopolis du désert mésopotamien," *Archeologia*, 102, January 1977, pp. 35~54. 예술에 관해서는 R. Ghirshman, *Parthes et Sassanides*, Paris, 1962; D. Homès-Fredericq, *Hatra et ses sculptures parthes*, Leiden, 1963을 보라.

[52] M. Rostovtzeff, *op. cit.*, 위의 미주 33.

[53] W. I. al-Sahili, "Hatra, aspects of Hatran religion," *Sumer*, 26, 1970, 187~193; B. Aggoula, *op. cit.*, pp. 52~54.

[54] R. North, *Orientalia*, 36, 1957, pp. 241~243; *UVB*, 14, 1958, pp. 18~20; 16, 1960, pp. 13~21; *BaM*, 6, 1960, pp. 104~114.

[55] J. Kohler and A. Ungnad, *100 ausgewählte Rechtsurkunden der Spätzeit des babylonischen Schrifttums*, Leipzig, 1909; E. Sollberger, "Graecobabyloniaca," *Iraq*, 24, 1962, pp. 63~72; A. J. Sachs and J. Schaumberger, *Late Babylonian Astronomical and Related Texts*, Providence, Rhode Isl., 1955.

[56] A. J. Sachs and J. Schaumberger, *op. cit.*, n° 1210.

[57] Dion Cassius, LXXI, 2; Ammien Marcellin, XXIII, 6, 34; Zonaras, XI, 22; XII, 2. L. Dillemann, "Ammien Marcellin et les pays de l'Euphrate et du Tigre," *Syria*,

38, 1961, pp. 86~158.

58 H. J. Nissen, "Südbabylonien in parthischer und sassanider Zeit," *Zeitschrift der Deutchen Morgenländischen Gesellschaft*, Suppl. 13, 1969, pp. 103f.

59 V. Chapot, *La Frontière de l'Euphrate*, Paris, 1907; A. Poidebard, *La Trace de Rome dans le désert de Syrie*, Paris, 1934; D. Oates, *Studies*, pp. 67~117.

60 D. Oates, *Studies*, pp. 80~92, 97~106; "Ain Sinu," in J. Curtis (Ed.), *Fifty Years of Mesopotamian Discovery*, London, 1982, pp. 120~122.

61 1931~1932년에 차례로 있었던 독일의 발굴과 독일-미국의 발굴. Cf. *AM*, I, pp. 389~390. 셀레우키아 발굴과 동시에 진행된 이탈리아의 발굴(위의 미주 31을 보라).

62 S. Langdon, "Excavations at Kish and Barghutiat," *Iraq*, 1, 1934, pp. 113~122; P. R. S. Moorey, *Kish Excavations*, 1923~1933, Oxford, 1978, pp. 180f.

63 *UVB*, 15, 1959, pp. 27~34; 16, 1960, pp. 23~29; H. Lenzen, "Ein Goldkrank aus Warka," *Sumer*, 13, 1957, pp. 205~206.

64 G. Le Strange, *The Lands of the Eastern Caliphate*, 3rd ed., London, 1966, pp. 26~29.

후기

1 W. W. Tarn, *La Civilisation hellénistique*, Paris, 1936, pp. 219~337.

2 H. W. F. Saggs, *The Greatness that was Babylon*, London, 1962, pp. 493~495에 이 단어들의 목록이 있다. 이 책에는 우리가 메소포타미아에서 물려받은 다른 유산들도 나와 있다.

3 J. Bottéro, "L'Assyriologie et notre histoire," *Dialogues d'histoire ancienne*, 7, Paris, 1981, p. 95.

4 그리스 문명과 근동 문명 사이의 관계를 주제로 한 많은 연구서가 있다. 가장 최근의 연구로 다음을 들 수 있다. R. M. Haywood, *Ancient Greece and the Near East*, London, 1965; M. L. West, *Early Greek Philosophy and the Orient*, London, 1971; H. A. Hoffner (Ed.), *Orient and Occident* (*AOAT*, 22), Neukirchen-Vluyn, 1973; D. Kagan, *Problems in Ancient History* I: *The Ancient Near East and Greece*, New York, 1975; E. Will, C. Mossé and P. Goukowsky, *Le Monde grec et l'Orient*, Paris, 1975; H. G. Gundel, *Der alte Orient und die griechische Antike*, Stuttgart, 1981.

5 E. Porada, "The cylinder seals found at Thebes in Beotia," *AFO*, 28, 1981~1982,

pp. 1~70; J. A. Brinkman, "The Western Asiatic seals found at Thebes in Greece," *ibid.*, pp. 73~77.

[6] 아다파 전설의 토판들 대부분은 이집트에 있는 텔 엘-아마르나에서 발견되었다.

[7] C. H. Gordon, *Before the Bible*, London, 1962, pp. 9, 132.

[8] J. Filliozat, "Pronostics médicaux akkadiens, grecs et indiens," *Journal asiatique*, 240, 1952, pp. 299~321; M. Sandrail, *Les Sources akkadiennes de la pensée et de la méthode hippocratiques*, Toulouse, 1953.

[9] C. H. Gordon, *op. cit.*, pp. 49~97, 218~277; R. Graves, *The Greek Myths*, Harmondsworth, 1957, II, p. 89.

[10] 예를 들어 R. D. Barnett, "Ancient Oriental influences on archaic Greece," in *The Aegean and the Near East: Studies presented to H. Goldman*, New York, 1956, pp. 212~238; P. Demargne, *Naissance de l'art grec*, Paris, 1964, pp. 313~383. R. A. Jairazbhoy, *Oriental Influences in Western Art*, London, 1965.

[11] M. Rostovtzeff, *The Social and Economic History of the Hellenistic World*, Oxford, 1941, I, p. 84.

‖ 연표 ‖

1. 선사시대

연대	시대	메소포타미아	
		북부	남부
c. 70000	중기구석기	바르다 발카 샤니다르 D (c. 60000~35000) 하자르 메르드	
35000	후기구석기	샤니다르 C (c. 34000~25000)	
25000 12000		(공백기) 샤니다르 B2 자르지, 팔레가우라	
9000	중석기	샤니다르 B1 자위 케미 샤니다르 카림 세히르 물레파트 무레이베트	
8000			
7000	신석기	자르모 심샤라	부스 모르데 알리 코시
6000	동석기	움 다바기야 **하수나** 야림 테페 1 마타라	
5500		**사마라** 　↓　텔 사완 　　　**할라프** 　　　야림 테페 2 　　　아르파키야	
5000		↓　　↓　초가 마미	**에리두** (우바이드 1) **하지 무함마드** (우바이드 2)
4500 4000		**우바이드 3 북부** 테페 가우라 및 여러 유적지	**우바이드 3 남부** 엘-우바이드, 우르 및 여러 유적지
3750		**우루크 시대** 테페 가우라 칼린즈 아가, 그라이 레시, 하부바 카비라 및 여러 유적지	**우루크 시대** 우루크, 텔 우카이르 및 여러 유적지
3000	고대 청동기	텔 브라크 니네베 V	젬데트 나스르
			ED I 　(고대 왕조 시대 I)
2700	역사시대		ED II 　(고대 왕조 시대 II)
2500			ED III 　(고대 왕조 시대 III)

메소포타미아에서 기술과 문화의 발전	연대
	c. 70000
수렵과 채집. 동굴과 바위 아래 은신처에 사는 네안데르탈인.	
호모 사피엔스 사피엔스. 석기의 개량과 다양화. 음식물의 범위 확대.	35000 25000 12000
세석기 도구와 무기. 흑요석 수입. **뼈**로 만든 작품. 첫 소상. 최초의 집단 거주지. 동물 사육 시작 (키우는 가축 떼).	9000 8000 7000
점진적인 동물 사육과 식용 식물 재배. 마을. 도기 발명. 최초의 말린 벽돌.	6000
구리 사용. 최초의 벽화. 관개 농업. 최초의 봉안·인장. 최초의 신전. 점토 세공으로 새기거나 장식한 화려한 채색 도자기. 설화석고로 만든 장식된 소상. 벽돌의 대규모 활용.	5500 5000
점점 복잡해지는 신전. 낫과 구운흙으로 만든 절구공이. 남부의 갈대 사용.	4500 4000
도시화. 녹로, 바퀴, 쟁기, 돛. 금속(청동, 금, 은) 세공. 웅장한 신전. 최초의 실린더-인장. 문자의 출현 (c. 3300). 조각의 발전. 교역의 확장.	3750 3000
수메르 문명 "도시국가." 요새화된 도시. 문자의 발전. 파라와 아부 살라비크의 행정 문서.	2700 2500

2. 고대 왕조 시대 (기원전 c. 2750~2300)

연대	시대	키시	우루크	우르	라가시
2750	ED I	**키시 I** *21왕(에타나 포함),* *"대홍수"부터* ↓	**우루크 I** *"전설적" 4왕* 메스키안가셰르 엔메르카르 루갈반다		
2700	ED II	엔메바라게시 (c. 2700)까지 아가	두무지 길가메시까지 *거의 한 세기*		
2650			*길가메시의 후계자* *6명, c. 2660~2560*	왕실 묘지 메스칼람두그	
2600		우후브 (c. 2570)		아칼람두그 (c. 2600)	
2550	ED IIIA	메실림 (c. 2550)		**우르 I** 메산네파다 (c. 2560~2525)	엔-헤갈 (c. 2570)
2500		**키시 II** *6왕* *(+아크샤크의 주주?),* *c. 2520부터* ↓		아-안네파다 (c. 2525~2485)	루갈-샤그-엔구르 (c. 2500) 우르-난셰 (c. 2490) 아쿠르갈 (c. 2465) 에안나툼
2450	ED IIIB	엔비-이슈타르 (c. 2430)까지	**우루크 II** 엔-샤쿠사-안나 (c. 2430~2400)	메스키아그눈나 (c. 2485~2450) 엘릴리 (c. 2445) 발릴리	(c. 2455~2425) 에난나툼 I (c. 2425)
2400		**키시 III** 쿠-바바(술집 여주인) **키시 IV** 푸주르-신	루갈-키니셰-두두 (c. 2400) 루갈키살시 **우루크 III** 루갈자게시	**우르 II** *4왕(미상)*	엔테메나 (c. 2400) 에난나툼 II 엔-엔타르지 루갈란다 우루-이님기나
2350		우르-자바바(c. 2340)	(c. 2340~2316)		(c. 2350)
2300	아카드				

이 시기의 연대는 불확실하며 학자에 따라 다르다. 모든 연대는 어림수이다.

마리	에블라	다른 왕조들	연대
			2750
			2700
			2650
			2600
마리 왕조 수메르 제왕 목록의 6왕: 136년 ?		**아완**	**아다브** 난-키살시	2550
		3왕	메-두르바	
일슈 (c. 2500) 람기-마리		펠리 c. 2250년까지 13왕	루갈-달루 ↓	2500
이쿤-샤마시	이그리시-할람	**하마지**	c. 2450	
이쿤-샤마간	이르카브-다무	하타니시	**아크샤크**	2450
이블룰-일	아르-엔눔	지지 = ?	주주	
	에브리움		운지	2400
			푸주르-니라흐	
			이슈-일 ↓ 슈신	2350
	이바-시피시	**아카드 왕조** 샤룸-킨 (사르곤) (c. 2334~2279)		2300
		↓		

3. 아카드, 구티, 우르 3왕조 시대 (기원전 c. 2334~2004)

연대	아카드/우르	우루크/이신	구티/라르사
	아카드 왕조	루갈자게시	
2300	샤룸-킨 (사르곤) (2334~2279)		
	리무시 (2278~2270)		
	마니슈투수 (2269~2255)		
2250	나람-신 (2254~2218)		
2200	샤르-칼리-샤리 (2217~2193) *무질서*		**구티 왕조** 구티의 21왕 2120년까지
	슈투룰 (2168~2154)		*구티인의 아카드와 수메르 공격*
2150		**우루크 IV** 우르-니기나 (2153~2147) 우르-기기라 (2146~2141) +3왕	
	우르 III 우르-남무 (2112~2095)	**우루크 V** 우투-헤갈 (2123~2113)	티리칸 (x~2120)
2100	슐기 (2094~2047)		
2050	아마르-신 (2046~2038) 슈신 (2037~2029) 이비-신 (2028~2004)	**이신 왕조** 이슈비-에라 (2017~1985)	**라르사 왕조** 나플라눔 (2025~2005)
2000	*우르의 몰락 (2004)*		에미숨 (2004~1977)

■ J. M. Durand, MARI, 4, 1985, pp. 147~172에 따른 연대.

라가시	마리	연대
	사르곤의 마리와 에블라 점령	2300
	샤카나쿠의 시대 ▪	
	이디시	
		2250
루갈-우슘갈 (2230~2200)	*나람-신의 마리 점령과 에블라 파괴*	
	슈-다간	
	이슈마흐-다간	2200
	누르-메르	
라가시의 엔시		
우르-바바 (2155~2142)	이슈투브-엘	
		2150
구데아 (2141~2122)		
우르-닌기르수 (2121~2118)		
피리그-메 (2117~2115)	이슈굼-아두	
우르-가르 (2114)		
남-마하지 (2113~2111)	아필-킨	
		2100
우르의 속국 라가시의 총독		
우르-닌수나	이딘-엘	
우르-닌키마라	일라-이샤르	
루-키릴라자	투람-다간	
	푸주르-에슈타르	2050
이르-난나	히틀랄-에라	
	하눈-다간	
독립국 라가시 (2023)		
		2000

4. 이신-라르사, 고대 바빌론, 고대 아시리아 시대 (기원전 c. 2000~1600)

연대	이신	라르사	바빌론	마리
		라르사 왕조		
2025	이신 왕조 이슈비-에라 (2017~1985)	나플라눔 (2025~2005)		
2000		에미숨 (2004~1977)		
	슈-일리슈 (1984~1975) 이딘-다간 (1974~1954)	사미움 (1976~1942)		
1950	이슈메-다간 (1953~1935)	자바야 (1941~1933)		
	리피트-이슈타르 (1934~1924) 우르-니누르타 (1923~1896)	군구눔 (1932~1906)		
1900		아바-사레 (1905~1895)	바빌론 I	
	부르-신 (1895~1874)	수무-엘 (1894~1866)	수무-아붐 (1894~1881)	
	리피트-엔릴 (1873~1869) 에라-이미티 (1868~1861) 엔릴-바니 (1860~1837)	누르-아다드 (1865~1850)	수무-라-엘 (1880~1845)	
1850		신-이디남 (1849~1843) 신-에리밤. 산-이키샴. 일라-아다드 (1842~1835) 와라드-신 (1834~1823) 림-신 (1822~1763)	사비움 (1844~1831) 아필-신 (1830~1813) 산-무발리트 (1812~1793)	아무루 왕조 야기드-림 야흐둔-림 (c. 1815~1798)
1800	잠비야. 이테르피샤. 우르두쿠가 (1836~1828) 산-마기르 (1827~1817) 다미크-일리슈 (1816~1794) *람 신의 이신 점령*		함무라비 (1792~1750)	야스마흐-아다드 (c. 1790~1775)
		함무라비의 라르사 점령		짐라-림 (c. 1775~1761) *함무라비의 마리 파괴*

아시리아	에슈눈나	아나톨리아	연대
	독립국 에슈눈나		
우슈피아	일루슈-일리아 (c. 2028)		2025
키키아			
	누르-아훔	*카파도키아 문화*	
아키아			
	키리키리		2000
푸주르-아슈르 왕조			
	빌랄라마		
푸주르-아슈르 I			
	이샤르-라마슈		
샬림-아헤			
	우수르-아와수		
			1950
일루슈마	아주줌		
	우르-닌마르		
	우르-닌기지다	*카파도키아에 있는 아시리아 상인들의 식민지 (카룸 카네시 I)*	
에리슘 I	이비크-아다드 I		
(c. 1906~1867)			1900
	샤리아		
	벨라쿰		
	와라사		
이쿠눔	이발-파-엘 I		1850
샤루-킨 (사르곤 I)			
푸주르-아슈르 II	이비크-아다드 II		
		카룸 카네시가 버려짐	
나람-신			
에리슘 II			1800
		피트하나	
샴시-아다드 I	다두샤	*카룸 카네시 II*	
(c. 1796~1775)			
이슈메-다간	이발-파-엘 II		
(1780~1741)		아니타	

연대	이신	라르사	바빌론	마리
1750	**해국 왕조** 일루마-일룸 (일리만) (c. 1732)	림-신 II (1741~1736)	삼수-일루나 (1749~1712) 아비에슈흐 (1711~1684)	**카슈 왕조** 간다시 (c. 1730) 아굼 I
1700	이타-일라-니비 다미크-일리슈 이슈키발		암마-디타나 (1683~1647)	*하나의 왕* 카슈틸리아시 I 우시 아비라타시
1650	슈시 굴키샤르		암마-사두카 (1646~1626) 삼수-디타나 (1625~1595)	카슈틸리아시 II 우르지구루마시 하르바시후
1600	 에아-가밀(c. 1460)*까지* *5왕*		*1595: 히타이트의 바빌론* *점령* 아굼 II ←	티프타크지 아굼 II

아시리아	에슈눈나	아나톨리아	연대
함무라비의 아수르 점령? 무트-아슈쿠르 리무시 아시눔 *무질서: 푸주르 신의* *찬탈자 8명 이후 아다시*	*함무라비의 에슈눈나 점령* 이키사-티슈파크 안니 *삼수 일루나의 에슈눈나* *파괴*		1750
벨루-바니 (1700~1691) 리바이아 (1690~1674) 샤르마-아다드 I (1673~1662) 이프타르-신 (1661~1650)		**고대 히타이트 제국** 라바르나스 I (c. 1680~1650?)	1700
바자이아 (1649~1622)		하투실리스 I (1650~1590)	1650
룰라이아 (1621~1618) 키단-니누아 (1615~1602) 샤르마-아다드 II (1601) 에리슘 III (1598~1586) 샴시-아다드 II (1585~1580)		무르실리스 I (1620~1590) 한틸리스 I (1590~1560)	1600

5. 카슈 시대 (기원전 c. 1600~1200)

연대	바빌로니아	아시리아	후리-미탄니	아나톨리아
				고대 히타이트 제국 (c. 1680부터)
1600	1595: 히타이트의 바빌론 점령	에리슘 III		
	카슈 왕조 아굼 2세 카크리메 (c. 1570)	샴시-아다드 II 이슈메-다간 II	키르타	한틸리스 I (1590~1560)
1550		샴시-아다드 III	슈타르나 I (c. 1560)	지단타스 I
		아슈르-니라리 I (1547~1522)	미탄니 왕조 설립	암무나스
	부르나부리아시 I		파라타르나 (c. 1530)	후지아스 I
		푸주르-아슈르 III (1521~1498)		텔레피누스 (1525~1500)
1500	카슈틸리아시 III	엔릴-나시르	사우스타타르 (c. 1500)	알루와나시
	울람부리아시	누르-일리	아시리아가 미탄니의 속국이 됨	한틸리스 II 지단타스 II
1450	아굼 III	아슈르-라비 I		후지아스 II
	카다슈만-하르베 I	아슈르-나딘-아헤 I 엔릴-나시르 II	누지 문서	신히타이트 제국 투드할리야스 I (1450~1420)
	카라인다시	아슈르-니라리 II	아르타마 I (c. 1430)	
	쿠리갈주 I	아슈르-벨-니셰슈 아슈르-렘-니셰슈		아르누완다스 I (1420~1400)
1400	카다슈만-엔릴 I	아슈르-나딘-아헤 II	슈타르나 II (c. 1400)	투드할리야스 II 하투실리스 II 투드할리야스 III (1395~1380)
		에리바-아다드 I (1392~1366)	아르타타마 II | 투슈라타	
	부르나부리아시 II (1375~1347)	아슈르-우발리트 I (1365~1330)		수필루리우마스 I (c. 1380~1336)
1350	카라하르다시 쿠리갈주 II (1345~1324)		슈타르나 III	마티와자 아르누완다스 II 무르실리스 II (1335~1310) 무와탈리스 (1309~1287)
	나지마루타시 (1323~1298)	엔릴-니라리 아리크-덴-일리 (1319~1308) 아다드-니라리 I (1307~1275)	슈타타라 = ? | 샤투아라 I ↓	

시리아-팔레스타인	이집트	엘람	연대
	힉소스 시대	**에파르티 왕조** (c. 1850년부터) 타타 (1600~1580)	1600
힉소스가 이집트에서 *쫓겨남* *알랄라흐의 왕 이드리미* *이집트의 시리아 원정*	**신왕국** **18왕조** 아흐모세 (1576~1546) 아멘호테프 I (1546~1526) 투트모세 I (1526~1512) 투트모세 II (1512~1504) 투트모세 III (1504~1450)	아타-메라-할키 (1580~1570) 팔라-이샨 (1570~1545) 쿠르-키르웨시 (1545~1520) 쿠크-나훈테 (1520~1505) 쿠티르-나훈테 II (1505- ?)	1550 1500
이집트의 시리아 정복 *아멘호테프의* *시리아-팔레스타인 원정* *아마르나 시대* *(c. 1400~1350)*	아멘호테프 II (1450~1425) 투트모세 IV (1425~1417) 아멘호테프 III (1417~1379)		1450 1400
히타이트의 북부 시리아 *정복* *우가리트 문서* *알파벳 쐐기문자*	아멘호테프 IV (아케나텐) (1379~1362) 투탕카멘 (1361~1352) 아이 (1352~1348) 호렘헤브 (1348~1320) **19왕조** 람세스 I (1319~1317) 세티 I (1317~1304)	**이게할키 왕조** 이게-할키 (1350~1330) 후르파틸라 파히르-이샨 I (1330~1310) 아타르-키타 (1310~1300)	1350

연대	바빌로니아	아시리아	후리-미탄니	아나톨리아
1300	카다슈만-투르구 (1297~1280)		와사사타 샤투아라 II	
	카다슈만-엔릴 II (1279~1265)	샬만아사르 I (1274~1245)		하투실리스 III (1286~1265)
	쿠두르-엔릴			투드할리야스 IV (1265~1235)
1250	샤가라크티-슈리아시 (1255~1243) 카슈틸리아시 IV *아시리아 총독들 (1235~1227)*	투쿨티-니누르타 I (1244~1208)		
	엔릴-나딘-슈미 아다드-슈마-이디나			아르누완다스 III (1235~1215)
1200	아다드-슈마-우수르 (1218~1189) 멜리시파크 (1188~1174) 마르두크-아팔-이디나 (1173~1161) 자바바-슈마-이디나 엔릴-나딘-아헤 (1159~1157) *카슈 왕조의 멸망 (1157)*	아슈르-나딘-아플리 아슈르-니라리 III 엔릴-쿠두라-우수르 니누르타-아팔-에쿠르 (1192~1180) 아슈르-단 I (1179~1134)		수필루리우마스 II (1215~?) *프리기아인과 가스가인이 히타이트 제국을 파괴함 (c. 1200)*
1150				

* 부르나부리아시 2세까지 카슈 왕조 초기 왕들의 숫자, 순서, 연대는 아주 불확실하다. 고대 히타이트 왕조 마지막 왕들의 경우도 마찬가지다.

시리아-팔레스타인	이집트	엘람	연대
카데시 전투 *(1300)*	람세스 II (1304~1237)	훔반-누메나 (1300~1275)	1300
이집트 히타이트 조약 *(1286)*		운타시-나피리샤 (1275~1240)	
			1250
모세와 이집트 탈출			
	메르네프타 (1237~1209)	운파타르-나피리샤 키텐-후트란 (1235~1210?)	
해양민족들의 침공	**20왕조** 람세스 III (1198~1166)	*슈트루크 왕조* 할루투시-인슈시나크 (1205~1185)	1200
필리스티아인 이스라엘인의 가나안 정복 시작		슈트루크-나훈테 (1185~1155)	
	람세스 IV부터 람세스 XI (1166~1085)	쿠티르-나훈테 III 실하크-인슈시나크 (1150~1120)	1150

6. 중기 바빌로니아와 중기 아시리아 시대 (기원전 c. 1150~750)

연대	바빌론		아시리아	페니키아-시리아	
1150	**바빌론 IV** **(이신 II)**	마르두크-카비트-아헤슈 (1156~1139)	아슈르-단 I (1179~1134)		
1100		이타-마르두크-발라투 니누르타-나딘-슈미 네부카드네자르 I (1124~1103) 엔릴-나딘-아플리 마르두크-나딘-아헤 마르두크-샤피크-제리 아다드-아플라-이디나 (1067~1046)	아슈르-레사-이시 I (1133~1116) 티글라트-필레세르 I (1115~1077) 아샤리드-아팔-에쿠르 아슈르-벨-칼라 (1074~1057) 샴시-아다드 IV	북부 시리아의 신히타이트 왕국들 이람인이 시리아에 정착하고 메소포타미아로 진출함	
1050		마르두크-제르-x 나부-슘-리부르 (1032~1025)	아슈르나시르팔 I (1050~1032) 살만에세르 II (1031~1020)		
1000	**바빌론 V** **바빌론 VI**	심바르-시파크 (1024~1007) 2왕 (1007~1004) 엘루마 샤칸-슈미 (1003~987) 2왕 (986~984)	아슈르-니라리 IV 아슈르-라비 II (1013~973)	**비블로스** 아히람 (c. 1000) ｜ 이토바알 (c. 980)	**다마스쿠스** 하다드에제르
950	**바빌론 VII** **바빌론 VIII**	마르-비티-아플라-우수르 나부-무칸-아플리 (977~942) 니누르타-쿠두리 우수르 마르-니타-아헤-이디나 (941?)	아슈르-레사-이시 II 티글라트-필레세르 II (967~935) 아슈르-단 II (934~912)	아히바알 (c. 940) ｜ 예히밀크 (c. 920)	**티레** 히람 (c. 969~931)
900		샤마시-무담미크 (? ~ c. 900) 나부-슈마-우킨 (899~888?) 나부-아플라-이디나 (887~855?)	아다드-니라리 II (911~891) 투쿨티-니누르타 II 아슈르나시르팔 II (883~859)	엘리바알 ｜ 시피트바알	**다마스쿠스** 벤-하다드 I (880~841)
850		마르두크-자키르-슈미 I (854~819)	살만에세르 III (858~824)	카르카르 전투 (853)	하자엘 (841~806)
800		마르두크-발라수-이크비 바바-아하-이디나 알려지지 않은 5왕 니누르타-아플라-x 마르두크-벨-제리 마르두크-아플라-우수르 에리바-마르두크 (769~761) 나부-슈마-이슈쿤 (760~748)	샴시-아다드 V (823~811) 아다드-니라리 III (810~783) 살만에세르 IV 아슈르-단 III (772~755) 아슈르-니라리 V (754~745)		벤-하다드 II (806~?)

팔레스타인		아나톨리아	이집트		연대
			20왕조		
					1150
사사들의 시대		*리디아 왕조(헤라클레스 왕조)의 성립*	람세스 왕조의 마지막 왕들		
옷니엘		*(c. 1205~700)*			
에훗					
바라크, 드보라		*아시리아의 무슈키 원정*	**제3중간기**		
기드온			**21왕조**		1100
			스멘데스 (c. 1085)		
입다					
삼손		*이오니아, 에올리아,*			
		도리아가 처음으로 에게 해			
사무엘		*연안을 식민지화함*	프수센네스 I		1050
왕정		*(c. 1100~950)*	(c. 1050)		
사울 (1030~1010)					
다윗 (1010~970)					
			아메네모페 (c. 1000)		1000
			시아문 (c. 975)		
솔로몬 (970~931)					
			22왕조		
유다	**이스라엘**		세숑크 I (945~924)		950
르호보암	여로보암 I				
(931~913)	(931~910)		오소르콘 I (924~889)		
아비야	나답, 바아사				
아사	(909~886)				
(911~870)			타켈로트 I (889~874)		900
	엘라 (886~885)				
	시므리, 오므리				
여호사밧	(885~874)		오소르콘 II (874~850)		
(870~848)					
	아합 (874~853)				
		우라르투 왕국			
요람	아하시야	아라메 (c. 850)	타켈로트 II (850~825)		850
(848~841)	요람				
아하시야 아달랴	예후 (841~814)		세숑크 III (825~773)		
요아스		사르두르 I (832~825)		**23왕조**	800
(835~796)	여호아하스	이슈푸이니 (824~806)		(리비아 왕조)	
	(814~798)			(c. 817~730)	
아마샤	요아스	메누아 (805~788)			
(796~781)	(798~783)			5왕	
		아르기슈티 I (787~766)			
아사랴 (웃시야)	여로보암 II		파미		
(781~740)	(783~743)		세숑크 V		
		사르두르 II (765~733)	(767~730)		

7. 신아시리아 ■ 와 신바빌로니아 시대 (기원전 744~539)

연대	바빌로니아	아시리아	페니키아 -시리아	팔레스타인	
				유다	이스라엘
	바빌론 IX (977년부터)				
750	나부-나시르 (나보나사르) (747~734) 2왕 (734~732) 나부-무킨-제리	티글라트-필레세르 III (744~727) 살만에세르 V (726~722)	**다마스쿠스** 르신 (740~732) *다마스쿠스 점령 (732)* *신히타이트와 아람 왕국들이 아시리아 제국에 합병됨 (747~704)*	요담 (740~736) 아하스 (736~716)	므나헴 (743~738) 베가 호세아 (732~724) *사마리아 점령 (722)*
	메로다크-발라단 II (721~710)	사르곤 II (721~705)			
700	3왕 (703~700) 아슈르-나단-슈미 (699~694) 2왕 (693~689)	센나케리브 (704~681) 에사르하돈 (680~669)	**시돈** 룰리 **시돈** 아브디-밀쿠티	히스기야 (716~687) 므낫세 (687~642)	
	샤마시-슈마-우킨 (668~648)	아슈르바니팔 (668~627)			
650			*아시리아의 페니키아 원정*	아몬 요시야 (640~609)	
	바빌론 X 칼데아 왕조 나부-아플라-우수르(나보폴라사르, 625~605)	아슈르-에틸-일라니/ 신-슈무-리시르 산-샤르-이슈쿤/아슈르-우발리트 II	*카르케미시 전투 (605)*		
600	네부카드네자르 II (604~562)	*612~609: 메디아와 바빌로니아의 아시리아 정복*	*네부카드네자르의 티레 점령 (573)*	여호아하스 여호야김 여호야긴 시드기야 (598~587) *네부카드네자르의 예루살렘 정복 (587)*	
	에빌-메로다크 네리글리사르 나부-나이드 (나보니두스)				
550	*539: 키루스의 바빌론 점령*				

■ 전통적으로 신아시리아 시대는 아슈르나시르팔 2세(883~859)의 통치와 더불어 시작된다.

아나톨리아		이란		엘람	이집트		연대
우라르투	**프리기아**	**메디아**	**페르시아**	**마지막 왕조들**		**25왕조** (에티오피아 왕조)	750
사르두르 II (765~733)				훔바시-타흐라 (?760~742)		피앙키 (751~716)	
	미다스 (c. 740~700)			훔바시-니카시 I (742~717)	**24왕조** 테프나크트		
루사 I (730~714)		데이오케스 (c. 728~675)		슈트루크-나훈테 II (717~699)	보크코리스		
아르기슈티 II (714~?)			아케메네스			샤바카 (716~701)	700
	리디아 메름나드 왕조			할루투시-인슈시나크 (699~693) 훔반-니메나 (692~687) 훔반-할타시 I (687~680)		세비트쿠 (701~689) 타하르카 (689~664)	
루사 II	기게스 (685~644)	프라오르테스 (675~653)	테이스페스 (675~640)	우르타키 (674~663) 템프트-훔반-인슈시나크 (테움만, 668?~653)	*아시리아의 이집트 원정 사이스 문예부흥* **26왕조** 프삼티크 I (664~609)		650
사르두르 III	아르디스 (644~615)	키악사레스 (653~585)	키루스 I (640~600)	탐마리투 I (653) 훔반-할타시 III (648~644?) *아슈르바니팔의 수사 점령과 엘람 약탈*	*아시리아 추방 (653)*		
루사 III	사디아테스 (615~610) 알리아테스 (610~561)		캄비세스 I (600~559)	*바빌로니아와 메디아의 엘람 분할 점령 (610)*	네코 II (609~594)		600
메디아의 우라르투 정복		아스티아게스 (585~550)			프삼티크 II (594~588) 아프리에스 (588~568)		
	크로이소스 (561~547)	*메디아 왕 키루스*	키루스 II (559~529) ↓		아흐모세 II (568~526)		550
키루스의 리디아 정복과 그에 이은 아나톨리아 정복							

8. 아케메네스와 셀레우코스 시대 (기원전 539~126)

연대	그리스	이란	메소포타미아
550	솔론 집정관 (c. 620부터) 페이시스트라토스 참주 (539~528)	**아케네메스 왕조** (c. 700부터) 캄비세스 II (530~523) 다리우스 I (522~486)	*키루스의 바빌론 정복 (539)* **아케메네스 왕조 시대** *반란: 네부카드네자르 III와 네부카드네자르 IV (522~521)*
500	*메디아 전쟁 (490~478)*	크세르크세스 I (485~465) 아르타크세르크세스 I (464~424)	*반란: 뻴 시만니와 샤마사 에리바 (482) 크세르크세스의 바빌론 약탈* *c. 460: 바빌론의 헤로도토스? 니푸르의 무라슈 가문 금융업자들 (455~403)*
450	페리클레스 장군 (443~430) 펠로폰네소스 전쟁 (431~404)	다리우스 II (423~405)	*천문학자 나부 리만니와 키딘누*
400		아르타크세르크세스 II (404~359)	*401: 바빌로니아의 크세노폰*
350	마케도니아의 필리포스 (359~337) 알렉산드로스 대왕 (336~323) **디아도코이** 셀레우코스 I (305~281)	아르타크세르크세스 III (358~338) 다리우스 III (335~331)	*가우가멜라 전투 (331), 알렉산드로스가 바빌론에 들어옴. 그는 323년에 죽는다.* **셀레우코스 왕조 시대** *셀레우코스 왕조 시대의 시작 (311)*

연대	시리아	이란	메소포타미아
300	**셀레우코스 왕조**		*티그리스 강변의 셀레우키아 건설 (c. 300)*
	안티오코스 I (286~260)		*마지막 아카드어 제왕 명문들 (안티오코스 I)*
250	안티오코스 II (260~246)	**파르티아 아르사케스 왕조**	*베로수스의 『바빌로니아카』 저술*
		아르사케스 (250~248) 티리다테스 I (248~211)	
	셀레우코스 II (245~226)		
	안티오코스 III (222~187)		*우루크에 신전들을 건설함*
200		아르타바누스 I (211~191)	
	안티오코스 IV (175~164)		*바빌론의 그리스식 극장*
		미트리다테스 I (171~138)	
	데메트리오스 I (162~150)		
150	데메트리오스 II (145~126)		*미트리다테스의 크테시폰 건설 (144) 데메트리오스의 바빌로니아 탈환*
		아르타바누스 II (128~124)	*아르타바누스 II가 셀레우코스 왕조에게서 바빌로니아를 빼앗음 (126)*
	안티오코스 VIII (126~96)	미트리다테스 II (123~88)	
			파르티아 시대
100			*중요한 건축 공사*
			아시리아의 부흥
		오로데스 I (80~76) 프라테스 III (70~57)	**아디아베네**(*아시리아*) 왕국 **오스로에네**(*에데사 = 우르파*) 왕국 **카라케네**(*고대 "해국"*) 왕국 *크라수스의 카르하이*(*하란*) *패전 (53)*
	안티오코스 XIII (69~65) *64: 폼페이우스의 안티오키아 점령*	오로데스 II (57~37)	
50			

9. 파르티아와 사산 왕조 시대 (기원전 126년부터 기원후 637년까지)

연대	로마	이란	메소포타미아
50 / 서기	카이사르와 안토니우스 **로마 제국** 옥타비아누스 아우구스투스 (기원전 27년부터 기원후 14년까지) 티베리우스 (14~37) 칼리굴라 (37~41)	프라테스 IV (기원전 37년~기원후 2년) 아르타바누스 III (11~38)	*파르티아를 상대로 한 라비에누스의 전쟁 (38)*
50	클라우디우스 (41~54) 네로 (54~68)	볼로가세스 I (51~78)	
100	베스피아누스 (70~79) 도미티아누스 (81~96) 트라이아누스 (98~117) 하드리아누스 (117~138)	파코루스 II (78~115) 오스로에스 (109~128)	*하트라 건설 (c. 70?)* *현존하는 최후의 쐐기문자 문서 (74/75)* *우루크에 있는 가레우스 신전 (c. 110)* *트라이아누스의 메소포타미아 원정 (114~117). 크테시폰을 점령하고 아랍페르시아 만에 이름.*
150	안토니누스 (138~161) 마르쿠스-아우렐리우스 (161~180) 콤모두스 (180~192)	미트리다테스 IV (128~147) 볼로가세스 III (148~192)	**하트라** *왕국 (c. 160~240)* *시리아의 총독 카시우스의 니시빈과 크테시폰 점령 (164)*
200	셉티미우스 세베루스 (193~211) 카라칼라 (211~217) 알렉산데르 세베루스 (222~235)	볼로가세스 IV (192~207) 아르타바누스 V (208~226) **사산 왕조** 아르다시르 I (224~241) 샤푸르 I (241~272)	*셉티미우스 세베루스의 크테시폰 점령 (197)* *카라칼라가 카르하이에서 암살당함* **사산 왕조 시대** 아르다시르의 메소포타미아 점령 (226) 알렉산데르 세베루스의 원정 실패 (232) 아르다시르의 하트라 파괴 (240) 샤푸르의 아수르 파괴 (256)
250	발레리아누스 (253~260) 아우렐리아누스 (270~275)	바흐람 II (276~293)	발레리아누스가 샤푸르 I의 포로가 됨 (260) 로마와 동맹을 맺은 오데나투스(팔미라)가 크테시폰으로 진군함 (262)

연대	로마	이란	메소포타미아
300	디오클레티아누스 (285~305) 콘스탄티누스 (312~337)	나르세스 (293~302) 샤푸르 II (309~379)	나르세스를 상대로 한 전쟁 (296) 후 메소포타미아 속주들에 로마의 평화가 확립됨
350	콘스탄티우스 II (337~361) 배교자 율리아누스 (361~363)		**콘스탄티우스와 샤푸르 II 사이에** 전쟁이 있은 후 화친이 이루어짐 (338~350)
400	요비아누스 (363~395) 테오도시우스 (379~395) **비잔티움 제국** (395~1453) ↓	바흐람 IV (388~399) 야즈데게르드 I (399~420) ↓ 651	로마 군대의 메소포타미아 침공 후 기근으로 퇴각 요비아누스가 북부 메소포타미아 요새들에서 철수함 시리아 기독교 문서 (에데사 학파) 비잔티움 제국과 사산 왕조 사이의 간헐적인 전쟁 메소포타미아의 점진적 빈곤화 아랍 이슬람교인들의 메소포타미아 정복 (637), 라쿰 왕조의 후원으로 아랍 기독교인들이 이슬람교로 개종함

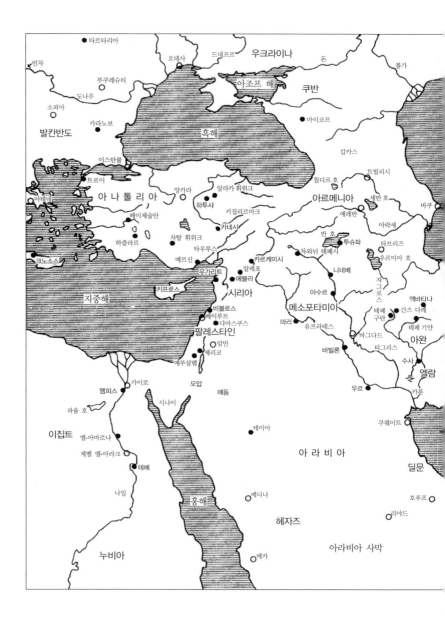

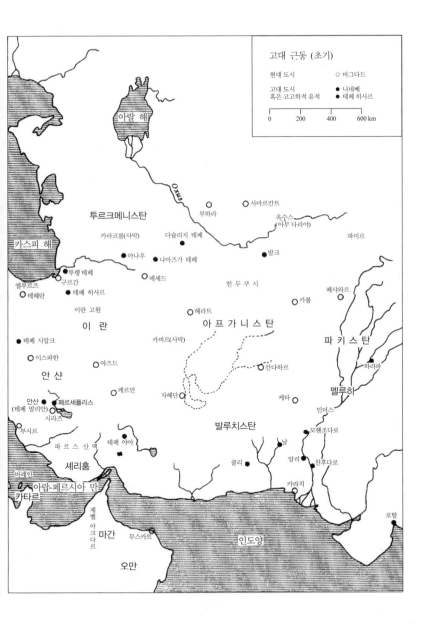

고대 근동 (초기)

현대 도시	○ 바그다드
고대 도시 혹은 고고학적 유적	● 니네베 ● 테페 히사르

0   200   400   600 km

아랄 해

Oxus

투르크메니스탄

○ 부하라   ○ 사마르칸트

옥수스 (아무 다리야)

카라코룸(사막)   다슐리지 테페   파미르

● 아나우   ● 나마즈가 테페   ● 발크

카스피 해   메셰드

● 투렝 테페   힌 두 쿠 시   ○ 페샤와르
엘부르즈 구르간
● 테헤란 ● 테페 히사르   ○ 카불

이란 고원   ○ 헤라트

이 란   아 프 가 니 스 탄   파 키 스 탄

카비르(사막)

● 테페 시알크   ● 하라파

○ 이스파한   ○ 야즈드   ● 칸다하르   멜루하

안 산   ○ 케르만
안산 ● ● 페르세폴리스   자혜단   ○ 케타   ○ 인더스
(테페 말리안)
시라즈   발 루 치 스 탄   ● 모헨조다로
● 부시르
파 르 스 산 맥   ■ 테페 야야   암리 ● ● 찬후다로
바레인   쿨리 ● 날 ●
셰리훔   ● 카라치
아랍-페르시아 만
카타르   ● 로탈
제
벨
아
크
다 마간   무스카트   인 도 양
르
오만

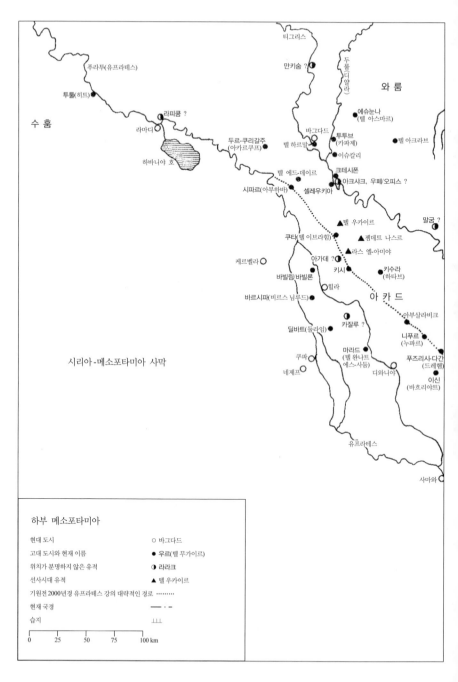

티그리스

푸라투(유프라테스)

만키숨 ?

두블(디얄라)

와 룸

투툴(히트)

라피쿰 ?

에슈눈나
(텔 아스마르)

라마디

수 훔

텔 아크라브

두르-쿠리갈주
(아카르쿠프)

바그다드

투투브
(카파제)

하바니야 호

텔 하르말

이슈칼리

크테시폰

아크샤크, 우페/오피스 ?

텔 에드-데이르

아크샤크, 우페/오피스 ?

시파르(아부하바)

셀레우키아

▲텔 우카이르

말굼 ?

쿠타(텔 이브라힘)

▲ 젬데트 나스르

케르벨라

▲ 라스 엘-아미야

키수라
(하타브)

아가데 ?

키시

바빌림/바빌론

힐라

아 카 드

바르시파(비르스 님루드)

아부살라비크

카잘루 ?

딜바트(둘라임)

니푸르
(누파르)

쿠파

마라드
(텔 완나트
에스-사둠)

푸즈리사-다간
(드레헴)

네제프

디와니야

이신
(바흐리야트)

시리아-메소포타미아 사막

유프라테스

사마와

하부 메소포타미아

현대 도시   ○ 바그다드

고대 도시와 현재 이름   ● 우르(텔 무가이르)

위치가 분명하지 않은 유적   ◑ 라라크

선사시대 유적   ▲ 텔 우카이르

기원전 2000년경 유프라테스 강의 대략적인 경로 ⋯⋯⋯

현재 국경   ─ · ─

습지   ⊥⊥⊥

0   25   50   75   100 km

336 | 메소포타미아의 역사 II

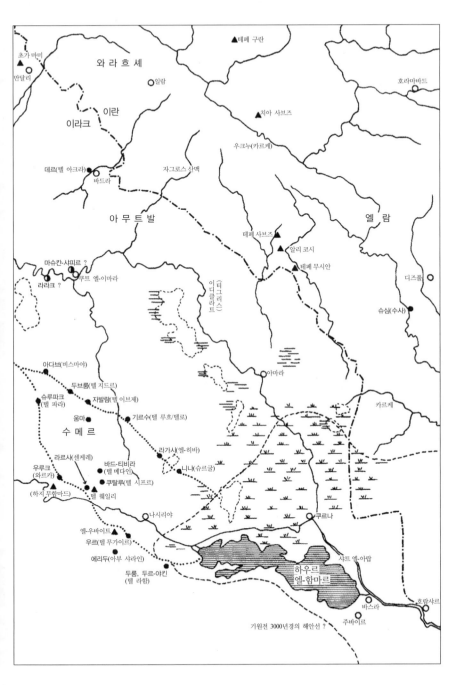

초가 마미
▲
만달리

와 라 흐 셰

▲테페 구란

일람
○

호라마바드

이란

▲치아 사브즈

이라크

우크누(카르케)

자그로스 산맥

데르(텔 아크라)
●
바드라
○

아 무 트 발

테페 사브즈
▲
알리 코시
▲
테페 무시안
▲

엘 람

디즈풀
○

마슈칸-샤피르 ?
라라크 ?
루트 엘-이마라

티그리스)
(이디클라트

슈심(수사)
●

아다브(비스마야)
●
두브룸(텔 지드르)
슈루파크
(텔 파라)
●
자발람(텔 이브제)
움마
●
기르수(텔 루흐/텔로)

아마라
○

수 메 르

라르사(셴케레)
●
우루크
(와르카)
●
(하지 무함마드)
바드-티비라
(텔 메다인)
●
쿠탈루(텔 시프르)
텔 웨일리

라가사(엘-히바)

니나(슈르굴)
○

카르케

나시리야
○

쿠르나
○

엘-우바이트
○
우르(텔 무가이르)
●
에리두(아부 샤라인)
●
두룸, 두르-야킨
(텔 라함)

히우르
엘-함마르

샤트 엘-아랍

바스라
○
주바이르
○

호람샤르
○

기원전 3000년경의 해안선 ?

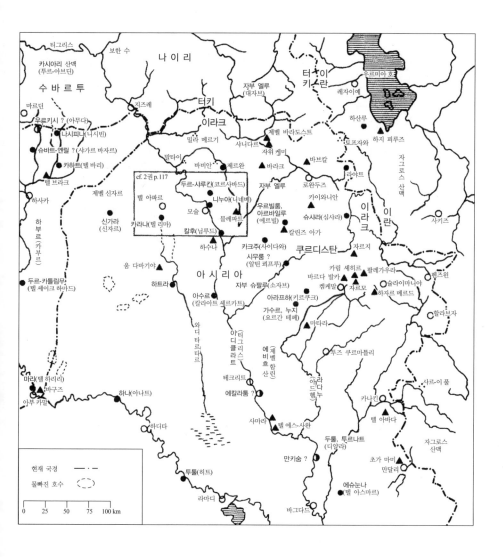

티그리스
보한 수
카시아리 산맥
(투르-아브딘)
나이리
우르미아 호
터키
이란
레자이예
수바르투
지즈레
하지 피루즈
마르딘
터키
하산루
이라크
자부 엘루
(대자브)
자그로스 산맥
우르키시 ?(아무다)
토프자와
나시피나(니시빈)
밀라 메르기
제벨 바라도스트
슈바트-엔릴 ?(샤가르 바자르)
샤니다르
자위 케미
카하트(텔 바리)
말타이
바비안
제르완
바라크
바브칼
텔 브라크
제벨 신자르
두르-샤루킨(코르사바드)
cf. 2권 p.117
자부 엘루
로완두즈
라야트
하사카
텔 아파르
니누아(니네베)
모술
우르빌룸,
아르바일루
(에르빌)
카이와니안
하부르(카부르)
신가라
(신자르)
카라나(텔 리마)
플레파르트
슈사라(심사라)
사키즈
칼후(남루드)
칼린즈 아가
하수나
카크주(사이다와)
두르-카틀림무
(텔 셰이크 하마드)
움 다바기야
아시리아
시무룸 ?
(알턴 쾨프루)
쿠르디스탄
자르지
카림 셰히르
팔레가우라
하트라
자부 슈팔루(소자브)
바르다 발카
쳄케말
자르모
렌즈윈
슐라이마니야
마리(텔 하리리)
바구즈
아부 카말
하나(아나트)
하디타
라마디
아수르
(칼라아트 셰르카트)
와디 타르타르
아라프하(키르쿠크)
가수르, 누지
(요르간 테페)
마타라
하자르 메르드
할라브자
티그리스
아
디클라스
제벨
함린
테크리트
아라드헨누
예비흐산
카나킨
텔 아바다
에칼라툼 ?
사마라
텔 에스-시완
두룰, 투르나트
(디얄라)
초가 마미
만딜리
자그로스
산맥
만키숨 ?
투툴(히트)
바그다드
에슈눈나
(텔 아스마르)

현재 국경 — · —
물빠진 호수 ◯

0 25 50 75 100 km

흑해

이오니아

프 리 기 아

고르디온

사르디스

에페소스

밀레투스

루두
(리디아)

무슈키

캄마누

키질리르마크

타발

밀리드(멜리티아)

구루굼

리키아

피리두

쿠에

삼알

쿰무후

하라나

살루네

피투수

아르파두

카르케미시

하다투

틸-바르시프
(카르-샬만에세르)

야트나나

운키

살라미스

아란투

파포스

키티온

카르카르

유프라테스

아마트(하마)

아라두

아 무 루

아무루의 대해
또는 해 지는 대해

구블루(비블로스)

리브나나 산맥

시두누(시돈)

디마슈카(다마스쿠스)

수루(티레)

사니루 산

사메리나(사마리아)

아라비(아람인)

아마누

사이스

사브누티

아슈두두

가자

사누

라피후

우루샬림무(예루살렘)

밈피(멤피스)

우두무

무 스 루
(이 집 트)

시나이 산

시아우트

야
루
(나
일)

히무니

타니

테마(테이마)

홍해

니(테베)

쿠 시

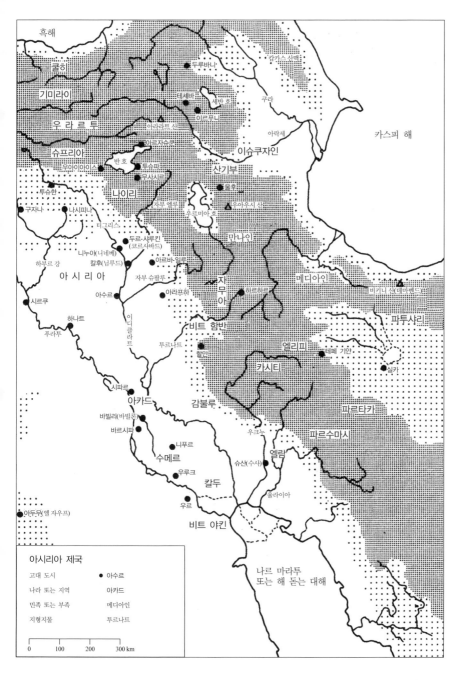

흑해

쿨히

기미라이

우라르투

슈프리아

우아이아이스

반 호

투슈파

무사시르

나이리

투슈한

구자나

나시피나

티그리스

하부르 강

아 시 리 아

시르쿠

하나트

푸라투

아슈르

이디클라트

두루바나

테세바

세반 호

이르푸니

아라라트 산

아르자슈룬

이슈쿠자인

산기부

울후

우아우시 산

자부 엘루

우르미아 호

마나이

두르-샤루킨
(코르사바드)

니누아(니네베)

칼후(님루드)

자부 슈팔루

아르바일루

자무아

아라프하

하르하르

비트 함반

투르나트

할만

시파르

아카드

바빌리(바빌론)

바르시파

수메르

니푸르

우루크

칼두

우르

아두뭐(엘 자우프)

비트 야킨

갑카스 산맥

쿠라

아락세

카스피 해

메디아이

비키니 산(데마벤드)

파투샤리

엘리피

테페 기얀

실카

카시티

파르타카

파르수마시

우크누

엘람

슈산(수사)

울라이아

나르 마라투
또는 해 돋는 대해

아시리아 제국

고대 도시   ● 아수르

나라 또는 지역   아카드

민족 또는 부족   메디아인

지형지물   투르나트

0   100   200   300 km

38쪽 기원전 11세기 초반 카슈 시대 쿠두루
1784년에 바그다드 근처에서 프랑스 식물학자 미쇼가 구입하여
"미쇼의 돌(Michaux Stone)"로 알려짐.
높이 45cm.
파리 Cabinet des Médailles 박물관 소장. © Marie-Lan Nguyen / Wikimedia
Commons

40쪽 우루크의 에안나 신전 벽 일부
기원전 1413년경
베를린 페르가몬 박물관 소장. © Marcus Cyron / Wikimedia Commons

96쪽 님루드 '북서쪽 궁전' 벽장식 부조
그림 윌리엄 모리(William C. Morey). 원본 부조는 런던 대영박물관 소장.

98쪽 아슈르나시르팔 2세의 석비
런던 대영박물관 소장. © Geni / Wikimedia Commons

128쪽 사람 머리를 한 날개 달린 황소, 라마수 상
기원전 713~706(?) 705(?)년경.
폴-에밀 보타(Paul-Émile Botta)가 1843~1844년 두르-샤루킨을 발굴할 때
출토됨.
파리 루브르 박물관 소장. © Marie-Lan Nguyen / Wikimedia Commons

215쪽 키루스 원통(Cyrus the Great's clay cylinder)
길이 22.5cm, 지름 10cm. 1879년 니네베에서 호르무즈드 라삼이 발견.
런던 대영박물관 소장. © Prioryman / Wikimedia Commons

220쪽 이슈타르 문
베를린 페르가몬 박물관. © Balou46 / Wikimedia Commons

239쪽 베히스툰에 있는 다리우스 1세의 명문
그림 Оскара Егера. Специальная литература 출판사 『세계사』 4권, 『고대
세계』에 실려 있음. А. Ф. Маркс의 1904년판 재인쇄.

▌ 찾아보기 ▌

1. 표제어는 '신/신화', '인명', '고대 지명', '현대 지명', '기타 용어'로 분류했다.
2. 근동에서 멀리 떨어져 있지만 이 책에서 두 차례 이상 언급된 지명은 대륙(아프리카, 아메리카, 아시아, 유럽)에 따라 묶여 있다.
3. *La Mésopotamie* 원서에 따라 알파벳 철자는 프랑스어 철자에 따른다.

• 신/신화 •

• 인명 •

· 고대 지명 ·

· 현대 지명 ·

· 기타 용어 ·

지은이 조르주 루(Georges Roux)

1914년 프랑스 육군 장교의 아들로 태어났다. 아홉 살 때 가족과 함께 중동으로 건너가 12년 동안 시리아와 레바논에서 살았다. 프랑스로 돌아와 파리 대학교에서 의학을 공부하고 1941년에 졸업한 후 프랑스 고등 연구원에서 동양학을 공부했다. 1950년 이라크 석유회사(Iraq Petroleum Company) 담당 의사의 자격으로 다시 중동 지방에 간 루는 이 회사에서 발간하는 이라크 역사학 관련 학술지에 메소포타미아 관련 글을 기고했다. 1958년 이라크 혁명 후 유럽으로 돌아와서 글락소 웰컴 사의 국제 의학 본부장으로 일했다. 1964년에는 자신이 썼던 메소포타미아 관련 글을 기초로 『고대 이라크』(*Ancient Iraq*)란 영문 저서를 출간한다. 이 저서를 개정하여 프랑스어로 출간한 것이 바로 『메소포타미아의 역사』(*La Mésopotamie*)다. 의사이며 아시리아학 학자였던 조르주 루는 1999년 세상을 떠났다.

옮긴이 김유기

서울대학교 불어불문학과를 졸업한 후 장로회 신학 대학원에서 공부했다. 그후 미국 존스 홉킨스 대학교 근동학과에서 구약성서와 셈어를 공부하면서 고대 서남아시아의 언어, 문학, 역사에 관심을 가졌다. 현재 서울여자대학교 기독교학과 학생들과 함께 구약성서의 문학, 언어, 역사를 공부하고 있다. 번역한 책으로 『고대 이스라엘: 아브라함부터 로마인의 성전 파괴까지』(한국 신학 연구소, 2005)가 있고 저술한 책으로 박사학위 논문을 개정하여 출간한 *The Function of the Tautological Infinitive in Classical Biblical Hebrew* (Harvard Semitic Studies 60; Eisenbrauns, 2009)가 있다.

메소포타미아의
역사 2